KB151338

고려대학교 무크(MOOC) 강의록 2권

한국교육

Korea education

무엇을
고민해야 하는가? 2

신창호

박영story

차　례

차 례

제8강

교육은 언제 어디에서 이루어지는가?

인간은 공간과 시간 속에서 살아갑니다. 교육을 인간 '삶의 원현상'이라고 한다면, 교육도 그런 시공간 속에서 작용합니다. 따라서 교육에도 교육의 공간과 교육의 시간이 있습니다. 우리 삶의 시간과 공간이 있듯이 말입니다. 지금 우리는 지구촌 내에서 대한민국이라는 교육공간에 존재합니다. 동시에 서기 2000년대 초반이라는 교육 시간을 걸치고 있습니다. 또는 제4차 산업시대, 지능 정보화, 국제화 등 다양한 형식의 사회 상황에 처해 있습니다. 그렇다면, 우리는 과연 어떤 시간과 공간 속에서 교육을 진행하고 있나요? 앞으로 어떤 교육을 진행해가야 할까요? 우리에게 닥친 교육의 공간과 시간이 어떤 양식이었으면 좋겠는지요? 이런 부분에 대해 보다 진지하게 성찰할 때, 한국교육은 훨씬 합리적이고 양적 · 질적으로 승화될 수 있다고 생각합니다.

01

전통적 교육공간인
가정과 학교를 다시 보라

우리는 지금까지 어디에서 교육을 받아왔는가요? 대부분의 사람이 교육의 공간으로 가정과 학교를 떠올립니다. 가정과 학교를 제쳐놓고 교육을 하는 장소로 사회나 인터넷 사이버 공간, 나아가 자신이 재직하고 있는 직장 등을 먼저 생각하는 경우는 많지 않습니다. 교육의 시간은 과거－현재－미래와 같이 인생의 전개를 설정해 놓고, 유치원－초등학교－중·고등학교－대학교와 같은 식으로 학창 생활의 흐름을 고민하는 일과 관계됩니다.

이 시간과 공간은 좌표축의 가로－세로처럼 융합 지점을 찾아 우리 삶의 그래프를 그려나가며, 대한민국이라는 공간에서 21세기 현재를 살아가는 것입니다. 저는 개인적으로 고려대학교라는 공간에서 21세기 현재에서 고등교육에 종사하고 있습니다. 그런데 제가 일본이나 중국에 출장을 갔다고 가정해 봅시다. 중국의 북경대학이나 일본의 동경대학에서 특별 강의를 한다고 생각해 봅시다. 그러면 그 공간은 고려대학교가 아니고 다른 공간입니다. 시간상으로는 21세기 현재지만 대한민국이 아니고 일본과 중국이라는 공간이 됩니다. 그러면 제 위치가 다른 양상에 처해지고 그에 따라 또 다른 양식의 교육이 대두합니다.

예를 들어, 좌표에서 엑스x 축과 와이y 축이 있을 때, 우리는 다양한 함수x, y에 의해 끊임없는 변항變項을 지니게 됩니다. 어떤 자리에 존재하느냐? 그 지점에 따라서 다양한 교육의 양상이 등장할 수 있습니다. 때문에 우리가 교육의 시간과 공간을 '어떤 세계관에서 어떤 시각으로 바라볼 것인가?' 그리고 그것을 '어떤 측면에서, 어떤 차원에서 활용할 것인가?'에 따라 교육은 전혀 다른 모습으로 드러날 수 있습니다. 그래서 우리는 시간과 공간이라는 차원을 교육에서 매우 중시하여 점검할 필요가 있습니다.

이런 점을 염두에 두고, 먼저 우리에게 익숙한 가정과 학교라는 교육의 장소를 고민해 보도록 하겠습니다. 여러분은 교육의 공간을 가정과 학교로 한정지어 이해할 때 어떤 생각이 듭니까? 가정이라고 했을 때는 '가정교육'을 떠올릴 테고, 학교라고 했을 때는 '학교교육'을 연상할 것입니다.

일상생활에서 흔히 '가정교육'에 관한 말을 많이 듣습니다. 예를 들어, 어떤 사람의 품행이 조금 바르지 않다고 생각되면, '저 친구 가정교육에 문제가 있구먼!' 이렇게 생각하기도 합니다. 학교교육의 경우에는 어린이집에서 시작하여 유치원을 거쳐, 초등학교, 중·고등학교, 대학교를 떠올립니다. 대학을 졸업한 이후에도 대학원을 다니기도 하고, 심지어는 아주 어릴 때부터 해외유학을 하는 등 다양한 형태로 학교를 다닐 수 있습니다. 이른바 학력과 학벌을 끊임없이 높여가면서 교육의 시간을 축적해 온 것이지요. 이런 과정을 거쳐 온 여러분에게, 가정이라는 공간과 학교라는 공간은 무엇입니까? 인생에서 어떤 역할을 했을까요?

우리 삶에서 가정이라는 공간은 흔히 삶의 보금자리라고 합니다. 특별한 경우, 예를 들면, 가정을 나와 가출을 했거나 다른 지역의 학교나 직장을 다니기 위해 집을 나와 생활하는 경우를 제외하고, 우리는 거의 가정에서 활동합니다. 학교라는 것은 특정한 삶의 시간대, 즉 청소년기에 이른 바 학창시절이 집중됩니다. 초·중·고등학교에서 대학교까지 그 시절이 대개 20년 내외가 될 겁니다. 그 20년 정도의 시기가 학교라는 공간에 집중된단 말입니다. 이런 생활 상황에서 여러분에게 가정과 학교라는 곳은 어떤 장소였냐는 거죠. 그리고 현재 21세기 초반에 대한민국의 가정과 학교라는 것은 과연 무엇이냐 라는 겁니다. 우리 삶에서 그것이 제대로 파악되어야만이 교육의 문제가 구체적으로 드러날 수 있다는 것이죠. 자, 그런 점에서 한번 차근차근 살펴보도록 하겠습니다.

••• 가정은 삶의 거점인가

먼저 가정을 한번 보겠습니다. 전통적으로 가정은 혼인婚姻에 의해 혈연집단을 구성해 왔습니다. 부모가 있고, 자식이 있고, 그 자식 사이에 형제자매가 있습니다. 때로는 피로 맺어지지는 않았지만 입양을 통해, 양자를 들여 가정을 구성하는 경우도 있었습니다. 전통적인 가정의 모습이 대강 이렇습니다. 설명하지 않아도 여러분 모두가 잘 알고 있습니다. 옛날 대가족 형태에서는 할아버지·할머니와 함께 살기도 했고요. 핵가족의 경우에는 부모와 자식이 중심이 되어 가족의 형태를 이룹니다. 이처럼 할아버지·할머니에서 손자에 이르기까지 3대 가까이가 함께 살거나 부모와 자식 2대가 모여 살기 때문에, 대가족, 혹은 핵가족이라는 명칭을 붙이며 가정의 구조에 대해 여러 가지 얘기를 해왔습니다.

그래서 보통 혼인이나 혈연, 입양과 같은 형태로 결속된 집단을 가정이라고 명명해 왔습니다. 가정의 사전적 정의가 그렇습니다. 사전을 찾아보면 가정에 대한 정의가 이렇게 정돈되어 있습니다. 그러다 보니 이런 가정을 인간에게서 삶의 거점이라고 합니다. 생활의 마당이라고도 하지요. 그리고 흔히 말하는 가정교육이 이루어지는 교육의 장소입니다.

그러면 여러분! 뒤집어서 한번 얘기해 봅시다. 과연 가정은 여러분들에게 삶의 거점據點인가요? 생활의 마당인가요? 삶과 생활이라고 얘기하는, 라이프life 혹은 리빙living이라고 하는 '마이 라이프my life'의 거점인가요? 만약 여러분에게 현재 가정이라는 것이 내 삶의 거점, 즉 내 삶의 필드field가 아니라면, 전통적인 가정의 모습은 무너지고 있는 겁니다. 전통적인 가정의 모습이 어떻습니까? 정말 삶의 거점이고 생활의 마당이고 교육의 장소인가요? 그것에 대한 진지한 고민이 필요합니다. 왜냐하면 가정을 인식하는 방식에 따라 교육의 모습이 다르게 보이기 때문입니다.

다시 돌아갑시다. 전통적으로 가정은 어떤 공간이었는가? 전통적 의미의 가정은 주요한 기능이 있습니다. 그것을 가정의 4대 기능이라고 합니다. 그것은 출산, 경제, 안식, 교육입니다. 가정의 출산 기능은 가정을 이룬 부부가 자녀를 출산하는 일입니다. 오늘날 출산 문제가 심각하지만, 동서고금을 막론하고 전통적으로 가정이 이 역할을 전적으로 맡아 왔습니다. 경제적 기능은 쉽게 말하면 부모가 자식에게 용돈을 주거나 가족 구성원이 돈을 벌어와 가정 경제를 유지하는 등 경제적으로 가정의 살림을 하는 일입니다. 안식의 기능은 가정 밖에서 열심히 생활하다가 가정으로 돌아와 편하게 휴식하는 공간이라는 의미입니다. 편안하게 쉬는 곳, 쉼터를 제공하는 것이 바로 가정입니다. 네 번째가 교육의 기능입니다. 집에서 부모가 자식에게, 혹은 형과 누나, 언니가 끊임없이 동생들에게 다양한 삶의 양식을 일러줍니다. 이른 바 가정 내에서 교육, 가정교육입니다. 전통적으로 가정은 이런 4대 기능을 통해 작동해 왔습니다.

그런데 오늘날 이 기능이 그대로 유지되고 있나요? 간단한 예를 들면, 결혼을 해도 출산을 하지 않으려는 젊은이들이 점점 늘어나고 있습니다. 가정이 우리 삶을 좌지우지할 정도로 큰 규모의 경제적 기능을 갖고 있다기보다는, 가정 이외의 바깥에서 의미 있는 경제적 기능을 찾는 경우도 많이 있습니다. 휴식은 어떤가요? 최악의 경우, 가정에 들어가기만 하면 그곳이 싸움터로 변하지는 않나요? 대부분의 사람에게 가정은 안식의 기능으로 작동하겠지만, 가정보다 편안한 휴양지도 있습니다. 교육은 어떤가요? 가정에서 이루어지는 비형식적인 교육보다 체계적이고 내용이 잘 갖추어진 교육양식이 가정 외부에도 많이 있습니다.

시대에 따라 가정의 역할과 기능도 바뀌다 보니, 전통적인 가정의 4대 기능이 과연 어느 정도까지 현재에도 유지되고 발현될 수 있느냐? 그런 것들이 문제가 되는 겁니다. 만약에 이런 가정의 기능에 조금이라도 금이 갔다면, 전통적인 가정의 4대 기능은 무너졌다고 봐야 됩니다. 제가 볼 때, 전통적인 가정의 기능 가운데 아직도 유효한 측면도 많이 있습니다. 그만큼 우리 사회에서 가정의 역할이 여전히 소중하다는 말입니다. 대한민국 땅에 조부모와 부모, 그리고 자식, 즉 할아버지, 할머니, 아버지, 어머니, 딸, 아들 등 3인이건 4인이건 5인이건, 가족 구성원이 함께 모여 살면서 희로애락을 즐기며 사는 전통적인 가정이 아직도 많이 있습니다. 그러나 저런 전통적인 가정이 지속되면서 전통적 가정의 의미가 강화되고 있는 것은 결코 아닙니다. 현재 시대에 맞추어 상당히 다른 양식으로 바뀌고 있는 것이 사실입니다. 이런 데 한국교육의 문제도 함께 따라가는 것입니다.

전통적인 가정의 모습은 어떻게 바뀌었을까요? 이전에는 흔하지 않던 일들이 발생하고 다양한 사례가 많이 생겼습니다. 예를 들면, 이제는 이혼과 재혼으로 인해, 가정의 모습이 점차 다르게 변모합니다. 예전에는 한번 혼인을 하면, 죽을 때까지 그것을 지속해야 하는 것으로 생각하는 경우가 많았습니다. 때문에 이혼을 한다든가 혼인의 파탄을 가져오는 행위에 대해 금기시하거나 상당히 사회적으로 지탄을 받았습니다.

우리나라의 경우, 2000년대 이전, 조금 더 시대를 거슬러 올라가면 1960년대나 1970년대 무렵에 이혼을 한 사람이 있으면, 주변에서 그 사람을 아주 사람답지 않은 사람으로 보던 시대가 있었습니다. 그러나 지금은 그와는 상당히 다른 인식이 생겼습니다. 이혼? 얼마든지 할 수 있습니다. 결혼해서 살다보니 함께 살기 힘든 여러 가지 상황이 발생하기도 합니다. 이혼을 하게 되는 법적 규정이나 절차도 마련되어 있습니다. 요즘은 이혼을 넘어 졸혼卒婚이나 휴혼休婚과 같은 신조어도 생겨났다고 합니다. 여러분도 많이 들어보았겠지만 졸혼이라는 것은 이혼을 하지 않아요. 이혼을 하지 않고 나이 든 부부가 따로 떨어져 삽니다. 결혼으로부터 나는 졸업을 했다! 결혼의 과정에서 얼마든지 졸업할 수 있는 의미로 인식하니까, 결혼을 통해 가정을 이루는 여러 가지 형태가 생겨나다 보니까, 가정의 양식이 달라집니다.

또 길게 설명하지 않아도 다문화 가정도 많이 늘었습니다. 농촌 총각들이 여러 가지 요인에 의해 결혼을 제대로 하지 못해 외국의 처녀들이 한국으로 시집을 옵니다. 그렇게 해서 다문화 가정을 이루지요. 그에 따라 다문화 가정의 2세들이 태어나 학교로 가게 됩니다. 여기에서 이전에는 존재하지 않던 교육문제가 파생합니다. 그 다음에 이런 가정의 형태도 있습니다. 의도적으로 결혼을 하지 않고 혼자 사는 사람입니다. 그들을 독신주의자獨身主義者이기도 합니다만 비혼주의자非婚主義者라고도 합니다. 어떤 양식이 되었건 여러 가지 이유로 혼자 살면서 1인으로서 단독 세대를 이루는 1인 가정도 늘고 있습니다.

재혼 부부를 중심으로 하는 가정, 다문화 가정, 1인 단독 가정 등, 다양한 형태의 가정이 생겨나고 그것도 점점 증가하는 추세입니다. 이런 차원에서 보면, 전통적인 형태의 가정은 상당 부분 해체되었습니다. 정말 해체되고 있다고 보아야 합니다. 아니면 현재 이 시점이 최소한 전통적 의미의 가정이 해체되고 있는 지점이라고 봐야 됩니다.

••• 가정교육의 양상도 전환되고 있다

가정의 형식이 바뀌면 교육도 바뀌게 마련입니다. 조부모에서 손자까지 3세대가 함께 사는 대가족 중심의 전통 가정교육은 할아버지·할머니가 손자를 앉혀놓고 보이지 않게 교육합니다. 그러니까 할아버지·할머니가 아버지·어머니를 가르치는 게 아니고, 부모가 자식을 가르치는 게 아니고, 할아버지·할머니가 손자를 무르팍에 앉혀 놓고 때로는 밥상머리에서 가르칩니다. 그런 가르침을 '격대隔代 교육'이라고 해요. 조부모와 손자 사이에는 두 세대 차이가 나는데, 그 중간에 끼어 있는 부모 세대를 건너 뛰어, 즉 한 세대를 건너 교육하는 것이기 때문에 그렇게 이름을 붙였습니다. 격대 교육을 하는 이유는 다양합니다만, 예전부터 그런 방식이 교육적으로 유용한 측면이 있습니다. 그러나 지금은 이런 교육 모습을 찾아보기 힘듭니다.

저 같은 경우만 해도, 할머니 무릎을 베개 삼아 눕거나 무릎에 앉아, 할머니가 자장가를 불러주거나 옛날 얘기를 들려주면 그것을 듣고 할머니 품에 포근히 안겨 잠을 자곤 했습니다. 그것이 할머니의 사랑인 동시에 가정에서 흔히 일어나는 가정교육이었습니다. 그런 교육은 지금 많이 사라졌다고 봐야겠지요. 우리의 추억, 그리움 속으로 들어가 있지요. 그런 점에서 전통적 가정교육은 거의 해체되었다고 봐야 됩니다.

또 중요한 것은 뭐냐 하면, 가족 규모가 축소되었다는 겁니다. 옛날 같으면 부모가 있고 형제자매가 많습니다. 예를 들어, 우리 집은 형제자매가 8남매다 혹은 6남매다 뭐 이런 식으로 얘기를 합니다. 그러면 형제자매 사이에 무엇이 생깁니까? 맏이로부터 막내까지 다양한 인간관계가 형성이 됩니다. 흔히 말해서 다면적 인간관계가 형성돼요. 저만 해도 집에서 어떻게 되느냐 하면, 제가 집에서 막내입니다. 4남 1녀 가운데 막내인데, 큰 형과 제가 나이가 15년 차이가 납니다. 15년!

그러다 보니 저는 큰 형과 가정에서 함께 생활한 기간이 많지 않습니다. 나이 차이도 그렇지만, 여러 가지 상황 상 큰 형은 굉장히 무서운 존재입니다. 어떤 때는 아버지보다 무섭습니다. 그러니까 큰 형이 말을 하면 지금도 거의 '예!' 하고 수긍하는 편입니다. 물론 무조건 '예스yes 예스yes!'라고 하는 건 아니지만. 왜냐하면, 큰 형은 아버지를 대신하여 말하기 때문에, 얘기하는 것이 대부분 잘못된 얘기를 잘 하지 않습니다. 그리고 큰 형이기 때문에 집안의 기둥으로서 신뢰를 보내야 하지 않습니까? 큰 형한테는 그러지 못하지만, 바로 위의 형하고는 나이 차이가 적으니까 덤벼들기도 하고, 누나한테는 막 까불기도 하고, 이런 게 있었습니다.

하지만 지금은 가족 구성이 어떻게 되었습니까? 8남매, 6남매처럼 형제자매가 있는 게 아니라, 자식이라고 해봐야 아들이나 딸 가운데 하나 아니면 둘인 경우가 많습니다. 셋 이상인 경우는 드물지요. 자식이 하나인 경우에는 예전처럼 가정 내에서 인간관계를 할 형제자매가 없습니다. 자식이 둘인 경우에는 두 형제자매 사이의 관계가 존재하는 거예요. 전통 가정처럼 형제자매가 여럿이 있으면 다양한 차원에서 다양한 측면에서 인간관계를 고민할 수 있는데, 현대의 가정은 그것을 형성할 기회가 감소되어 버린 겁니다. 그러니까 옛날과 다른 형태의 가족 구성, 그리고 가족의 생활양식 변화 등에 따르다보니, 심한 경우에는 모성母性이 실조되거나 부성父性이 실조되는 경우도 나타납니다. 그러니까 전통적인 방식의 모성이나 부성을 발휘하려고 해도 발휘할 기회가 없지요. 돌볼 자식이 없거나 하나 둘 밖에 없는데, 무슨 모성·부성을 발휘를 합니까? 자식이 하나이거나 둘인 부모의 경우, 자식이 다섯이나 여섯일 경우와는 상당히 다른 양상의 부모 역할이 상정됩니다. 자식이 하나일 때는, 재미있게 얘기하면, 온갖 열정을 자식에게 모두 쏟아 부을 수 있지만, 자식이 다섯 여섯이 되면 모두 쏟아 부을 수가 없습니다. 이때 가정에서 부모의 역할이 달라지고, 교육의 양상도 크게 달라집니다.

이런 데서 생기는 다양한 가치관이 가정의 역할과 가정교육의 차이를 유발합니다. 당연히 사회변화라는 요인이 끼어들겠지만, 현대 사회에서 가족 구성원 간의 차원에서만 보면 부모-자식 사이에 가치관이 엄청나게 차이가 납니다. 갈등을 유발할 뿐만 아니라, 전통 가정이 점점 해체되기 쉬운 방향으로 나아갑니다. 그러니까 가족 구성원 간에 화합보다는 해체되기 쉬운 방향으로 나아간다 이 말입니다. 이는 부정할 수 없는 현실입니다. 이런 부분을 우리가 진정으로 고민해야 교육 문제를 성찰할 수 있습니다.

전통적인 가정이나 가정교육에서는 혈연을 중시한다, 사랑으로 맺어진다, 그리고 우리의 몸과 마음을 보호하고 배려한다는 등 가정을 고려하는 독특한 내용이 있는데, 이런 차원도 점점 희미해집니다. 혈연보다는 이웃사촌들이 더 가까울 수도 있고, 가족끼리도 사랑으로 화합하기보다 심한 경우에는 원수처럼 대하기도 하는 사태가 발생하기도 합니다. 예를 들어, 유산 상속을 하다 원수가 되고, 어떤 이유로 자식이 부모에게 폭행을 가하는 경우도 있고 부모가 자식을 버리는 경우도 있어요. 사랑으로 결속이 되지 않는 경우도 많이 발생합니다. 가정에서 심신 보호와 배려 상황이 일어나야 함에도 불구하고, 자녀를 학대하는 경우도 있어요.

그러다 보니, 오늘날 가정교육은 어떻게 되겠습니까? 현대 사회를 지능정보사회라고 하잖아요. 앞에서 말씀드린 가정의 변화, 전통적 가정이 거의 해체되는 수준입니다만, 그런 변화 상황들 속에서 이제는 무엇을 고민해야 하느냐는 겁니다. 가정에서는 자녀들에게 그들이 지니고 있는 개별성과 독특성을 존중해줘야 합니다. 많은 부모들이 오해 속에서 살아갈 수 있습니다. 자식도 부모와 유사한 특성을 지니거나 자신을 닮았다고 생각하기 쉽습니다. 물론 유전적 특성이 있기에 부모-자식 간에는 유사한 측면이 있기 마련입니다. 그러나 절대 동일하지 않습니다. 그러다 보니 부모가 자식에게 기대하는 것과 다른 삶의 특징을 드러낼 때, 흔히 말합니다. '내 자식은 그렇지 않아!' 부모는 대부분 자기중심적으로, 자식을 바라보기 쉽습니다. 그러나 인간의 삶은 객관적으로 그렇지 않게 되어 있습니다. 속담에도 그런 말이 있지요. '설마 그러하랴?' 하지만 설마가 사람 잡습니다. 우리가 보통 그러잖아요. '설마 그렇겠어?' 그렇게 얘기하죠. 아닙니다. 정말 그렇습니다. 이 지점을 파악해야 합니다. 그러니까 우리가 '내 자식이기 때문에 그렇지 않아!' 그것은 착오입니다. 착각일 수 있습니다.

다시 강조하지만, 부모는 자녀에 대해, 생각하지 못했던 개별성과 독특성이 있다는 것을 고민해야 합니다. 그래야 가정교육의 문제가 풀릴 수 있습니다. 요즘 아동들은 심한 경우에는 유아 때부터 휴대폰도 갖고 놉니다. 어른이 상상하지 못하는 다양한 놀잇감들이 존재합니다. 인터넷 공간에는 남녀노소를 불문하고 모두가 즐길 수 있는 수많은 놀이방이 있고, 세상 곳곳에는 다양한 형태의 게임방이 존재합니다. 그러니까 인간이 다양한 방식으로 발달할 수 있습니다.

현대 사회의 교육은 지구촌 의식, 더불어 살아가기 위한 협동성, 동료의식, 팀워크teamworks, 통합성, 융·복합성, 신축성 등과 같은 수많은 덕목이 중시됩니다. 이런 영역에 대해 아이들은 많이 노출되어 있어요. 노출된 만큼 잘 받아들이기도 하지만, 그와 정반대로 이에 대한 반감을 갖고 아주 결핍된 상태로 나아갈 수도 있습니다. 과거처럼 단순하게 부모가 자식에게 일방적으로 던져주는 교육 행위는 자식이 지니고 있는 창의성이라든가 긍정적인 자아개념 등에 긍정적이거나 부정적인 영향을 미칠 수 있습니다.

어떤 부모는 자식을 자신의 소유물로 생각하는 수가 있어요. '내가 너를 어떻게 길렀는데!' 이런 얘기를 하면서 은근히 자식을 자신이 기른 자기의 '것'으로 만드는 경우입니다. 자식은 부모의 것이 아닙니다. 부모는 부모이고 자식은 자식인 거예요. 부모는 자녀의 정체성을 존중해줘야 합니다. 아이들은 자극적인 호기심을 갖고 있기도 하고, 미성숙한 차원이 있으며, 비논리적이기도 합니다. 그런 특성을 지니고 있는 자녀나 아동들에게 자극적이고 미숙하고 비논리적인 말이나 행동을 하면, 상당수의 부모들은 '너 왜 그래!' 이렇게 얘기한단 말입니다. 그런데 원래 아이들은 그런 겁니다. 거기에 대놓고 '너 왜 논리적으로 사고하지 않고 성숙된 행동을 보이지 않냐?'라고 강요해서는 곤란합니다. 아이들인데, 당연히 아이들인 만큼 이해해야 합니다. 대학교를 졸업한 성인들도 미성숙하고 비논리적인 경우가 많습니다. 그런 측면에서 아동 수준에 있는 자녀들의 행동에 대해, 어른의 기준에서만 바라보지 말고 그들의 수준으로 내려가서 존중해줘야 합니다. 아이들의 행동이 '저런 경우도 있구나!' 하고, 이해하려고 노력해야 됩니다.

●●● 학교는 무엇이고 학교교육은 어떠해야 하는가

그렇다면 가정교육을 넘어 학교교육을 한번 봅시다. 학교나 학교교육이 무엇인지, 그 의미에 대해서는 길게 설명하지 않아도, 많은 사람들이 잘 알고 있습니다. '학교'라고 했을 때는 반드시 다음과 같은 요건을 갖추어야 합니다. 첫째는 교사가 있어야 합니다. 그래야 가르칠 것 아닙니까? 동시에 배우는 학생도 있어야 합니다. 또한 이들의 교육을 원활하게 도와주는 직원도 있어야 합니다. 둘째는 학교라는 물리적 공간, 건물이 있어야 하고, 그에 따른 다양한 설비를 갖추어야 합니다. 문제는 어떻게 그것을 갖추어야 되느냐 입니다. 중요한 것은 반드시 일정하게 갖추어야 합니다. 주먹구구식으로 갖춰서는 안 됩니다. 그건 학교가 아니에요. 셋째는 무엇을 갖추어야 하느냐? 반드시 일정하게 정해진 교육과정이 있어야 합니다. 일정한 교육과정이 없으면 학교라고 말하기 어렵습니다. 넷째는 전문적 지식을 계속적으로 가르치며 배우는 공간이어야 합니다.

우리 모두가 그 정도는 다르지만, 대부분이 학교를 다녀보았기 때문에 학교가 어떤 곳인지 다 잘 알고 있습니다. 그러나 이론적으로 정돈하다 보면, 학교라는 교육공간도 아주 복잡하고 연구할 필요가 있습니다. 앞에서 본 것처럼, 학교의 개념을 크게 네 가지 정도로 정돈할 수 있습니다. 다시 봅시다. 여러분! 특별한 경우를 제외하고, 우리는 태어나서 대학교를 졸업할 때까지 최소한 20여 년 가량 학교생활을 합니다. 그런 기간에 학교에서 무엇을 했는지 대략적으로 압니다. 아니, 학교, 영어로 스쿨school. 그것을 누가 모릅니까? 다 알지만 교육학적으로 정돈을 하면 앞에서 말한 것처럼 된단 말입니다. 일정한 교직원과 일정한 장소, 일정한 건물 설비, 일정한 교육과정, 전문 지식을 계속 가르치며 배우는 공간이 다름 아닌 학교입니다.

문제는 그런 학교가 실천해 온 교육의 역할이 무엇이냐는 겁니다. 교과지식 습득, 생활 습관 형성 등 다양합니다. 교사와 학생 사이의 사제師弟 관계도 형성되고 친구들 사이의 교우交友 관계도 형성되는 곳입니다. 그리고 무엇보다도 인간성을 함양하는, 인간에 대한 개성을 배려하는 곳입니다. 인간의 개성을 배려하려면 어떻게 되어야 하느냐? 학교에서 이루어지는 교육내용을 단순화하고 순화시켜야 합니다. 그 내용을 핵심적으로 담고 있는 것이 교과서입니다. 그 내용을 가르치기 위해 교육방법을 어떻게 해 왔느냐? 한 마디로 말하면 조직화해 왔습니다. 그래서 학교에서 선생님들은 어떻게 합니까? 전문적으로 가르치는 방법을 진지하게 연구합니다.

그렇게 해서 선생님들이 학습의 방법을 고민하는 만큼 합리적인 특성을 만들어 냅니다. 그 첫 번째가 계열화와 통합화입니다. 학교에서는 국어, 영어, 수학 등 다양한 교과를 가르칩니다. 그런데 그 교과가 지니고 있는 지식의 특성을 잘 정돈하여 삶에 유용한 방향을 제시하기 위해서는 단편적인 지식의 주입만을 해서는 곤란합니다. 관련되는 내용들끼리 연결시키기도 하고 분류하기도 하면서 그것을 계열화해야 합니다. 동시에 학생들이 발달해 나가는 정도에 따라 발달하는 것을 통합해 나가야 합니다. 이런 것이 학교교육의 역할입니다.

그런데 과연 앞에서 말씀드렸던 가정교육과 학교교육이 역할을 제대로 하고 있는가요? 쉽게 말해, 지금까지 전개되어온 한국교육이 적합하냐? 오케이OK냐? 아니면 회의懷疑와 물음을 던질 필요가 있는 것인가? 그러니까 학교가 학생의 개성을 배려해야 하는데, 한국교육에서 학교는 그것에 충실한가? 교육내용은 학생들에게 맞게 단순화 시킨 것인가? 너무나 복잡해져서 학생들에게 뭘 가르쳐야 할지 모르는 건 아닌가? 또한 교육방법은 조직화 했는가? 제멋대로 가르치는 것은 아닌가? 그런 문제들에 대해 신중한 고민들이 있어야 된다는 것입니다.

앞에서 말했지만, 가정과 학교는 교육의 공간 가운데 기본적이고 기초적인 장소입니다. 그랬을 때, 새로운 시대, 기존에 우리가 경험하지 못했던 엄청난 사건들이 수시로 벌어지는 이 시대에, 가정과 학교라는 교육공간의 의미와 기능, 역할을 재인식할 필요가 있는 겁니다. 철저하게, 새롭게 변화하는 시대의 교육에 대해 깨달아야 합니다. 이전과는 다른 자세로 다시 깨달아야 합니다. 이 시대의 정신을 자각하고 진지하게 깨달아야 됩니다. 이 시대의 가정은 무엇입니까? 학교는 무엇입니까? 분명한 것은 전통적 의미의 가정과 학교는 상당 부분 해체되고 있다는 사실입니다.

때문에 가정과 학교라는 전통적인 교육공간에 대해, 교육적으로 어떤 대비가 필요한지, 시대가 요동치는 만큼 진지하게 고민해야 합니다. 그렇지 않으면 한국교육이 굉장히 위험해 집니다. 안일에 빠져 시대에 뒤처지고, 세계 시민으로서 선진국으로서 지속적인 삶을 유지하지 못할 수도 있습니다. 그런 점에서 긴장을 놓치지 말아야 합니다.

우리 대한민국은 세계 어떤 국가보다 지혜롭고 슬기롭습니다. 이른바 한강의 기적을 이룰 만큼, 세계 역사에 유래가 드문 발전을 이룬 국가입니다. 1948년 대한민국 정부를 수립할 당시만 해도 세계에서 가장 가난하게 살던 나라가 100년도 안 되는 시간에 세계의 선진국 수준으로 올라섰잖아요. 잘 사는 나라 사람이라면, 교육문제에 대해 선도적으로 미리미리 고민을 해두어야 합니다. 그래야 더 나은 대한민국, 더 나은 미래를 설계할 수 있습니다.

현재 진행되고 있는 교육현실을 성찰하는 것은 물론, 그것을 가능하게 만드는 교육의 공간, 즉 가정과 학교라는 것에 대해, 가정교육과 학교교육에 대해, 이 시대의 시대정신을 고려하면서 어떤 측면에서 신중하게 접근해야 하는지가 중요합니다. 그냥 단순하게 '요즘 애들 안 돼!'라고 해서는 곤란합니다. 아니, 요즘 애들이, 자식들이 말을 듣나요? '요즘 학교 안 돼!', '지금 학교로서는 미래가 없어!' 이런 말만을 늘어놓아서도 곤란합니다. 그냥 넋 놓고 앉아서 부정적인 견해만 펼치고 대안을 제시하지 않고 본질을 논의하지 않는다면 문제가 발생하기 쉽습니다. 이런 식의 태도는 대단히 무책임하고, 자기중심적인 비교육적 처사입니다.

따라서 우리 모두가, 그러니까 교육을 전문적으로 연구하는 학자뿐만 아니라, 국민 모두가 함께 고민해야 될 교육의 공간이다 이 말입니다. 그런 차원에서 교육공간의 근본인 가정과 학교를 간략하게 다루어 보았습니다.

02

인터넷 가상공간, 새로운 교육을 확인하라

지난 시간에는 교육의 공간으로서 기본적인 가정과 학교에 대해 살펴보았습니다. 이번 시간에는 사회라는 교육공간과 인터넷이라는 가상의 교육공간을 다룰 것입니다. 이 두 가지 교육공간은 현대 사회에서 매우 신중하게 고민해 봐야 하는 교육공간입니다. 사회와 인터넷 공간을 설명하기 전에, 앞에서 살펴보았던 가정과 학교를 다시 점검해 봅시다. 그래야만이 사회와 인터넷 가상공간이 교육을 얼마나 획기적으로 바꾸어 놓는지 알 수 있습니다.

여러분! 전통적인 가정은 조부모와 부모, 그리고 자녀들이 함께 모여서 살았던 아기자기한 공간이었습니다. 그러나 이런 것들이 점점 해체되고 있습니다. 재미있게 얘기하면, 전통적 의미의 집이 무너지고 있습니다. 물론, 집이 우르르 쾅쾅거리며 지붕이 무너지듯이 물리적인 사고가 나서 해체되는 형국을 말하는 것은 아닙니다. 집을 구성하는 양식이 과거와 달라졌다는 겁니다. 무너진다기보다는 변화해 가는 거지요. 그 집은 변화를 거듭하고 있는데 교육은 그대로다 이겁니다.

제가 개인적으로 느끼기에 아주 답답한 것이 있습니다. 유교적 의미의, 혹은 조선시대적인 교육의 양식들, 그것이 어떤 교육이 되었건, 그 내용과 형식은 현재를 살아가는 우리 시대보다는 앞선 것이잖아요. 할아버지들이 우리에게 물려준, 예컨대, '사람답게 살아라!'라는 삶의 양식 같은 게 있단 말이에요. 옛날부터 가정교육에서 흔히 얘기하는 그런 부분들이, 현재의 가정교육에서도 여전히 동일한 형태로 지속되고 있는 현실이 있습니다. 그런데 상당수의 사람들이 '옛날 과거의 교육이 좋았다!'라는 인식을 하고, 그것을 현재 자라나는 미래 세대들에게 그대로 전달하려고 할 때, 저는 굉장히 곤혹스러움을 느낍니다. 정말 난감합니다.

21세기를 살아가고 있는 수많은 청소년들과 대학생들을 비롯한 후속 세대들, 미래 세대들은 기성 세대들이 일반적으로 바라는 그런 생각으로 삶을 살지 않습니다. 앞 세대의 사고 양식을 그대로 따르는 그런 삶의 형식을 추구하지 않습니다. 그들은 나름대로의 시대정신에 맞게 기성 세대가 전혀 따라가지 못할 정도의 다른 삶들을 갈망합니다. 실제로 그런 삶들이 존재합니다. 저는 대학생들을 가르치는 현장을 경험하면서 개인적으로 그런 걸 많이 느낍니다.

가정의 형태니 가정교육의 양식도 마찬가지입니다. 그런 청년 대학생들을 두고 과거에 존재하던 삶의 양식을, 과거의 도덕·윤리적 규범들을 그들에게 그대로, 강요하듯이 던져준다? 그런 교육적 태도에 학생들은 분노합니다. 아이들은 쉽게 그것을 수용하지 않습니다. 아니, 함부로 할 수 없습니다. 아주 뚜렷하게, 심각하게 세대 간 차이가 나고, 심지어는 심한 갈등도 발생합니다.

어떤 차원에서 보면, 과거와 같은 방식의 가정교육은 시대에 뒤떨어진 구시대 유물일 수 있습니다. 따라서 전통 가정교육은 전통이라는 이름하에 구시대의 유물을 남겨주는 오류를 범할 수 있습니다. 그래서 저도 엄청난 고민에 휩싸이기도 합니다. 자식교육을 어떻게 할 것인가? 그렇다고 방치할 수도 없잖아요. 그런 부분을 우리가 이런 시간을 통해 고민해 봐야 한다는 겁니다.

학교에 대한 인식이나 학교교육에 대한 이해도 마찬가지입니다. 학교가 있습니다. 과거의 전통적인 학교는 선생님이 책을 들고 읽기도 하고 회초리를 들고 학생들을 지도하기도 합니다. 여러 가지로 교육활동을 연상을 할 수 있지요. 한번 생각해 봅시다. 선생님이 책을 읽으며 학생들을 지도하는 모습을 진지하게 가정해 봅시다. 그런데 과연 현대 사회의 학교에서 옛날처럼 책을, 독서대 위에 책을 올려놓고, 종이로 만든 책을, 많은 학생들이 장시간 보고 있는가요?

제가 가르치는 수많은 대학생들이 종이로 만든 책보다는 노트북을 활용하여 공부를 합니다. 또한 지금은 종이책도 꾸준히 출간되고 있지만, 동시에 전자책도 출판되고 있습니다. 여러분이 무크 강의를 듣고 있는 것처럼, 주변의 많은 사람들이 어떻습니까? 인터넷 상의 다양한 동영상 강의를 듣고 있지 않습니까? 동영상을 시청할 때, 전통적인 학교의 강의처럼 교수자가 분필로 칠판에 쓸 때 분필 가루가 날리는 그런 강의를 듣지 않습니다. 파워포인트power point를 만들어 제공하거나 다양한 학습 자료로 발표를 하며 상호 논의를 하지요. 옛날 같으면, 학생들에게 복사나 프린트한 종이를 하나씩 나누어주고 공부를 하겠지만, 지금은 그런 현상이 점점 줄어들고 있다는 겁니다. 그랬을 때, 전통적인 학교의 기능은 어떤 식으로 진행되어 갈 것인가? 변화가 예고됩니다. 학교는 무엇인가? 무엇을 어떤 방법으로 가르쳐야 할 것인가? 학교의 역할과 기능은 어떠해야 하는가? 고민의 강도가 점점 더해집니다.

••• 직장은 삶의 경험을 실질적으로 누적하는 교육의 장이다

앞에서 가정과 학교를 말씀드렸습니다만, 우리가 고민해봐야 할 것이 이런 겁니다. 이 강의를 듣는 많은 분들이 일반 회사에 다니는 직장인일 수도 있고, 아직 직장 생활을 하지 않는 고등학생에서 교사, 공무원, 이미 은퇴를 한 사람에 이르기까지 다양할 수 있습니다. 하지만 기본적으로 강의 내용을 대학교 학생들이 이해할 수 있는 교양이나 그것보다 조금 낮은 수준으로 쉽게 강의하고 있습니다. 하지만 정말 교육의 내용이나 수준, 방법이나 용도가 이 강의처럼 모든 사람들에게 동일하게 느껴질까요?

직장은 기본적으로 그 직장이 요구하고 추구하는 일을 하는 '일터'입니다. 때문에 그 직장이 희망하는 교육의 양식이 직장마다 다릅니다. 대학을 졸업하고 직장을 다니는 제 제자들을 보니, 직장에 따라 약간씩 차이는 있습니다만 필요에 따라 다양한 교육이 있는 것 같습니다. '연수研修'라는 형태로, 새로운 세상, 독특한 사물을 마주하게 될 때, 그것을 보는 방식을 고민하려면 많은 공부를 해야 하나 봅니다. 학교 다닐 때보다 훨씬 많은 책을 쌓아 놓고 보고 있습니다. 배워야 할 내용이 아주 많은 모양이에요. 뿐만 아니라 수시로 해외 시찰을 간다든가, 다른 직장을 탐방한다든가, 동료들끼리 모여서 다양한 방법을 고민한다든가, 직장의 교육 방향을 모색한다고 합니다. 이 모든 활동이 교육이거든요. 이처럼 직장에서의 교육은 점점 증가하고 있는 추세입니다.

02 인터넷 가상공간, 새로운 교육을 확인하라

가정과 학교, 그리고 직장이라는 교육공간 이외에도 주목할 교육기관이 많습니다. 어떤 것이 있느냐? 여러분! 혹시 기억이 날지 모르겠습니다만, 7주차 강의에서 '헌법憲法'에 대해 언급할 때, '헌법 31조'에 교육관련 조항을 보면, '국가가 평생교육을 장려해야 한다'는 대목이 있습니다. 이 평생교육이 무엇이냐? 바로 '사회교육'입니다.

••• 지역사회의 각종 기관은 복합 교육의 마당이다

대부분의 사람들은 고등학교나 대학교를 졸업한 이후에 사회로 나갑니다. 사회생활을 하면서 또 다른 경험을 통해 다양한 형태의 교육을 맛봅니다. 그냥 사회에 나가 직장만 다니는 게 아니란 말입니다. 사회생활을 하면 학교와는 또 다른 삶을 체험합니다. 다양한 사회기관이 우리 삶에 영향을 미친지는 오래되었습니다. 지역사회마다 도서관이 있고, 박물관도 있고, 개인적으로 전문적인 내용을 배울 수 있는 다양한 형태의 학원도 있습니다. 각종 문화센터는 물론 공연·예술을 위한 극장이나 미술관, 청소년 교육기관, 사회복지관, 종교기관 등, 이외에도 엄청나게 많은 사회교육 기관이 있습니다. 이것이 바로 우리가 매일 마주하고 찾아갈 수도 있는, 가만히 있어도 우리에게 다가오는 거대한 교육의 공간이라는 겁니다. 그래서 이 사회는 바로 학교를 넘어서는 거대한 학교가 되는 겁니다.

사회라는 것이 일반적인 초·중·고등학교와 같은 학교는 아니지만, 평생교육 기관으로서 '평생학교'로서 가장 큰 규모로 지속되는 삶의 학교입니다. 그런 점에서 사회는 모든 내용을 포괄하는 인간학교입니다. 규모를 지닌 만큼 그 자체적인 내용을 갖고 있는 학교라는 겁니다. 지금 제가 스튜디오 안에서 이 강의를 촬영하고 있습니다. 그리고 스튜디오 바깥에 있는 영상 피디PD의 지시를 받으면서 촬영하고 있습니다. 강의를 촬영하기 위해 모인 이 자체도 조그마한 사회입니다.

소사이어티society! 특정한 목적을 위해 사람이 모이면, 크건 작건 사회가 형성되는 겁니다. 이 조그만 사회 자체도 개인적인 입장에서 보면 배움의 공간이에요. 저는 대학과 대학원에서 연구한 교육학적 지식과 철학적 지식은 갖고 있지만, 지금 무크 강의를 촬영하는 데 필요한 전문 기술, 즉 카메라나 조명, 컴퓨터, 전자

칠판 등에 대한 특별한 지식을 갖고 있지 않습니다. 이런 첨단 기술 장비들을 볼 때마다 아주 색다른 느낌을 받습니다. 교육적으로 충격을 받는다는 말입니다. 전자칠판은 전통적인 칠판에 분필로 필기를 하는 것과는 전혀 다른 사태거든요.

이런 경험을 통해, 제가 개인적으로 받은 교육학적 충격은, '대학교 강의실에서 단순하게 글로 쓰면서 지식을 전달하던 그런 강의의 시대는 끝났다! 경험하지 못한 새로운 교수 기법을 고민해야 한다!' 그러면 이제 농담으로 그러죠. '아, 이런 첨단 기술이 나타나지 않던 과거가 좋았다!'

그러나 우리의 삶은 진보합니다. 세상은 끊임없이 발달하고 과학기술 문명은 첨단으로 치닫고 있습니다. 우리의 인생 자체도 그러한 추세를 고려하며 사회화 과정을 다시 겪어야 되는 겁니다. 그게 교육으로 녹아들어야 합니다. 자! 그런 차원에서 사회에 존재하는 다양한 기관을 다시 봅시다. 다양한 사회기관은 우리에게 어떤 영향을 미칩니까? 여러분! 어린 아이나 청소년은 보통 어떻습니까. 유치원을 비롯한 학교 교육기관에만 소속되어 있다고 생각하기 쉽지 않습니까? 그런데 절대 그렇지만은 않습니다. 어린 아이나 청소년이 얼마나 많이 각종 사회기관에 노출되어 있는지 한번 보십시오. 제 딸도 초·중·고등학교 다닐 때 보니까, 집에서 가까운 거리에 있는, 그 지역의 도서관에 수시로 가더라고요. 학교에 가지 않는 날, 또는 학교에 갔다 와서 오후나 저녁 시간에 거기에 가요. 도서관에서 제공하는 다양한 서비스를 이용하는 거죠.

도서관을 비롯하여, 어린이와 청소년, 어른과 노인, 남녀노소를 막론하고, 모든 세대를 대상으로, 조직적이고 계속적인 교육활동을 제공하는 공간이 다름 아닌 사회기관입니다. 여기서 말하는 거대한 복합적 교육기관으로서 교육공간입니다. 그런 차원에서 사회기관, 우리에게 제도적으로 제공된 사회기관 뿐만이 아니고, 민간에서 제공된 다양한 부류의 사회기관도, 우리 자신이 끊임없이 탐방하여 자신의 내면으로 불러들이고 필요에 따라 이용할 때, 우리는 현대화된 교육공간을 적극적으로 잘 활용하고 있다고 봐야 합니다.

다시 말하면, 사회기관을 그냥 지나치지 말고 아주 '거대한 복합적 교육기관'이라고 인식할 때, 우리가 사는 이 사회 속에서 가는 곳마다 배울 수 있는 겁니다. 사회에서 마주하는 사안마다 그것이 '나의 스승이다!' 이렇게 얘기할 수 있는 거지요. 그러면 스승 개념도 달라질 수 있습니다. 과거에는 스승이라고 하면 오늘날의 교사와 학생 관계에서 교사로 인식하기 쉽습니다. 스승이 있고 그 다음에 제자나 학생이 가르치고 배우는 사람으로 존재했습니다. 이러한 스승-제자, 교사-학생의 관계 방식이 달라질 수 있습니다. 전통적 사제 개념이 해체되는 거예요.

교사와 스승은 어디에 있습니까? 사회기관 속에 있습니다. 예를 들어 박물관에 가보십시오. 수많은 교육 자료들이 있습니다. 극장에 가보십시오. 영화 한 편속에 엄청난 교훈을 주는 내용이 담겨있기도 하고, 또 영화를 만든 사람들의 노고를 살펴보고 의미를 부여한다면, 또 다른 교육적 요소들이 녹아들어 있음을 알 수 있습니다. 이런 교육적 사례들은 엄청나게 많습니다.

••• 사이버 교육공간의 등장을 직시하라

그 다음에 여러분이 눈여겨보아야 할 것이 바로 가상공간입니다. 여러분은 현재 컴퓨터나 스마트폰, 또는 다른 어떤 매체를 보면서, 제가 스튜디오에서 강의하는 것을 듣고 있겠지요? 동영상을 시청하면서 강의를 수강하고 있잖아요. 이게 엄연한 현실이란 말입니다. 물리적으로 지어진 공간인 일반 강의실에서 저와 직접 면대면으로 수업을 듣고 있는 게 아니잖아요. 우리는 현재 가상공간, 사이버 스페이스에서 만나고 있습니다. 사이버 스페이스, 가상공간에서 말입니다. 가상공간에서 여러분과 제가 직접 손을 잡으며 만나고 있는 게 아니잖아요. 그냥 여기서 저는 여러분들이 보는 모니터나 액정 화면 속에서 동영상으로 강의에 임하고 있고 여러분은 시청각을 통해 영상을 보면서 인지적 활동을 비롯한 다양한 형태의 교육 활동을 하고 있잖아요. 그 가상공간이 무엇이냐는 거예요. 엄밀하게 말하면, 이 가상공간이라는 것이 나타난 지가 얼마 되지 않습니다.

여러분! 이 가상공간이 나타난 지가 100년이 되었습니까, 200년이 되었습니까? 불과 수십년 전에 우리 앞에 나타났고, 그것이 일상에서 상용하게 되지는 정말 얼마 되지 않았습니다. 저만 해도 개인적으로 인생을 50년을 넘게, 흔히 말하는 반백년을 넘게 살았지만, 이런 경험을 한지 불과 몇 년이 되지 않습니다. 어린 시절 시골에 살 때, 중학교 다닐 때까지 전깃불이 없던 동네에서 살았습니다. 그러다가 고등학교 시절부터 전깃불이 있는 도시로 나가서 살았는데 그때는 전기밥솥,

세탁기 등등 다양한 전자기기가 마구 유입되어 왔어요. 그러니까 머릿속이 복잡해지고 하얗게 되면서 헷갈리는 거예요. 이 머릿속에 산골에서 살던 원시적 삶의 양태에서 농경사회를 거쳐 도시의 싱공업 산업사회에 이르기까지 아주 골치가 아플 지경을 느꼈어요. 오늘날에는 우리가 자연스럽게 접할 수 있는 가상현실까지 다 들어와 있으니까, 머릿속이 무지 복잡한 거예요. 지금도 가끔씩 삶에 혼란이 일어날 때가 한두 번이 아닙니다. 물론 이 강의를 수강하는 사람 가운데 젊은 청년들은 당연히 태어날 때부터 스마트폰을 비롯한 다양한 영상기술을 접한 영상 세대로 태어났으니까, 저와 같은 이런 삶의 경험을 인지하지 못할 수도 있을 겁니다.

나이든 세대들은 청소년이나 청년세대들과는 전혀 다를 수 있단 말입니다. 그러니까 이 인터넷 사이버 공간은 뭐냐 하면, 교육의 마당에서, 교육의 공간에서, 흔히 말하는 교육의 장, 필드를 확 뒤집어 놓은 겁니다. 이 교육의 공간에서 그야말로 혁명적 변화를 일으켜준, 이전과 다른 형태의 어떤 것을 지시한 겁니다. 이런 교육공간의 변화는 교육 자체가 혁명적 변화에 가깝게 바뀌어야 함을 의미합니다. 그렇지 않으면 우리가 미래의 교육을 감당하기 힘듭니다.

가상공간에서 이루어지는 교육을 일반적으로 인터넷 사이버 교육이라고 합니다. 최근 우리나라에 사이버 대학교가 생겨서 잘 운영되고 있지요? 몇 군데인지 정확히는 모르겠습니다만 아주 많은 수의 사이버 대학이 있습니다. 여러분! 지금 당장 인터넷에 접속하여, 각종 사이트를 쳐보세요. 이 수많은 동영상이 나오지요. 아주 단편적인 동영상에서 저명인사들, 즉 전 세계적으로 유명한 분들, 전 세계 지도자들이 얘기한 내용들이 많이 업로드 되어 있을 겁니다. 현재 영상뿐만 아니라 과거의 영상까지도 올라와 있을 겁니다. 물론, 그 가운데 잘못되거나 왜곡된 정보들이 올라와서 문제가 되는 경우도 있습니다. 그것은 정보화 사회의 또 다른 병폐이자 폐해지요.

중요한 것은 이 교육공간의 변화의 물결을 정확하게 보라는 겁니다. 현실적으로 느끼고 있잖아요. 교육공간이 가정과 학교, 그리고 직장과 사회기관을 훨씬 넘어서서 인터넷 사이버 공간까지 갔다 이겁니다. 우주 공간으로 인간이 날아가는 것처럼 전혀 경험하지 못한 세계가 우리 눈앞에 지금 생생하게 보이고 있습니다. 이것은 미래가 아니고 현실입니다.

그럼 우리는 어떤 교육의 공간을 고민해야 될까요? 다시 인터넷 사이버 공간을 성찰해 봅시다. 인터넷 사이버 공간의 확산은 과학기술 문명의 산물입니다. 정보통신 기술의 발달로 인해 나온 거지요. 그러니까 과학기술 문명의 진보인데, 그것이 첨단으로 치달으면서 더욱 예리한 기술을 발휘하는 겁니다. 이는 우주 첨단 과학 기술 문명의 발전과 긴밀하게 연관되어 있어요. 그러다 보니까 이런 기술 발달로 인해 다양한 콘텐츠를 만들 수가 있고, 여기에서 사이버 교육이 가능하게 되는 겁니다. 물론 사이버 교육이 좋으냐? 나쁘냐? 라고 속단하기는 힘듭니다. 사이버 교육의 장점도 있고 단점도 있습니다. 하지만 교육의 공간으로 사이버 교육이 등장했다는 것은 별개의 문제입니다. 아직까지도 많은 사람들은 사이버 교육이 갖고 있는 단점과 장점을 얘기하면서, 사이버 교육이 아니고 오프라인 강의실에서 면대면 교육을 추구하기도 합니다. 그러나 분명한 현실은 새로운 교육의 공간이 혜성처럼 등장했다는 겁니다.

자, 그랬을 때, 이 사이버 인터넷 공간을 어떻게 이해해야 할까요? 기본적으로는 인터넷에 안정적으로 접근해갈 때 가능한 겁니다. 인터넷에 안정적으로 접근된다면, 언제 어디서나 자유롭게 시간과 장소에 전혀 구애받지 않고 교육에 임할 수 있습니다. 요즘은 와이파이Wi-Fi를 통해 전 세계적으로 인터넷이 망처럼 연결됩니다. 그것이 연결되면 전철을 타고 가면서도 볼 수 있습니다. 동영상 영화를 볼 수도 있고 강의를 들을 수도 있어요. 또 다른 사람과 상호 통신도 가능합니다. 연결망을 통해서 소통할 수 있습니다.

그런데 중요한 것은 뭘까요? 이런 사이버 공간이 마련되었다 할지라도, 이미 현실에서 이용하고 있다 할지라도, 이것을 활용하여 사이버 교육을 할 수 있는 인프라 구축이 되어야 합니다. 그래야만 교육이 가능합니다. 인프라를 구축한 사람과 구축하지 않은 사람의 차이는 엄청납니다. 그것이 첨단 과학기술 문명이 갖는 또 다른 측면의 부정적 요인입니다. 부정적 요인을 통해 보면 그것은 우리 삶의 다양한 측면을 위협으로 빠뜨리기도 하지만 한편으로는 도전적이고 창의적인 영역이기도 합니다. 그만큼 우리가 긴장의 끈을 놓쳐서는 안 되는 겁니다.

하지만 인터넷 사이버 교육은 언제 어디서나 누구에게나 열려 있기 때문에,

아주 긍정적으로 보면 교육 기회의 불평등을 해소할 수 있습니다. 예를 들어, '학교에 가야만이 교육을 할 수 있다! 교육의 장이 학교로 제한되어 있다!' 그렇게 되었을 때 이럴 수도 있습니다. 도심지에 사는 학생들은 학교가 집 앞에 있어요. 그럴 경우 바로 학교로 달려가서 선생님에게 다양하고 많은 정보들을 바로 익힐 수 있겠지요. 그러나 아주 깊은 산골에 사는 학생은 학교가 수십 킬로미터 멀리 떨어져 있어요. 산을 두세 개 넘어야 돼요. 제가 어릴 때 초등학교, 중학교를 다닐 때 그랬거든요. 어린 시절에 몇 시간을 걸어서 학교에 다닌다는 것은 여간 고초가 아닙니다.

산골에서 걸어서 다니는 학생과 바로 집 앞이 학교인 도심지의 학생은 이미 교육의 기회 측면에서 평등하지 않을 수 있습니다. 이런 경우에 인터넷 사이버 교육이 그것을 해소해줄 수 있다는 겁니다. 언제, 어디서건 교육내용을 동일한 차원에서 접할 수 있으니까요. 최근에는 시골 농촌이나 산골의 마을이 정보화 시범마을로 지정되어, 농촌 시골에 가면 도심지보다 인터넷이 더 잘 되는 경우도 있습니다. 이처럼 인터넷 사이버 교육은 학습자 중심의 교육환경과 상호작용적 학습을 실천할 수 있습니다.

⋯• 사이버 교육공간의 부정적 측면을 검토하라

여러분! 강의를 수강하고 있는 지금 바로 보십시오. 우리가 함께 하고 있는 인터넷 사이버 무크 강의도 이런 교육의 일환이지요? 제가 이 스튜디오에서 동영상 강의를 통해 아무리 지식을 전달하려고 하더라도, 이 동영상 강의를 직접 보고 있는 여러분이 학습자잖아요. 학습자가 스스로 동영상을 틀어놓고 자발적으로 시청하지 않으면, 제가 아무리 좋은 교육 내용을 강의한다고 할지라도 의미가 없습니다. 학습자 여러분이 중심이 되는 교육입니다. 인터넷 사이버 교육이라는 환경 특성이 그렇습니다. 대신에 상호작용은 뭐냐 하면, 제가 나중에 과제물을 낸다든가 여러분과 인터넷에서 토론을 한다든가 이런 게 가능하지요. 방금 말씀드렸듯이 학습과정 전반에서 학습자 여건에 따른 자율적 선택권이 보장됩니다.

예를 들어, 재미있게 얘기를 해 보지요. 여러분 가운데 그런 사람은 없겠지만,

여러분이 제 강의를 수강한다고 합시다. 따라서 '이 강의를 반드시 강제로라도 들어야만 학점이 나갈 거야! 이 강의를 안 들으면 안 돼! 인생에 불이익이 될 거야!' 그러면 이 강의를 잘 들을 겁니다. 그러나 예를 들어, 제가 이 스튜디오에서 강의를 하지만, 여러분 가운데 어떤 사람은 강의를 제대로 듣지 않고 5미터나 떨어진 탁자에서 커피를 마시고 있어도, 이 강의는 인터넷 사이버 공간에서 그냥 동영상으로 계속 진행될 겁니다. 강의를 듣고 안 듣고는 누구에게 달려 있느냐? 학습자의 자율적 선택에 달려 있습니다. 그것이 보장되기는 하지만, 안 들으면 그만입니다. 들은 것처럼 하고 넘어갈 수도 있습니다. 그런 단점도 있는 거죠.

그래서 여러분과 제가 해결해야 할 아주 골치 아픈 숙제가 생겼습니다. 교육공간이 확장되었잖아요. 지금까지 간략하게 보았듯이, 가정, 학교, 직장, 사회기관, 인터넷 사이버 공간 등으로 넓혀져 왔잖아요. 이것이 우리 삶에 어떤 영향을 미칩니까? 진지하게 고민해 보셨습니까? 단순하게 아이들에게 혹은 어른들에게, '스마트폰을 많이 보면 중독이 된다, 게임 중독이 된다!' 이런 말을 하기 전에 새로운 교육의 장, 교육공간의 확대 현상이 나타났단 말이에요. 인터넷 사이버 교육공간이 출현했다 이겁니다. 이것이 교육 현실이에요. 이런 새로운 현상 자체가 우리 삶에 어떤 영향을 미치는가? 여기에 무엇이 생겨나올지를 고려를 해야 될 것 아닙니까? 고민과 이해와 배려를 해야 된다고요.

이런 문제에 대해, 또 진지하게 고민할 부분은 이런 겁니다. 교육공간의 확장이 과연 현재 교육을 긍정적으로 담보하는가? 훨씬 긍정적으로 담보하는 측면도 있을 수가 있고, 반대로 인터넷 사이버 교육을 해봤더니 별 의미가 없을 수도 있습니다. 그러니까 역시 '전통적인 직접적 면대면 교육이 좋아!' 이렇게 교육의 방향을 고민할 수도 있는 겁니다. 문제는 이런 다양한 의견에 대해 함부로 해답을 내릴 수가 없다는 것입니다. 사람마다 경험이나 느낌이 다를 수도 있고, 지역마다 체험한 내용이 다를 수도 있고, 개인마다 생각하는 뇌 구조에 따라 반응이 다를 수도 있습니다. 중요한 건 무엇이냐? 과연 내 삶에, 조금 더 나아가 우리 삶에, 대한민국 발전에 어떤 긍정적 기여를 할 수 있을까? 이런 부분에 대한 진지한 고민이 중요하다는 겁니다. 때문에 여러분, 교육의 공간이라는 것이 이렇게 중요합니다. 나는 어떤 교육을 할 것인가? 어디에 살 것인가? 그 장소는 환경이 어떠한가?

여러분! 가정의 변화와 사회의 변화, 학교의 변화, 직장의 변화, 무엇보다도 인터넷 사이버라는 교육공간의 확장이 우리의 삶과 세계인들의 삶과 나의 인격 성숙에 어떤 차원에서 의미가 있을까요? 좀 더 깊이 고민해보도록 합시다. 교육공간 문제에 대한 완벽한 해결책은, 그 변화의 속도만큼이나 어려운 것 같습니다.

03

교육의 시간을 장악하라

여러분! 지난 시간에는 교육의 공간에 대해, 그러니까 교육의 장소 또는 교육의 장에 대해 살펴보았습니다. 다른 말로는 교육의 마당에 대해 검토해 보았습니다. 가정교육에서 인터넷 사이버 교육까지 오랜 시간 확장되어 온 교육의 장이 역동적인 교육의 현장으로 우리에게 다가왔는데, 이에 대해 어떻게 고민해야 되느냐? 그 문제입니다. 그런데 여러분! 학교교육, 직장교육, 사이버 교육 등, 교육의 내용을 가만히 보면, 아무리 전통적 가정이나 가정교육이 해체되었다 하더라도, 모든 교육의 뿌리는 가정에 있습니다. 가정 자체가 사라진 것이 아니라 변화하면서 전환되는 교육의 모습을 보입니다. 여기에 교육의 열쇠가 있습니다.

그러니까 가정의 양식이나 가정교육도 이제 '다른 방식으로 바뀌었으면 좋겠다' 이런 생각이지 '가정교육이나 학교교육을 모조리 없애버리고 인터넷 사이버 교육으로 나아가자' 그런 건 절대 아닙니다. 때문에 교육에 관한 우리 고민의 강도가 훨씬 깊어지는 거죠. 그래서 제가 앞에서도 말씀드렸지만, 이런 처지에 있는 한국교육의 문제를 난제라고 얘기하는 겁니다. 아주 어려운 문제! 어려운 문제일 수밖에 없는 거예요. 이 문제는 아무도 해결해 주지 않습니다. 우리 자신이 풀어갈 수밖에 없습니다. 이 분야의 전문가나 특정한 사람이, 혹은 아주 위대한 사람이 문제를 풀어주느냐? 아닙니다. 풀어주지 않습니다. 대통령이 풀어주느냐? 교육부 장관이 풀어주느냐? 지방자치 단체장이 풀어주느냐? 집안의 가장이 풀어주느냐? 사회기관장이 풀어주느냐? 아닙니다. 절대 아닙니다! 한국교육을 몸소 체험하고 있는 우리 자신이 이 시대의 문제를 어떻게 바라보고 다가가느냐에 따라 합의된 상식을 도출해내야 합니다. 그것은 교육을 체험하는 우리들의 책임입니다. 그런 차원에서 이번에는 교육의 시간에 대해 한번 고민해보는 시간을 갖겠습니다.

••• 평생학습의 목적을 확인하고 희망하라

교육의 시간이 어떤 차원인지를 보기 위해 먼저 여러분에게 하나의 사례를 소개하겠습니다. 「퀼른 헌장」이라는 것이 있습니다. 거기에 보면 '평생학습의 목적과 희망'이라는 주제가 등장합니다. 20세기 마지막 해였던 1999년 6월에 독일의 퀼른에서 G8 정상회담의 결과가 제기된 것입니다. 그때 뭐라고 했는지 제가 한번 읽으면서 고민해 봅시다.

세계인, 즉 인류지요. 이 세계의 모든 사람들, 즉 '각 나라의 국민들은 다음 세기를 살아가는 데 필요한 지식, 기술, 자격을 습득할 수 있는 환경을 구현해야 한다. 그것이 학습사회이다!' 학습사회는 러닝 소사이어티learning society라고 합니다. 학습사회라는 말은 교육학이나 교육에서는 보편적으로 쓰는 용어입니다. 러닝 소사이어티! 21세기를 목전에 둔 세계 정상들, 그들이 느낀 교육에 관한 인식은 엄중했습니다. 「퀼른 헌장」은 학습사회의 구현을 주요 화두로 삼고 있습니다.

그러니까 여러분 잘 봐야 해요. 1999년에 생각한 다음 세기는 언제이겠습니까? 바로 몇 개월 후인 2000년대입니다. 「퀼른 헌장」이 나온 것이 1999년 6월이니까 20세기의 마지막 해를 몇 달 남겨두지 않은 시기였어요. 다음 세기는 21세기 아닙니까? 20세기에서 21세기로 넘어가는, 그러니까 21세기 현재를 우려한 것이지요. 그러니까 20여 년 전쯤에 다음 세기에 살아가는데 필요한 지식이나 기술, 자격을 습득할 수 있는 환경을 고민했던 거지요. 그 환경이 무엇이냐? '학습사회'라는 거죠. 공부하는 사회, 사회 자체가 학습으로 포장된 겁니다. 그 학습사회의 구현을 21세기의 중요 과제로 삼고 있습니다. 그것이 유효하다면, 우리는 사회를 학습으로 구성해야 합니다. 적어도 학습과 연관되는 다양한 테마로 사회를 만들어가야 합니다.

그리고 세계 정상들은 고심합니다. '지구촌 사회와 경제는 점차 지식을 기반으로 나아가고 있다. 따라서 교육은 경제적 성공이나 사회적 책임, 사회적 일체감을 실현하는 데 필수불가결한 요소가 되고 있다!' 그러니까 교육은 뭐가 되고 있습니까? 사회와 경제는 점점 지식기반사회로 나아가고 있는데, 이 지식을 기반으로 한 사회가 지금은 무엇이 되었나요?

••• 제4차 산업, 인공지능 교육의 시대를 인식하라

여러분! 인간의 지식을 넘어, 로봇이 강력한 힘을 발휘하는 '지능정보', '인공지능' 등과 같은 이런 사회가 되었잖아요. 몇 년 전에 '알파고'라는 인공지능과 한국 최고의 바둑기사인 이세돌 9단이 대국을 펼쳤지요. 어떻게 되었습니까? 한국 최고, 어떻게 보면 세계정상급 바둑기사가 인공지능에게 참패했잖아요. 이런 시대가 왔거든요. 그러니까 인간이 축적하는 지식 기반을 넘어, 인공지능 정보사회가 도래한 것입니다. 인공지능 사회는 과학기술 진보의 성과에 힘입어 점점 강화될 것입니다. 왜냐하면 인공지능이 스스로 진행해 나가는 기계학습이라는 것도 등장했습니다. 딥−러닝Deep−learning이라고도 해요. 그런 것이 주변에 많이 있으니까, 이제는 인간의 인지적 능력에만 의존하는 것이 아니라 인공지능으로 확산되어 나가는 속도도 훨씬 빨라지고 과거와 다른 양상의 학습이 심화될 것입니다.

그런데 문제는 무엇이냐? 이제 교육은 경제적 성공이나 사회적 책임, 사회적 일체감을 실현하는 데 반드시 필요한 요소가 되고 있다는 겁니다. 그러니까 교육이라는 것이 무엇이냐? 인생에서의 성공도 있지만 사회적 책임감도 느끼게 해야 되고, 사회적 일체감도 실현할 수 있는 데 기여해야 되는 거예요. 나 혼자만, 나 잘난 사회를 만드는 게 아니라는 거예요. 전통 사회에서 교육은 개인이 자신의 능력을 발휘하여 성공하면 된다는 생각이 팽배한 시기도 있었어요. 이제는 달라져야 하는 겁니다. 달라지는 겁니다.

개인의 성공을 넘어 이제는 사회 특징을 읽으면서 나아가야 합니다. 21세기 사회의 특징은 전통 시대와 다른 양상으로 흘러갑니다. 전 세계 주요 선진국 정상들이 모여서, 고민한 것이 그 부분입니다. 지구촌이라는 이 세계를 걱정하는 선진국들의 메시지는 간단한 것 같으면서도 복잡함을 고민합니다. 인류의 선진 문명국들은 20세기에 21세기 세계 문명을 생각합니다. 무엇보다도 21세기는 변화와 유동성을 핵심으로 하는 시대가 될 것이라고 내다보았습니다.

그렇습니다. 그들의 예측은 상당히 유효하게 적중했습니다. 지금 시대는 끊임없이 변합니다. 어제 새롭게 나타난 사안이 오늘 보면 어떻게 됩니까? 이미 낡은 것이 되어 버리고 그것을 업그레이드한 새 것이 창조되어 나오고 있어요. 이른바 메이크업make-up의 시대입니다. 그만큼 유동성流動性이 강한 시대입니다. 정말 플렉시블flexible합니다. 거대한 조석 간만의 차처럼 바닷물이 말없이 보이지 않게 출렁이잖아요. 끊임없이 이렇게 파도가 일렁이며 출렁이는 것과 유사한 사회입니다. 그 속에서 우리 인간이 나름대로 일정한 양식으로 삶을 살아내야 하지 않겠습니까? 그런데 이게 어떻게 되었느냐? 계속 이렇게 일렁이고 출렁거립니다.

이쪽으로 움직여 나가면 이렇게 넘어지고 저쪽으로 움직여 나가면 저렇게 넘어집니다. 그런 상황에서 우리는 어떻게 해야 하느냐? 밸런스, 균형의 추를 찾아야 합니다. 가만히 있을 때는 가만히 있으면 됩니다. 하지만 유동적인, 엄청나게 플렉시블하게 변하는 시대에는 어떻게 해야 됩니까? 움직일 때 우리 몸을 보면 해답을 알 수 있습니다. 몸이 기울면 어떻게 됩니까? 두 다리를 적당하게 벌리고 균형을 잡으려고 하지요? 지금 시대가 그런 자세가 필요한 시대입니다. 유동성! 그것을 핵심으로 하는 시대가 되었습니다. 따라서 사람들이, 우리 한국 국민들이 유동적인 세상, 급변하는 세상에서 살아남기 위해서는 무엇이 요청되느냐? 교육과 평생학습이 뒷받침되어야 한다는 겁니다. 그것이 학습사회와 연결됩니다. 왜냐하면 현실이 끊임없이 바뀌니까 바뀌는 만큼 교육과 평생학습이 연결되어야 하는 겁니다.

따라서 국가는 국민들에게 교육과 평생학습의 기회를 보장해야 합니다. 이전의 강의에서 언급했듯이, 다행히도 대한민국 헌법은 '국가는 평생교육을 진흥해야 한다'는 아주 고무적이고 선진적인 그런 문구가 들어가 있습니다. 이에 따라 다양한 형태의 평생교육이 이루어지고 있기도 하고요. 현재 대한민국 헌법은 1987년에 만들어졌습니다. 그것이 언제 또 개정이 될지 모르겠습니다만 30여 년 전에 개정된 것입니다. 그 만큼 한국은 평생교육의 차원에서 볼 때, 20세기 후반, 21세기가 다가오기 이전에 선진국 수준의 의식을 지녔다고 볼 수 있습니다. 교육적으로 실제로 그것이 구현되었느냐 아니냐는 그 다음 문제지만 헌법에 이미 그렇게 적시되어 있었다는 거지요.

대한민국의 헌법이나 쾰른 헌장에서 제시하는 이런 의식이 결국은 무엇이냐? 평생학습이라는 차원이 교육의 시간을 결정지어주는 핵심이자 키워드key word라는 것을 구체적으로 일러주는, 일종의 시대정신입니다. 평생학습은 이 시대의 키워드예요.

••• 교육의 시간을 재인식하고 재설정하라

여러분! 일반적으로 과거의 교육 시간과 공간은 이렇게 되어 있습니다. 인간은 태어나기 전에 엄마 뱃속에서 태교胎敎라는 교육을 거쳐 태어나고, 가정에서 조금씩 자라면서 성장하며 적절한 나이가 되면 학교로 가서 교육하고 학습하며 성숙을 거듭해 나갑니다. 이것이 가정과 학교라는 공간이고 아이들이 자라나면서 겪는 교육의 경험입니다. 이 지점에서 교육의 공간이 교육의 시간과 연결이 됩니다. 어떻게 연결이 되느냐?

다시 봅시다. 태교는 엄마 뱃속에 있을 때의 교육입니다. 바깥으로 탄생하기 이전의 일입니다. 가정교육은 태교를 거쳐 탄생한 이후 죽을 때까지 지속되는 교육입니다. 가정이 존재하는 한 그렇습니다. 학교교육은 어떻게 됩니까? 탄생한 이후 가정교육을 거쳐, 일정한 시점, 이른바 학령기學齡期인 7세 전후가 되면 초등학교에 들어갑니다. 중고등학교 시기를 거쳐 20대까지는 대학생활을 합니다. 이게 학교생활의 기본입니다. 그 다음에, 그 이후에 마주하는 교육이나 학습은 무엇일까요? 다름 아닌 사회교육 체제로 들어갑니다. 그래서 교육의 시간을 보면 태교ㅡ유아ㅡ아동ㅡ청소년ㅡ청년ㅡ장년ㅡ노년의 시기를 거쳐 죽음에 이르게 됩니다.

이 시간과 시간의 관절 고리에 서서 우리는 무엇을 해야 되는가요? 저는 개인적으로 한국 사회의 여러 선생님들로부터 학문의 빚을 많이 졌습니다. 그런 만큼 선학으로부터 물려받아 연구한 결과 제가 터득한 학문적 재능이 동양철학이나 교육철학 이런 것입니다. 그것을 이제 사회로 환원하기 위해 몇 년 전에 나이 50이 되면서부터 인문학과 관련된 무료 특강을 여기저기서 진행하고 있습니다. 그 특강에 참석하는 사람들을 보면 젊은 대학생도 있지만 직장을 다니거나 조만간에 직장을 마무리할 나이에 있는 사람, 은퇴한 40대 50대, 심지어는 70대에 이르기까지 다양한 연령층이 함께 합니다. 그러니까 교육의 시간이 제각기 다른 분들이 많이 참여합니다. 그때마다 이런저런 대화를 통해 이런저런 질문을 해보면 교육의 목적이나 삶의 목적이 각기 다릅니다. 20-30대 대학생 같은 경우에는 동양철학이나 한문을 배우겠다고 찾아오고, 60대가 된 분은 철학이나 교육사상을 통해 인생을 돌아보기 위해 왔다는 분도 있습니다. 또 어떤 분은 한문을 배워 생계를 유지할 학원을 운영하려는 분도 있고, 서예학원이나 서당을 열어 학생들에게 한문을 전달하고 싶다는 사람도 있습니다. 목적은 모두 다르지요. 그것은 바로 교육의 시간을 어디에 설정하고 있느냐에 따라서 달라집니다.

여러분! 지금 <한국교육의 시대적 요청>이라는 강의를 듣고 있는 이 시간, 여러분에게 이 강의는 무엇입니까? 여러분 인생에서 어떤 교육의 시간입니까? 가정교육에 해당합니까? 학교교육입니까? 사회교육입니까? 평생교육입니까? 여러분 스스로 자리매김을 해 보십시오.

••• 학교교육의 한계를 파악하라

이 지점에서 분명하게 인식해야 할 문제가 있습니다. 전 세계적으로 현재까지 교육을 굳건하게 만들어온 근대 공교육公教育; public education 체제에 대한 것입니다. 근대 공교육은 '학교교육'을 핵심으로 자리매김했습니다. 무슨 말이냐 하면 사람은 태어나서 죽을 때까지 다양한 양상으로 교육을 합니다. 이를 「쾰른 헌장」에서 언급한 것처럼 평생학습 혹은 평생교육이라고 얘기합시다. 아니면 모든 용어를 통합하여 평생학습교육이라고 해도 좋습니다.

그랬을 때 태어나서 적절한 시기, 이 시기를 정확하게 선언하기는 힘들지만, 대략 초등학교에 들어가기 전 7세 전후까지는 거의 가정교육이 중심을 이룹니다. 그 후 20세 전후까지 대학교에 간 사람도 있고 안 간 사람도 있겠지만, 이 과정의 대부분은 학교에서 교육이 이루어집니다. 근대 공교육 시스템은 대부분이 7세 전후에서 20대 무렵에 이루어지는 학교교육을 중심으로 교육을 집중하는 양식입니다. 이 시기가 몇 년입니까? 15년 남짓 합니다. 이 15년 남짓한 교육이 집중되는 시간이 교육의 핵심 시간으로 자리매김했다는 겁니다.

그런데 근대 사회가 해체되고 근대 공교육도 엄청나게 변화했습니다. 그 교육 해체의 상징이 학습사회입니다. 이제 교육은 아동에서 청소년 시기에 집중되던 학교교육에만 한정되지 않고 죽을 때까지 평생학습교육으로 시간이 무한 연장되었습니다. 현대 사회는 의료기술의 발달과 삶의 윤택함으로 인해 장수하시는 분들도 많아지고, 노인 인구도 늘어나고 있습니다. 어르신들 가운데 연세가 90세를 넘어서도 생존해 계시는 분들이 많습니다.

여러분에게 이런 말씀을 드려서 죄송합니다만, 90대 된 분들이 무슨 교육을 받느냐고 의문을 제기할지 모르지만, 돌아가시기 직전까지도 치매교육을 받습니다. 치매가 왔단 말입니다. 그것을 조금이라도 늦추면서 인간다운 삶을 고려할 수 있도록 고민해야 합니다. 인간이라는 것이 어떤 점에서 보면 굉장히 아름다운 존재이기도 하지만, 때로는 굉장히 불행한 존재이기도 합니다. 치매 같은 게 없으면 좋잖아요. 그런데 그것이 왔단 말이에요. 그 분들에게 어떻게 해야 할까요? 치매가 오는 것을 조금이라도 연장하든가, 치매가 심해지는 것을 조금이라도 막거나, 아니면 치매로 인한 불상사를 막기 위한 다양한 교육활동이 펼쳐집니다. 그림 그리기도 있고, 노래 부르기도 있고, 운동도 있고 다양한 활동이 있습니다. 약물로만 치료하는 것이 아닙니다. 다양한 활동이 다름 아닌 노인교육의 한 양상입니다.

다시 한 번 보겠습니다. 앞에서 말씀드렸듯이 아동에서 청년에 이르기까지 15년 전후에 이루어지는 근대 학교교육의 시간, 이 시간이 갖고 있는 한계가 무엇이겠습니까? 현대사회를 정보화 혹은 지능정보 사회, 4차 산업혁명 시대라고 합니다. 학교교육을 고민하기 위해서는 첨단 과학기술 문명의 진보를 직시해야 합니다. 이 과정에서 근대 공교육 방식의 학교교육은 어떠해야 할까요?

교육의 시간이 확장되어 평생교육의 시기에 접어들었다고 하여, 여러분이 놓쳐서는 안 되는 중요한 사실이 있습니다. 그게 뭐냐 하면, 전통적으로 대학교 시기쯤인 25세 전후를 청소년 시기라고 해 왔습니다. 이 시기에 인간은 생물학적으로 가장 급격하게 발달합니다. 어른이 되기 직전까지 급격한 동시에 거의 완벽한 형태로 발달합니다. 그러니까 이 시기에 학교교육이 이루어진다는 것 자체가 어떻게 보면 가장 중요합니다. 인생을 결정지을 수도 있는 발달이 이루어지기 때문입니다.

그럼에도 불구하고 기존에 이루어졌던 근대의 학교교육이 비판 받거나 다른 양식의 교육이 요구되어지는 이유는 간단합니다. 지금 과학기술 문명으로 인해 드러나는 다양한 기술적 현상들을 포용해내지 못하고 있다 이겁니다. 그러니까 한계가 노출될 수밖에 없지요. 왜냐하면 정보화, 지능정보 사회는 간편한 이동성과 사용자 편의상 빠른 속도의 시대, 스피드 시대이기 때문입니다. 그러다 보니, 이제는 학교교육이 포용하지 못하는, 학교교육을 넘어선 평생교육이나 열린교육 차원의 교육 인프라 구축이 요구되는 겁니다. 또한 실질적으로 평생교육이나 열린교육이라는 형태의 다양한 교육 인프라가 이미 구축되어 대한민국 사회 곳곳에서 교육이 이루어지고 있기도 합니다.

••• 평생학습, 평생교육을 예비하라

여러분! 요즘 도서관이나 박물관에 한번 가보십시오. 옛날 도서관은 단순하게 책을 빌려보거나 조용히 앉아서 개인 공부를 하는 경우가 많았습니다. 박물관은 유물을 전시해 놓고 눈으로만 그냥 구경하는 경우가 많았습니다. 그런데 지금은 어떻습니까? 도서관에는 책뿐만이 아니라 다양한 전자 정보들이 구비되어있고, 그 정보를 현장에서 검색할 수 있을 뿐만 아니라, 자세하게 그 정보를 눈으로 보는 것과 동시에 화상으로도 볼 수 있고 세세한 해설이나 설명까지도 제공됩니다. 도서관이나 박물관과 관련된 다양한 강연이나 각종 행사가 이루어집니다. 정말 다양한 인프라가 구축되어 있습니다. 그러니까 한국사회의 사회교육이나 평생교육은 단순하게 인프라 구축이 요구되는 것이 아니고 이미 구축되었습니다. 이제는 인프라 구축 요구 수준을 넘어 활용하는 단계로 넘어가야 돼요. 그래서 학교교육에서 지식만 던져줄 것이 아니라, 학교 바깥에 있는 인프라를 어떻게 활용할 것인가의 교육도 고민해야 합니다. 이것이 학교교육과 사회교육의 연결고리이자 평생교육의 기초입니다. 현실이 그렇습니다. 이제 대한민국 사회는 평생교육 차원의 교육 시간이 엄청나게 늘어났습니다.

그러니까 태어나서부터 죽을 때까지 삶에서 다양한 사건이 발생하고, 그것에 대해 문제의식을 갖고 해소해 가려는 노력이 평생 진행되잖아요. 과학기술 문명의 진보와 더불어 사회가 바뀌고 인간의 수명도 길어지면서, 평생 동안 학습을 해야 하는 시대가 온 것입니다. 과거에는 7세에 초등학교에 들어간 이후 20대 대학 때까지 학교교육의 시기라고 하잖아요. 그리고 직장에 들어가 자기계발과 직장의 발전을 위해 고민하는 때가 사회교육의 시기입니다. 그런데 옛날에는 은퇴를 하면 어떻게 됩니까? 직장에서 정년퇴임을 하면, 노년기에 적절하게 시간을 보내다가 죽는 것으로, 단순하게 생각했단 말입니다. 퇴임 후 휴식을 취하다 죽는다고 했는데 지금은 아니에요. 어쩌면 50대 60대에 정년퇴임을 한다고 해도, 지금까지 살아온 시간보다 앞으로 살아갈 시간이 더 많을 수도 있습니다. 100세 시대 아닙니까? 단순하게 계산해도 삶의 시간이 계산됩니다. 60세에 정년퇴임을 했다고 합시다. 앞으로 40여 년을 더 살아야 돼요. 여러분은 어떻게 할 겁니까? 그 시간이 확장되어 평생학습교육으로 나아가고 있다는 현실을 구구절절하게 고민해야 됩니다.

주변을 보십시오. 정년퇴임을 한 다음에 무엇을 하는지. 준비가 되지 않았거나 준비를 하지 않은 많은 분들이 무엇을 하는지 돌아보십시오. 이런 말씀을 드려서 될지 모르겠습니다만, 아주 극단적인 예를 들면, 주변 사람들을 보니까 뭘 합니까? 정년퇴임 한 이후에 뭘 합니까? 연금을 많이 받는 분들 같은 경우에는 여기저기 여행을 다니면서 휴식을 취하면서, 이른바 안정적인 생활을 하며 휴식을 취한다고 할까요. 대부분 그냥 놀아요. 이처럼 일생 동안 열심히 살아온 대가로 나름대로 보상을 받으면서 휴식을 취하는 여유가 있는 분들도 있지만, 그렇지 못한 사람들이 더 많습니다. 우리 사회에는 사회적 약자들이 많습니다. 사회적 약자들은 국가의 노인 복지 차원에서 해결하면 좋겠지만, 그렇지 못할 경우, 생계를 위해 다시 취업을 해야 됩니다. 문제는 재취업할 공간이 없어요. 그러다 보니, 아주 제한적인 직업군에서 낮은 보수와 힘든 일들을 감수하면서 생활해 나갑니다. 아파트 경비원도 하고 택시 기사를 하기도 합니다. 서글픈 거죠.

평생학습교육이 제대로 이루어졌다면, 뭐가 나와야 되겠습니까? 은퇴하신 분들의 풍부한 경험을 비롯하여 능력과 자질을 활용할 수 있는 새로운 어떤 직업들이 창출되어야 하는데, 그렇지 못한 경우가 많습니다. 그분들의 경험이나 능력이 아깝지 않습니까? 어쨌건 우리 사회가 그런 직업창출을 비롯하여 평생교육을 통해 사회를 발전시켜나가야 하는 부분에서 적절하게 대비하지 못했다는 느낌이 들지 않습니까? 그렇다고 지나치게 비관적이거나 실망할 필요는 없습니다. 지금부터라도, 늦었다고 생각할 것이 아니고 교육의 시간 개념을 잘 활용할 필요가 있습니다.

'아! 교육의 시간이 학교교육만이 아니다! 직장교육만이 아니다! 죽을 때까지 평생학습교육이라는 개념을 염두에 두자! 나의 교육시간은 몇 시인가?' 이런 점을 진지하게 돌아봐야 된다는 겁니다.

•• 평생학습교육의 차원들을 성찰하라

그랬을 때, 이 평생학습교육은 간단하게 말씀을 드리면, 개인적 차원에서는 인간의 삶의 질을 향상하기 위한 겁니다. 그리고 조직적 차원에서는 조직 문화의 발전이나 생산성을 향상하기 위한 겁니다. 국가적 차원에서는 국민들에게 자아실현이나 복리증진, 국력 신장을 위한 거예요. 여러분! 잘 보십시오. 50대 60대의 나이에 든 분들이 100세까지 생존한다고 가정했을 때, 앞으로 20년 30년은 충분히 사회적으로 유용한 활동을 할 수 있습니다. 그 분들이 지금까지 갖고 있었던 경험과 능력, 이른바 노하우know—how를 어떻게 활용해야 되겠습니까? 조직적·국가적 차원에서 그간 축적한 훌륭한 지식과 알찬 경험을 잘 써야 될 것 아닙니까?

그런데 교육의 시간을, 타임을 놓쳐 버렸다는 겁니다. 그냥 늙어죽을 때까지 아무 일 하지 않고 그냥 놀다가 가요. 이런 경우에 핑계를 대기도 합니다. 단순하게 어떻게 생각하느냐? 젊은이들에게 취업 기회를 많이 줘야 되기 때문에 빨리 은퇴해야 한다고 합니다. 아니, 젊은 사람들도 당연히 취업을 하고, 은퇴한 분들도 뭡니까? 교육의 시간을 늘려서 당연히 거기에 맞는 재취업을 해서 삶을 질적으로 누려야 될 것 아닙니까! 그것이 교육이죠. 왜 한 쪽을 잘라 내고 한 쪽만 일하게 만듭니까? 왜, 나이 드신 분들이 은퇴를 해야만 젊은 사람들이 직업을 가질 수 있다고 생각하고, 나이든 분들이 빨리 직업의 세계에서 퇴출되어야만 한다고 생각합니까?

젊은이에게는 당연히 젊은이들의 수준에 맞는 취업의 기회와 교육 시간을 줘야 합니다. 나이가 드신 분들 중장년의 경우, 그분들이 일구고 가꾸며 축적해온 시간만큼의 경험을 합당하게 잘 살려서 일을 할 수 있도록, 사회적 직업 창출을 고민해야 합니다. 흔히 말하는 파이pie를 키우고 늘려가야죠. 왜 한 쪽을 잘라서 죽이기만 하고 그것으로 한 쪽을 살리나요? 모두 살려야죠! 이런 현상이 다름 아닌 평생학습교육 차원에서 교육의 시간을 놓치다 보니, 준비를 하지 못해서 그렇다는 겁니다. 시간에 대한 인식을 철저하게 하지 않아서 그렇다는 거지요.

그래서 세계적 차원에서는 '국제사회와 문화의 이해를 도모한다'는 방식으로 평생교육에 대한 얘기를 합니다. 이것이 뭐냐 하면, 교육의 시간 자체를 어떤 방식으로 우리가 구성하느냐에 따라서 교육의 내용과 질이 달라지고, 양식이 달라진다는 겁니다. 이러한 평생학습을 다른 시각에서 보면, 시대 변화와 사회 변화에 따른 인간의 자율적 요구이자 사회 적응의 문제와 깊이 연관됩니다. 때문에 중반 이후의 인생을 좌우할 수도 있을 정도로 굉장히 중요합니다.

••• 평생학습의 중요성을 간파하라

분명히 말씀드리지만, 우리의 삶이 0세에서 시작하여 10대, 2-30대, 4-50대, 6-70대, 8-90대, 그리고 100세로 나아갑니다. 지금 사람들이 왜 100세 시대라고 할까요? 현재 대한민국의 평균수명이 80세 전후로 나타납니다. 그것은 앞으로 100세 넘게 살아가는 분들이 많을 것을 예고하고 있습니다. 우리는 어디쯤에 있습니까? 현재의 평균 수명 나이쯤만 되어도, 대부분의 사람은 직업 세계나 삶의 여러 부분들을 거의 마감하기 쉽습니다. 그런데 그 이후에 아주 긴 시간을 우리는 살아가야 합니다. 이 나머지 부분을 어떻게 활용할 것인가? 그것은 교육의 시간 문제와 직결된단 말입니다.

정말이지, 사회가 변했잖아요. 그만큼 우리 인간은 자율적으로 이 교육의 시간을 요구해야 됩니다. 내게 남은 삶에서 교육의 시간을 어떻게 처리할 것인가? 정부와 민간 모두가 함께 노력해야 합니다. 대한민국 구성원 모두가 정부가 무엇인가 해주기를 바라보고만 있어서는 안 됩니다. 나 스스로도 변해야 돼요. 대통령을 비롯한 정치지도자들이 자기 편의에 따라 영혼 없이 하는 말들을 믿어서도 결코 안 됩니다. 나 스스로 삶을 추동하고 사회 적응을 어떻게 할 것인지 고민해야죠. 다른 사람만 원망하고 있을 수 없잖아요. 내가 뭘 해야 되느냐? 내가 무엇을 할 수 있을까? 나 스스로를 메이크업 해야 됩니다. 만들어내야 됩니다. 이것이 인생 창조입니다.

자, 그 다음에 평생학습은 어떤 개념을 담고 있을까요? 평생교육, 평생학습은 단일하고 획일적인 목표를 지향하지 않습니다. 다원성과 다양성에 맞게 진행되어야 합니다. 이 세계가 얼마나 넓고 할 일이 많습니까? 과학기술 문명의 발달에 의해 새로운 것이 너무나 많이 나왔습니다. 이것을 고민하라는 거지요.

다시 요약해 봅시다. 우리가 이번 시간에 다룬 교육의 시간이라는 것이 무엇이냐? 교육의 차원에서 볼 때, 그 시간이라는 것은 평생 동안 학습하고 교육해야 하는 시대로 완벽하게 접어들었다는 겁니다. 저도 지금 고민이 마구 밀려옵니다. 대학교수로 재직하던 기간이 끝나면 무엇을 할 것인가? 그 이후에도 몇십 년을 살아야 하는데, 수명이 자꾸 늘어난다면 무엇을 할 것인가? 정말 심각하고 진지하게 고민을 해야 합니다. 그냥 연금만 받아먹고 삽니까? 인간이라는 것은 생각을 하고 일하는 존재인데, 뭔가 기여해야 될 것 아닙니까? 물론 노년기는 돈을 많이 벌어서 다시 축적하는 그런 시간은 아닙니다. 재능을 기부한다든가 인생에서 다하지 못한 자신의 꿈을 다시 그려본다든지 여러 가지 방식이 있을 겁니다. 예를 들어, 재능을 기부하려고 하는데 뭐가 있어야 하지요. 그런 겁니다. 그래서 현대사회가 평생학습교육의 시대로 들어왔다는 교육 시간을 인지해 달라는 겁니다. 그래야 인간 삶의 질 향상과 같은 고상한 이념을 추구할 수 있습니다.

교육의 시간을 인지했다면, 아까 말씀드렸던 태교에서 유아−아동−청소년−청년−장년−중년−노년교육을 수직적으로 통합해야 합니다. 이것은 무슨 소리냐? 태교에서 노인으로 갈 때까지 어떤 교육 시간에 자리하고 있느냐? 그것을 정확하게 파악해야 합니다. 거기에 따라 삶이 달라지잖아요. 이것을 인생의 차원에서 통합적으로 바라봐야 됩니다. 통합적으로 본다는 것은 유아와 노인이 같다는 것이 아니고, 삶 전체를 꿰뚫어보고 분절된 교육의 장 속에 어떤 방식으로 나를 밀어 넣어야 할 것인가? 어떻게 나를 사회에 던져야 될 것인가? 고민해야 된다는 거지요. 그 다음에 '가정−학교−사회' 교육이라는 이 공간을 수평적으로 또 통합해야 됩니다. 그래서 개인의 잠재능력을 신장하고 사회발전에 참여하는 능력을 개발해야 되는 겁니다.

그것을 좌표로 그려보면, 여러분 각자의 인생 좌표가 찍힐 것입니다. 좌표의 세로축이 교육의 시간이라면 가로축 좌표는 교육의 공간입니다. 우리는 가로 세로가 만나는 지점인 0을 기준으로 상하좌우로 움직일 수 있을 것입니다. 0에서 시작하여, 왼쪽 오른쪽의 공간 축으로 움직일 수도 있고, 위아래 시간 축으로 움직일 수도 있으며, 가운데 일정한 지점에 이를 수도 있습니다. 다양한 방식으로 삶을 설계할 수 있도록 좌표에 점을 찍을 수 있겠지요. 좌표의 수많은 점을 다양하게 들여다보고 자신의 것으로 드러내야 합니다. 그러면 내가 어디에 있는가에 따라, 즉 교육의 시간과 공간에 따라, 내 인생 자체가 어떤 방향으로 흘러 갈 수 있겠느냐 고민할 수 있다는 겁니다.

여러분! 교육의 공간과 시간이 이렇게 엄중합니다. 다시 한 번 여러분과 제 자신에게 질문해 보겠습니다. 우리는, 혹은 나는, 지금 어떤 교육의 시공간 속에 살아가고 있는가요? 함께 고민해봅시다.

04

다시, 교육의 시공간을 성찰하라

여러분! 이번 주에는 교육의 시간과 공간에 대해 함께 고민해보고 있는데요. 과연 우리는 지금 어떤 교육의 시공간 속에 있나요? 다시 반성해보면, 우리는 어쩌면 막연하게, 대부분이 학교에 다니니까, '그냥 나도 학교를 다닌 것이 아닌가?' 이런 생각도 들기도 합니다. 물론 그런 것은 아니지만요.

평생학습이나 평생교육도 그렇습니다. 때로는 정부에서 혹은 교육부에서 아니면 평생교육과 관련된 다른 사회 민간단체에서 만들어놓은 사회교육 기관의 요청에 우리가 매몰되어 살아온 것은 아닌가? 그런 생각이 들기도 합니다. 그래서 우리가 진정으로 교육의 시간과 공간이라는 것을 제대로 성찰해본 적이 있었던가! 이런 느낌이 많이 들어요.

저 자신도 그렇습니다. 저도 사실은 한 번도 학교를 떠나 학교 이외의 사회생활을 지속적으로 해본 적이 없지 않습니까? 대학교 졸업을 해서 박사학위 과정을 마친 다음에, 다시 대학교에 취직을 했지 않습니까? 그러다 보니 어떤 현상이 벌어지느냐 하면, 이 강의를 수강하고 있는 많은 직장인들보다 훨씬 이 사회에 대해 잘 모른단 말입니다. 사회에 대해 무지하고 어리석다 이 말이죠. 급격한 사회변동에 대해 모르고, 그냥 학생들과 같이 대화하면서 학교라는 울타리 속에 있었으니, 뭘 알겠어요. 시대가 변화하지 않을 때는 굉장히 정제된 양식으로, 나름대로 어떤 교육의 시간과 공간을 철저하게 이용하고 정돈하며 구현하면서 살아왔을지 모르지만, 이렇게 사회가 다각화되고 첨단과학기술 문명이 학교라는 교육의 시공간을 엄청나게 변화시킬 때는 굉장히 혼돈이 오거든요. 그런 차원에서 저도 아주 많은 반성적 사고를 하고 있습니다.

••• 교육의 마당에 교육의 시간을 입혀라

이번 시간에는 교육의 시간과 공간을 전반적으로 성찰해보는 그런 기회를 가져보도록 하겠습니다. 교육의 시간과 공간이라고 했을 때, 공간은 교육의 장소이기도 하고, 교육의 장이기도 하며, 교육의 마당이기도 합니다. 그래서 이것을 더 필드 오브 에듀케이션the field of education이라고 합니다. 여러분, 필드라고 하잖아요. 필드! 우리가 어떤 골프를 치는 사람들이 '필드에 나가자!'라고 그러기도 하잖아요. 운동장 같은 활동무대! 우리 말로 하면 운동장은 '뛰어 노는 곳', 쉽게 말하면 놀이터입니다. 그 놀이터가 어디에 있느냐는 거죠. 우리 기억 속에는 많은 경우에 '학교'였다고 생각하기 쉽습니다. 그러다 보니까 전통적 교육의 세 마당이 가정과 학교와 사회였습니다. 그 중에서도 무게 중심이 학교에 있죠. 그래서 우리 부모님들은 늘 자식을 학교에 보내서 공부시키려고 했습니다. 그런 것이 교육의 절대적 양식에 가까웠던 거죠. 그런데 지금은 첨단우주 과학시대에 들어서면서, 교육의 공간이 인터넷 사이버로 확대되었습니다. 어마어마한 혁명적 변화가 일어난 거죠.

이것으로 인해서 교육이 어떻게 되었느냐? 공간적으로는 인터넷 사이버 교육으로 나아갔는데, 시간적으로는 어떻게 되었느냐는 겁니다. 평생life-long! 여기에 하나 더 붙여 볼게요. 학습이나 교육입니다. 그것이 이른바 '평생학습교육life long learning education'을 요구하게 되는 거예요. 때문에 이제는 평생학습교육이 나 스스로 해야 하는 이 시대의 교육적 의무라는 것을 빨리 깨달아야 합니다.

평생학습교육의 시대라는 걸 깨닫지 못한 사람들은 아직도 이렇게 얘기를 합니다. '나는 지금 다니는 직장에서 돈을 벌었고 우리 가족들 먹여 살렸다. 앞으로 은퇴하면 연금을 받아서 적절하게 시간을 보내면서 지내는 거지 뭐.' 이런 생각을 한단 말이에요. 은퇴 후에 그냥 논다고 하면 굉장히 비생산적이고 거칠며 위험한 인생이 될 수 있습니다. 시대정신을 재빠르게 파악한 어떤 사람은 이렇게 얘기하기도 합니다. 물론 사회마다 좀 다르기는 합니다만, '일생을 통해 직업을 여섯 번이나 일곱 번 정도는 바꿔야 한다!' 이런 경우도 있습니다. 또 어떤 사람은 '은퇴하기 5년 전에 미리 은퇴하는 시점에서 자신이 무엇을 할 것인지 미래의 새로운 일을 창조하고 준비해야 한다'라고도 합니다.

••• 교육공간의 형식성을 타파하라

저는 이렇게 말씀드리고 싶습니다. 지금 우리가 교육의 시간과 공간을 논의하면서 평생학습교육이라는 시간을 인식을 하고 깨닫는다면 평생학습교육을 해야 한다는 것은 의무이자 동시에 우리의 권리가 되어야 합니다. 철저하게 찾아야 하는 권리여야 합니다. 인권의 차원에서 논의되어야 합니다. 이런 측면에서 고민을 해보자고요. 그런데 현재 우리 한국교육의 공간이 어떤 특징을 지니고 있느냐? 이 부분을 눈여겨 볼 필요가 있습니다. 우리의 교육공간은 형식교육이라는 공간과 비형식교육이라는 공간을 갖고 있습니다. 형식교육은 이제 포멀 에듀케이션formal education이고요, 비형식교육은 인포멀 에듀케이션informal education이라고 해요.

형식교육은 쉽게 말하면 '형식을 갖췄다'는 소리입니다. 상대적으로 비형식교육은 형식을 갖추지 않았다, 특히 교육의 형식을 온전하게 갖추지 않았다는 말이지요. 예를 들어, 이렇게 봅시다. 학교는 어떻습니까? 학교는 일정한 교직원, 일정한 장소, 일정하면서도 지속적인 교육과정 등이 거의 완벽하게 갖추고 운영되잖아요. 그런데 동네 읍사무소에 있는 문화센터는 어떻습니까? 학교에 비해 좀 느슨하지요. 어떤 강좌는 생겼다 없어지기도 하고, 강사도 수시로 바뀌고, 과목 특성에 따라 일정하게 담보를 못하죠. 그러니까 비형식적인 겁니다. 쉽게 말씀드리면 그렇습니다. 이랬을 때 형식을 완전히 갖춘 형식교육은 대부분 학교를 지칭합니다. 그러니까 교사-학생-교육내용이 조직적이고 의도적이며 계획적이고, 교수-학습 시스템이 체계적으로 갖추어져 있습니다. 그리고 무엇보다도 지속적으로 교육작용이 일어나는 곳입니다. 이것은 설명하지 않아도 다 알겠지요?

그런데 이 학교교육을 다시 잘 살펴보십시오. 어떻습니까? 현재 시점에서 교육 시간과 교육공간을 적용해 보십시오. 굉장히 제한적이고 한계가 많습니다. 학교교육이라는 시기, 그 교육의 시간은 앞에서 언급한 것처럼, 7세 무렵에서 20대 기간에 집중됩니다. 그런데 50대가 되고 60대가 되었다고 가정합시다. 그러면 흔히 말하는 초·중·고·대학교의 학창 시절로 돌아가고 싶어도 돌아갈 수 없습니다. 그러니까 교육 시간의 차원에서 매우 제한적입니다. 이때 학교와 유사한 경험을 맛볼 수 있게, 중요하게 등장하는 것이 바로 비형식교육의 공간입니다. 물론 나이가 5, 60대가 되고 그 이상이 되어도 사이버 대학에 들어가 정규대학 교육을 받을 수도 있습니다. 과거에 대학을 졸업했더라도 전공을 바꾸어 공부할 수도 있고, 같은 전공일지라도 심화 연구를 할 수도 있고, 여러 가지 형태로 공부할 기회가 많습니다.

이 비형식교육의 공간은 어떤 것이냐? 가정교육이나 사회교육 같은 것이 비형식교육의 중심이 되는데, 일반적으로 사회교육, 즉 여기에서 말하는 일반적으로 평생학습교육이라고 하는 영역을 눈여겨보라는 거죠. 비형식교육공간은 교육시스템을 완벽하게 갖추지는 못했지만, 중요한 것은 뭡니까? 비형식교육의 공간은 개별적인 교육 시간을 어떻게 설정하고 설계하느냐에 따라 다양한 교육의 공간을 펼칠 수 있습니다. 이 부분을 눈여겨보라는 거죠. 다양한 교육 기관이 나의 교육 시간과 맞물려야 되는 거죠. 지금 내가 30대 혹은 40대라고 했을 때, 모두 대학 졸업을 했잖아요. 50대, 60대, 70대 모두 쭉 있겠지요? 인생의 흐름에 따라 교육의 시간이 다른 겁니다. 그러면 교육의 시간이 모두 다른 사람들이 이 다양한 교육의 공간을 어떻게 처리할 수 있을까요?

해답을 미리 말하면, '내가 찾아가야 돼요!' 많은 사람들이 요구를 합니다. '왜 교육부에서, 지방자치단체에서, 평생교육기관에서 평생학습교육을 받고 싶어 하는 사람들을 위한 프로그램을 안 만들어 주느냐!' 안 만들어주는 것이 아니라, 함부로 획일적으로 만들지 못합니다. 왜냐하면 너무나 다양한 사람들의 요구를 모두 수용하기 어렵기 때문입니다. 안 만들어주면 어떻습니까? 내가 만들면 되잖아요.

요즘 주변을 둘러보세요. 첨단 과학기술 문명으로 만들어지는 다양한 기자재가 난무합니다. 1인 티브이TV가 등장하여 언론이 다양해졌듯이, 1인 티브이 만들 듯이 나의 필요와 요구에 따라 만들면 되는 거예요. 그렇다고 해서 거기에서 돈만 벌어야 된다? 그 차원은 아닙니다. 물론 경제적으로 어려운 분들은 어떻습니까? 돈이 있어야, 자금이 있어야, 살아갈 경제력이 있어야, 생존할 수 있습니다. 그런 경우에는 직장을 구해서 돈을 버는 것도 굉장히 중요한 일입니다. 그런데 그렇지 않은 사람들은 또 어떻습니까? 오히려 자기의 경험과 자질을 나누어줄 수 있지 않겠습니까? 재능기부 차원에서 나누어 줄 수도 있듯이, 단순하게 돈을 벌어야 한다는 여부 문제가 아닐 수 있다는 거죠. 인생의 문제라는 겁니다. 그런 차원에서 다양한 교육공간에서 나의 교육 시간을 이입하여, 녹여 넣어서 고민해 보자는 거죠.

••• 교육 시공간의 변화를 재구성하라

교육의 시간과 공간 변화를 재성찰하며 나의 교육에서 시공간 문제를 점검해 봅시다. 교육의 시간은 태교부터 시작을 해야 되겠죠. 태교부터 시작해서 아동─청소년기─청·장년기를 거쳐서 노년기, 그리고 죽음에 이르기까지 우리는 삶을 추동해 나갑니다. 교육의 공간은 어떻습니까? 교육공간의 확대도 아동·청소년기에는 보통 유치원이라든가 초등학교, 중학교, 고등학교와 같은 학교입니다. 청·장년기는 대부분 직장일 것입니다. 그러면 장·노년기는 어디에 있습니까?

아동─청소년기는 유치원에서 중·고등학교로 이어지겠지요. 그 가운데 초등학교와 중학교는 의무교육이니까, 학교에 가기 싫어도 가야 돼요. 청·장년기에는 직장에 취직해서 결혼한 사람들은 가장으로서 경제공동체를 책임져야 할 테고, 결혼하지 않더라도 어떻습니까? 자기 스스로 경제력을 확보해서 생존해야 되잖아요. 그러니까 모두 일을 합니다. 일을 한다고요. 직장은 일터입니다. 이게 교육의 공간으로서 일터이자 놀이터입니다.

그런데 장년기와 노년기에는 뭘 하고 있죠? 물론 장년기와 노년기에 있는 분들도 다양한 경제활동에 종사하는 분들이 많습니다. 그러나 특정한 몇몇 분들을 제외하고는 장년기와 노년기에 속하는 직장 은퇴자들이 어떤 경제활동을 하고 있습니까? 여러분이 아동─청소년기에서 청·장년기에 걸쳐서 실천했던 경험의 축적이나 자기가 지니고 있는 재능이나 능력, 이런 것을 직접적으로 발휘할 수 있는 그런 직종에 종사하고 있나요? 한국 사회의 직업 구조상 그런 경우가 쉽지 않습니다. 굉장히 드뭅니다.

여러분은 어디에 있습니까? 교육의 공간을 스스로 메꾸어 보십시오. 어떻게 메꿀 것인가? 그러기 위해서는 실제로 아동·청소년기에서 청·장년기에 경험했던 사안들을 기록으로 정돈해 보아야 합니다. 일기를 쓰건, 고백록이나 참회록을 쓰건, 자기 나름대로 삶을 성찰할 수 있는, 교육의 시간과 공간을 재구성해봐야 합니다. 이 재구성을 통해 우리는 이 시기를 다시 당겨서 볼 수 있습니다. 오지 않는 이 시기를 미리 당겨서 볼 수도 있습니다. 그렇게 하여 교육의 시공간을 충분히 고민하자 이겁니다. 그렇다면 우리가 지금 시대를 재확인해야 합니다. 21세기 초반의 한국은 어떤 사회인가요? 혼돈의 시기인가요? 안정과 평화의 시기인가요? 과학기술 문명의 시기인가요? 인문학의 시기인가요? 탐구할 수 있을 만큼 캐물어 보십시오.

••• 교육의 시공간을 재창출하라

제가 볼 때, 현재는 혁명의 시기라고 해도 틀리지 않는 시기입니다. 특히 과학기술 혁명을 눈여겨보아야 합니다. 이것은 정신적인 측면도 존재하지만, 물질적인 변혁이 상상을 초월할 정도로 진보하는 사태란 말입니다. 이 물질적인 사태가 바뀌면 정신적인 영역에 큰 영향을 미치게 됩니다. 예를 들면, 스마트폰이나 노트북, 태블릿 피시 등이 존재하지 않던 시대와 이를 자유롭게 구매하고 활용하는 시대는 인간의 사고와 행동이 확연하게 달라집니다. 세상을 보는 눈이나 삶에 관한 생각이 완전히 달라진다고요. 예측컨대, 앞으로 이 물질의 세계는 끊임없이 다이내믹 dynamic하게, 역동적으로 바뀔 것입니다. 그렇게 되면, 정신적 영역에서도, 그것이 물질적 영역에 비해 상대적으로 적게 바뀔 확률이 있지만, 기존의 인간의식을 통째로 바꾸어 나가는 현상이 찾아올 수도 있습니다. 인간 삶의 세계에 대해 완전히 다른 인식을 하도록 바뀌게 된다는 겁니다.

교육은 바로 이 정신적 영역, 영혼의 노동을 갈구하는 기능이 중심을 이룹니다. 교육이 인간의 지적 측면, 덕성, 품성, 이런 것들을 많이 길러주잖아요. 때문에 그것을 담당하고 있는 교육의 세계에서 시간과 공간을 다시 인식해야 됩니다. 변화하는 세계의 본질을 꿰뚫어 보면서 시대정신을 재인식해야 됩니다. 바로 여기

이때, 내가 직접 해야 됩니다. 지금 당장! 오늘 이 현실에서 바로 하지 않고, 언제 할 겁니까? 내일? 나중에? 그런 시간은 오지 않습니다. 어떤 사람은 말합니다. '모든 것은 지금 이 순간이다! 내일이나 다음은 없다!' 지금 우리는 그런 세계의 변화를 재인식하게 되면, 누구보다 빨리 내 삶에서 새로운 경험을 고민할 수가 있습니다. 삶에 관한 고민은 교육에 대한 고려로 이어집니다. 그래서 교육의 시공간 가운데 교육의 의미를 재구성할 수가 있는 겁니다.

과거, 전통적인 교육의 양식이 무엇이냐? 이렇게 물으면 상당수의 사람들은 '교사가 전문적인 지식, 이른바 교과 내용을 학생에게 잘 전달해 주고, 학생의 생활을 지도하는 활동'이라고 답합니다. 그런데 지금은 어떻습니까? 여러분이 봐도 그런가요? 전문적 지식이나 생활지도만을 하는 활동인가요? 아닙니다. 그보다 훨씬 넓은 범주의 활동들이 다양하게 존재합니다. 예컨대, 자신이 박물관에 찾아가서 스스로 박물관에 있는 유물 유산을 탐구하고 이해하여 내 삶에 유용하도록, 또는 우리 사회를 건강하게 만드는데 도움이 될 수 있도록 나아가야 된다는 거죠. 이제는 교육의 내용이나 방법은 물론 본질과 의미도 상당히 달라질 것으로 예상됩니다. 아니, 과거에 비해서는 이미 많이 달라졌고 달라지고 있습니다. 그러니까 이 것을 갖다가 결정적으로 '교육은 무엇 무엇이다' 이런 말이 아니고, 이제는 '교육은 무엇 무엇일 수 있다!'라는 방식으로, 교육의 의미를 교육의 시간과 공간의 재인식을 통해, 여러분 스스로가 만들어야 됩니다.

지금까지 제가 일러준 교육의 의미는, 과거부터 전통적으로 전달되어 오던 이론적 지식입니다. 이른바 교육학에서 말하는 명제적 지식이에요. 어떻게 보면 오늘날 전혀 의미가 없는 정의가 될 수도 있습니다. 이런 측면을 고려하여 여러분 스스로 교육의 시간과 공간에 대한 성찰을 통해 교육의 의미를 한번 재구성해 보기를 소망합니다. 동시에 새로운 삶의 경험과 그에 맞는 참신한 미래에 인생을 메이크업 하는, 재창출하는 그런 시간이 되길 빌어봅니다.

제9강

교육의 핵심역할은
인재양성인가?

우리 한국의 교육은 궁극적으로 어떤 목적을 갖고 있을까요? 이론적으로 볼 때, 교육의 이념, 목적이나 목표, 혹은 내용과 방법은 다양한 형태로 거론되곤 합니다. 그런데 실질적으로 우리가 교육을 한다고 했을 때 어떤 생각을 가질까요? 많은 사람들은, '교육을 통해 인재를 양성한다! 인재를 배출한다!' 이런 식으로 얘기를 합니다. 그래서 이번 주에는 교육의 핵심역할과 기능으로서 인재양성에 대해 전반적으로 살펴보도록 하겠습니다. 첫 번째는 인재의 의미와 인재양성에 대해 고민을 해보고, 두 번째는 인재양성이 대한민국 사회에서 어떤 방식으로 흘러왔을까? 과거에서 현재에 이르기까지 그 역사를 전통적 차원의 인재양성에서 고찰하겠습니다. 세 번째는 대한민국 부의 원천, 경제발전의 기초를 형성한 시대의 인재양성을 살펴보고, 네 번째는 그것이 교육에서 어떤 자리를 차지하고 있는지 고민해 보도록 하겠습니다.

01

어떤 방식으로 인재양성을 고민해야 하는가

　우리는 인재를 고려할 때, 시대마다 사회마다 요구하는 인간상이 다르다는 사실을 직시해야 합니다. 예를 들어, 농경사회에서는 지적 능력이 탁월한 인재가 농사 이론만을 많이 안다고 하여 농사를 잘 짓는 것은 절대 아닙니다. 기본적으로 농사를 지을 육체적인 근력, 힘이 있어야 농사를 지을 수가 있습니다. 힘이 있고 기본적인 농사 이론을 알아서 농사를 실제로 지을 수 있는 사람이 인재겠지요? 그런 차원에서 오늘날과 같은 산업사회, 과학기술 문명, 컴퓨터가 발달하고 인터넷이 성행하는 지능정보 사회에서는 또 다른 인재를 요구하겠지요.

　여러분! 인재양성이라는 것이 교육에서 핵심역할을 할까요? 정말 인재가 양성되는 겁니까? 우리 모두 초·중·고등학교 시절로 돌아가 봅시다. 학창 시절의 친구들을 보면, 국어 과목 공부를 잘하는 학생이 있을 수 있고, 영어나 수학, 과학 등 여러 교과목이 있을 때, 각 과목별로 특별히 공부를 잘하는 학생이 있습니다. 아니면 모든 과목을 전반적으로 잘하는 학생도 있고요. 어떤 경우에는 국어나 영어, 수학과 같은 주요 교과목에 별 관심이 없고, 오히려 사회 과목이나 미술, 음악, 체육과 같은 기타 특정 과목에 관심을 갖는 경우도 많습니다. 그랬을 때, 과연 국어, 영어, 수학을 중심으로 하는 주요 교과목의 시험을 잘 봐서, 점수가 높아서 나는 핵심 과목에서 상급에 혹은 중급에 혹은 하급에 속한다고 했을 때, 과연 거기에서 인재가 판별되고 길러지는가요? 저는 그런 부분에서 굉장히 의심이 가고, 의문스럽습니다. 저도 사실은 개인적으로 초·중·고등학교를 다닐 때 전반적인 교과목 성적이 나쁘지는 않았습니다만, 어떤 교과목은 굉장히 성적이 나빴습니다. 또 어떤 부분에서는 선생님께 지적을 당하기도 하고 얻어맞기도 하고 그랬어요.

여러분도 개인적으로 한 번 돌아보세요. 초등학교─중학교─고등학교를 거치면서 과연 내가 인재로 성장했는가? 이런 부분이 구체적으로 구명되었을 때, '교육의 핵심역할이 인재양성이다!' 이렇게 얘기할 수 있거든요. 그렇다면 현대 사회, 특히 20세기를 거쳐서 21세기가 진행되고 있는 이 시점에서 인재는 어떤 존재인가요? 21세기 현대 사회는 많은 경우에 이런 얘기를 합니다. '전 세계가, 지구가 하나의 가족인 지구촌 사회이다!' 이른바 국제화 사회가 되었단 말입니다. 글로벌화Globalization가 되었어요. 여러분! 20세기 후반이었던 1970년대나 1980년대, 이 시기만 해도 한국 사람이 해외 유학을 간다든가 해외 여행을 하기가 쉽지 않았습니다. 그만큼 전 세계를 자유롭게 움직일 수 있는 시대가 아니었습니다. 외국 경험을 한 사람들은 특정한 몇몇을 제외하고는 별로 없습니다. 그런데 여러분 지금은 어떻습니까? 시간 여유가 되거나 경제적 여유가 있으면 바로 동남아시아나 중국, 일본을 다녀올 수 있고, 멀리 유럽이나 러시아, 미국, 심지어는 브라질과 같은 남아메리카 대륙까지도 여행을 다닐 수도 있습니다. 수시로 그렇게 할 수 있는 것은 대한민국이 그만큼 잘 살게 되었다는 데 기반을 합니다만, 어쨌건 과거와 다르게 현실은 국제화가 진행되었습니다. 다른 말로는 세계화라고도 하고, 글로벌화 사회라고도 얘기하며, 다양한 표현을 사용합니다.

••• 변화하는 시대의 교육은 무엇을 요청하고 있는가

이런 사회 변화와 더불어 교육에서는 무엇을 요구해야 하느냐? 많은 전문가나 학자들은 끊임없이 '창의성이 중요하다! 독창적 사고를 가져라! 수월성을 확보하라!' 또는 '다른 사람들에게, 타율적으로, 외부로부터 어떤 것이 규정되기보다는 자율적으로 스스로 어떤 것을 만들어가라!', '무언가 남과 다른 전문적 기술이나 기능, 지적 능력을 가져라!' 이렇게 되려면 무엇을 어떻게 해야 할까요?

주변을 둘러보십시오. 상당수의 사람들이 '영재 수준의 교육을 받을 수 있는, 그런 마음 자세를 가져라!' 이런 생각들을 많이 하게 됩니다. 시대가 이렇게 요구합니다. 그것이 이른바 이 시대의 화두話頭입니다. 이 시대의 화두가 '국제화다! 창의성이다! 전문화다! 수월성이다! 자율화다! 영재다!' 이런 개념으로 포장되어 있습니다. 이 이외에도 민주사회에서 평등을 추구해야 될 테고, 자유도 지향해야 될 테고, 때로는 민주적 시민의식도 함양해야 될 테고, 다양한 교육적 요소가 많이 있습니다. 뿐만이 아닙니다. 국제화를 추구하다 보면, 세계의 많은 사람들과 함께 어울려야 하기 때문에, 세계 시민으로서의 자세도 가져야 될 테고요. 생각하기에 따라서는 앞에서 언급한 내용 이외에도 엄청나게 많은 교육적 요구들이 충당되어야 됩니다. 예를 들어, 우리가 '창의성이다! 전문화다!'라는 화두를 끄집어냈을 때 뭐가 필요하냐? 아주 고차원적인 사고력이 요구됩니다. 옛날 농경 사회나 왕정시대, 그리고 산업혁명을 거치기 이전에, 시대가 덜 복잡할 때는 상대적으로 고차원적인 사고가 그렇게 많이 필요하지 않았습니다. 삶이 좀 단순하고 명확했지요.

그러나 오늘날은 아주 복잡한 문제들이 수시로 등장하고 불분명한 사태들이 여기저기서 불거져 나옵니다. 이런 문제를 마주하면서 해결해야 되죠. 그런 차원에서 깊이 생각하고 행동의 지침을 발견하는 고차원적 사고가 굉장히 필요한 시대입니다. 그렇게 이 사회에 얽혀 있는 문제들을 고려하다 보면, 교육에서 '인재양성', 혹은 '인재함양', '인재배출'이라고 얘기하는데, 인재가 무엇이냐는 거예요.

여러분! 고등학교나 대학교에서 학생을 선발할 때, 기업체와 같은 직장에서 직원을 채용하려고 할 때, 흔히 '인재를 선발하라!'고 얘기합니다. 여기에서 강조하는 인재가 과연 무엇을 의미할까요? 인재가 무엇이기에 그것을 선발을 해야 되고 배출을 해야 되나요? 왜? 더구나 이 강의를 수강하고 있는 여러분은 어떤 인재입니까? 그리고 이 강의의 교수자인 저는 어떤 인재인가요? 나아가 우리 주변에 있는 친구나 동료를 비롯하여 남녀노소를 불문하고, 그 사람들은 어떤 인재일까요?

••• 인재, 타고난 자질인가, 탁월한 능력인가

그렇게 했을 때, '인재'가 도대체 무엇이냐? 개념에 대한 정의가 내려져야 합니다. 그러지 않고 그냥 '인재를 배출한다?' 아니, 무슨 인재를 배출한다는 거예요? 우리가 인재라고 얘기했을 때, 한자로 '인재人才', 혹은 '인재人材'라고 씁니다. 인재人才라고 했을 때, 이것은 이전의 강의에서도 잠깐 언급했듯이, 식물의 씨앗에서 움터 나오는 '싹'을 얘기합니다. 재才는 싹과 같은 것입니다! 사람에게 비유하면 인간으로 자라날 수 있는 가능성, 흔히 말하는 '싹수'가 어떠어떠하다고 할 때, 그 싹수겠지요. 그런데 인재人材에서 '재材'는 재才에 목木이 붙었습니다. 이 '재材'는 '재才'에 비해 무언가 조금 가공된듯한 느낌을 줍니다. 싹보다는 조금 더 자란, 무언가 만들어진 형식을 얘기합니다. 인재라고 했을 때, 우리가 막연하게 그냥 인재라는 개념보다는 '인재人才'인지 혹은 '인재人材'인지를 구분해서 이해할 필요가 있어요. 그래야만이 교육을 하는 목적과 목표를 분명하게 고민할 수 있습니다.

인재에 관한 사전적 개념을 보면, '어떤 분야에서 능력이 뛰어난 사람'으로 정의하고 있습니다. 학식이나 기술 등 특정한 분야에서, 우리가 종사하는 분야가 다양하지 않습니까? 그런 영역에서 특출한 사람을 말합니다. 이런 사람은 자신의 재능을 충분히 발휘하면서 상당히 완성된 수준이나 경지에 오른 사람입니다. 그래서 우리가 이렇게 얘기하죠. '아! 저 사람 인재야!', '그 친구 인재지!' 이렇게 말하면 뭔지 모르지만, 그것이 학식이 되었든 어떤 분야의 능력이 되었든, 다른 사람보다 뛰어난, 훌륭한 사람으로 인식됩니다.

예를 들어, 지금 제가 스튜디오에서 강의를 촬영하고 있습니다만, 스튜디오 바깥에서 이 강좌를 연출해주는 피디PD는 남들보다 어떻습니까? 촬영을 하거나 강좌를 정돈하는 작업에서 남들보다 뛰어난 능력을 갖고 있지요. 그런 의미에서 저 피디는 이 강좌 촬영을 전반적으로 정리해주는 인재입니다. 그러면 강의를 하고 있는 저는 어떤 인재인가요? 다른 분야는 잘 모르겠습니다만, 교육학이나 철학, 대학교를 비롯한 고등교육의 교육 문제에서는 여기에 종사하지 않은 사람에 비해 조금 뛰어날 수 있겠죠? 그런 차원에서 저도 일종의 인재입니다. 인재를 이렇게 이해하면 좋겠습니다.

그 다음에 또 인재는 어떻게 정의되느냐? 사람에게서 재주는, 그 사람이 타고난 재주가 있을 수 있고, 만들어진 재주가 있을 수도 있습니다. 어쨌건 재주가 뛰어나게 놀라운 사람을 말합니다. 그러면 우리가 인재라고 했을 때, 어떤 분야에서 '훌륭함'이라든가 '탁월함'이 있어, '탁월하다!' 이런 겁니다. 또 '뛰어남'이라든가, 그 다음에 다른 사람보다 놀라울 정도의 어떤 기술을 갖고 있다든가 그런 차원입니다.

사전적 정의를 다시 보면, 인재는 '학식이나 능력이 뛰어난 사람'이고, 또 '재주가 뛰어나게 놀라운 사람'으로 이해할 수 있습니다. 그런 측면에서 인재는 보통 사람이나 일반 사람과는 다른, 뭔지 모르지만 특별한 능력을 지닌 사람을 얘기합니다. 이를 확장하면 특별한 어떤 능력을 지닌 사람이라면, 보통의 두뇌를 갖고 있는 사람보다는 조금 우수한 두뇌를 갖고 있거나, 우리가 재미있게 세속에서 사회에서 이런 얘기를 하죠. '아! 저 친구 머리가 잘 돌아가! 센스가 있고 뭔가 재빠르게 잘 처리해!', '저 친구는 조금 느려!' 이런 표현을 쓰면서 사람을 평가하면 상대적으로 어떻습니까? 재빠르게 일처리하고 처신을 잘하는 사람이 조금 우수하다고 느껴지는 경우가 있지요? 일반적으로 얘기할 때 그렇습니다. 그리고 또 높은 학력을 가진 사람들에 대해, 초등학교나 중학교를 졸업한 사람보다는 고등학교나 대학교를 졸업하면, 뭔지 모르지만 뛰어난 능력을 가질 수 있을 것이라고 판단하며 예측하기도 합니다. 물론 실제로 그렇지 않은 경우도 있습니다만, 일반적으로 그렇게 인정해주려고 합니다. 때로는 남들보다 훨씬 우월하거나 월등하게 잘하는 어떤 능력을 지닌 그런 천재적 자질을 보유한 사람을 영재로 인정하며 인재의 의미를 정돈하기도 합니다.

••• 수월성과 평등성의 이중주를 연주하라

그런 반면에 이런 정의도 있습니다. 정말 인재라는 것이 무엇이냐? 인간이 보편적으로 지닌 기본 자질, 이것을 재ᅥ라고 했잖아요. 몇 번이나 강조해서 말했지만, '싹'이란 말입니다. 우리가 식탁에서 흔히 만나는 콩나물을 보세요. 콩에서 싹을 틔워 조금씩 자랐잖아요. 그것을 밭에 심었다면, 콩에서 싹이 올라오고 뿌리는 아래로 내리면서 점점 튼튼해집니다. 싹은 위로 자라나서 잎이 되고 줄기가 되어 다시 꽃을 피우고 콩 열매를 맺게 됩니다. 이런 모습을 인간의 성장과 성숙에 대비하면 인재의 개념을 이해하기 쉽습니다.

모든 인간은 나름대로의 자질을 지니고 있습니다. 그것을 잘 가꾸어 나가는 일이 교육이고 인간의 자질인 인재 함양이라는 겁니다. 그렇게 보면, 모든 사람은 자신만의 싹을 지니고 있습니다. 인간의 싹, 그것이 자질입니다. 이 자질을 갖고 있다는 차원에서 인간은 평등합니다. 따라서 인재 개념은 누구나 평등한 차원의, 자기 나름의 자질을 갖고 있다는 데서 재정립되어야 합니다. 자질이 부족하다거나 없는 것이 아니라, 어떻게 그 싹을 틔우고 가꾸고 성숙시키느냐가 교육의 관건입니다.

사람마다 지니고 있는 자신만의 자질을, 교육을 통해서 어떻게 합니까? 성장시켜 나가야 합니다. 그런데 그 자질이, 싹이 사람마다 차이가 존재합니다. 그렇죠? 이 세상에 완전하게 동일한 사람은 없습니다. 유사한 사람은 많습니다. 여기 K와 L씨가 있습니다. K씨와 L씨는 분명히 다른 사람이기에 엄밀한 차이가 있습니다. 그들이 지니고 있는 자질 가운데 어느 쪽이 낫고 어느 쪽이 못하다는 말은 함부로 할 수 없습니다. 기준에 따라 달라질 수 있기 때문입니다. 이것은 좋은 것이고 저것은 나쁜 것이라고 쉽게 얘기하기 어렵습니다. K씨나 L씨 모두 나름대로 가치 있는 싹을 지니고 있으니까요. 사람이 자신의 싹을 디딤돌 삼아 다른 사람에 비해 특별한 측면에서 탁월함을 발휘할 때, 어떤 비교 대상보다 뛰어난 수월성이 나타날 수 있습니다. 그러니까 우리가 인재라고 얘기했을 때, 모든 사람이 싹을 지니고 태어났다는 측면에서는 평등하고, 사람마다 다른 독특한 능력을 발휘할 가능성 측면에서는 수월성을 담보할 수 있어요. 따라서 인재를 고려할 때, 평등성과 수월성이라는 두 가지 측면을 잘 보아야 합니다.

자, 그러면 여러분! 인재를 어떻게 고민하면 좋겠습니까? 수월성을 담보할 수 있는 사람들, 탁월한 사람은 이미 만들어져 있죠? 여러분이 학교의 기관장으로서 학생을 선발한다면, 혹은 직장의 대표로서 직원을 선발한다면, 어떻게 하겠습니까? 탁월한 사람을 선발하겠습니까? 아니면, 아직까지 좀 덜 성숙되었지만, 누구나 지니고 있는 자질을 교육을 통해 끄집어내는 측면에 주안점을 둘 것입니까? 인재를 이해하는 방식에 따라 인재에 대한 관점이 완전히 달라집니다.

••• 인재, 만들어야 하는가, 선발해야 하는가

여러분은 어떻게 이해하고 싶나요? 인재에 대한 관점이 좀 잡힙니까? '나는 이미 만들어진, 완벽하게 어떤 자질을 갖춘 사람, 훌륭하고 탁월한 사람을 뽑겠다!' 아니면, '나는 아직까지 온전하게 만들어지지 않았지만, 조금 미숙한 상태로 있지만, 그런 사람을 선발하여 교육을 잘 시켜서 인재로 길러 내겠다!' 이 가운데 어느 쪽입니까? 굉장히 어려운 문제입니다.

다시 고민해 봅시다. 여러분! 보세요. 이렇게 됩니다. 여기 인재라는 존재가 있을 때, 이것이 온전하게, 혹은 탁월하게, 무언가를 모두 갖춘 존재이기 때문에, 내가 그 인재를 선발하여 데려오기만 하면, 뭡니까? 직장에서 바로 적절한 부서에 배치하여 일을 시킬 수 있습니다. 즉시 활용할 수가 있는 거죠. 이는 인재에 대한 현재 가치를 중시하는 태도입니다. 여러분은 지금 당장 탁월한 능력을 지닌 사람, 이런 인재를 원합니까? 아니면, '아직 자질이 미성숙한 상태에 있는 사람, 지금은 싹으로서 조그맣게 존재해! 그러나 내가 이 사람을 교육시키면 나중에 아주 뿌리 깊은 나무처럼 훌륭한 나무로 만들 수 있고 그렇게 성장하고 성숙시킬 수 있어!' 인재에 대한 이런 태도는 현재 가치보다 미래 가치에 기준을 둡니다. 현재 가치에 무게 중심을 두건 미래 가치를 선호하건 둘 다 의미가 있습니다.

예를 들어, 이럴 수가 있죠. 어떤 회사에서 A라는 특별한 기술을 요구하는데, 그 기술을 터득해야, 혹은 그 기술에 대한 자격증을 취득해야만이 바로 현장에 투입하여 일을 할 수 있는 경우, 지금 당장 만들어진 인재를 선발해야 합니다. 그런 차원이 있고, 또 그런 자격증을 지금 당장은 가지고 있지 않지만, 2년이나 3년 뒤에 교육훈련을 통해 그 자격증을 터득한 후, 그 사람을 채용하여 쓰겠다고 할 수도 있습니다. 그것은 사람이 지니고 있는 가치관에 따라 달라지는 겁니다.

••• 자신의 자질과 소질을 확인하라

자. 그런 점을 염두에 두고, 인재를 다시 정돈을 해 봅시다. 인재는 무엇이냐? 인재를 가늠하는 데 가장 중요한 것은 무엇이냐? 타고난 기본 자질을 바탕으로 해

야 됩니다. 기본 자질에 대한 인식은, '모든 사람이 기본 자질을 지니고 있다!'라는 사실에 기초해야 합니다. 그것을 바탕으로 사회가 요구하는 것에 맞도록 진출해야 합니다. 내 자질을 필요로 하는 곳이 사회 곳곳에 존재합니다. 사회의 요청에 맞도록 나름대로 길러가야 하는 것이 인간의 자질이자 인재를 다듬는 기본 태도입니다.

인재를 다듬는 작업은 교육이 맡습니다. 자질을 함양하는 작업, 인재를 길러가는 엄중한 책무성이 교육에 부과되어 있습니다. 자질을 길러나갈 때 중요한 건 무엇이냐? 사람마다 갖고 있는 자신의 능력입니다. 그러니까 우리는 이렇게 얘기해도 됩니다. '나는 인재다!' 대신에 조건이 있습니다. 나는, 모든 사람은 이미 어떤 자질을 타고 났습니다. 이 사회는 여러 영역에서 나의 자질을 요구합니다. 나의 타고난 자질을 필요로 합니다. 그러면 나는 그것을 어떻게 해야 하겠습니까? 간단합니다. 사회의 요청에, 필요에 맞게 길러야 합니다. 그런 사회적 요청에 근거하여, 나의 자질을 기르고, 능력을 담보할 때 '나는 인재'입니다.

우리는 흔히 말합니다. '저 사람 천재야! 수재야! 왜? 태어날 때부터 그렇게 되었어!' 정말 그럴까요? 사람이 타고날 때부터 천재여서 너무나 지혜롭고, 타고날 때부터 바보여서 너무나 어리석은 존재라고 한다면, 이미 인간의 능력이 결정되어 있다고 하면, 우리 인간의 삶은 너무나 암울합니다. 희망이 없습니다. 여러분! 교육의 목적과 본질을 강의할 때 말씀드렸습니다만, 인간이 타고날 때부터 모든 것을 다 알고 있다? 그러면 교육할 이유가 뭐가 있어요. 모든 것을 다 아는데. 인간 사회에서 그런 존재 규정을 하기가 쉽지 않습니다. 역사적으로 볼 때, 인간이 어떻게 모든 것을 한꺼번에 태어나면서부터 다 알아요. 척 보면 안다고요? 웃기는 얘기예요. 교육학적으로 그런 인간상은 상정하지 않습니다. 뭔지는 모르지만, 어떤 인간이 이미 엄청나게 발달되어 있고 똑똑할지라도 부족한 게 있게 마련입니다. 때문에 교육을 하려고 고민합니다.

••• 인재는 어떤 요소를 갖추고 있는가

인재의 개념과 의미를 곰곰이 고민해 봅시다. 인재는 무엇으로 이루어질까요? 인재의 구성 요소를 언급할 때, 자질이나 기질, 재주나 재능, 잠재능력과 같은 용어를 포함시킵니다. 이 모든 단어가 유사한 개념입니다. 여러분도 모두 각자의 자질을 갖고 있잖아요. 기질도 갖고 있잖아요. 그리고 재능도 갖고 있잖아요. 잠재능력 모두 지니고 있습니다. 자질에서 잠재능력까지 이 모든 것이 없는 게 아닙니다. 이것이 없는 사람은 존재하지 않습니다. 다 있습니다. 제가 늘 얘기했지만, 그것을 지니고 있는 정도와 수준의 차이입니다.

그래서 인재의 구성 요소가 이런 것이라면, 그 특징이 무엇이냐는 것입니다. 기술적 특징도 있고요, 인간적 특징도 있고, 교육적 특징도 있습니다. 인재의 기술적 특징은 기초 능력을 함양하는 부분도 있고 때로는 전문 능력을 확보하는 영역도 있습니다. 기초 능력은 모든 사람에게 해당되는 인간의 기본 힘입니다. 사람이면 가져야 하는 기본적인 것, 아주 재밌게 얘기하면, 사람이 밥을 먹어야 되잖아요. 그러면 뭘 길러야 돼요? 숟가락 들 힘은 가져야 된다는 거예요. 누구나 먹어야 되니까, 음식을 떠서 먹을 수 있는 힘은 가져야 된다는 거예요. 그럴 정도의 힘이 없는 사람도 있습니다만 특별한 경우에 해당하지요. 장애우라던가 연로한 분들의 경우에는 기초 능력도 상실할 수 있습니다. 그런 분들은 국가에서 사회복지를 통해 별도로 보살펴야지요. 비유하면 그런 것이 기초 능력입니다.

그런데 어떤 사람은 밥을 먹고 어떤 사람은 햄버거를 먹고 어떤 사람은 국을 마시듯이, 이 사회에는 다양한 형태로 각각의 능력이 필요한 영역이 있겠죠. 그것은 각자 다른 그 사람의 재능과 재주입니다. 그것이 능숙하게 제대로 성숙했을 때 그 사람의 전문 능력이 됩니다. 그것을 확보해야 내가 살아갈 삶의 근거를 마련하죠. 기초 능력은 모든 사람에게 보편적인 힘이고 전문 능력은 사람마다 다른 특수한 영역의 힘입니다.

마찬가지로 인간에게는 보편적 인성이라는 게 있고, 자질 측면으로 볼 때 독창적 개성이 있습니다. 그래서 보편적 인성은 교육적으로 볼 때 평등성을 지향합니다. 누구나 평등하고 균등하게 교육적 혜택과 효과를 얻을 수 있도록 고민해야 합니다. 전문 능력의 확보나 독창적 개성은 앞에서 언급한 수월성을 추구합니다. 어떤 사람이 지니고 있는 자질을 보다 강화시키는 방향으로, 보다 전문적으로 특수하게 잘 활용할 수 있도록 만들어가는 방향으로, 전문성을 심화해 나가는 겁니다.

지금까지 말씀드린 인재를 간단하게 요약하면서 정돈해 봅시다. 문제는 우리가 살고 있는 현실입니다. 이 무슨 시대입니까? 이 시대에는 인재를 어떻게 규정해야 할까요? 앞에서 인재라는 것이 다른 사람에 비해 탁월한 것이 있고, 또 모든 사람이 갖고 있는 평등성의 차원도 있고, 자기만의 독창적인 수월성의 차원도 있다고 했습니다. 그렇다면, 지금 이 시대에는 어떤 인재가 요청되고, 인재를 무엇으로 정의해야 하는가? 이것이 고민입니다.

여러분! 지금 주변에 많은 사람들이 있습니다. 우선 나부터, 나는 현재 대한민국에서 어떤 인재지요? 나의 형제자매가 있고 친구 동료가 있는데, 그들은 어떤 인재지요? 결혼을 한 경우에는 자식도 있습니다. 내 자식은 어떤 인재지? 인재로 성장할 수 있을까? 많은 사람들을 지칭할 때 어떤 인재라고 딱 집어 얘기할 수 있을까요? 진지하게 살펴봐야 할 것 같습니다. 그래야 인재를 배출하건 선발할 것 아닙니까! 그 의미가 규정되지 않았는데 어떻게 인재를 검토합니까!

21세기 4차 산업의 시대, 정보지능이 훨씬 더 활발하게 진행되는 시기에, 생명공학이 발달하는 시기에, 어떻게 인재를 규정해야 하는가? 열쇠가 여기에 있는 것 같습니다. 복잡해지고 변화가 심화되는 시기일수록 다양한 차원을 고려해야 합니다. 시대가 다양한 만큼, 그 다음에 고민해야 될 것은 전문 영역에서 과연 탁월성을 발휘하는 사람만이 인재인가에 대해 물음표를 던져봐야 됩니다. 과거에는 어땠습니까? 전문직이라는 이름으로 전문가가 힘을 발휘하기도 했습니다. 때문에 전문가를 많이 양성했습니다. 지금도 이런 얘기는 여전히 유효한 것처럼 느껴지기도 합니다. 많은 사람들이 전문가를 양성해야 된다고 얘기해요. 그런데 그것만이 인재 양성이냐 이거죠. 그것에 대한 회의도 필요하다는 겁니다. 예를 들면, 이 시대에 빈둥빈둥 노는 것처럼 보이는 사람도 있을 수 있어요. 그러나 가만히 속을 들여다보면 노는 게 아니에요. 여행 전문작가의 경우, 여행을 다니며 노는 것처럼 보이잖아요. 그런데 단순하게 흥얼대며 제멋대로 돈이나 쓰고 노는 게 아니에요. 새로운 직종이 생겨나고 일의 영역이 달라지기도 합니다. 그래서 무엇보다 중요한 것은 '나는 인재다!'라는 자부심이 요청됩니다.

여러분! 한 번 써보십시오. '나는 인재다! 나는 인재다!' 이렇게 자신에 대해 프라이드를 가져보는 거예요. '나는 인재다!'라고 했을 때, 무엇보다 중요한 것이 무엇이겠습니까? 자기 능력에 대한 인식이에요. 나는 어떤 사람인가? 나는 무슨 재능을 갖고 있는가? 과연 나의 자질은 이 시대에 펼칠 수 있는 재능인가? 뭐 이런 것들이 있겠죠. 이런 부분들을 한 번 진지하게 고민하는 시간을 가졌으면 좋겠습니다. 제가 볼 때 여러분 모두는 분명하게 이 시대에 훌륭한 인재로 역할을 다할 수가 있습니다. 저도 앞으로 이 시대에 맞는 역할을 보다 잘하기 위해 노력을 해야 되겠죠.

02

전통적 인재양성을 확인하라

지난 시간에는 인재의 개념이 무엇인지 다루었습니다. 제가 이렇게 얘기했지요? '이 강좌를 수강하고 있는 여러분 모두는 분명히 인재라고요.' 이 강의를 함께 하고 있는 많은 분들은 특별한 인재일 수 있습니다. 이 무크 강의를 직접 찾아 강의를 들으려고 한 사람이라면 그럴 가능성이 훨씬 높습니다. 그만큼 자율적이고 공부하려는 열정이 가득하므로 그런 생각만큼이나 인재일 수 있어요. 자기능력에 대한 자신감이나 자부심 등 자신의 삶을 다양한 방식으로 길러갈 용기가 있는 사람이기 때문입니다.

그런데 대한민국을 가꾸어온 우리의 선조들은 어떤 인재를 길러내려고 했을까요? 아주 오랜 옛날부터 현재 21세기에 이르기까지 어떠한 인재를 기르려고 노력했고, 시대마다 어떻게 인재를 이해했기에 그 시대에 맞는 인재를 양성하기 위해 고민했을까요? 이 지점에서 전통적 인재양성에 대해 한번 고민을 해보도록 하겠습니다.

그러려면 우리 역사가 어떻게 전개되어 왔는지 살펴봐야 합니다. 대한민국 이전에는 어떤 시대가 존재했을까요? 일반적으로 역사 시간에 배운 것은 고조선, 고구려·백제·신라를 중심으로 전개되는 삼국시대, 통일신라와 발해의 남북국시대, 고려시대, 조선시대로 이어지는 한반도를 중심으로 존재했던 사회입니다. 조선시대가 끝나고 현재 우리가 살고 있는 대한민국으로 들어오기 전에 개화기, 대한제국이라는 시기도 있었습니다. 개화기, 대한제국 시기를 지나면서 우리나라는 불행한 시기를 겪습니다. 대한민국이라는 나라가 건설되기 전에 이 한반도는 일본제국주의의 침탈로 인해 조선총독부의 지배를 당했던 시기가 있습니다. 조선을 이은 우리 민족의 나라가 없던 시대가 있었습니다. 우리 선조들의 피눈물 나는 독립운동의 결과 나라를 되찾기는 했지만, 우리 민족은 나라를 잃고 헤맸습니다.

일제의 조선총독부가 지배하던 시대조차도 그 시대를 이끌어갈 인재를 고민했습니다. 2차 세계대전에서 일본의 패망과 더불어 일제 강점기가 막을 내리자마자 우리나라는 해방이 되었음에도 불구하고, 바로 나라를 건설하지 못했습니다. 대신 미군이 한반도에 들어와 잠시 정치를 하던 미 군정기를 거치게 됩니다. 1945년부터 1948년 대한민국의 초대 대통령 이승만 정부가 수립되기 전까지의 시기이지요. 한 3년 정도 됩니다. 그 시기에도 인재양성을 고민합니다. 그 다음에 대한민국을 건국하고, 국가 건국 초기에 인재양성을 진지하게 고려합니다. 이때부터는 본격적으로, 그러니까 1948년 8월 이후부터 대한민국의 인재양성이 진정으로 진행됩니다. 대한민국의 건국 이후, 국가는 어떤 상황에서, 어떤 인재양성을 고려했을까요? 여러분과 함께 이런 우리 역사의 전개를 머리에 그리면서, 대한민국의 선조들이 일궈온 전통적 인재양성에서 우리의 미래를 어떻게 열어가야 할 것인지 한 번 차근차근 고민해보도록 하겠습니다.

••• 왕정시대의 인재는 관료와 기술인이었다

여러분! 전통적 인재양성의 차원을 보면, 사실 삼국시대나 고려, 조선시대에 대해, 우리의 역사기록이 있기에 다양한 측면에서 역사적 교훈을 받을 수 있습니다. 아니면 역사적 사실에 대해 지적 차원, 혹은 현장답사를 통해 다양한 형태의 공부를 할 수도 있습니다.

그런데 진지하게 한 번 따져보십시오! 전문학자나 전공을 하지 않은 일반인의 경우, '삼국시대'라고 하면 어떻게 생각합니까? 단순하게 그냥 '고구려, 백제, 신라' 세 나라가 각자의 문명을 발전시켜 나가다가 최후에 신라가 통일을 했다. 그리고 '고구려'라고 하면 뭡니까? 저 북한지역을 포함하여 중국 동북부 대륙, 이른바 만

주에 걸쳐 존재하던 거대한 나라였다! 그러니까 저 만주 땅도 원래 우리나라 영토였다! '백제'라고 하면 또 어떻게 생각합니까? 서해나 남해 바다 건너까지도 우리나라 영토였다. 이런 수준의 아주 얕은 지식을 알고 있을 뿐입니다. 그러니까 삼국시대라는 문명에 대해 역사 기록에 의한 지식을 간략하게 알고 있을 뿐 진정으로 그것이 무엇인지 사실은 잘 모릅니다. 몰라요. 삼국시대 이후에 등장한 고려시대도 엄밀하게 말하면 잘 모릅니다. 고려시대? 고려시대에 대해 우리가 구체적으로 어떤 것을 알고 있나요? 기껏해야 우리가 '꼬레아Corea!', 즉 현재 우리가 '코리아 Korea'라는 나라의 명칭이 세계적으로 다른 나라에도 알려지게 된, 코리아라는 한국의 국명이 고려 때부터 외국과의 교류를 통해 점점 강화되어온 것이다. 이런 정도로 알고 있습니다. 현재로부터 시대적으로 가장 가까운 조선시대의 경우에도 마찬가지입니다. 유교가, 성리학이 이데올로기처럼 존재했던 나라였다! 뭐 이 정도입니다.

문제는 인재양성이라는 차원입니다. 인재양성은 그냥 사람을 기르는 일이 아닙니다. 인재를 양성하기 위해서 우리는 먼저 그 시대의 상황과 추구하는 이념들, 앞에서 교육이념에 대해서는 간략하게 말씀드렸죠! 그 시대가 추구하는 이념과 시대 상황이 어떤지를 알아야 합니다. 그러다 보니, 여기에 따라 왜 인재양성을 해야 되느냐? 인재양성의 요청과 필요성을 알아야 합니다. 나아가 인재양성은 실제로 어디에서 했느냐? 인재양성이 공간, 오늘날로 따지면 학교가 되겠죠. 문제는 어떤 학교냐? 어떤 학교에서 누구를 대상으로 했느냐?

우리는 민주 사회를 살고 있습니다. 때문에 민주 국가는 그 국가의 모든 국민들을 대상으로 교육합니다. 그러나 특정한 시기, 지배계급이나 특정 계층이 존재할 때, 교육은 모든 국민, 즉 누구에게나 개방되어 있는 것이 결코 아닙니다. 교육이 아주 폐쇄적으로 제한됩니다. 그런 차원에서 세 가지, 그러니까 시대 상황과 이념, 인재양성의 목적, 인재양성의 공간과 대상을 자세하게 따져 보아야 합니다.

간략하게 살펴보면, 조선시대까지의 정치체제는 왕정王政입니다. 왕이 다스리는, 왕이 나라의 주인인 시대, '짐朕이 국가國家다!'라는 시대입니다. 왕이 주인이에요. 그러니까 민주주의 시대와는 전혀 다릅니다. 그 시대의 주요 산업은 뭐냐 하면 주로 농업이에요. 농업이 거의 100%에 가깝습니다. 물론 100%는 아니지만, 거의 80-90%가 농사짓고 살았어요. 나머지는 수공업자나 상공업자들이 있었습니다. 그리고 그 시대의 교육이념은 무엇이냐? 쉽게 말하면 그 나라를 수호하는 일, 체제유지입니다. 내 나라를 지켜야지! 이렇게 되는 거예요. 나라를 지키지 않으면 어떻게 됩니까? 백성들이 뿔뿔이 흩어지고 왕이 다스리는 나라 자체가 해체되죠. 그 나라에 살 수가 없죠. 그 시대는 이런 이념 속에서 살았습니다.

그러다 보니, 왕정시대 인재양성의 목적이 무엇이냐? 앞에서 인재라는 것은 다른 사람에 비해 훌륭한 어떤 능력을 지닌 사람, 탁월함을 지닌 인간이라고 했지요? 이런 관점에서 보면, 왕정시대의 인재는, 일반 백성에 비해 훌륭하고 탁월해야 합니다. 그들이 바로 국가 관리나 관료입니다. 그런 사람들을 길러내는 일이 인재양성입니다. 또 필요한 것은 무엇이냐? 이 사람들은 상대적으로 최고위급의 지배계층을 이룹니다. 이른바 지배층이죠. 지배층 아래에 있는 인재는 또 무엇이냐? 중간쯤 되는 인재들, 사회 유지에 필요한 기술인입니다. 기술인은 중간계급쯤 돼요. 그러면 제일 아래쪽에 누가 있겠습니까? 일반 백성들이 있겠죠. 그러니까 일반 백성들은 양성한다기보다는 그냥 농사지으면서 살아가는 겁니다. 따라서 인재라는 말을 붙이지도 않습니다. 특별히 양성해야 한다는 계획적인 의도성을 가질 필요가 없는 겁니다.

물론, 오늘날의 경우에는 농사짓는 사람도 어떻습니까? 전문 농사꾼이 따로 있죠. 그래서 특수 작물도 재배하고요. 어떤 전문 농사꾼 같은 경우에는 엄청나게 많은 수익을 올리기도 합니다. 연봉도 굉장히 높고요. 그런 사례들을 언론 매체에서 가끔 볼 수 있지 않습니까? 옛날 전통적 인재인 국가 관리나 관료, 기술인들은 어디에서 양성하느냐? 전통적인 학교가 있습니다. 성균관成均館이나 서원書院, 서당書堂과 같은 학교에서 인재로 성장하는 데 필요한 다양한 글을 배웠습니다. 이런 사람들은 어떤 사람들이냐? 제한된 계급 계층입니다. 우리가 흔히 말하는 양반입니다. 기술인의 경우에는 조선시대 같으면 중인이라고 그러거든요. 이 중인 집단은 자신의 기술을 대대로 세습하며 계급계층을 형성합니다. 양반의 자제들은 어떻습니까? 대대로 과거科擧 시험을 봐서 관료로 나아갈 수 있었습니다. 그러다 보니까 양반 계층에 있던 사람 가운데 관리나 관료로 나아가는 경우는 많지만, 일반 백성인 농사꾼이 과거 시험을 봐서 좌의정이나 영의정과 같은 최고위 관료로 진출하는 경우는 굉장히 드뭅니다. 신분 사이에 수직적 상승이 굉장히 어렵고, 드문 시대죠. 그 시대에 인재양성은 그런 양식으로 진행되었습니다.

이제 조선시대를 지나 서구 문명이 들어오는 시대가 되었습니다. 이 시기는 우리나라로 보면 대한제국 시대인데, 이때는 서양 문물이 들어오기도 하고, 흔히 말해 근대 서구 사회의 문화를 수용하는, 개화가 시작되는 그런 시기입니다. 그때는 어떻게 되었느냐? 정치 체제가 대한제국이라는 황제皇帝가 다스리는 제국의 시기입니다. 이 시기에도 여전히 농업이 주요 산업입니다. 공업을 중심으로 하는 공장이 거의 없습니다. 이 시대가 1880년대 이후 1900년대 초반 정도 되거든요. 지금부터 150년 이전의 일입니다. 그 시대는 무엇이냐? 오늘날처럼 어떤 공장이라든가 2차 산업 시설이 거의 없습니다. 대부분의 국민이 농사를 짓습니다. 또 서구 열강들이 밀려오는 시대입니다. 이런 시대를 맞이하다 보니, 나라가 무엇을 꿈꾸느냐? 서구 열강들처럼 부국강병富國强兵을 소망합니다. 잘 사는 나라! 강한 군대! 그렇게 해야 외부로부터의 적도 막아내고 내부적으로는 백성들도 잘 살 수 있게 만드니까요.

그러다 보니 인재양성도 뭐냐 하면, 서구의 교육 체계라든가 문화가 들어오게 되면서, 개인주의적 사유도 조금씩 들어오게 됩니다. 그러니까 개인의 성숙도 고려를 하면서 분야별로 필요한 관리를 양성하려는 양식으로 조금 바뀝니다. 서구 문명이 들어오는 시기임에도 불구하고, 이 시기에도 인재를 양성하기 위한 전통학교도 있었습니다. 성균관, 서당을 비롯한 학교들을 비집고, 서구식 근대학교가 만들어지기 시작했습니다. 이 시기에도 제한된 계급계층들이 인재로 등극을 합니다. 그러니까 일반인, 흔히 여기에서 말하는 농사를 짓는 일반 국민, 혹은 백성이겠죠. 일반 국민 혹은 일반 백성들은 인재로서 성장한다는 생각을 잘 못합니다. 그런 생각을 하기 힘든 시절이에요. 민주 사회도 아니고 전통적 계급계층 사회가 두텁게 자리하고 있었기 때문입니다.

그 다음 시대가 바로 일제강점기입니다. 일제강점기는 어떻습니까? 우리 한반도에 나라가 없습니다. 일제강점기는 무엇이냐? 우리나라가 일본이라는 나라의 속국이 된 시기입니다. 일본이 조선총독부를 만들어 다스리던 시기입니다. 조선총독부는 무엇이냐? 일본이라는 나라의 행정조직으로 한반도를 다스리는 일본국 조직의 명칭입니다. 우리나라 대한민국 안에 경기도에서 제주도까지 각 도가 있듯이,

조선총독부는 그런 개념의 국가 조직입니다. 이 조선총독부가 한반도 전체를 다스리고 가르치는 거예요. 조선총독부의 통감이 모두 다스리는 거죠. 대통령처럼. 이 조선총독부가 다스리던 시기 일본의 정치체제는 무엇이냐? 일본은 천황天皇 체제잖아요. 그리고 한반도의 주요 산업은 여전히 농업입니다. 조선총독부가 한반도를 다스리기 위한 통치이념이나 교육이념은 무엇이냐? 그 유명한 이른바 '황국신민화 皇國臣民化!' 우리 조선의 백성들이 전부 뭡니까? 일본의 백성이 되어야 하는 겁니다. 일본의 천황 아래 굽실거리는 신하가 되는 겁니다. 한반도에 존재하는 나라 자체가 일본이니까, 그 지배 하에 있으니 그들이 원하는 것을 따라야 하는 시대였습니다. 참 슬프지요.

그리고 인재양성은 무엇이냐? 일본의 지배라는 것을 전제로 조선 사람은 보통 기능인이나 실용적 하급관리로 양성하려고 했습니다. 왜 조선인들은 기능인이나 하급관리냐? 상급관리는 누가 하겠습니까? 일본인들이 지배자이니 당연히 상급관리는 일본인들이 하는 겁니다. 일본인들이 상급관리로서 한반도 전체를 장악하고 그 아래의 하급관리를 조선인들에게 나누어주는 겁니다. 조선인들에게는 절대 높은 자리를 주지 않습니다. 만약 높은 자리를 한 조선인이 있다면, 그는 거의 매국을 한 핵심 친일파일 겁니다. 조선인들은 보통 기능인으로 양성하고, 일본인들이 자신들에게 필요한 일을 시키기 위한 그런 방식으로 인재양성 정책을 펴 나갑니다.

이 일제시대부터 서구 근대식 학교가 들어오고, 전통 서당이 개량식으로 전환되기도 했습니다. 이때는 민주주의 시대처럼 모든 사람에게 자유와 평등이 주어져서 사람이 노력만 하면 되던 그런 시대가 아닙니다. 그러다 보니, 상대적으로 제한된 계급 계층이 인재로 등극합니다.

••• 미군정기, 민주주의 도입으로 민주적 인재를 고민했다

일제시대를 지나면 미 군정기가 됩니다. 미 군정기는 정치 체제가 어떻습니까? 미 군정기 때의 상황은 한 마디로 말하면 좀 혼란스런 시대입니다. 예를 들어, 1945년 8월 15일에 해방이 된 후, 1948년 8월 15일에 대한민국 정부가 수립되잖아요. 일제와 미군정으로부터 독립된 정부가 수립된단 말입니다. 이 사이에, 3년 정도 되는 시기에 누가 한반도를 지배했느냐? 미국이란 말입니다. 그래서 우리가 그 이후로 미국의 제도를 적극적으로 받아들이게 되고, 미국 문화의 막대한 영향을 받게 됩니다. 그 과정에서 미국의 교육문화가 정착이 돼요. 그렇다고 그 이전의 일제시대 때 있던 제도가 모두 없어진 것이 아니라, 그것을 바탕으로 미국의 제도가 들어와 대한민국 문화에 절대적 영향을 미쳤습니다. 미국이 점령지인 한반도 이남을 통치했으니, 당연한 결과입니다. 2차 세계대전 이후, 한반도의 산업은 여전히 농업입니다. 그리고 이때 미국에서 미국식 민주주의가 이식이 됩니다. 그러니까 우리가 미국의 정치, 경제, 사회, 문화적 영향들을 엄청나게 받았습니다. 어떤 사람들은 그것에 대해, 대한민국은 '미국의 속국'이라 할 정도로 심하게 표현하기도 합니다. 그런데 그렇지는 않습니다. 우리 대한민국도 엄연히 자주 국가니까요.

그러나 문제는 무엇이냐? 이 혼란기에 미국의 제도와 그 이전의 일제 강점기의 폐해들에 둘러싸여 나라가 정신이 없어요. 부정적인 요소들은 제거하고 긍정적인 요소들은 이식하고 해야 되잖아요. 그런 과정 없이 나라를 건설하는데 바쁘다 보니, 그 시기에 특별한 인재양성의 목적이 없어요. 나라를 빨리 만들기 바빠요. 그래서 당시의 인재 문제에 대해서는 물음표(?)를 칠 수밖에 없어요. 무슨 인재를 양성합니까? 이미 만들어져 있는 인재들, 미국 유학한 사람들이 와서 미국 문화를 그대로 한반도에 이식하고, 일제 잔재를 그대로 정돈하고 청산하는 그런 과정에서 고민을 할 뿐이었습니다.

미 군정기를 거치면서 일제 잔재가 청산되었느냐? 아니냐? 이는 별개의 문제입니다. 그런 문제를 다룰 때 진지하게 논의할 필요가 있는 주제입니다. 국가 건설과 더불어 초기 국가를 이끌어갈 인재를 양성하려는 노력은 많이 했을 겁니다. 그런데 인재양성을 위해 만든 학교가, 서구의 근대식 학교이지만, 미국식 학교라는 것을 고민하면 좋습니다. 여러분은 아마 이런 말 많이 들어봤을 겁니다. 우리나라는 6·3·3·4제다. 이는 쉽게 말해, 초등학교 6년, 중학교 3년, 고등학교 3년, 대학교 4년이라는 제도를 채택했다는 겁니다. 이 6·3·3·4제를 학제라고 해요. 미국에서 들어온 제도입니다. 지금도 우리나라는 6·3·3·4제를 채택하고 있지요. 이때 들어온 거예요. 이때도 한반도의 상황은 어떠하냐? 아직까지도 상대적으로 제한된 계급계층이 인재로 양성되어 등극하는 그런 형국이죠.

그 다음에 이제, 1948년 8월 15일에 대한민국 초대 이승만 정부가 수립되고, 대한민국 건국 초기에 접어듭니다. 대한민국 건국 초기의 정치 상황은 어떻게 되느냐? 앞에서 말씀드린 것처럼, 한반도 남쪽은 미국식 민주주의 정치 체제를 선택합니다. 그리고 한반도 이북에서는 조선민주주의 인민공화국이라는 김일성 사회주의 정부가 수립됩니다. 이후 얼마 지나지 않아 1950년이 되면 어떻게 됩니까? 6.25전쟁이 일어나죠. 그러니까 이제 조금 나라가 정착하려고 노력하는 가운데, 전쟁이 일어나 버려요. 어쨌든 한반도의 남쪽은 정치 체제로서 민주주의이고 산업은 여전히 농업이 중심입니다.

그리고 국가의 통치 이념은 무엇이냐? 민주 국가로서 토대를 마련하는 것이 이 시기의 가장 강력한 국가적 임무예요. 그러니까 민주주의의 토대, 민주주의 국가로서의 토대를 마련하는 데 도움을 줄 수 있는 인재가 절실히 요청되던 시기입니다. 민주주의와 대한민국, 한민족의 민족주의를 지향하는 사람, 그리고 민주주의 가치를 도입하다 보니까 자치인, 자유인, 평화인을 기르고 싶었을 것이고, 자치와 자유, 그리고 평화에 기여할 수 있는 사람, 또 나라가 잘 살지 못하는 상황이니까, 이 당시만 해도 우리 대한민국은 전 세계에서 가장 가난한 나라 가운데 하나입니다. 지금은 전 세계 OECD 국가에 소속되어 세계적으로 잘 사는 나라로 평가 받지만요. 그만큼 우리가 빨리 발전을 한 거지요. 어쨌든 이 시기는 그만큼 경제를 재건할 수 있는 사람이 요청되었습니다. 경제 재건을 하려면 뭡니까? '과학기술' 인재, 이런 것이 인재양성의 목적으로 등장합니다.

이때부터 이제 현대식 학교가 들어옵니다. 미국식 학교가 들어와서, 모든 국민에게 교육이 실질적으로 열리게 됩니다. 형식적으로는 누구나 학교에 들어올 수 있습니다만, 실제적으로 학교에서 어떻게 합니까? 돈이 있어야 학교에 들어옵니다. 지금도 마찬가지입니다. 학교는 모든 국민에게 열려있었지만, 실제로는 학교에 갈 상황이 되는 제한적 계층만이 교육을 받을 수 있었습니다. 우리나라가 60년대 70년대까지만 해도 먹고 살기가 바빴습니다. 당시에는 초등학교 혹은 겨우 중학교만 졸업한 사람이 많습니다. 개인적으로 제게 누나가 하나 있는데, 그 누님은 여자잖아요. 여자에 대한 차별도 있습니다. 그러다 보니까 실력이나 능력이 모자라는 게 아니고, 초등학교 밖에 졸업을 못했어요. 학교에 갈 만한 경제상황이 안 돼요. 물론 '여자가 배워서 뭐하나?'라는 사회적 분위기도 있고 그렇습니다. 참 삶이 팍팍하고 어려웠습니다. 어쨌건 시대마다 교육적 상황과 차원이 있습니다.

우리 대한민국의 역사는 1948년에 본격적으로 시작됩니다. 물론 대한민국 임시정부는 1919년에 시작하여, 대한제국이 대한민국으로 바뀌면서 '민국' 시대로 들어오지요. 1948년 대한민국이 되었을 때, 이 대한민국 건설 초기의 전통적 인재양성은 그 시대적 한계로 인해 상당히 제한된 계급 계층에게만 인재라는 개념을 부여하고, 국가의 핵심이 되는 관리를 뽑아 일반 백성들, 주로 농업국가니까 농업에 종사하는 일반 사람들을 다스려나가는 그런 형태로 인재양성이 이루어져 왔다고 보면 됩니다. 당시 그 이전의 조선시대나 일제 강점기의 인재양성은 무엇이냐? 기본적으로 관리양성입니다. 현대적으로 말하면 공무원 양성입니다. 그렇습니다. 공무원 아니면, 나라의 관리 아니면 뭡니까? 대부분 백성들이 농민이잖아요. 백성들이 관리가 아니면 소수의 수공업자들, 상인들이 있는 겁니다.

그랬을 때, 우리가 이 전통적 인재양성에서 고민해야 될 게 무엇이냐? 앞에서 삼국시대부터 대한민국 건국 초기까지 전개되어온 역사를 봤습니다. 인간은 자신의 사회적 유전자를 물려준 역사를 성찰해야만 자신의 미래를 살필 수 있습니다. 시대별로 어떻구나! 그래야 그 시대가 요청하는 인재를 알 수 있습니다. 그러면 여러분 한번 보십시오. 지금 이 시대는 어떤 시대입니까? 이 대한민국은 자유 민주주의의 가치를 소중히 여기고, 우리 모두가 뭡니까? 우리 모두 국민이 주인인 나라잖아요. 이때 필요한 요소는 자치自治입니다. 내가 스스로 다스려야 돼요. 남에 의존하면 안 된다고요. 그런 만큼 역사를 쭉 훑어보세요. 이 역사를 성찰한 다음에 미래를, 우리 스스로 만들어가야 됩니다. 메이크업make-up 해야 합니다. 그렇지 않으면, 이 시대가 요청하는 게 무엇이냐? 그래서 이 시대정신이 무엇이냐? 이것에 부합하는 인재양성을 고민하기 어려워집니다.

여러분! 이 시대가 요청하는 인재가 뭐죠? 시대정신은 뭔가요? 1주차부터 계속 얘기를 해왔잖아요. 예를 들면, 이 시대는 권위를 내세우는 시대가 아닙니다. 또한 남에게 의존만 하는 시대도 아닙니다. 주고받는 소통의 시대입니다. 그리고 내 마음을 닫아놓는 것이 아니고 열어놔야 됩니다. 이외에 여러분 많은 것을 시대정신으로 상정할 수 있잖아요. 그것을 고민하면 이 시대의 요청과 시대정신이 뭘까? 그것에 부합하는 인재양성이 뭐가 되어야 하느냐? 그런 물음을 교육의 중심에 둘 수 있습니다. 그래야만이 교육의 핵심 역할과 가치로서의 인재양성이 교육적 화두가 되겠구나! 나는 어떤 인재지? 이런 반성적 성찰을 할 수가 있는 겁니다.

03

경제 발전을 주도하기 위한
인재를 양성하라

여러분! 1교시와 2교시에서는 교육의 핵심 역할로서 인재양성, 그 가운데서도 인재의 개념이 무엇이냐? 그리고 대한민국 정부가 수립된 지 벌써 지금부터 한 70여 년 전이죠, 그때까지 우리나라 인재양성은 어떤 방향으로 흘러왔느냐? 그것을 통해 우리는 현재와 미래를 어떻게 반추해볼 것이냐? 그런 차원으로 고민해봤습니다.

이번 시간에는 경제발전과 인재양성 문제의 상관성에 대해 진지하게 성찰해보려고 합니다. 왜 그러냐 하면, 우리 대한민국은 1919년 대한민국 임시정부로부터 시작하여 일제 강점기를 거쳐 1948년 대한민국 정부를 수립 후 지금까지 지속적인 발전을 해 왔습니다. 1948년 대한민국 정부 수립 이후 6.25 전쟁의 참화를 이겨내면서, 그 70여 년 사이에 대한민국은 흔히 말해, 서울과 경기도를 가로지르며 흐르는 한강을 기준으로, 외국에 소개되기를 '한강의 기적'을 이룬 나라로 불립니다. 독일의 부흥을 '라인강의 기적'이라고 얘기하듯, 한국은 '한강의 기적'으로 상징되듯이 20세기 전 세계에서 거의 유일한 정도로 급격하게 발달한 나라입니다. 불과 몇 십년 만에 우리나라가 세계에서 가장 가난한 나라에서 선진국 반열에 이르는 시기에 왔단 말입니다. 그러니까 세계 최하위 국가에서 상위국으로 도약을 했단 말입니다.

이런 발전상은 전 세계 역사에 아주 드문 경우입니다. 한 세기, 100년도 안 되잖아요. 그만큼 우리는 대한민국 건국 초기부터 일제강점기 독립운동에 기여한 분들의 희생을 기반으로 1950년대, 60년대, 70년대에 이르기까지 산업화를 이룬, 경제발전에 기여한 분들의 희생을 통해, 물론 민주주의를 지향하던 정치적 발전도 그 사이에 상당히 진행되었습니다. 대한민국 건국 초기의 민주주의에서 수십 년이 지난 21세기 현재 대한민국의 민주주의는 또 다른 방향으로 진행되고 있지요. 상당히 자유롭고 평등하게 발전하고 있습니다.

그렇기 때문에 우리가 교육에서 아주 고민해야 될 게 무엇이냐? 먹고 사는 문제와 연관된 경제를 발전시키고 윤택하게 만든 부분을 눈여겨봐야 합니다. 이것이 교육에서 인재양성과 아주 밀접하단 말입니다. 그래서 이번 시간에는 1950년대부터 2000년대에 들어오기까지, 그러니까 20세기 후반에 대한민국은 어떤 인재를 갈구해왔는가? 이를 시대별로 간단하게 소개하면서 인재양성의 문제를 고려해 보려고 합니다.

∴ 정부수립 초기, 관리형 인재를 양성하다

우선 1950년대부터 볼 텐데, 1950년대는 바로 2교시에서 언급한 미 군정기가 끝나고 대한민국 정부가 공식적으로 수립되어 발달해오는 과정에 걸쳐있는 시기란 말입니다. 그러니까 이 시기의 인재에 관한 인식을 보려면, 반드시 시대 특징을 살펴야 하고, 그 시대 특징에 따라 인재를 어떻게 규정하느냐? 이 부분을 고민을 해야 하고요. 그 다음에 인재를 규정할 때, 그러면 인재의 요소가 무엇이냐? 그 인재는 어떤 자질을 가져야 되는가? 뿐만 아닙니다. 인재 선발의 주체도 고려해야 합니다. 인재를 길렀으면 선발을 해야 되잖아요? 선발의 주체는 누구냐? 이거지요. 이외에도 인재와 연관된 여러 가지 문제 상황을 진지하게 성찰할 필요가 있습니다.

여러분! 현재 21세기 대한민국의 인재는 어떻게 그릴 수 있을까요? 여러분 모두가 '나는 대한민국의 인재다!'라고 당당히 선포하려면 무엇을 고민해야 할까요? 많은 학자들은 먼저 이 시대의 특징을 고민해야 한다고 주장합니다. 과학기술의 발전 측면에서 보면, 지금을 '제4차 산업의 시대'라고 합니다. 유명한 바둑기사와 대국을 벌였던 인공지능의 이름을 따서 '알파고' 시대라고 하기도 합니다. 한편으로 정치적 측면에서 어떤 사람은 이렇게도 얘기합니다. 아! 아직까지도 멀었어! 완전한 민주주의가 이루어지지 않았다! 그러니까 민주 투쟁을 더해야 한다! 이렇게 다양한 시각이 존재하는데, 이런 시대에 어떤 인재를 대한민국 사회가 요청하느냐는 거예요. 아직도 경제발전이 필요할 수 있고, 지금 시대에 맞게 복지정책이 제시되어야 하잖아요. 그런데 시대정신에 맞지 않은 인재정책이 펼쳐진다면, 대한민국은 어디로 흘러갈까요? 대한민국의 인재 상황에 대한 다양한 칭찬과 비판, 그리고 개선과 강화, 인재양성에 대한 열망에 부응하여 개혁이 이루어져야 합니다. 그런 차원에서 여러분! 시대 특징과 인재를 규정하는 요소, 인재선발의 주체 등 여러 가지 사항들을 동시에 머릿속에서 한번 고민을 해보기 바랍니다. 그럴 때 훨씬 더 현재 대한민국 사회의 인재를 만들어가고 발굴하는 데 도움이 될 겁니다.

다시 돌아가서, 1950년대에는 대한민국 건국 초기입니다. 1948년에 정부가 수립되었으니, 인간으로 대비하면 신생아 수준입니다. 정치적으로는 자유민주주의 체제를 구축하려고 발버둥 치던 시기입니다. 이때까지만 해도 뭡니까? 예를 들어, 재미있게 말하면, 이승만 초대 대통령은 미국에서 활동을 하다가 미국식 민주주의를 익혔고 그런 민주적 의식을 가지고 대한민국을 만들어 가려고 하는데, 그런 대통령이라는 자리나 사람에 대해 일반 국민들의 관점은 거의 조선 시대의 왕과 같은 것으로 인식해요. 정말 그랬다고 합니다. 어쩌면 해방된 나라에 나라를 잘 이끌어줄 새로운 왕이 등장한 것이지요. 그때까지만 해도 일부 지식인을 제외하고 일반 국민들은 대한민국의 사회 정황상 아직 민주적 의식이 제대로 싹트지 않았다고 해요.

그러다 보니, 대통령이나 대통령 주변에 있는 많은 고위 관료들도, '내가 왕이야! 내가 이 나라의 지배자야!'라는 아주 낡은 비민주적인 생각들을 가졌습니다. 이 당시만 해도 긴가민가하면서, 민주주의 체제가 제대로 구축이 안 된 거죠. 이것이 그 시대의 특징입니다. 그럼 당시에는 인재를 어떻게 이해했을까요? 국가를 처음으로 만들어 가는 시기에 국가는 어떤 인재가 필요했을까요? 그것이 문제입니다.

국가 건설초기이니까, 당연히 '국가를 관리할 수 있는 관료, 운영 능력을 갖춘 행정가가 최고의 인재다!' 이렇게 됩니다. 그런 인식 하에서는, 일제시대 때부터 관리를 지냈고 그 후에도 일제 잔재 청산을 하지 못한 채 여전히 건국 초기에도 관리를 하고 있거나, 국가에서 행한 고등고시를 통해 관료가 된 사람들이, 나라를 지배하는 지배계층으로 등장합니다. 이런 상황에서 인재의 요소는 무엇이냐? 이 대한민국이라는 국가를 투철하게 지켜가려는 국가 사회관을 가져야 합니다. 동시에 그들이 국가의 관리가 되므로 공직자 윤리를 제대로 지킬 수 있는 사람이어야 한다. 또한 관리는 국민을 위한 희생과 봉사 정신을 지닌 사람이어야 된다. 이런 생각을 마음속에 진지하게 간직하고 있는 사람이 관리를 해야 된다. 이런 시대입니다. 이때 인재선발의 주체가 국가가 되는 겁니다.

앞에서 언급한 고등고시와 같은 각종 국가고시가 인재를 선발하는 핵심 장치가 돼요. 그리고 이 당시에만 해도, 1950년대는, 지금처럼 2차 산업, 3차 산업 등이 발달하지 못한 농업 국가였습니다. 산업화가 제대로 진행되지 않았습니다. 그런데다가 6.25전쟁 직후잖아요. 나라가 폐허가 됐습니다. 쉽게 말해, 국민들이 먹고 살 게 별로 없습니다. 1960년대에 가서야 겨우 경제발전을 위한 정책을 펴기 시작하니까요. 그러다 보니, 당시는 국가가 주체가 되어 시행하는 고시를 통해 공무원이 되는 것 자체가 살길을 보장하는 일종의 삶의 돌파구였습니다. 어떻게 보면 공무원이 되는 것은 집안의 엄청난 영예일 수도 있고, 그런 시대였습니다. 이런 시대는 어떤 인간형이 요구되느냐? 간단합니다. 국가와 공동체를 관리할 수 있는 인간형입니다.

••• 조국 근대화 시기, 경제형 인재를 양성하다

이제 1950년대를 넘어 1960년대로 들어갑니다. 1960년대에는 여러분도 익히 알다시피 대한민국 사회를 바뀌게 만드는 역사적 사건들이 많지요? 4.19, 5.16 등 굵직굵직한 정치적 사건들이 발생합니다. 4.19는 대학생들이 주축이 되어 일으킨 학생 의거義擧이기도 하고, 정권을 무너뜨리는 도화선이 되었다는 점에서 혁명으로 규정되기도 하고, 온전하지 않은 의거이기 때문에 미완의 혁명이라고도 하며, 다양한 시선으로 역사적·정치적 해석을 합니다. 또 5.16은 뭡니까? 5.16은 박정희 장군을 중심으로 일으킨 군사 쿠데타입니다. 그런데 5.16을 주도했던 세력들은 군사 혁명이라고 그러기도 합니다. 성공한 쿠데타이기에 혁명이라고 주장합니다만, 민주적 질서의 측면에서 보면 분명히 쿠데타입니다. 분명한 사실은 쿠데타를 일으킨 박정희 장군이 이후에 선거를 통해 대통령이 되고, 이 사람을 중심으로 한 세력이 집권을 합니다. 대한민국 현대 사회에서 아주 격동의 시기를 겪습니다. 그럼에도 불구하고 쿠데타로 집권한 사람들이 국가의 지도자가 되고, 대한민국, '조국을 근대화해야 되겠다!'라고 적극적으로 나섭니다. 이 시대의 사명처럼 등장한 시대 특징이 뭐냐 하면, 우리 대한민국이 너무나 낡은 사고에 사로잡혀 있고, 가난한 사회이다 보니까, 이들의 내건 슬로건은 '도저히 안 되겠다! 가난을 벗어나야겠다! 국가를 근대화해야겠다!' 그래서 당시에 '조국 근대화祖國 近代化'라는 말이 세상을 대변하는 구호가 되어, 엄청나게 난무합니다.

그와 병행하여 추진되는 정책이 무엇이냐? 나라가, 국민들이, '못 산다!' 그러니까 빈곤을 타파해야 되겠다! 잘 살아보세! 그런 국가 재건再建 운동을 끊임없이 전개 합니다. 그런데 조국을 근대화하고 빈곤을 타파하기 위해 뭐가 필요하냐? 바로 '산업역군産業役軍'입니다. 산업역군이라는 인재가 상정되는 겁니다. 이때 등장하는 게 뭐냐 하면, 이른 바 국가 발전을 위한 '경제개발계획'입니다. 5개년 경제개발계획과 같은 식으로 정책을 펼칩니다. 여기에서 인재는 경제개발에 필요한 산업역군이자 국가 발전을 추동하는 사람으로 묘사됩니다. 인재의 규정이 전문적 기능인이나 과학자, 기술자, 또 어떤 회사가 되었든, 국가에서 무엇인가를 만들어 갈 때 그것을 이끌어갈 수 있는 간부 사원과 같은 사람들이 중요하게 되었단 말입니다. 그래서 이들을 인재로 규정했습니다.

그러면 인재의 요소는 무엇이냐? 그런 사람이 갖춰야 될 요소로 과학기술 지식이 강조되고, 실업교육이 강화됩니다. 그래서 여러분! 이 시기, 1960년대, 70년대에 공업계 상업계 등 실업계 학교가 중요하게 등장하면서 막 만들어지는 거예요. 이때 인재선발의 기준은 여러 가지가 있습니다만, 그 중에서도 가장 중요한 것은 경제발전에 도움이 되느냐의 여부입니다. 국가 주도의 성장, 국가 주도의 경제발전을 하려다 보니까, 국가가 인재선발의 주체가 되고, 또 경제를 집중적으로 이끌어가기 위해 그 핵심 주체로서 과학기술위원회 같은 것들이 많이 만들어졌습니다. 그래서 이때의 인간은 두말할 필요도 없이 '경제형' 인간이 됩니다.

그런데 여러분, 21세기 지금은 어떤 인간형이 요구되나요? 생각해 보세요. 멀티미디어형 인간입니까? 여러분은 어떤 인간이에요? 관리형 인간입니까? 경제형 인간입니까? 만약 여러분이 1950년대와 같은 사고방식을 갖고 있다면, 관리형 인간을 요청하고 싶을 테고요. 1960년대와 같은 사고방식을 갖고 있다면, 경제형 인간을 고민했을 겁니다. 분명한 것은 이것은 1950년대 60년대, 지금부터 몇 십 년 전 우리나라 대한민국에서 벌어졌던 시대적 요청이었고 시대정신이었다는 겁니다. 지금은 당연히 달라야 되겠죠. 그래서 이런 맥락을 파악하는 데 우리 교육이 힘을 쏟아야 되는 거예요. 현대 대한민국의 역사를 알아야 한다는 겁니다.

••• 유신시대, 건실한 기업체형 인재를 양성하다

그러면 1970년대를 보겠습니다. 1960년대를 바탕으로 해서 1970년대에 들어오면, 이제 경제발전이 아주 활발하게 진행되는 상황에 직면합니다. 수출이 증가하고 다양한 측면에서 눈부신 경제발전을 이루어나가는 시기입니다. 이때부터 기업체가 폭발적으로 생겨나고, 한국경제가 기적으로 일으키는 전환의 시기죠. 그무렵에 대한민국 전체를 뒤흔드는 거대한 정치적 사건이 하나 발생합니다. 그게 바로 유신維新입니다. 한국 민주주의를 후퇴시키는 결정적 사건입니다.

1970년대 초반에 유신헌법이 나옵니다. 유신시대에 대해서는 정치적으로 혹은 역사적으로 다양한 평가가 있습니다. 유신시대에는 예를 들어 긴급조치라든가 기타 등등 많은 정치적 탄압을 받은 민주화 인사들도 많이 있습니다. 그런 부분은 이 자리에서 구체적으로 논의하지 않겠습니다만, 정치적으로 암울하던 시기가 유신시대임은 분명합니다. 산업화나 경제적 측면에서 긍정적으로 본다면, 국가주도로 경제발전을 진행하여 경제를 꽃피우고 뭐 이런 시기라고 볼 수가 있어요. 그런데 부정적으로 보면 정치적 탄압과 민주주의가 후퇴한, 여러 측면의 평가를 내릴 수 있습니다.

여러분은 어떻게 평가하고 싶습니까? 산업화와 민주화의 긍정적·부정적 측면에 대해, 여유가 될 때 고민해 보세요. 그 평가에 따라 여기에 인재를 규정하는 요소가 달라질 수 있습니다. 그러나 여기에서는 경제발전과 인재양성이라는 차원에서 한국교육을 고민하기 때문에, 산업화와 경제발전 차원에서 교육을 생각하겠습니다.

자! 그러면 유신시대는 무엇이냐? 이 시대의 특징은 정치적으로 '한국적 민주주의'를 건설하자! 이렇게 나옵니다. 대한민국 정부 수립 초기, 1950년대에는 미군정에 의해 미국식 민주주의가 서서히 들어와, 우리 대한민국이 초기 민주주의를 건설할 수 있도록, 정착시킬 수 있도록 해주었습니다. 그런데 그것이 20여 년 정도 지난 1970년대가 되니, 이제 유신이라는 명목 하에 한국적 민주주의로 나아가자! 이런 방식으로 정치적 전환을 시도합니다. 그때 인재를 어떻게 규정하느냐? 그것이 핵심입니다. 그 사람들의 논리가 재미있습니다. 당시에는 '어떤 분야에 필요한 사람이 인재다! 그런 인재는 후천적으로 성취한 사람이다! 열심히 공부해서 착한 품성을 지니고 건실한 존재가 되라. 이런 사람이 인재다!' 이런 인재에 대한 이해는 어떻게 보면 당시의 정치적 차원과 상당히 맞아 들어갑니다. 국가가 이끌어가는 대로 열심히 노력해라! 이거예요. 개인적 차원을 내세우지 말고 국가의 경제발전을 위해 희생하고 고분고분해라 이겁니다.

착한 품성! 여러분은 어떻습니까? 학교 다닐 때 모범생이었나요? 흔히 범생이라고 그러죠? 모범생은 어떻습니까? 고분고분합니까? 도전적이고 반항적 기질을 지녔습니까? 아마 여러분은 훨씬 구체적으로 느껴 보았을 겁니다. '아 맞아! 내가 학교 다닐 때, 주변에 도전적이고 반항적인 아이들이 있었는데, 그 아이들은 모범생은 아니었지만, 굉장히 창의적인 뭔가를 만들어내는 친구들이 있었어! 또 모범생이면서 창의적인 학생들도 있었고, 또 모범생이면서 굉장히 순진하게 고분고분한 사람도 있었어!' 그런 모범생을 쉽게 말해 착한 사람이라고 말하죠. 그런 사람을 요청했던 시대에요.

그러다 보니, 이 시대 인재의 요소가 무엇이냐? 국가의 요청에 맞게 적응력이 강해야 돼요. 임무수행 능력도 있어야 하고, 성실성, 근면, 끈기를 갖고 전체적 사고를 해야 하며 인간관계도 좋아야 합니다. 참 좋은 측면들이 많지요. 이런 긍정적으로 보이는 좋은 측면들을 모두 모아놓은 게 당시 인재가 갖추어야 할 요소입니다. 이 부분들을 조금만 진지하게 살펴보면 굉장히 괴로운 인재요소에요. 인간이 이렇게만 살 수 있나요? 적응하기도 하고 반항하기도 하고, 때로는 임무수행 중에 실수를 하기도 하고, 여러 가지 문제가 등장하기도 하지요. 어쨌건 1970년대에는 이런 인재를 요청했다는 거죠.

그리고 인재 선발의 주체는 무엇이냐? 산업이 발전하고 경제가 부흥하면서 기업체가 어떻게 됩니까? 기업체가 다양한 분야에서 등장하기 시작하죠. 그래서 이

전에는 국가에서 주도하던 산업이 민간으로 상당히 이관하던 시기입니다. 그러다 보니 교육도 무엇이냐? 단순히 학교의 차원을 넘어 기업에서도 관심을 갖고, 기업 교육도 이때부터 서서히 등장하기 시작하죠. 당연히 인재를 양성해서 선발하는 주체도 이제 국가보다는 기업 쪽으로 전환하게 됩니다. 국가 주도에서 이제 기업 주도로 넘어간다는 것은, 교육적으로 보면 국가에서 만들어준 공립학교도 있지만 무엇이 점점 만들어진다는 거예요? 민간에서 만든 사립학교가 많이 등장한다 이겁니다. 물론 그것은 경제발전에 힘입은 거죠. 독지가들도 많이 나오고요.

자, 이런 방식으로 진행되는 사회에서 1970년대에 요청되었던 인간은 무엇이냐? 다름 아닌 건실형 인간입니다. 1950년대는 관리형 인간, 1960년대는 경제형 인간, 1970년대는 건실한 인간형을 고민합니다. 이렇게 진행되다가 1980년대에 들어오면 상당히 자유로워지고 과학기술이 급격하게 발달을 하며, 또 다시 민주화가 진행됩니다.

••• 민주화, 지식정보화 시대, 영재형·다능한 인재를 양성하다

여러분! 1987년 6월 10일, 이른바 6.10항쟁을 통해 대한민국이 어떻게 됩니까? 그 동안 간접 선거로 이루어지던 대통령 선출이 직선제로 바뀌고, 헌법도 개정되고 하면서 민주화의 문이 활짝 열립니다. 그 혜택을 대한민국 사회가 지금까지도 온전하게 누리고 있죠. 물론 아직까지 대한민국 사회가 완전한 민주 사회라고 볼 수는 없습니다. 1980년대에 들어와서는 어떻게 되었느냐? 이전과는 다르게 자원기술 관리자가 요청됩니다. 과학기술 문명이 발달한 만큼 고급 과학기술 인력이 필요해졌어요. 그래서 이때 보면 과학기술에 관한 정책이 엄청나게 강조됩니다. 국가기구도 다양하게 설치되고, 민간 차원의 협력도 많이 일어나고 그렇습니다.

이 시기에 인재의 요소로 등장하며 교육적으로 중시하게 된 것이 바로 '영재교육이다, 창의성이다, 탐구력이다, 수월성이다, 이제 환경변화에 대응해야 한다, 자유화다, 국제화다' 이런 말들이 막 나옵니다. 그러면서 국가 인재선발의 주체가 민간 주도로 잠시 옮겨 갔다가 다시 국가 주도 형태로 나갑니다. 시대를 헤쳐 나가고 국가를 발전시키기 위해서는 국가가 주도하기도 하고 지원해 주기도 하고 그런 형태로 가야 되거든요. 그리고 1980년대부터 각종 영재학교가 나타납니다. 인재를 양성하는 데, 과학기술 영재를 양성하려면 보통 시민, 일반 인간으로 두어서는 안 되는 거죠. 그래서 영재급 인재를 만들어내려고 노력합니다. 그래서 이때 인간 유형을 '영재형 인간'이다. 이렇게 고민해볼 수 있겠습니다.

그런 시기가 지나고, 2000년대가 되기 직전이 되었습니다. 이때부터 달라지는 것이 있습니다. 뭐가 달라지느냐? 1990년대부터 대한민국 사회는 서서히 지식정보화가 진행됩니다. 컴퓨터가 발달하죠. 그 이전에는 어떻습니까? 퍼스널 컴퓨터가 많지 않습니다. 큰 기업체나 갖고 있는 것이었어요. 그런데 1990년대부터 서서히 개인이 컴퓨터를 가지게 됩니다. 그만큼 사회에 일반적으로 보급이 되죠. 거기에다 국제화가 점점 확장되고, 전 세계적으로 과학기술 문명이 첨단으로 치닫습니다. 그러니까 과학도 이제 어떻게 되느냐? 쉽게 말해서 최첨단으로 치닫는 거죠. 지금은 어떻습니까? 지금은 최첨단이라는 말조차도 통하지 않아요. 바로바로 변하니까요. 이런 시기에 어떤 인재가 필요하냐? 한 마디로 말하면, '창의적 지식인'이 나와야 된다! 이렇게 됩니다. 교육적으로는 스스로 학습하는 자기주도형인 학습자가 있어야 한다고 하지요. 그리고 전문가가 필요하다, 다多기능적 인재가 필요하다, 여기저기에 다 적용되는 멀티형 인재가 필요하다! 이거죠. 그리고 국가적으로 이러한 인재들이 배출되어야 한다고 선언하게 됩니다. 국가에서 인재를 관리하기도 하지요.

그런 상황에서 이제 지식정보화 교육이 된 인재, 그리고 다양한 문화를 이해하는 인재를 요청합니다. 왜냐? 국제화 시대이니까요. 흑인, 백인, 황인종 등 세상에는 다양한 인종과 민족이 있습니다. 예를 들면, 우리 대한민국 사람은 황인종이잖아요. 황인종이 이제는 백인종, 흑인종 모두 만나야 해요. 중국, 일본, 미국은 물론, 이스라엘, 아랍, 아프리카 등 세계의 모든 사람을 만나야 돼요. 그리고 과학기술 문명의 중요성을 느끼는 사람들, 국제화 시대가 되다 보니, 외국어를 터득해야 합니다. 지금도 외국어는 상당히 중요하죠. 현재 외국어 번역기도 잘 만들어서 외국어를 안 배워도 되는 시기가 올지 모르겠습니다만. 어쨌든 국제화 시대에는 외국어도 중요합니다. 인재선발의 주체에서도 국가라든가 기업체에만 머무는 것이 아니고, 국가, 학교, 각종 교육단체에서 제각기 필요한 인재들을 고민하고 선발하려고 합니다.

이런 시대는 다양화를 중시합니다. 다양화의 시대이지요. 그래서 이때의 인간은 뭐라고 하느냐? '다능형多能型 인간'으로 명명됩니다. 여러 분야에 능숙해야 돼요.

여러분! 현재는 21세기입니다. 우리가 살고 있는 시대의 문제를 절대 놓치면 안 됩니다. 21세기 시선, 시대정신을 머리에 그리면서 뒤돌아보십시오. 1950년대는 관리형 인간을 요청했습니다. 1960년대는 경제형 인간이었어요. 1970년대는 어떻게 됐죠? 건실한 인간형으로, 1980년대는 영재형 인간, 1990년대는 다능형 인간으로 인재의 모습이 바뀌었습니다. 이렇게 되었는데, 지금은 21세기가 되었단 말이에요. 21세기는 어떤 인간을 인재로 요청합니까?

여러분 스스로 정돈해보십시오! 대한민국 정부 수립 이후 1950년대나 1960년대, 1970년대나 1980년대, 1990년대, 2000년대 이전 20세기 후반과 같은 시대에 안주하여 살면 절대 21세기를 헤쳐 나갈 수가 없습니다.

때문에 인재로 거듭나기 위해서는 어떻게 해야 하느냐? 21세기 초반에서 이제 조금 있으면 중반으로 넘어가겠죠? 이 시기는 어떤 시대적 특징을 갖고 있느냐? 그러면 시대를 파악해야 된다니까요! 이 시대의 국가 사회적 요구가 무엇이냐? 대한민국이 여러분에게 무엇을 요구합니까? 이 세계는 우리에게, 인간으로서 어떤 자질, 인재를 요구합니까?

미국의 대통령인 케네디가 그랬잖아요. 그 유명한 대통령 연설이 있죠. '국가가 여러분에게 무엇을 해줄 것인지 바라지 말고, 여러분이 국가를 위해 무엇을 할 것인지 고민해 보시라!' 그 말을 한 것이 1960년대입니다. 마찬가지로 우리가 대한민국 국민으로 살아가는 한, 우리는 우리가 살고 있는 공동체가 무엇을 요구하느냐? 그것에 따라 우리 개인 스스로가 대응해야 합니다. 인재의 개념이 달라지기 때문이지요. 지금 이 땅에서 대한민국은 나에게, 우리에게 어떤 인재를 요청합니까? 이것이 오늘 우리의 숙제입니다.

04

인재양성과 교육의 위상을 다시 생각하라

이번 4교시에는 인재양성과 교육의 위상이라는 주제로 교육의 핵심 역할과 기능이 인재양성에 있음을 고민해 보겠습니다. 제가 지난 시간까지 몇 차례에 걸쳐 지속적으로 전통교육의 흐름에 대해 얘기했고, 21세기 현재에 이르기까지 인재양성의 역사라고 할까, 이런 부분들을 간략하게 검토해 왔습니다. 그러면 과연 인재양성이라는 것이 교육에서 어떤 차원이냐? 어떤 측면이냐? 이것에 대한 규명을 우리가 도식적으로 나름대로 정확하게 그림으로 그려놔야 합니다. 그래야만이 우리가 교육에 임할 때, 다시 말하면 여러분이 직접 어떤 교육을 할 때, 혹은 다른 사람으로부터 교육을 받을 때 자세가 달라진다는 거죠. 단순하게 그냥 내가 교육한다거나 교육받는다거나 해 버리면, 그냥 어떤 지식 체계를 가르치거나 자신의 인지 속으로 집어넣는 단순 행위에 불과하게 됩니다. 학교에서 아이들에게 수행평가를 하게 만들듯이 내가 어떤 것을 직접적으로 실천하는 단순 교육행위로 끝나버려요.

••• 교육의 전체상을 고려하라

그래서 이번 시간에는 인재양성이 교육에서 어떤 위치를 차지하는지, 전체적인 도표로 한 번 그려보면서 여러분과 함께 검토하는 시간을 갖겠습니다. 먼저, 도표 전체를 제가 이렇게 그려 봤습니다. 아래 그림을 한번 잘 보세요.

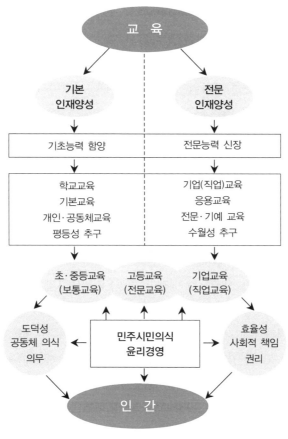

[그림 9-1] 교육의 전체 구조

　제가 하나하나 설명을 해드리겠습니다만, 교육이라는 것이 가장 위에 있잖아
요. 교육이라는 것은 결국 무엇을 만들어내는 거냐? 인간을 만들어내는 거라고요.
좀 뛰어 넘으면 교육은 궁극적으로 인재양성이 되기도 합니다. 하지만, 교육은 인
간을 만드는 일인데, 인식론적으로 좀 고민해야 합니다. 우리 모두는 인간입니다.
인간 아닌 사람이 어디 있나요? 그런데 인간에게는 단순하게 '인간임'이라는 인간
이 존재합니다. 이는 인간 존재의 문제인데, 교육은 단순한 인간임을 '인간됨'으로
보다 진보적으로 나아가려고 하는 작업이란 말입니다. 그리고 또 교육 작용이 인

　　　　　　　　　　　　　　04 인재양성과 교육의 위상을 다시 생각하라

간됨에서 끝나면 안 돼요. 인간됨이 무엇으로 더 나아가야 되느냐? '인간다움'으로 진보해야 합니다. 인간에게서 인간'다움'은 굉장히 중요한 문제입니다.

여러분! 그런 말이 있잖아요. 사람이면 다 사람입니까? 사람 됨됨이가 되어야 하고, 사람다워야 사람이죠! 사람다워야 합니다. 부모는 어떻게 되어야죠? 부모다워야 되고, 대통령과 같은 지도자는 정치지도자다워야 됩니다. 어린아이는 어린아이다워야 되고, 학생은 학생다워야 되는 것이지요. 사람마다 뭡니까? 제각기 기능과 역할이 있고 지위가 있죠. 자기가 맡은 일이 있죠. 사람이 자신의 능력과 본분에 따라 정확하게 일 처리를 제대로 할 때, 우리는 그 사람을 향해 '그 사람답다!' 이렇게 얘기합니다. 가슴에 손을 얹고 한번 생각해 보십시오. 이 무크 강좌를 듣고 있는 여러분은 최소한 몇 년에 수십 년 동안 대한민국에서 여러 가지 교육을 받아왔을 것입니다. 그런데 인간이 되었습니까? 나의 재능을 발현하고 나아가 인간다운 사람이 되었나요? '예스yes!'라고 쉽게 말하기 어려울 겁니다. 저도 마찬가지입니다. 대학원을 졸업하고 박사학위를 받고 현재 대학에서 교육을 맡고 있는 교수 신분으로 있지만, 과연 인간다운 인간이 되었는가? 부끄러움이 많은 만큼 단언하기 어렵습니다. 우리는 어떻게 해야 인간다울 수 있을까요? 어려운 문제죠.

그러나 어찌되었든 간에, 앞에서 제시한 전체 그림에서 보면, 이 교육은 무엇이냐? 다시 한번 되돌아가 봅시다. 교육은 그림에서 가장 아래 부분에 있는 인간을 만드는 일로 볼 수 있습니다. 문제는 어떤 인간이냐? 이런 부분을 또 따져봐야겠죠. 지금 우리가 다루고 있는 주제가 인간을 만드는데, 그 인간 속에 들어있는 뭡니까? '인재'라는 것을 양성하는 데 교육이 어떤 기능을 하는가? 핵심적인 역할을 한다. 이렇게 되었단 말이에요. 그랬을 때, 교육이 그림에서 보듯이, 전반적으로 꿰뚫어서 인간을 양성하는 작업으로 펼쳐집니다. 인재를 어떻게 양성하고 무엇을 함양해야 하고, 그러기 위해서는 학교교육이 있고 직업교육이 있고 여러 가지 교육의 양상이 있을 때, 이 부분이 과연 어떤 방식으로 연결되는지를 여러분에게 보여드리려고 합니다.

교육은 인간다움을 추구한다고 그랬지 않았습니까? 그랬을 때, 인재양성 차원에서 교육을 바라볼 때 두 가지로 나누어봐야 됩니다. 늘 얘기하지만, 우리는 교육을 통해 인간으로서 기본적 능력을 갖추기 위한 고민을 해야 됩니다. 사람이 일반 동물과 다릅니다. 아니, 달라야 합니다. 인간과 교육의 관계에서 그것은 아주 중요한 필수 요소입니다. 짐승과 인간의 차이를 통해 인간 사회를 규정하는 것이 인간의 존재 이유이고 교육의 역할이기 때문입니다. 인간은 사회에 존속하고 사회를 지속시키고 사회를 한 단계 높은 방향으로 질적 향상을 시킬 수 있는 인간으로서 기본 자질을 갖추어야 됩니다. 여러분이나 저나 모두 갖추어야 되는 거예요. 그것이 대한민국을 비롯하여 다양한 공동체에서 살아가는 구성원으로서 인간의 의무입니다. 의무예요.

그 다음에 또 하나는 어떤 것이 있느냐? 인재양성을 할 때, 인간으로서 기본 자질의 차원을 넘어서 있는 부분이 있습니다. 기본적 자질은 모든 인간에게 공통적인 것이라고 했죠. 공통적으로 갖춰야 하는 것이란 말입니다. 기본 자질을 넘어, 인간이 갖고 있는 특수한 부분, 즉 특성이 있습니다. 이런 자질은 기본적으로 나만 갖고 있는 것입니다. 그러니까 특성이지요. 문제는 이것을 나만 갖고 있는 상태에서 방치하면 안 되는 것입니다. 그것을 더욱 단단하게 만들어 이 사회에서 확충해 나갈 수 있는 태도를 교육에서 가능하게 만들어야 합니다.

그것은 이런 것과 유사합니다. 여기 K씨라는 사람이 있습니다. K씨라는 사람이 한국 사회에서 살아가요. 그러면 K씨라는 사람은 한국사회에 보편적으로 용인되는 제도나 윤리, 그런 부분들을 터득해야 돼요. 그게 앞에서 말한 기본 자질이자 기초입니다. 그렇지 않고, K씨가 나는 내 멋대로 살래! 그렇게 해서 자기 맘대로 행동하면서 남에게 피해를 주기도 한다면, 그 사회에서 살기 힘들단 말입니다. 동시에 K씨라는 사람은 다른 사람이 갖고 있지 않은 자기만의 특기, 특출한 능력을 갖고 있습니다. 그 부분도 자신만이 갖고 있는 것으로 자랑만 하면서 간직하고만 있을 것이 아니라, 점점 긍정적인 기능으로 확장시켜 이 사회에 기여할 수 있어야 되는 겁니다. 이는 인간이 지닌 보편적 측면과 특수한 측면의 문제입니다. 다시 그림을 보면, 앞에서 말씀드린 기본적 능력은 뭐냐 하면, 한 사회가 요청하는 기초

능력을 함양하는 교육적 작업으로 이해할 수 있습니다.

두 번째 부분은 개인이 갖고 있는 특수한 영역이라고 그랬잖아요. 그것을 사회적으로 확장하는 노력은 개인의 전문성 신장으로 이해할 수 있습니다. 우리는 기본 자질과 전문성을 사이에 두고 늘 시소 게임처럼 삶을 고민해야 합니다. 시소가 있을 때, 한 쪽에는 모든 사람들에게 공통적인 기본 소양을 갖추어야 인간이 된다는 측면 하나가 있고, 다른 한 쪽에는 남들이 갖고 있지 않은 특수한 측면을 전문적으로 길러 내어 자신의 개성을 사회에 기여하는 측면이 있습니다. 기본 소양과 전문 능력이라는 두 차원을 늘 머릿속에 넣고 저울질 해가면서 살아야 됩니다. 시소 게임 하듯이 우리의 능력을, 나의 재능을, 다시 말해 인간으로서의 자질인 인재를 사회 속에 던져야 되는 겁니다.

••• 학교교육과 기업교육을 연계하라

이때 인간의 기초 능력 함양은 일반적으로 어디에서 이루어졌느냐? 바로 학교입니다. 인간이라면 누구나 학교 교육을 통해 그것을 익힙니다. 특히 의무교육 단계에서 강력하게 추구하게 됩니다. 모든 사람이 보편적으로 배우는 것은 학교 교육 가운데서도 고등학교 정도까지인, 보편적인 공교육, 보편교육입니다. 대학교에 들어오면 조금 달라집니다. 대학은 전공을 중시하는 전문교육으로 나아가게 됩니다. 대학교의 경우에도 그 사회가 요구하는 리더십을 지닌 존재로 지성인으로서의 교양을 갖춘다고 했을 때, 그것은 기초능력을 양성하는 것에 속합니다. 그러면 전문성 신장은 어떻게 되느냐? 대학교육에서 보면 전공이 있잖아요? 그것을 바탕으로 전공 학문을 넓혀 나가며 학문을 할 수도 있고, 전공을 필요로 하는 기업에 취업하는 등, 다양한 전문 영역의 직업교육 쪽으로 나가게 됩니다.

대한민국 국민 모두가 동일한 A라는 회사에 근무할 수는 없습니다. A라는 회사도 있고 B라는 회사도 있고 C도 있고 D도 있고 수많은 회사가 있습니다. 그러면 자기의 적성과 능력과 전문성에 따라 각자 근무하는 분야가 다른 거죠. 바로 이것을 추구해야 됩니다. 다시 말하면, 인간으로서 기초 능력과 개인으로서의 전문성, 즉 보편적인 것과 특수한 것을 늘 변증법적으로 울렁이듯이 고민해야 되죠.

여기에서 기초능력 함양은 기본교육이라고 할 수 있고요. 그림에서 오른쪽에 있는 부분은 거기에 비해 상대적으로 응용하는 능력이라고 볼 수 있습니다. 그것을 교육적으로 길러줘야 해요. 기초능력만 함양해 버리면 어떻게 됩니까? 자기의 개성을 발휘할 수 없습니다. 개성 발휘만 하면 공동체에서 더불어 살 수가 없어요. 이 둘은 함께 가야 하는 겁니다.

앞의 그림을 다시 봅시다. 앞쪽에 있는 것은 뭐냐 하면 개인교육인 동시에 공동체교육으로 그려볼 수 있습니다. 전문성 신장은 전문교육인 동시에 기예교육으로 명명할 수 있습니다. 그리고 기초능력 함양 부분은 모든 사람에게 균등한 평등성을 추구하는 차원이 강합니다. 전문성을 신장하는 쪽은 개인의 탁월성을 고민하는 수월성을 추구하는 쪽으로 나아가기 쉽습니다. 이 둘 가운데 이것이냐 저것이냐 선택의 문제가 전혀 아닙니다. 이것을 함양하는 동시에 저것을 함께 수용하며 둘을 연결시켜야 됩니다.

기초교육으로 가면 갈수록 기본이 강하게 됩니다. 기초 혹은 일반적인 것, 보편적인 것, 보통교육의 측면으로 가면 갈수록 무엇이냐? 초·중등교육과 보통교육을 중심에 두고 교육을 해야 됩니다. 왜냐하면 공통적이고 일반적이며 보편적인 것이기 때문입니다. 그리고 고등교육을 지나서 반대쪽으로 오면 올수록 무엇이냐? 개인의 전문적인 것, 특수한 것, 이런 부분들로 치우칠 것 아니에요? 그래서 직업교육이나 기업교육으로 나아가게 된다는 것이죠. 다른 말로 하면 일터교육으로 나아가는 거죠. 반대쪽에서는 일터교육보다 아직까지 학교교육에서 교육받는 측면이 강한 겁니다.

그러면 이런 교육을 해서 뭐하느냐? 일하고서 봉급만 받으면 되느냐? 전혀 아닙니다. 굉장히 중요한 사안이 있습니다. 뭘 해야 되겠습니까? 우리는 민주 사회에 살잖아요. 민주 사회는 시민이, 국민이 주인인 세상입니다. 따라서 민주 사회에서 살아가는 시민의식을 길러내는 게 기본입니다. 그것을 다른 말로 '도덕성'이라든가 '공동체 의식'이라고 얘기합니다. 우리는 반드시 공동체에서 살아갈 때 공동체 의식을 길러야 합니다. 주변을 보십시오. 어떻습니까? 공동체 의식이 없는 사람들을 우리가 많이 보죠? 그런 사람을 향해 우리는 당당하게 '못 배운 사람'이라고 얘기할 수 있어야 합니다. 그것이 민주 사회의 시민으로서 권리이자 의무입니다. 이는 학력과 상관없어요. 그 사람이 대학을 나왔든 초등학교를 나왔건, 관계없습니다.

초등학교 밖에 졸업하지 못한 사람은 도덕성이나 공동체 의식이 없나요? 아닙니다. 대학교 졸업했다고 모두가 도덕성이나 공동체 의식이 아주 높게 형성되어 있나요? 절대 아닙니다. 민주 시민의식은 교육을 통해 자신이 길러가야 되는 겁니다. 함양해 나가야 하는 겁니다.

그 다음에 또 예를 들어 봅시다. 기업교육이나 전문교육을 거쳐 전문성과 특수성을 일터에서 발휘하려면 뭘 가져야 되느냐? 윤리적 경영마인드를 지녀야 합니다. 윤리적 경영마인드 속에서 어떻게 됩니까? 직업의 세계가 효율적으로 진행되고, 그런 경영마인드를 가진 사람이 기업을 운영하게 되면 사회적 책임을 지려는 노력을 훨씬 많이 합니다. 이런 양대 측면을 가지고 우리는 인간의 인간됨에서 인간다움으로 나아가는 어떤 체계다 이렇게 봐야 되는 겁니다. 그것이 교육을 통해 이루어진다는 거죠.

••• 민주 시민 의식을 지닌 인재를 양성하라

그러면 여러분! 전체적으로 앞서 그림을 다시 한 번 보겠습니다. 교육과 인재양성의 관계를 확인해 보세요. 인재양성은 넓은 의미에서 보면 인간을 양성하는 겁니다. 이때 인간이 어떤 인간이냐? 인간다운 사람 혹은 사람다운 사람을 말합니다. 인간답다는 것이 굉장히 중요합니다. 뭐라고요? 뭐답다? 그랬을 때 교육은 인재양성에서 기본 능력의 함양과 전문성 확충의 개념을 동시에 갖고 가야 합니다. 그렇다 할지라도 가장 먼저 뭘 해야 되느냐? 학교교육을 통해 기초능력을 함양해야 됩니다. 그러니까 학교 다닐 때 무엇이냐?

국어·영어·수학과 같은 교과목에 대해 점수를 높이는 일도 굉장히 중요합니다만, 국어 점수가 높다는 것은 무엇을 의미해야 하느냐? 기초능력의 함양 측면에서 보면 국어 점수가 100점이라는 말이 중요한 게 아닙니다. 국어를 통해서 의사소통 능력을 길러야 되는 겁니다. 국어 교과목의 내용이 뭐지요? 말하기·듣기·글쓰기 등 여러 내용이 있지요? 그것이 무엇이냐? 우리의 일상에 필요한 의사소통의 수단이에요. 국어 점수는 100점인데 다른 사람과의 의사소통을 잘 못하고 있어요. 100점 맞아서 뭐해요. 말할 줄을 모르는데. 그건 엄밀하게 말하면 100점 아닙니다. 제가 볼 때, 여기에서 말하는 기초능력 함양의 차원에서 볼 때 30점도 안 되는 겁니다. 이해가 가죠?

수학 교과목을 잘한다고 합시다. 수학은 무엇이냐? 논리성을 길러주는 거예요. 음악은 무엇이냐? 정서를 함양해주는 거예요. 미술도 마찬가지고요. 체육은 뭐예요? 건강하게 살아가기 위한 토대를 마련해 주는 겁니다. 체육 교과목을 100점 맞았다, 0점 맞았다가 중요하기보다는 너는 체육을 통해 신체를 건강하고 건전하게 단련하는 데 유익하냐? 이게 중요한 거죠. 체육 100점 못 받으면 어때요. 관계없어요. 심신이 건강하면 되는 거예요. 국어 100점 못 맞으면 어때요. 국어 과목을 통해 의사소통을 할 수 있는 능력을 함양하면 되는 겁니다. 그것이 기초능력 함양입니다.

그런 다음에 전문성을 신장해야 직업의 세계에서, 쉽게 말해 먹고 살 수가 있겠죠. 앞에서 언급한 기초능력을 함양하는 일도 삶의 기본이 되지만, 전문성 함양 부분은 삶을 풍부하고 성숙하게 만드는 역할을 합니다. 어떻게 보면, 이 두 부분은 정신과 육체, 혹은 의식과 물질로 나누어 설명하기 힘듭니다만, 비유적으로 설명하기 위해 나누어 본다면 기초능력 함양은 정신을 신장하기 위한 겁니다. 전문성 함양은 같은 삶이지만 물질적 측면이 강합니다. 먹고 살아가기 위한 바탕이 됩니다. 전문기술이나 능력을 의미하니까요.

그래서 인재양성의 기본은 기본교육을 중심으로 평등성을 추구해야 합니다. 모든 사람에게 균등하게 적용되어야 해요. 전문성 교육은 응용교육이지만 수월성을 추구하는 것이어야 합니다. 우리가 초등교육에서 고등교육을 거쳐 직업교육, 사회교육에 이르기까지 이렇게 쭉 이어져 온단 말입니다. 그러면 여러분은 현재 어디에 자리하고 있습니까? 여러분은 최소한 고등교육, 전문교육을 받은 사람들 이상에 속해있다고요. 그러면 한국교육의 시대적 요청이라는 이 무크 강좌를 수강해서 뭐하느냐? 지식 몇 개를 알고 끝나느냐? 한번 심각하게 성찰해볼 필요가 있습니다.

다시 돌아가서, 궁극적으로 어떻게 되어야 하느냐? 이런 교육을 받은 후 도덕성과 공동체 의식을 확보하고, 또 사회적 책임을 떠맡으면서 효율성을 지녀야 합니다. 그 가운데 반드시 민주 사회에서 살아가기 위한 민주 시민의식과 기업 경영 차원에서 윤리 문제를 심각하게 확보해야 합니다. 그래야만이, 상당한 수준에서 정돈을 해야 만이 무엇이 나오느냐? 대한민국을 살아가는 건강한, 인간다운 인간이 등장할 수 있다 이겁니다. 그것이 교육의 역할이고 인재양성의 기본 토대가 되는 것입니다. 기본 이론이 되는 것이죠.

지금까지 다룬 이번 주의 강의는 교육이 인재양성의 핵심 가치이고 핵심적인 역할을 한다는 것이었습니다. 정돈을 하면 다음과 같습니다. 교육이라는 게 과연 무엇이냐? 인재양성의 관점에서 보면, 인간성의 기본능력과 전문성 확충을 통해, 가장 중요한 것이 민주 사회의 민주적 시민 의식, 다른 말로 하면 민주적 교양을 기르는 작업입니다. 고등교육을 받은 경우, 지성을 갖춘 지성인을 길러 내야 합니다. 그 다음에 윤리적 덕목들 이런 의식들을 길러야 되는 거예요. 시민 의식이라고 해서 무슨 큰 내용이 있는 것도 아닙니다. 간단하게 예를 들면, 사람 사이에 약속을 잘 지켜야 돼요. 그런 겁니다. 사람을 속이지 말아야 됩니다. 그리고 소수자의 의견도 존중해야 되는 거예요. 또 나와 다른 생각들, 나와 다른 삶의 방식도 인정을 해야 되는 겁니다. 그러면서 서로 배척하고 배제하는 것이 아니고 함께 손을 잡고 이해하고 양해하고 그렇게 해서 더불어 살아가는 의식을 길러야 되죠. 그게 시민 의식입니다.

그런데 문제는 무엇이냐? 이 시대의 시대정신이 무엇을 요청하는지 귀 기울여야 합니다. 충실해야 됩니다. 그래서 제가 끊임없이 물음을 던지는 겁니다. 이 시대에 한국교육은 어떤 새로운 문제를 고려하고 대안을 요청을 해야 되느냐? 이런 부분을 자꾸 화두로 던지는 거예요. 이것은 제가 정답을 줄 수 있는 문제가 아니고, 우리가 함께 생각하면서 만들어 가야 하는, 심각한 과제입니다.

여러분! 우리 함께 이 시대정신의 요청에 충실한 민주 시민 의식이 무엇인지, 그것을 교육적으로 어떻게 확보할 수 있을 것인지, 과제로 던져야 합니다. 그 과제를 잘 풀어 나가면 아마 이 대한민국 사회, 좁게는 각자가 속한 공동체, 혹은 우리 자신을 보다 아름답게 만들 수 있는 그런 기회가 될 것으로 생각합니다. 9주차 강의는 여기에서 마치도록 하겠습니다.

제10강

교육 패러다임은 전환되었는가?

10강에서는 정말 이 시대의 한국교육, 우리 한국교육 뿐만이 아니라 전 세계적으로 전통적 양식을 지니고 있는 교육의 양상이 어떠해야 하는지, 교육의 패러다임 전환과 그 대응에 관한 고민해 보려고 합니다. 패러다임의 전환이라는 것은 어떤 구조, 예를 들면 네모난 구조가 있었는데 이것이 뾰족한 삼각형 구조처럼 네모와는 완전히 다른 양상으로 전환되는 것입니다. 21세기 현대 사회는 이전 시대에 비해 우리 삶의 모습도 상당히 달라지고 있고요. 또 교육을 비롯하여 정치·경제·사회·문화 등 각 방면의 모습이 전혀 다른 상황을 몰아오고 있습니다. 한국사회도 과거에는 생각하지 못했던 부분들이 삶을 완전히 뒤바꿀 만큼 엄청나게 밀려오고 있습니다. 이에 따라 교육도 전면적으로 바뀌게 됩니다.

01

시대 패러다임이 전환되었음을 깨우치라

패러다임의 전환이라는 것은, 쉽게 말하면 그런 겁니다. 어떤 구조, 스트럭처 structure가 있는데, 예를 들면 네모난 구조가 있었는데 이것이 뾰족한 삼각형 구조 처럼 네모와는 완전히 다른 양상으로 드러나는 겁니다. 여러분이 사용하고 있는 컴퓨터의 자판을 잘 보세요. 시프트Shift키가 있죠? 그것을 전환키라고 합니다. 시 프트 키를 탁 치면 어떻게 됩니까? 넘어가버리잖아요. 현재 진행하고 있는 작업이 다음 단계로 넘어가 버리잖아요. 그와 마찬가지로 기존의 시대가 혹은 전통교육의 모습이 A라는 양식이었다면, 현재 다가오는 새로운 시대나 새로운 교육환경, 교육 의 모습은 다른 양상인 B라는 형태로 등장한다는 거예요. 사회 전반적으로 그렇습 니다.

패러다임paradigm이라는 말은 토마스 쿤이라는 과학자가 『과학혁명의 구조』 라는 책에서 사용했습니다만, 과학 영역뿐만 아니라 다른 많은 영역에서 확장되어 쓰입니다. 사회의 구조가 완전히 다른 양식으로 전환하는 사태를 말합니다. 그랬 을 때, 현재 21세기 이 시점에 사회의 전반적인 차원이 획기적으로 전환하고 있 다! 그것을 염두에 두고 새로운 교육환경을 어떤 방식으로 맞이해야 하는지 고민 해 보겠습니다.

그래서 첫 시간에는 패러다임 전환에 따른 교육의 방향 전환을 생각해 보고요. 두 번째 시간에는 현대사회의 문화 현상을 상징하는 탈근대脫近代: post−modernity

사회의 특징을 살펴보겠습니다. 탈근대 사회는 무엇이냐? 현대사회 이전에 근대사회가 있지 않았습니까? 그 사회에서 벗어나는 시대라는 겁니다. 탈脫은 근대사회와 다른 양상으로 전개되는 현대사회의 특징을 일러주는 글자입니다. 그것을 제대로 파악하지 못하면, 우리는 여전히 근대사회에 머물러 있을 뿐입니다. 우리 삶의 양식 자체가 그렇습니다.

세 번째 시간에는 시대추세에 맞는 양성평등의 의미에 대해 논의해 보겠습니다. 동서고금을 막론하고 인류역사는 상대적으로 남성 우월적인 경향이 강했습니다. 남성이 권위적으로 여성을 억압하거나 남성 중심적으로 삶을 이끌어 가거나 그런 차원이 없지 않습니다. 그런데 지금 시대는 그게 아니죠. 양성평등의 사고가 확대되어 남녀가 평등하게 살아가는 시대입니다. 또 전통문화의 특징이 어떻게 되느냐? 우리 대한민국은 단일 민족적 특성을 많이 지니고 있습니다. 그런데 최근에는 다문화적 특성이 여기저기서 등장하고 있습니다. 그런 측면들과 근대 산업사회 이후 기계주의적 사유가 팽배하여 다양한 폐해가 나타났고 그에 대한 비판으로 생태주의가 등장을 했어요. 이런 부분들을 시대의식이라고 하는데, 교육에 상당한 영향을 미칩니다. 그런 문제들을 함께 생각해 보려고 합니다.

네 번째 시간에는 이른 바 4차 산업시대, 또는 지능정보 사회라고 불리는 지금 우리 시대와 이 시대의 교육에 관해 이해해 보려고 합니다. 우리 시대에 교육의 방향은 어떠해야 하는가? 삶의 진로를 잡는 기준은 무엇인가? 등 여러 문제에 대해 여러분과 진지하게 고민해보는 시간을 한번 가져보겠습니다. 그렇다고 삶과 교육에 관한 정답을 가려내거나 해결책, 혹은 해소책을 명확하게 지시하거나 그런 건 아닙니다. 하지만 도대체 어떤 문제가 우리 앞에 도사리고 있는지 논의하면서 보다 나은 지혜를 함께 모아 보자는 그런 차원이 강합니다.

••• 19세기는 낙관주의로 가득한 희망의 시대였다

자! 그래서 첫 번째 시간에는 교육 패러다임의 전환에 대해 간단하게 살펴보겠습니다. 세계적으로 유명한 역사학자이자 정치학자인 프란시스 후쿠야마라는 사람이 있습니다. 이름을 보면 일본인처럼 보이지만 미국에서 활동한 학자입니다. 후쿠야마는 『역사의 종말』이라는 저서에서 19세기에서 20세기로 전환하는 과정을 아주 의미 있게 진단했습니다. 그것은 다름 아닌 낙관주의와 비관주의입니다. 후쿠야마는 19세기를 매우 낙관적으로 본 반면에 20세기를 굉장히 비관적으로 인식했습니다. 그런 관점을 제기한 데는 이유가 있습니다. 그러면 19세기를 낙관주의로 본 이유는 무엇이냐? 여러분! 19세기는 1800년대지요? 이 시기는 세계적으로 정치 혁명으로 인한 민주주의의 성숙, 산업혁명으로 인한 경제적 성장, 과학기술 문명이 눈부시게 발전하던 때입니다. 그러다 보니, 근대 시민사회와 과학기술 문명의 발달이 인간의 삶을 풍요롭게 만들어 줄 것이라는 기대를 안겨주었습니다. 질병이라든가 빈곤을 정복하여 인간생활을 개선해 줄 것이라는 판단을 내린 거지요.

여러분! 역사적으로 볼 때, 인간이 어떻습니까? 사람이 아프면 어떻습니까? 만사가 귀찮아요. 배고프고 가난하면 짜증나죠. 어떤 일도 하기 싫어지기도 합니다. 그런데 19세기에 무엇이 등장하느냐? 이전에는 상상하기조차 힘들었던 근대 과학기술 문명이 인류 사회를 변화시키기 시작합니다. 여러분이 이미 잘 아는 뉴턴, 갈릴레오, 뭐 이런 과학자들이 16세기 이후부터 지속적으로 과학 문명을 발전시켜왔고, 18세기 즈음해서 더욱 성숙시키고 현실 삶 속으로 끌어들이면서 끊임없이 과학을 승화시켜 온 거예요. 그것이 무엇이냐? 과학기술 문명의 발전을 통해 의학이 발달하고 약학이 발달하면서 질병을 물리칠 수 있게 되었습니다. 또한 가난했던 삶도 과학기술 문명으로 인해 농사를 잘 짓게 만들 수 있는 기술을 도입하고, 산업혁명을 통해 경제적 재부를 창출할 수 있게 되었습니다. 이러한 부유함은 질병과 빈곤으로부터 인간을 해방시킬 수 있다는 믿음을 주었고, 아주 희망에 부푼 꿈을 인류에게 던져줬습니다. 흔히 말하는 장밋빛 미래를 인류에게 선사한 것이죠.

과학적으로 혹은 경제적으로 이런 현상이 대두한 만큼 중요한 것은 또 무엇이냐? 18세기 이후로 서구의 민주주의가 점점 발달해갑니다. 그러니까 자유 민주주의 체제가 더욱 많은 나라로 확산되면서 정치적으로도 인간은 훨씬 강력한 해방감을 맛보고 자유를 만끽하며 재미있게 잘 사는 인간다운 생활을 영위할 가능성이 높다고 판단한 겁니다. 그러니까 매우 낙관적인 생각에 빠질 수밖에 없는 것이지요. 드림Dream이죠, 꿈입니다. 꿈처럼 미래가 쫙 펼쳐질 것이라는 기대감에 부풀어 있었던 거죠.

그런데 문제가 생깁니다. 20세기에 들어서면서 인류는 역사상 가장 비참한 경험을 하게 됩니다. 19세기에 형성된 낙관주의가 점점 강도가 높아져가서 더 부푼 꿈이 되어야 하는데, 시대가 흐를수록 인류 사회의 모습이 점차로 다운Down 되어 갑니다. 인류가 업Up 되는 삶이어도 마냥 즐겁지 않을 수 있는데, 20세기에 오니까 그런 기대가 와르르 무너져 버립니다. 인간 스스로, 인간 자신에 의해, 그렇게 되어 버린 겁니다. 그게 뭡니까? 여러분이 잘 아는 1차, 2차 세계대전입니다. 우리 한반도도 어떻게 됩니까? 1차 세계대전 시기에는 일제 강점기 시기였고요. 2차 세계대전이 끝날 무렵인 1945년에 일제로부터 해방을 맞이하죠. 20세기는 바로 이런 역동의 시기입니다.

이런 시기의 모습을 상상해 보세요. 어떻게 됩니까? 가만히 보니까, 1, 2차 세계대전이라는 전쟁의 참화를 겪으면서 전 세계의 인류는 참혹한 상태 그 자체가 되어 버리고 말았습니다. 세계나 인간의 모습 자체가 비참해져 버렸어요. 동시에 무엇이냐? 산업이 발달하면 할수록, 과학기술 문명이 발달하면 발달할수록, 어떤 현상이 발생하느냐? 그 반대급부가 생기는 거예요. 반대급부로 뭐가 생깁니까? 환경오염이라든가 생태계 파괴라든가 지구온난화라든가 인간소외라든가, 수많은 인간 삶의 부정적 요인들이 파생하는 겁니다.

여러분! 20세기 초반에 그런 우려들이 많습니다. 예를 들면 이런 겁니다. 세계적으로 유명한 과학자 가운데 아인슈타인이라는 사람이 있죠. 아인슈타인은 우리에게 익숙한 원자 폭탄이나 수소 폭탄과 같은 초강력 에너지원인 원자력을 만들어냅니다. 오늘날 문제가 되는 그 유명한 핵이죠. 핵을 발견하여 만들어 내면서 문제는 무엇이냐? 처음에는 이 핵을 어떻게 쓰려고 했느냐? 우리 인간이 필요로 하는 자원으로, 좋은 에너지원으로 활용하려고 했단 말입니다. 자원으로만 활용하면 얼마나 좋습니까! 그런데 이게 무엇으로 바뀌어 버립니까? 인간을 파괴하는 무시무시한 '핵무기'가 되었잖아요. 그러니까 아인슈타인 자신도 나중에 어떻게 하느냐? 반핵운동을 한단 말입니다. 에너지 자원으로 아름답게 활용되면 공해도 없고 인류의 삶을 풍요롭게 만드는 데 기여할 텐데, 원자력이 그렇잖아요. 공해도 적죠, 전기 생산을 비롯한 에너지원으로서의 활용가치도 높죠. 그런데 핵무기를 만드는

데 이용되어 핵무기로만 전락하면, 그것은 우리 인간을 파멸로 이끄는, 인간이 스스로 가장 무서운 인간의 적을 만들어 버리는 게 되지요.

인간 스스로가 자원으로 잘 이용하여 선善으로 만들려는 측면이 있는 반면, 그것 자체가 어떻게 바뀌어 버립니까? 인간의 적으로 인류를 멸망으로 이끄는 최악의 상황이 된다는 거죠. 인류의 발전과 진보를 위해 기여할 줄 알았던 과학기술 문명이 하나의 괴물이 되어 악으로 전락할 수 있는 겁니다. 그래서 20세기는 말 그대로 비관주의로 떨어져 버립니다. 이것이 프란시스 후쿠야마가 『역사의 종말』에서 강조하는 겁니다. 후쿠야마가 고민하는 게 무엇이냐? 과연 인류가 과학기술 문명, 테크놀로지technology에 바탕을 둔 진보 논리에 빠져 있어서야 되겠느냐! 그겁니다.

여러분! 과학기술 문명 얼마나 아름답고 좋습니까. 현재 우리가 인터넷을 통해 무크 강좌를 이렇게 하고 있는 것도 뭡니까? 과학기술 문명과 테크놀로지의 발전에 힘입어 여러분과 제가 직접 강의실에서 만나지 않아도 어떻게 됩니까? 강의를 서로 듣고 의견을 나눌 수가 있단 말입니다. 굉장히 편리한 측면이 있죠. 그러나 과연 편리한 것만이 능사일까요? 과학기술 문명의 진보 논리에 빠져, 끊임없이 발달하는 과학시스템에 우리 삶을 통째로 맡길 수 있느냐? 과학기술 문명의 시스템이 절대적 선이냐에 의문을 던져봐야 되는 겁니다.

엄밀하게 말하면, 과학기술 문명의 이면에 뭐가 있느냐? 심각한 지성의 위기가 도사리고 있더라는 겁니다. 지성이 지성다우면 어떻게 됩니까? 끊임없이 지성에 지성을 더해, 지성을 성숙시켜 나가야 합니다. 지성이 커져 가야 됩니다. 그런데 그 지성이 인간을 성숙시켜 나가기는커녕, 끊임없이 추락시키더라. 인간성 추락! 인간 삶의 피폐! 그리고 인간을 또 다른 측면에서 소외시키더라는 겁니다. 이는 결국, 인류를 파멸로 전락시키더라! 이런 인식이 짙게 깔리면서, 이제 인류는 큰 물음표를 던져보게 됩니다.

••• 21세기, 과학기술문명의 진보와 새로운 희망을 갈구하다

이제 한 걸음 더 나아가서 우리가 정말 진지하게 고민해봐야 될 게 무엇이냐? 20세기를 넘어 21세기에 들어섰습니다. 19세기에서 20세기에 대한 분석은 과거의 경험이었습니다. 문제는 현재와 미래입니다. 후쿠야마에 의하면 19세기는 낙관주의라고 했습니다. 20세기는 비관주의라고 했습니다. 그런데 19세기의 낙관주의와 20세기의 비관주의를 딛고 우리 인류는 끊임없이 진보해 왔습니다. 사회와 과학기술 문명을 발전시켜 왔습니다. 21세기가 되고 보니, 현재 우리가 살고 있는 바로 이 자리 이 시기에 와 있는 겁니다. 컴퓨터와 인터넷이 발달했습니다. 발달을 넘어 일상에 깊숙이 파고들었고, 이제는 그것이 없는 생활은 생각할 수 없습니다. 인터넷은 우리의 생활문화가 되었습니다.

여러분! 대부분의 사람들이 스마트폰을 가지고 있지요? 스마트폰을 손에 쥐고 있지 않으면 어떻습니까? 혹시 손이 덜덜 떨리거나 불안하거나 그런 증세가 없습니까? 오늘날 많은 청소년들이나 어른들조차도 어떻습니까? 지하철을 타고가면서 한 번 보십시오. 대부분의 사람들이 어떤 모습을 하고 있습니까? 고개 숙이고 스마트폰을 하고 있습니다. 정신없이 계속 해요. 이런 삶의 모습이 일상생활 속에 들어온 지가 얼마 되지 않습니다. 이는 20세기 삶의 모습이 아닙니다. 철저하게 21세기적 현상입니다. 19세기에는 이런 기기가 없었고, 쉽게 만들기를 꿈꾸기도 힘들었습니다.

21세기에 이 컴퓨터와 인터넷이 일상화되었다는 말은 무엇을 의미할까요? 과학기술적 차원에서 보았을 때, 정보화, 혹은 지식기반, 지능정보 사회가 되었다는 소리입니다. 앞으로 이런 삶의 모습은 점점 강화되는 양상으로 나아갈 확률이 대단히 높습니다. 아니 그렇게 나아갈 것입니다. 커지면 커졌지 줄어들지는 않을 거예요. 반도체가 점점 발달하면서, 우리나라가 반도체 강국이죠? 전 세계적으로 그렇습니다. 얼마나 다행입니까. 우리나라가 이렇게 반도체 강국이니까, 21세기 대한민국 사회가 컴퓨터 · 인터넷이 일상화된 과학기술적 차원을 마음껏 누리고 있는지도 모릅니다. 전 세계적으로 볼 때, 아직까지도 정보기술 후진국들도 많거든요.

그리고 21세기에 컴퓨터와 인터넷이 일상화되면서, 이런 시대와 동시에 진행되는 문화 논리적 차원은 어떤 것이냐? 과학기술적 측면은 앞에서 언급한 정보화에서 지능정보 사회로 대변된다면, 문화 논리적 차원은 무엇이냐? 이제 근대적 모더니즘modernism이 아니고 포스트모더니즘post−modernism의 차원이 등장합니다. 그 차원은 다음 시간에 조금 더 자세하게 설명하기로 하겠습니다. 또한 인터넷은 세계를 하나로 연결시켜버립니다. 그것이 지구촌 형성, 이른바 글로벌Global입니다. 글로벌 혹은 국제화 현상으로 인해 어떻게 되느냐? 흔히 말해, 지구촌과 글로벌이라는 말로 상징되는 세계적 현상, 인류와 인류 사이의 교류 현상이 자유자재로 시공을 초월해서 형성됩니다. 그것을 글로벌 시대라고 하는 겁니다. 국제화 시대라고도 하고요.

이런 시대에 우리는 어떤 교육적 의심과 의문을 가져야 할까요? 시대 추세, 흔히 말하는 트렌드trend에 떠밀려가고 있느냐? 아니면 선수先手를 쳐서 선도하고 있느냐? 그런 문제를 심각하게 논의해봐야 됩니다. 여러분은 어떤가요? 여러분은 21세기에 컴퓨터·인터넷이 일상화되는 이 시기에 과학기술적 차원과 문화기술적 차원에서 당당한 삶을 살아가고 있습니까? 여러분 스스로 인생을 주도할 수 있는가요? 아니면 저 새로운 논리 속으로 빨려 들어가는가요? 패러다임의 전환 속에서 과학기술 문명과 새로운 문화 논리 속으로 빨려 들어간다고 가정하면, 나의 주체는 상당히 약화됩니다. 그리고 저런 논리를 내가 스스로 끌고 간다고 생각한다면, 그런 특성을 지닌 어떤 인성이나 자신의 자질이 교육적으로 형성되었다면, 패러다임의 전환을 기꺼이 맞이할 수가 있겠죠. 그만큼 시대를 선도할 수도 있겠지만, 선도하다 보면 고민에 빠질 수도 있고요.

••• 21세기, 시대 패러다임의 전환을 경험하다

자! 이 지점에서 21세기 시대 패러다임을 다시 정돈을 해 봅시다. 사회적 측면에서는 정보가 핵심적인 사회문화적·경제적 자원입니다. 이제는 기계가 만들어낸 단순한 형태의 상품이 아니라, 정보情報: information가 생산되고 소비되고 유통됩니다. 여러분! 이 정보라는 것이 눈에 잘 보입니까? 안 보입니까? 예를 들어, 보드판 위에 글씨를 쓰는 보드마크 같은 것은 어떻습니까? 물질로 구성된 이런 자원은 그냥 눈에 보이잖아요. 그것을 사서 이용하려면, 보드마크 얼마입니까? 한 자루에 1,000원? 오케이, 1,000원, 여기 있습니다. 그러고 사다 쓰면 됩니다. 정보는 잘 보이지 않습니다. 그것이 어떻게 된다고요? 정보가 생산되고 소비되고 유통되는 시대가 바로 지금, 이 시대입니다. 또 예를 들어 봅시다. 은행에서 업무를 볼 때 어떻게 하는지 살펴보세요. 은행에 갈 때 어떻게 합니까? 옛날에는 현금을 들고 가서 은행에 저금을 하고 통장을 받아서 봅니다. 그리고 자신이 저금한 금액이 얼마가 찍혔는지 통장에서 보잖아요. 지금은 어떻습니까? 많은 사람들이 인터넷 뱅킹을 하죠.

그 다음에 인간 관계적 측면에서는 어떻게 변화하느냐? 인간과 사회의 상호작용에서 시간과 공간적 제약이 약해집니다. 예를 들어, 지구 반대편에 있는, 그러니까 우리나라와 반대편에 있는 남아메리카의 브라질 같은 곳에 친척이 산다고 가정하고 편지를 전하러 간다고 합시다. 거기까지 어떻게 언제 갑니까? 정말 먼 거리죠? 지금 비행기를 타고 간다고 해도 시간이 많이 걸리겠죠? 아무리 빠른 비행기를 타고 가도 하루 이상 걸리잖아요. 옛날에는 어떠했을까요? 비행기가 없던 시절에 배를 타고 가려면 1개월이 걸릴지 1년이 걸릴지도 모르는 시간을 고려해야 할겁니다. 지금은 어떻습니까? 인터넷으로 단 몇 초 만에 지구 반대편에 있는 사람과메일을 주고받을 수 있고, SNS를 통해 소식을 주고받을 수가 있지요. 문자를 보낼수도 있고요. 영상통화도 할 수 있습니다. 이처럼 시공간적 제약이 약한 시대입니다. 어떻게 보면 약하다기보다는 사라져 버릴 정도의 사회입니다. 우리가 지금 그런 현실을 살고 있습니다.

마지막으로 기술적 측면에서 컴퓨터 인터넷 정보는 어떻게 되느냐? 옛날에는일방적으로 어떤 내용을 전달했다면, 지금은 쌍방적으로 네트워킹networking이 형성됩니다. 그리고 정보산업이 기술의 핵심이 됩니다. 시대가 완전히 달라진 거죠. 우리가 보통 '아날로그analogue 시대다, 디지털digital 시대다' 이런 용어를 얼마 전까지도 많이 썼잖아요. 그런데 지금은 아날로그 시대나 디지털 시대라는 말 자체가 의미가 없어져버릴 정도로 복합적인 시대입니다.

자! 그래서 여러분! 이런 시대에, 쉽게 말하면 이 시대는 패러다임이 완전히전환된 시대입니다. 이후에는 또 다른 패러다임으로 가겠죠. 많은 사람들이 현재를 자꾸 패러다임이 전환하고 있는 시기라고 하는데, 제가 볼 때 그러면 안 됩니다. 패러다임은 이미 전환되었고, 오히려 전환된 후라고 봐야 돼요. 그래서 지금은무엇이냐? 인터넷으로 상징되는 지능정보 시대인 것이지 지능정보 시대로 전환되는 시기라고 얘기하면서 미래를 걱정해서는 곤란합니다. 그러면 자기 위안을 하면서 자꾸 과거에 매몰되기 쉽습니다. 패러다임이 완전히 바뀌었습니다.

패러다임이 바뀐 이 시대에, 전환된 시대에, 인간의 삶은 어떻게 되느냐? 기본적으로 우리 인간의 삶도 전반적으로 전환되었다고 봐야 됩니다. 아니면 최소한 엄청나게 전환되고 있다고 인식해야 합니다. 몇 주 전에 가정이나 가족의 변화에 대해 얘기한 적이 있지요? 과거에는 할아버지·할머니, 아버지·어머니, 그 다음에 자식들, 이렇게 어울려서 살았잖아요. 그런데 지금은 이런 가정도 존재하지만, 어떤 경우에는 나홀로 가족, 혼자 가정을 이루는 경우도 있습니다. 옛날에는 상상하기 힘든 변화입니다. 이러다 보니 당연히 삶이 바뀌어요. 형제자매가 아니라 인공지능 로봇이 가정에서 내 친구예요. 객관적으로 존재하는 형제자매나 동료인 사람이 내 친구가 아니고. 그런 시대가 되었습니다.

그렇기 때문에 교육도 어떻게 되어야 하느냐? 이 시대 패러다임의 요청에 반드시 부응해야 됩니다. 교육이 18세기, 19세기, 20세기의 양식으로 그대로 머물러 있으면서, 지금 이 시대에, 인터넷 시대의 삶이 요청하는 것을 고려하지 않는다면, 우리 한국교육은 한국인의 삶을 윤택하게 만드는 데 절대 기여할 수 없습니다. 보십시오. 시대는 저 만큼 가고 있는데, 교육은 그대로 여기에 있다? 그렇다면 시대의 결이 어긋나지 않습니까? 그러니까 반드시 그것에 따라서 충분히 고민하고 선도적 차원에서 대응해야 됩니다.

우리 모두 한국교육의 현실에 대해 물음을 던집시다! 우리 모두가 인터넷 지능정보 사회가 일상화된 이 시기에, 인류의 교육, 특히, 대한민국의 교육은 무엇이어야 하는가? 어떠해야 하는가? 나는 어떤 교육을, 여러분은, 우리 모두는, 어떠한 교육을 지금 여기에서 받아들여야 하는가? 충분히 생각을 해야 됩니다. 그리고 인류는 어떤 인간을 꿈꾸어야 하는가? 그것이 패러다임의 전환을 겪은 이 시기가 교육적으로 요청하는 것입니다. 다시 질문하면, 21세기 초반에 한국교육은 무엇이어야 하는가? 어떠해야 하는가? 왜 교육을 해야 하는가?

02

탈근대 사회의 특징에서
교육의 전환을 보라

지난 시간에 패러다임 전환을 얘기했습니다만, 시대가 변한 상황에서 교육은 어떤 양상을 띠어야 하는가? 정말 고민입니다. 솔직히 말씀드리면, 저 개인의 경우, 현재 20년 이상, 대학교, 이른바 고등교육 기관을 중심으로 교육에 종사하고 있습니다. 20여 년 전, 그러니까 1990년대에서 2000년대를 거치고, 현재까지 교육을 하고 있는 거죠. 그런 가운데 최소한 몇 년 단위로 교육의 목적이나 목표, 방법 같은 것들을 다룰 때, 상당히 혼란스럽습니다.

예를 들어, 여러분! 여기 우리가 평소에 사용하고 있는 스마트폰이 있습니다. 스마트폰도 있고 또 여기에 노트북도 있습니다. 이런 첨단 기기를 사용하는 대학생들을 처음 접했을 때 오해를 한 적이 있습니다. 우리는 보통 수업 시간을 어떻게 보내나요? 20세기에 익숙한 제 입장에서 보면, 선생님이 강의를 하면서 어떤 지식을 알려주면, 종이로 된 노트에 열심히 필기를 하며 내용을 정돈했단 말입니다. 물론 선생님의 강의 내용에 대해 때로는 질문도 하고요. 당연히 선생님은 그만큼의 강의 내용을 칠판에 썼습니다. 많은 판서를 했죠.

2000년대 들어선 이후, 어느 순간에 보니까, 스마트폰이 발달하면서 수업 시간에 학생들이 그것을 들고 있는 거예요. 그래서 처음에는 학생들이 강의를 제대로 듣지 않고 스마트폰을 가지고 수업 이외의 엉뚱한 짓을 하는 줄 알고 오해를 했죠. 이에 학생들에게 스마트폰 보지 마! 전부 가방 속에 넣어! 이렇게 강제적으로 스마트폰을 못 보게 했단 말이에요. 그런데 알고 봤더니 학생들이 스마트폰을 들고 있었던 이유는 강의 내용을 정돈하고 필기하기 위해서였어요. 아니면 노트북으로 학생들이 강의 내용을 필기하고 있는 거예요. 어떤 외국인 학생의 경우에는 스마트폰을 가지고 제 강의를 녹음하고 있단 말입니다. 나중에 다시 들으려고요. 그때, 아! 제가 정말 약간의 충격을 받았어요. 제가 생각하고 있던 교수-학습 방법과 현재 학생들이 강의에 임하며 수업하는 방식이 완전히 달라졌잖아요. 그러니까 학생들에게 스마트폰을 집어넣으려고 얘기한 것이 무엇이 되느냐? 재미있게 얘기하면, 학생들의 학습권을, 학습추구권을, 제가 박탈한 거예요. 시대가 바뀌어 학생들은 자연스럽게 기기를 사용하려고 하는데, 제가 시대정신을 제대로 읽지 못하고 이전 방식을 고집한 거지요. 학생들을 이해를 못한 겁니다. 패러다임의 전환을 고민하지 않고 확인하지 않으면 이런 현상이 발생합니다.

••• 탈근대 사회의 특징을 간파하라

이번 시간에는 근대에서 벗어난 탈근대 사회의 모습, 이른바 패러다임의 전환이 이루어진 탈근대 사회의 특징들을 보려고 합니다. 앞에서 스마트폰을 사용하지 못하게 하던 모습에서도 확인됩니다만, 저와 같은 경우에는 어떻게 보면 근대적 양식인 모더니티modernity에 젖은 삶의 모습을 상당히 갖고 있단 말입니다. 그런 생활양식에 젖어 있으니 그것이 교육에도 그대로 반영될 수 있습니다.

그런데 지금 10대, 20대 자라나는 청소년과 청년 대학생들은 이 모더니티에서 벗어난 탈근대적 삶의 양상을 지니고 있어요. '탈脫' 근대이므로 근대적 사고에서 벗어나는 거거든요. 그러니까 모더니티modernity가 아니고, 탈脫을 의미하는 영어의 포스트post를 앞에 붙여, 포스트-모더니티post-modernity로 나아가는 삶이라고 합니다. 그들을 지칭하는 다양한 용어들도 있습니다. X세대, N세대, S세대 등등 다양한 형용을 합니다. 이런 양상을 갖고 있는 학습자들, 패러다임이 바뀐 학생을 어떤 양식으로 대해야 할까요? 우리가 교육을 한다고 했을 때, 혹은 사람을 만난다고 했을 때, 그 사람을 파악할 때 어떻게 해야 되느냐? 이 시대 속에 기투企投:

projection 되어, 던져져 살아가는, 실존철학에서 말하듯이 던져진 존재로서 현존재로 살고 있는 실제 모습을 인지해야 합니다.

여러분! 우리는 어떻습니까? 우리는 늘, 이 시대에 던져진 존재입니다. 그렇잖아요. 우리는 스스로 시대를 추동하고 선도하고 이끌어 가며 세상을 살아갈 수도 있지만, 오늘날처럼 급격하게 변화하는 시대에는, 상당수의 사람들이 시대 속에 던져질 수 있습니다. 어떻게 보면 현실에 갇혀있다고요. 현실에 갇혀, 혹은 현실에 매몰되어 아주 심각하게 허둥댈 수도 있습니다. 그렇다면 현실에서 허둥대게 만드는 이 시대의 특징이 무엇이냐? 그것을 파악해야 이 시대의 사람을 이해할 수 있습니다. 그래야 교육이 제대로 진행되죠.

위에서 언급했습니다만, 몇 년 전처럼 이 시대의 학생들을 전혀 파악하지 못하고, 스마트폰이나 노트북을 사용하지 못하게 하는 등 근대적 교수-학습 방법을 사용하면, 교육의 효과가 떨어질 수 있습니다. 그래서 이번 시간에는 탈근대 사회의 특징들을 근대 사회와 비교해가면서 하나하나 따져보려고 합니다. 여러분은 과연 근대 사회에 치우친 삶의 양식들을 갖고 있는지, 아니면 탈근대 사회에 적합한 어떤 삶의 양식들을 갖고 있는지, 아니면 이 둘이 혼재되어 있는 삶의 양식을 지니고 있는지, 그것도 아니면, 이 둘 모두를 벗어난 어떤 삶의 양식으로 이 시대를 살아가는지, 그것들이 드러나잖아요.

••• 이성 중심의 사유가 영상 중심의 감성으로 전환되다

이런 시대정신에 대한 이해가 결국은 사회 파악인 동시에 인간 파악이 되는 거죠. 그래서 여러분! 한 번 차근차근 보도록 합시다. 근대 사회에는 보통 어떤 생각을 많이 하느냐? 문자文字나 이성理性 중심의 사고를 많이 하게 됩니다, 문자 중심과 이성 중심의 생각이라는 것은 무엇이냐? 여러분은 혹시 이런 경험이 없습니까? 문자로 기록되어 있는 책을 보지 않으면, 책에 이렇게 문자로 글이 쓰여 있잖아요. 책을 펼치면서 이렇게 글을 읽어야 하는데, 그런 책이 손에 들려 있지 않고 주변에 없으면 혹시 불안하지 않나요? 저는 불안해요. 지금도 연구실에 가면 책장에 종이로 만든 책들이 쫙 꽂혀 있다고요. 그것을 뽑아서 봐야만 안심이 되지, 예를 들어 노트북이나 태블릿 피시PC, 물론 태블릿 피시나 데스크 탑 피시에서 피디에프PDF로 된 논문도 봅니다만, 책을 들지 않고 그것으로만 한참 읽다보면 느낌이 조금 이상해요. 이런 것들이 뭐냐 하면, 탈 근대적 문명에 익숙하지 않은 근대식 사고예요. 문자와 이성적 사고에 젖어 있는 거죠. 문자 중심이라는 것은 글을 봐야 된다는 겁니다.

그런데 오늘날은 어떻게 되었습니까? 문자文字보다는 영상映像 중심이죠. 책을 보기보다는 텔레비전의 화면을 보죠. 비디오를 봅니다. 현대사회의 문명은 그런 쪽에 익숙해져 있습니다. 청년 대학생들, 젊은이들은 예전에 비해 문자로 기록된 책보기를 상대적으로 싫어합니다. 제가 개인적으로 알고 있는 어떤 출판인이 재미있는 얘기를 합니다. 책이 잘 안 팔린다! 좋은 책은 무수히 쏟아져 나오는데, 책을 보는 사람은 굉장히 적다! 그리고 책을 본다고 해도 성향이 달라졌다고 합니다. 이전에는 엄청나게 두꺼운 책들, 예를 들어 1,000페이지가 넘는 책도 뭡니까? 방학이나 주발을 이용하여 머리를 싸매고 낑낑대면서, 고전古典: Great Books이라고 해서 보았다는 겁니다. 그런데 지금은 그런 긴 문장으로 된 좀 어렵다고 생각되는 의미있는 고전을 잘 보려고 하지 않는다는 거예요. 그렇다고 그 사람들에게 단순하게 인내나 끈기가 부족하다고 얘기하면 안 되는 겁니다. 끈기가 부족하기보다는 시대 상황이 무엇이냐? 영상 중심이 되었으니까요.

이제는 텔레비전이나 인터넷의 동영상을 비롯한 다양한 메스미디어가 어떻습니까? 영상을 만들어서 많이 보여줘요. 가만히 있어도 영상물이 어떻습니까? 좋은 영상 콘텐츠들이 여기저기 등장합니다. 책을 읽지 않아도 좋은 이야기들과 훌륭한 내용들을 알 수 있는 그런 시대입니다. 그래서 문자 중심에서 영상 중심의 세계로 전환된 측면이 없지 않습니다. 근대 사회에서는 문자 중심으로 글을 읽고, 이성 중심으로 다른 말로 하면 사고를 합니다. 머리로 냉철하게 생각을 한다는 말입니다. 이 생각, 머릿속에서 고민을 했는데, 지금은 무엇이냐? 깊은 생각이나 고민보다는 감성 중심의 사고를 많이 합니다. 쉽게 말해 필feel, 느낌을 충실하게 고려합니다. 나에게 다가오는, 느낌이 좋다! 그런데 이성 중심의 사고는 느낌보다는 뭡니까? 생각을 많이 해야죠. 데카르트가 서구 근대철학을 열면서 '코기토 에르고 썸cogito ergo sum!'이라고 한 것처럼 말이죠. '나는 생각한다 그러므로 나는 존재한다!' 이런 사고에 근거하여 전개된 것이 근대철학이거든요. 그런 철학적 바탕을 기초로 생각을 많이 하고 행동하려고 합니다. 그러니까 현대 사회는 이성 중심적 사고에서 감성 중심적 사고로 전환하는 경향이 있다는 겁니다. 그것이 패러다임의 전환입니다. 그렇다고 문자 중심의 세계라든가 이성 중심의 사고방식이 완전히 사라져버렸느냐? 그런 건 아닙니다. 중요한 것은 영상 중심의 사고나 감성 중심의 사고가 과거에 비해 많이 등장했다는 겁니다. 분명히 그런 것들이 과거에 비해 엄청나게 보이죠. 이것이 패러다임의 전환을 상징하는 징조들입니다.

••• 삶의 기준이 시비(是非)에서 호오(好惡)로 바뀌다

그 다음에 근대 사회 양식은 어떨까요? 행동 양식이 상당히 다릅니다. 현대 사회가 지닌 아주 중요한 특징 중의 하나가 시비是非에 따라 행동 여부를 결정하지 않는다는 겁니다. 시비는 옳고 그름을 말합니다. 옳을 시是, 그를 비非자예요. 그러니까 과거 근대 사회에는 옳으냐 그르냐를 기준으로 자신의 사태를 판단하고 행동합니다. 과거 세대들이나 저 같은 사람을 보면 좀 '고리타분하다!' 그러잖아요. 재미있게 얘기하면, '저 고리타분한 사람!' 개그맨들이 우스갯소리로, 혹은 세속에서 쓰는 비속어로 얘기하면, '저 꼰대!' 이런단 말이에요. 저 꼰대! 이런 식으로 말하면, 학문적 얘기가 아니지요. 우스갯소리로 얘기했지만, 그것은 고지식하다는 측면을 얘기할 수도 있고, 또 다른 어떤 모습을 얘기할 수도 있어요. 하지만 그런 말을 하는 사람들에게 분명한 기준이 있습니다.

근대 사회에서는 어떤 행동이, 혹은 어떤 사안이 옳은가? 그른가? 어떤 행동을 보고 옳으면 어떻게 합니까? 행동을 합니다. 옳지 않으면 행동하지 않습니다. 바로 그런 뚜렷한 가치관이 형성되어 있었어요. 그런데 탈근대 사회인 현대 사회로 진입하면서 어떤 현상들이 발견이 되느냐? 호오好惡로 변질됩니다. 호오라는 것은 무엇이냐? 좋아하고 싫어하는 것을 말합니다. 호好는 좋을 호자이고, 오惡는 싫어할 오, 혹은 미워할 오자입니다. 그러니까 사람들은 자신이 좋아하는 것과 싫어하는 것, 즉 호오를 기준으로 판단하고 행동합니다.

근대 사회의 양식처럼 '옳은가? 그른가?'가 아니고, 이것은 무엇이냐? 내가 좋아하느냐? 혹은 내가 싫어하는가? 이것에 따라서 자신의 행동을 결정합니다. 옳지 않은 일도 좋으면 행합니다. 올바른 일이라도 싫으면 안 해요. 짜증내죠. 현대 사회의 청소년, 청년 대학생 모두가 그렇다는 말은 아닙니다. 그러나 과거 근대 사회에 비해 분명히 이런 경향이 많이 나타난 것은 사실입니다.

자, 그러면 여러분! 한 번 생각해 보세요. 이런 경우도 있겠죠? 옳고 그른 것과 좋고 싫어하는 것이 있다고 했을 때, 옳으면서도 내가 좋아하면 더 좋겠죠. 그런데 그와 전혀 다른 상황이 존재합니다. 나쁜 것이 있어요. 잘못 되었어요. 분명히 잘못된 일인데, 자신이 좋아해요. 그런 경우에 어떻게 합니까? 자신이 좋아하는 일이라 나쁜 줄 알면서도 그 행동을 할 수 있습니다. 당연히 일탈 행동이 일어나기 쉽겠죠. 근대에 비해 탈근대 사회에는 그런 상황이 다양하게 발생합니다. 분명한 것은 이런 현상들이 현재 상당히 드러났다는 겁니다. 그래서 여러분! 정당하고 옳은 일임에도 불구하고 내가 하기 싫어요. 그러면 사람들은 귀찮아서 하지 않으려고 합니다. 옳은 일임에도 불구하고 무관심해지죠. 그러니까 그것이 근대 사회와 탈근대 사회의 구분을 나타내는 현상입니다. 탈근대 사회를 현대라고 해도 되므로, 이런 것이 다름 아닌 현대 사회의 특징이 됩니다.

과거 근대 사회에는 문자 중심, 이성 중심의 사고를 하다 보니, 어떤 일을 하건 논리적으로 심사숙고深思熟考하는 경우가 많습니다. 아주 깊이 생각을 합니다. 그런데 감성 중심의 사고방식을 강조하는 탈근대 사회로 들어오면 감각적 판단과 행위에 따라 행동을 합니다. 감각적입니다. 논리적이지 않아요. 감각적 필feel, 느낌이 이성적 사고를 넘어서 있어요. 하고 싶은 대로 할 수 있고 실제 그렇게 행동하니까요. 그렇다고 해서 여러분! 근대 사회의 사고가 올바른 행동 양식을 낳고 탈근대 사회의 사고는 잘못된 행동 양식을 낳는 것은 아닙니다. 옛날 사람들은 맞고 요즘 아이들은 안 돼! 틀렸어! 그건 아닙니다. 그렇게만 생각하면 굉장히 위험합니다. 문화의 양식이 근대에서 탈근대로 바뀐 차원이 있다는 것이지, 문화 양식의 맞고 틀림을 말하는 것은 아닙니다. 근대와 탈근대의 문화 차이를 설명하는 문화 논리를 분석하여 제시하는 겁니다. 그럼, 옛날 사람들은 사람이고 탈근대 사람들은 사람이 아닙니까? 아니에요. 사람의 삶이나 행동 패턴을 볼 때, 이런 문화적 경향성이 있다는 거죠.

02 탈근대 사회의 특징에서 교육의 전환을 보라

••• 미래보다는 현재를 즐기는 문화 현상이 두드러지다

그 다음에 이런 문화 현상도 발생합니다. 근대 사회에는 어떤 행동을 보이느냐? 미래의 득실得失을 행동의 기준으로 삼습니다. 무슨 소리냐? 내가 지금 열심히 하면, 교육을 잘 받으면, 여기에서 얻은 힘을 현재부터 잘 비축했다가 미래에 써먹을 수 있어! 이런 생각을 하기 쉽다는 거예요. 그런데 탈근대, 현대의 경향성은 어떠냐? 지금 당장 내 인생에 이익이 되느냐 아니냐? 좋은가 싫은가?를 가지고 행동합니다. 미래? 그 미래가 내 삶에서 무슨 소용인가? 이런 생각을 갖기 쉽다는 거예요. 지금 당장 하느냐 마느냐? 완전히 고스톱go – stop이에요.

미래의 득실에 신중했던 옛날 사람들, 근대 문화를 향유하던 사람들은 어떻게 했느냐? 참습니다. 인내심을 가지고 견뎌냅니다. 지금 탈근대를 살아가는 사람들은 이 참는 것이 옛날 사람들에 비해 상대적으로 적습니다. 그런 일을 왜 참아! 이렇게 나옵니다. 그리고 당당하게 얘기를 합니다. 옛날 사람들은 그렇죠. 이렇게 보고 자신이 어떤 행동을 했는데, 그것 때문에 미래에 어떤 해로운 일을 당할 것 같다는 생각이 들면, 이후에는 그런 얘기나 행동을 하지 않고 참습니다. 삶의 기준이 미래의 득실에 있으니까요.

또한 근대 사회의 사고양식은 훌륭한 사람, 위인과 같은 사람이 있으면, 그 다른 사람을 닮고 싶은 동질 지향성이 있습니다. 예컨대 이렇습니다. 이 강의를 수강하는 사람 가운데 위인전을 읽은 사람이 꽤 있을 겁니다. 위인전기偉人傳記! 위인전은 뭡니까? 우리가 닮고 싶은 일종의 삶의 모델이죠. 나도 저 위인전을 읽고 저 위인이 살아온 것처럼 내 행동을 잘 다듬으며 살아가고 싶다! 이런 생각을 많이 했죠. 그것이 과거 근대 사회의 사고방식입니다.

그런데 근대적 사고방식을 벗어난 현대적 사고방식은 어떠냐? 다른 사람을 닮고 싶어 하지 않아요. 흔히 말하는 개성입니다. 왜 그러냐? 나는 나다! 나는 나야! 그러니까 다른 사람과 다르게 살고 싶은 이질 지향성을 갖고 있습니다. 제 딸의 행동을 보니까 그렇더라고요. 예를 들어, 옆에 같은 또래의 청소년, 청년 대학생이 있습니다. 그런데 그 학생이 딸과 유사한 티셔츠를 입고 있어요. 자기와 다른 친구가 똑같은 옷을 입고 있어요. 그러면 똑같은 것이라고 짜증을 냅니다. 옛날 같으면 같은 옷 입었네! 그리고는 서로 뿌듯해 하기도 합니다. 지금은 어떻게 가느냐. 아

짜증나! 똑같은 거 입었어!

이런 행동은 다양한 형태로 드러납니다. 어떤 사람이 A라는 직업을 추구한다든가, 어떻게 살고 싶다든가, 이렇게 나오면 난 너와 달라! 나는 내 인생을 나의 개성에 따라, 내가 추구하는 어떤 것을 향해 살거야! 이렇게 나옵니다. 그게 무엇이냐? 이질 지향적이라는 거죠. 개성을 발휘하는 측면에서 보면 이런 삶의 양식은 굉장히 긍정적이고 좋은 거죠.

그 다음에 이제 근대 사회의 인간들은 보통 자기 절제를 합니다. 그러면서 체면과 형식을 중요하게 여기죠. 앞에서 언급했듯이 참기도 하고요, 자기 분수도 알고요. 그런 측면이 많이 있습니다. 그런데 탈근대 사회, 현대 사회의 많은 사람들은 자기 표현적입니다. 다양한 방식으로 나를 어필하고 홍보하고 그런 거죠. 또 그러면서도 무엇이냐? 오늘날 젊은이들은 대단히 자기에게 충실합니다. 상상 이상으로 자기 지향적입니다. 옛날 근대 사람들은 형식과 체면을 차리니까, 다른 사람을 의식하고 다른 사람의 말을 들어가면서 함께 지향합니다. 타자를 지향해요. 다른 사람들에게 무엇을 해주려고도 하고요. 그런데 지금은 뭡니까? 나부터 먼저 합니다. 다른 사람을 먼저 염두에 두지 않습니다. 그렇다고 여러분 오해하면 안 됩니다. 근대는 옳고 탈근대는 그르다가 절대 아닙니다. 계속 말씀드렸죠.

근대는 그 시대 패러다임에 따라 자기절제를 하다 보니 희생이 따릅니다. 20세기를 힘껏 살아온 어머니들을 보십시오. 과거 우리 어머니들, 얼마나 자식을 위해서 희생했습니까! 그러나 오늘날 어머니들은 상대적으로 그런 측면이 줄어들었습니다. 아니, 무슨 소리야! 자식도 중요하지만, 나도 내 인생을 찾아야 되겠어! 이렇게 나옵니다. 과거의 어머니들은 모든 것을 자식에게 올인all-in 하듯이 다 던져줍니다. 정말 헌신적이었지요.

그런데 지금은 '자식인 너는 너, 부모인 나는 나, 각자의 삶이 있어!' 이렇게 나오죠. 다시 강조하지만, 그렇다고 과거에 모든 것을 던져서 희생했던 어머님들의 삶은 올바른 것이고, 오늘날 자식에게 모든 것을 던져주지 않고 나름대로 자기 삶을 찾으려고 하는 젊은 어머니들의 생각은 잘못되었거나 틀렸다. 그건 결코 아니라는 말입니다. 시대변화에 따라 문화도 바뀌어가는 거죠. 그러니까 그 바뀌어가는 문화, 시대 패러다임의 전환을 잘 파악해서 우리가 교육적으로 적용을 해야 된다는 겁니다. 여러분! 어떻습니까? 모든 시대가 그렇듯이, 어떤 기준에 의거해서 보면,

반드시 긍정적 측면과 부정적 측면이 존재합니다. 자기에게 충실하고 자기를 지향하고 표현하는 것이 나쁜 겁니까? 아니에요. 좋은 겁니다. 지나치게 자기표현만 하다 보면 타자를 존중하지 않고 배타적으로 갈 수가 있겠지요. 그런 우려가 있다는 거죠. 그래서 그것에 대해 조심하면 되는 겁니다.

••• 정적 문화에서 동적 문화로 전환하다

시대를 정확하게 읽고 교육에 종사하려면, 다름 아닌 이 문화적 현상을 잘 파악을 해야 합니다. 무슨 말인지 이해가 되지요? 이외에도 근대 사회는 이런 특징을 지니고 있어요. 보고 듣고 구경하는 조용한 문화입니다. 그것은 한 마디로 정적靜的 문화입니다. 세상을 젊잖게 보면서 구경하죠. 다른 사람들의 말을 귀 기울여 듣습니다. 그런데 지금 사회는 어떠냐? 사람들이 가만히 있지를 못 합니다. 재미있게 얘기하면 나댑니다. 여기저기 마구 뛰어 다니고 그렇지요? 스스로 참여하고 즐기는 동적動的 문화가 융성합니다.

여러분! 1980년대 이후, 대한민국 사회를 보면 사회 운동이 많습니다. 최근에는 촛불 시위나 촛불 문화와 같은 활발한 사회 운동도 있습니다. 1980년대 이전의 과거, 근대 사회로 거슬러 올라가면 그러한 현상들이 굉장히 드뭅니다. 왜냐하면 지도자가 무엇인가 해주기를 바랍니다. 만들어 주기를 바라지요. 그러니까 사람들은 누군가 해줄 때까지 조용하게 참고 지내는 거예요. 내가 직접 나서서 하는 경우는 매우 드뭅니다. 그런데 지금은 우리 모두가 주인인데, 내가 참여하고 즐기면서 움직이는 거예요. 문화가 달라진 겁니다. 그런 차원을 사회 곳곳에서 찾아볼 수 있습니다.

이때 교육적으로 어떻게 대응할 것인가? 지금 아이들, 청소년들이나 청년 대학생들이 엄청나게 활동적이잖아요. 그것을 과거 근대의 양식대로, '야 조용히 해! 가만히 있어! 왜 그렇게 떠들어!'라고 해보세요. 아니! 움직이며 나대는 것이 현재 문화 양식인데, 그것을 이해하지 못하니까 자꾸 억압하는 방향으로 가잖아요. 이해를 하면 어떻게 될까요? 대화가 바뀌겠지요? '다 같이 더불어 놀아보자!' 이런 패러다임의 전환을 인지하며 교육적 의미를 찾아내야 돼요.

뿐만 아니라 근대 사회에서는 소유에 대한 집착과 욕구가 대단히 강합니다. 예를 들어, 평소에 자신이 갖고 싶었던 물건을 정말 고생 끝에 구입했습니다. 또는 입학이나 졸업 선물로 친인척으로부터 좋은 선물을 받았습니다. 그러면 쉽게 말해서 '이거 내 꺼!', 재미있게 쓰면 문법적으로는 조금 틀리지만 '내 꺼!' 이렇게 씁니다. 그래서 이 내 것에 대해 외부 사람이 침입을 하거나 내 것에 대해 상처를 내거나 해코지를 할 경우, 대단히 기분이 나쁩니다. 그때 반드시 갈등이 일어납니다. 하지만 지금은 무엇이냐? 이런 소유 욕구보다는 사용 가치를 중시하고 소비를 중요하게 여깁니다. 기술 문명이 발달하면서 이제는 동일한 물건이 많습니다. 잘 살게 되었고 물건을 많이 만들어 풍부합니다. 그러면 이것을 쓰다가 싫증나면 어떻게 합니까? 버리고 바꾸면 돼요. 그런데 옛날에는 어떻게든 아껴서 오랫동안 쓰려고 했어요. 물건이 귀해서 그렇기도 합니다. 이렇게 다른 삶의 양상이 이제 등장한다는 거죠.

••• 포스트모더니즘의 이중적 속성을 보라

여러분! 지금까지 대비하면서 설명한 것처럼, 사회가, 시대가 근대에서 탈근대로 전환해 가잖아요. 우리 대한민국의 문화적 가치가 이렇게 전환할 때, 그것을 다른 말로 포스트모던post−modern이라고 얘기한단 말이에요. 문제는 포스트모던이라고 했을 때, 그 의미입니다.

여기에서 포스트post는 무엇이냐? 포스트는 이중적 의미를 지녀요. 단순하게 이전에 존재하던 문화적 사태에 대해, 쉽게 말해서, 단절斷絕, 즉 근대에서 '탈脫'−근대로 나아가는 문화 현상만을 의미하느냐? 단순하게 안티anti만을 의미하느냐? 그렇지만은 않습니다. 안티나 그 이전의 문화 현상을 반대만 하는 것이 아니라 동시에 무엇이냐? 그것을 이어받아서 더 발전적으로 나아가려는 이후以後: after, 연속連續을 의미해요. 그러니까 단절과 연속이라는 의미를 동시에 지니고 있습니다. 여기에서 이제 난제가 생기는 거예요. 차라리 이전에 있던 어떤 사유 양식과 문화 패턴을 반대하는 경향이라고 한다면 거부해버리면 그만이에요. 거부해 버리고 새로운 것을 추구하면 돼요. 그런데 이전에 있던 양식을 시대에 맞게 이어가려는 측면이 또 존재한단 말이에요. 그 이중적 의미가 포스트post입니다.

　　이런 상황을 염두에 두고 봅시다. 그렇다면 여러분과 제가 살고 있는 21세기 지금 시대는 과연 어떠합니까? 아니면 어떠해야 합니까? 특히 교육적으로 말입니다. 앞에서 논의했던 근대 사회의 패러다임을 이어가야 합니까? 아니면 단절하고서 완전히 다른 시대를 모색해야 합니까? 여기에 교육적 난제가 도사리고 있습니다. 이어가는 것은 어떻습니까? 그냥 이전에 있던 교육 전통을 알려주면 됩니다. 과학적이고 사실적 지식을 전수하면 돼요. 그런데 제가 과거의 방식처럼 근대교육의 양식을 적용하여 교육을 해보니까, 과거의 것을 전수하면 전수할수록 한계에 부딪치는 걸 느낍니다. 앞이 꽉 막힐 정도의 한계에 부딪쳐요.

　　아이들, 청소년, 청년 대학생들의 학습 방법은 저 앞에서 달려 나가고 있는데, 저의 교육은 그들에게 맞추어가기에는 이제 겨우 걸음마를 떼고 있는 수준이에요. 대학생들은 100미터 앞에 나가있는데 저는 100미터 뒤에서 과거 1,000미터 뒤의 것을 얘기하고 있어요. 그런 상황이니 그런 얘기가 아이들, 청소년들, 청년 대학생들의 귀에 들리겠습니까? 그것이 학습자들에게 어떤 삶의 양식으로 습관이 되겠습니까? 그런 현실에서 오는 교육적 좌절, 그것을 해결해야 됩니다. 그러기 위해 과거와 완전히 단절하고 새로운 시대를 모색해야 되는가? 이것도 문제입니다. 과거가 없는 현재가 존재할 수 없고 현재가 없는 미래가 존재할 수 없습니다. 이 부분에 대해 시공간적으로 다양한 사고를 시도해 보십시오. 제가 볼 때, 젊은 사람들, 시대를 앞서가려고 노력하는 그들의 삶을 통해, 교육적으로 충분하게 검토할 필요가 있다고 봅니다.

03

새로운 문화 양상의 등장을 존중하라

여러분! 지난 시간에 패러다임 전환과 근대사회에서 탈근대사회로의 변화, 그리고 포스트모더니즘이라는 문화적 현상에 대해 간략하게 고민해 보았습니다. 이런 시대에는 어떤 교육적 대응이 요청될까요? 상당히 고민이 됩니다. 여러분의 경우에도 현재 구체적인 교육기관에 근무하고 있지 않다 하더라도, 성인으로서 그만큼 풍부한 경험을 지니고 있기에 평생교육 차원에서 보면 다른 사람에게 충분히 영향력을 미칠 수 있기 때문에 교육자로서의 기능을 할 수 있습니다. 여러분이 지니고 있는 재능과 기술, 사회적 역할로 판단해 볼 때 이미 넓은 의미에서 교육자이기도 합니다. 그렇다면 과연 이 시대에 우리 자신이 교육자로서, 혹은 교육과 관련되는 사람으로서, 패러다임 전환으로 인해 다가오는 다양한 논란거리들을 어떤 방식으로 해소할 수 있을까요. 교육적으로 지식을 전수하고 교육적으로 그 지식에 관한 의미를 부여할 수 있겠느냐? 이겁니다.

그런 차원에서 이제 과거와 다르게 현재 다양한 차원에서 제기된 이 시대의 교육적 과제에 대해 고민해 보려고 합니다. 우리 사회가 발전하면서 새롭게 등장하는 문제들이 많이 있습니다. 그 중에서도 양성평등, 다문화, 그리고 생태주의와 관련시켜 교육적으로 살펴보겠습니다. 물론 이외에도 엄청나게 많은 사회적 현상들이 드러나고 있습니다. 논란이 되는 것도 많고요, 불평등을 조장하는 것도 많이 있어요. 시간 제약 상 모든 문제를 다룰 수는 없지만, 교육적으로 우리가 충분히 고민하여 해소할 수 있거나 또 다른 교육적 양상들을 고려할 수 있는 내용들을 한 번 생각해 보겠습니다.

••• 양성평등의 실현에 힘써라

먼저 양성평등에 대해 보도록 하죠. 여러분! 남성과 여성을 표시하는 색깔이 있다고 합시다. 화장실을 이용할 때 남녀의 표시가 있는 것처럼, 파란색 그림은 남성을, 빨간색 그림은 여성을 상징한다고 볼 수 있겠죠? 아니면 그 반대로 파란색 그림은 여성, 빨간색 그림은 남성이라고 해도 좋습니다만. 여러분! 색깔을 통해, 왜 파란색은 남성을 상징하고 빨간색은 여성을 상징하는 거예요? 어떻게 보면, 이런 생각도 우리의 고정관념일 수 있습니다. 남성을 상징하는 그림이나 색깔도 정열적으로 빨간색으로 그리면 안 되나요? 혹은 그와 반대로 여성은 파란색으로 그리면 안 되나요? 엄밀하면 따지면 안 되는 이유는 없습니다.

아직까지도 그런 구분을 상당히 엄밀하게 하는 문화가 남아 있습니다. 남성은 바지를 입은 것으로 표시하고 여성은 치마를 입은 그림으로 표시하듯이 말이지요. 아니, 남성은 치마를 입으면 안 됩니까? 이런 부분도 이제 고민해 봐야 돼요. 강의를 하고 있는 저도 지금 아랫부분은 바지를 입고 윗부분은 양복저고리를 입고 있습니다. 치마를 입고 있지는 않습니다. 또 와이셔츠에 넥타이를 매고 있고요. 그런데 여성 가운데 평소 옷을 입을 때 와이셔츠에 넥타이를 매고 있는 사람도 있지 않습니까? 어떤 연예인을 보면 남성 가운데도 치마 비슷한 옷을 입고 있는 사람도 있습니다. 그런 모습들이 과거와는 다르게 일상화될 수 있다는 겁니다. 물론 과거와 동일하게 고정된 양식으로 존재할 수 있겠지만요.

이런 측면을 고려하면서 양성평등 문제를 진지하게 고민할 필요가 있습니다. 특히 교육영역에서 양성평등은 매우 중요합니다. 이 문제가 등장하는 이유가 무엇이겠습니까? 쉽게 말하면, 양성평등은 남성과 여성의 평등에 관한 것입니다. 교육에서 보면, 남학생과 여학생, 남녀공학, 남자 교사와 여자 교사 등등 남성과 여성을 둘러싼 다양한 논의들이 있습니다. 과거에는 양성, 즉 남성과 여성이 평등하기보다 불평등한 부분이 많았다는 거죠. 이제 시대가 바뀌었습니다. 민주 시민 의식도 높아지고 여성의 지위도 향상되었습니다.

우리나라의 경우, 조선시대만 해도 어떻습니까? 남존여비男尊女卑 사상이니, 삼종지도三從之道니 하여 여성을 남성의 아래에 두는 경향이 많았습니다. 물론, 유교의 전통에서 보면 남존여비나 삼종지도가 여성을 비하하는 그런 뜻은 아닙니다만, 일반적으로 남존여비라고 하면 남자는 존중하고 여자는 천시해서 본다는 의미로 쓴단 말입니다. 직전에도 언급했지만 원래 유교 사상에서 남존여비나 삼종지도가 여성을 비하하며 낮추어만 보는, 여성을 비하하기만 하는 발언은 아닙니다. 여성에게 강조되었던 삼종지도의 경우, 여성은 어려서는 부모, 특히 아버지를 따르고, 결혼해서는 남편을 따르고, 늙어서는 자식을 따른다는 의미인데, 이게 대부분 남자 중심으로 되어있는 거잖아요. 그런 문화 풍조에 대한 반성적 사고가 근대 개화기 이후에 서구 사상이 도입되면서 평등사상으로 등장하게 됩니다.

또한 민주주의가 도입되면서, 교육기회가 균등해지고 남녀 공학제도라는 교육의 기본 양식이 정착되면서 여성의 권리가 이전에 비해 높아집니다. 저도 중학교를 남녀공학을 다녔습니다. 아무 문제없어요. 중학교 친구들 가운데 여학생도 많습니다. 남학생과 여학생이 함께 학교 다녀도 남녀 불평등이나 이런 부분을 깊이 생각해 보지 않았어요. 그냥 중학교 동창이고 친구죠. 그런데 이런 부분에 대해 왜곡된 생각을 하면, 학생을 남녀공학으로 섞어 놓으면 사건 사고가 발생한다! 이런 생각을 하기 쉽단 말입니다. 실제로는 그렇지 않아요. 개인적으로 함께 학교를 다녔던 여학생들은 제 중학교 친구이고, 여자이건 남자이건 관계없이 모두 중학교 동창이잖아요. 지금도 연락되는 친구들이 많이 있어요. 인터넷 SNS상에서, 카톡방에서 카톡하고 다 그래요. 이런 부분들만 보아도 이제 여성의 사회 활동의 폭은 물론이고 교육 기회가 과거에 비해 엄청나게 확대되었습니다.

과거의 여성들에게는 어떻습니까? 교육기회를 주지 않았어요. 쉽게 말해 여자가 왜 배워! 집에서 밥이나 하고 빨래만 하면 되지! 이런 얘기를 한단 말이에요. 이런 말 자체가 배움을 갈망하는 여성에게 얼마나 폭압적인 말입니까? 교육기회의 과정에서 여성을 남성과 동일한 사람으로, 평등한 시각으로 보지 않는 그런 시대가 있었습니다. 그런데 지금은 그게 아니죠. 하지만 아직까지도 왜곡된 사고방식과 잘못된 권위주의, 남성 중심적 사고에 젖어있는 사람은 그런 말을 합니다. 여자들이 어디 나대! 이런단 말입니다. 이런 표현은 말 자체가 잘못된 거예요. 여성이

03 새로운 문화 양상의 등장을 존중하라

얼마나 재능이 많고, 여성이 얼마나 지혜로운데요. 집에서 살림하는 사람을 주부 主婦라고 얘기합니다. 요즘은 남성도 전업 주부가 많이 있죠. 한 가정을 살려나가는 살림꾼인 주부는 아무나 합니까? 재미있게 말하면, 머리가 나쁘면 못해요. 집안의 모든 살림을 정리정돈을 해야 됩니다. 그런 일을 담당하고 있는 지혜로운 여성을 왜 비하합니까! 높이고 존경해도 시원찮을 텐데요.

어쨌든 이제 시대가 전환되어, 남성과 여성, 양성이 평등해야 한다는 차원의 사고가 싹텄습니다. 교육에서 양성평등 실현을 위한 문화가 간절히 요청되는 시대다 이겁니다. 왜 그러냐? 아니 왜 반드시 그렇게 해야만 하는가? 그 이유가 몇 가지 있습니다. 그 중에 하나가 무엇이냐? 사회 정의의 차원입니다. 남성과 여성이 있을 때, 남성이 여성보다 큰 존재라든가, 그 반대로 여성이 남성보다 위대한 존재라든가, 양성 사이에 불균형을 이루는 구도가 발생하면, 다시 말해 남성이 여성보다 우월하다, 혹은 여성이 남성보다 우월하다, 이런 구도를 설정하면 사회적으로 정의가 들어설 곳이 없습니다.

남성과 여성은 어떻습니까? 불균형이 아니라 남성과 여성이 있으면 최소한 비슷한 존재로 그려져야 합니다. 평등해야죠. 세상의 절반은 남성이고 여성이듯이 말입니다. 이처럼 사회 정의의 차원에서 양성평등 교육은 철저하게 요청이 되어야 됩니다. 우리가 수업을 할 때, '너는 남자니까, 혹은 너는 여자니까 이런 일을 잘 할 수 있어!'라는 편견을 지니고 있으면 굉장히 위험합니다. 어떤 일이나 문제에 대해 그렇게 접근해서는 안 됩니다. 남성과 여성으로 구분하는 성별 접근이 아니라, 그냥 사람으로서, 인간으로서 다가서야 합니다. 개라든가 소라든가 뭐 닭이라든가 이런 동물들이 하지 못하는 것, 우리가 인간이기 때문에 할 수 있는 것이거든요. 그러니까 이제는 어떤 교육의 문제이건, 과거처럼 '남성-여성'으로 구분하여 처리해야 할 성격이 아닌 시대가 되었습니다. 따라서 교육적 용어가 자체가 달라져야 하는 거예요.

그 다음 두 번째는 양성평등 실현을 위해 어떤 문화적·교육적 요청을 필요로 하는가? 여성의 인력을 활용하는 차원이 대단히 중요합니다. 과거에는 여성을 어떻게 했습니까? 특별한 경우를 제외하고는 사회에 참여시키지 않았죠. 지금도 우리 사회가 어떻습니까? 여성들이 아주 훌륭한 자질과 다양한 재능을 지니고 있음에도 불구하고, 어떤 분야에서 여성이 등장하면, 늘 어떤 얘기를 하느냐? 늘 '최초의 여성 무엇 무엇이다!'라고 합니다. 이런 말 자체가 잘못되었다는 거예요. 이런 말을 왜 써야 합니까? 그러니까 이게 얼마나 남성 중심입니까? 세상 모든 일을 남성이 해온 것처럼, 여성은 존재감조차도 없어요. 어쩌다 어떤 분야에서 여성이 한 사람 등장하니까, '최초의 무엇 무엇' 이런 말을 붙여요. 제가 볼 때, 이는 여성에 대한 모독입니다!

여성도 당연히 뭡니까? 그 사람이 갖고 있는 재능과 능력에 따라 사회에 참여해야 되죠. 재능이 있는 여성들을 왜 그냥 방치해 둡니까! 한국사회의 발전을 위해, 개인의 발전을 위해, 여성이 적극적으로 자신의 능력을 발휘하게 해야 합니다. 그게 상식 아닙니까? 그런 차원에서 교육적 고민을 해야 한다는 겁니다. 대한민국과 한국 국민의 삶의 질 향상에 기여할 수 있다면, 여성 인력을 끊임없이 활용하고, 사회에서 활동할 수 있도록 배려를 해야 되겠죠. 그것을 교육적으로 계속 말하고 더욱 강하게 말해야 합니다. 그래야만이 민주사회에, 민주적 교육으로 접근되는 거죠.

그 다음에 또 비슷한 말입니다만, 사회발달 차원에서 양성평등을 고민해야 됩니다. 자, 여러분 이렇게 한번 생각해 봅시다. 과거에는 남성 중심적 사고에 젖어 있어, 여성들은 상대적으로 어떻게 됩니까? 남성들의 그늘에 가려져 있어요. 남성들 속에 매몰되어 있었습니다. 여성들이 어떤 상황이건 정면에 등장하지 못했어요. 그런데 이제 남성과 여성이 평등한 차원이 되는 시대가 되었잖아요. 그래서 남성과 여성의 힘이 합쳐져 우리 사회에 기여하는 방식으로 나아가면 이 사회가 훨씬 아름답게 발전하겠습니까? 남성들만이 전면에 나서는 상황이 되거나 여성들만이 전면에 나선다면, 양성 가운데 한쪽으로만 끊임없이 치우쳐져 가겠죠. 남성만 발달하고 여성은 찌그러지는 상황, 혹은 여성만 발달하고 남성은 일그러지는 상황이 발생하겠죠. 그것은 양성평등의 차원에서, 아니, 인간적인 측면에서 정당하지 않습니다. 정의를 해치는 일입니다. 민주사회의 의식에 기본적으로 어긋나는 거죠.

양성평등이 중요한 또 다른 이유는 시대적 차원에 있습니다. 지금은 어떤 시대냐? 획일적이거나 권위적인 틀에서 벗어나는 시대입니다. 창의적이고 감성적이며, 민주적 측면을 적용할 필요가 있는 다양한 사고가 요구되고 있습니다. 여기에서 여성이 지닌 창의력과 감성적 능력이 대단히 주요한 역할과 기능을 할 수 있어요. 여러분! 여성들을 한번 잘 지켜보십시오. 물론, 일반적으로 볼 때, 여성이 남성

03 새로운 문화 양상의 등장을 존중하라

보다 상대적으로 육체 근력으로 인해 힘이 약하거나, 어떤 큰일을 기획하는 데 상대적으로 선뜻 나서지 못하고 약한 모습을 보일 때도 있습니다.

그러나 제가 볼 때 그것도 편견일 가능성이 있습니다. 여성 가운데 대장부 스타일을 지닌 사람도 많습니다. 옛날부터 여장부라고 그랬지요? 그런 사람들이 우리 사회에 얼마나 많습니까. 기업체를 이끌어가는 사람들도 있고요. 전 세계적으로 여성이 국가의 최고지도자, 즉 대통령이나 수상인 나라도 꽤 있습니다. 여성이 국가의 최고지도자라고 하여 그 나라가 함부로 망하느냐? 그렇지 않습니다. 훨씬 더 국가를 발전시키는 그런 여성 지도자가 많죠. 현재 활동하고 있는 세계의 여성 대통령이나 총리들을 보면 그렇습니다. 때문에 우리가 여성들이 지닌 창의력과 감성에 대해 다시 한 번 교육적으로 진지한 고민을 할 필요가 있습니다. 이런 차원에서 양성평등 실현을 위한 문화와 교육적 요청이 대단히 중요하다는 생각을 한 번 해보는 거죠.

••• 다문화를 위한 교육적 개혁을 고려하라

두 번째로 생각할 문제는 다문화多文化입니다. 여러분! 다문화와 관련한 문제는 대한민국 사회에서 심각하게 고민할 필요가 있습니다. 우리가 보통 그러죠. 다문화 사회가 만들어진 계기가 여러 가지가 있습니다만, 20세기 후반부터, 특히, 2000년대에 들어와서, 우리 사회에서 독특한 현상이 발생합니다. 농촌 총각들이 결혼을 하기 힘든 상황에 직면하다 보니, 외국의 처녀들과 결혼을 하는 풍조가 싹 텄습니다. 외국의 처녀들이 결혼을 통해 대한민국으로 유입됩니다. 결혼을 해서 한국 사회를 살아가게 됩니다. 그러다 보니 문화가 다양해집니다.

기존의 한국 문화가 있고요, 예를 들어 베트남에서 온 신부가 있다고 하면, 한국 문화에 베트남의 문화가 더해지게 됩니다. 어떤 사람이 캄보디아에서 온 여성과 결혼을 하게 되면, 한국 문화와 캄보디아 문화가 만나게 되는 거고요. 이렇게 다양한 국적, 다양한 인종, 그에 따라 다양한 문화를 지닌 사람이 대한민국 사회에서 어울려 살게 되었습니다. 이런 문화적 현상을 다문화 사회라고 합니다. 다문화를 '멀티 컬처럴multi-cultural'이라고 해요. 다양한 문화, 그러니까 많을 다多자를 써서 '다多-문화' 이렇게 한자로 씁니다.

이 다문화 교육이라는 것이 뭐냐 하면, 서로 다른 것들이, 차이 나는 것들이, 대한민국 사회에 모였지 않습니까? 그러면 이것이 무엇이냐? 다양한 문화가 모여 있는 세계에 대한 이해가 필요합니다. 다른 세계에 대한 이해를 해야 합니다. 그래야만이 이 사회가 건전하게 돼요. 기존에는 자신의 문화적 관점, 대한민국 사람이라면 한국문화를 중심으로, 동남아시아 사람들은 그들의 문화를 중심으로 세계를 파악해왔단 말입니다. 대부분의 사람들이 그렇습니다. 내가 살고 있는 좁은 문화의 틀에서, 나를 중심으로 생각하기 마련입니다. 그것이 인간의 사고능력이에요. 따라서 교육을 통해, 자신의 관점에서만 세계를 파악하는 것에서 벗어나야 돼요. 왜냐 하면 자신의 문화적 관점에만 빠져있으면, 인간 사회를 총체적으로, 전반적으로 경험하여 이해하기가 어렵습니다. 몰이해가 생기죠. 이해할 수가 없어요. 자기 세계에만 갇혀있으니까요.

그 다음에 또 어떻게 되느냐? 문화적으로, 인종적으로 편견을 갖기 쉽습니다. 나를 중심으로 생각하고 생활하다 보면 자신이 겪지 못한 전혀 다른 세계가 나에게로 다가옵니다. 그러면 배척을 하게 되지요. 배타적으로 되기 쉽습니다. 어! 저 친구는 왜 키가 작지? 저 친구는 왜 피부 색깔이 다르지? 저 친구는 왜 얼굴 모습이 다르지? 그러고는 저런 색깔 저런 모양을 갖고 있는 사람들은 열등해 머리가 안 좋아! 문화적으로 미개해! 등등, 이상한 생각을 하게 된다고요. 그런데 인간에게 그런 것이 어디에 있습니까? 사람은 단지 사람으로만 보아야 합니다. 같은 사람으로만 바라보려는 개방적 자세를 가져야 되는 거죠. 거기에 교육이 적극적으로 개입해야 된다는 겁니다.

다문화 차원에서 보면, 자신이 가진 문화적 배경을 다른 문화와 비교하며 동일한 차원에서 바라볼 때 그 문화가 온전하게 파악됩니다. 입장을 바꿔 놓고 다른 문화를 지닌 사람도 마찬가지일 거 아니에요. 여기에 외국에서 온 어떤 사람이 있다고 합시다. 내가 그 사람을 볼 때 어떻습니까? 어! 저 사람의 생김새가 나와 달라! 그런데 그 사람이 나를 바라볼 때 어떻겠습니까? 당연히 자신과 다르게 보겠죠.

세계 각국에서 온 수많은 사람의 손이 모여 있는 그림을 상상해 보십시오. 까만 손도 있고요 약간 황색도 있고요 하얀 손도 있고, 다양한 색깔의 손이 많이 있잖아요. 모두 손을 모아서 잡아 봅시다. 사실 이 세계도 맞잡은 손과 같습니다. 자신이 향유하고 있는 문화와 다른 문화가 존재할 때, 서로 다른 문화를 이해하려고 다가가는 것과 배척하는 것은 전혀 다른 사태를 낳습니다. '다多-문화'라는 것은 이미 어떻습니까? 다른 것들이 공존한다는 말이거든요. 공존하고 있을 때, 여러분! 여러 가지 다른 존재나 상황이 함께 있단 말입니다. 공존共存하고 있어요. 함께 있을 때 그것에 대해 뭡니까? A와 B가, 동그라미와 세모가 있을 때, 아 세모는 동그라미와 다른 양상으로 존재하는구나! 동그라미는 또 세모와 다른 양상으로 존재하는구나! 동그라미는 세모처럼 뾰족한 형태의 각이 없구나! 세모에게는 둥근 형태가 없구나! 각만 있구나! 뾰족뾰족하구나! 다름과 차이에 대해 이해를 하게 되는 거죠. 그래야만이 세계는 동그라미와 세모가 서로 교제하는 양식으로, 서로 다른 것들이 다양하게 얽혀 있다는 사실을 온전하게 파악하게 되는 거예요. 거기에 교육이 적극적으로 기여해야 된다는 겁니다.

자! 그래서 이 다문화는 뭐냐 하면, 인종과 민족, 문화와 종교가 다양하게 있지 않습니까? 그 다양한 문화에 대한 상호존중이자 상호인정입니다. 그러니까 이전에는 다문화 교육을 문화이해 교육이라고도 얘기를 해요. 상호이해 교육이라고도 얘기합니다. 서로 상이한 문화에 대해 상호이해하지 않으면 자기 고집에 떨어지거나 자기 생각만으로 다른 사람이 지니고 있는 문화를 무시하거나 경시하기 쉽습니다. 예를 들어, 나의 문화는 A라는 양식인데, 상대방의 문화는 B라는 양식입니다. 그러면 A의 문화를 B에 이식시켜, B를 멸종시키고 A로 정복해 버리는 경우가 많았습니다. 이는 일종의 정복주의입니다. 그래서는 안 되죠. 인류 역사에 그런 경우가 많이 있습니다.

우리가 나의 문화를 가지고 다른 문화를 정복할 권리가 있습니까? 인간의 역사에서 힘의 논리가 지배할 때는 그런 상황이 벌어질 수 있겠죠. 그러나 솔직하게 우리가 인간을 인간답게 바라보면, 나와 다른 문화를 지니고 있는 사람들도 그들 나름대로 의미 있는 문화를 형성하고 있고, 나도 나름대로 문화를 형성하고 있어요. 그러면 상호공존을 유지하게 되면 거기에서 새롭게 발생하는 것이 무엇이냐? 바로 평화입니다. 우리가 피스peace! 피스!라고 하면서, 평화의 문제를 끊임없이 얘기하지 않습니까? 평화롭게 살자고 말만 하면 뭐해요. 평화롭게 살기 위한 전제 조건이 무엇이냐? 이렇게 다양하게 있는 것들에 대한 개방과 포용입니다. 어떤 측면에서 보면, 나 자신의 주장을 상당히 양보하고 아집에서 벗어나야 됩니다.

우리 대한민국 사회의 경우, 단일 민족적 특성을 지니고 있어 인종 갈등은 매우 적습니다. 외국에는 많죠. 미국 같은 경우에는 다민족 국가이니 다양한 인종이나 민족이 있습니다. 그러나 대한민국은 문화나 종교적 갈등이 상대적으로 적습니다만, 점점 늘어나는 추세입니다. 우리 사회에서 그런 사안들을 풀어내기 위해 다양성을 인정하자! 그래서 다문화 교육이 중요하다는 겁니다. 다시 정돈하면 다문화 교육은 다른 나라에서 온 사람들을 받아들임으로 인해, 국가의 자산을 보다 풍부하게 할 수 있습니다. 대한민국 국민들이 개인적으로 공공의 문제를 인식하고 해결하는 어떤 방식을 증대시킬 수 있죠. 국민들에게 다문화를 체험할 수 있는 기회를 제공하고, 이 체험을 통해 개인의 자아실현을 도와줄 수도 있어요. 또 문화를 풍부하게 만들 수 있으니까 그 다음에 개인들이 다양한 문화에 참여할 기회를 가지면서 인간을 총체적으로 경험하고 배울 수 있습니다.

••• 생태주의적 사고를 통해 시대를 추동하라

지금까지 얘기한 양성평등과 다문화 교육과 더불어 또 중요한 것이 생태주의적 사고입니다. 생태주의는 대개의 경우, 녹색으로 형상되어 있는 경우가 많습니다. 일종의 녹색 사고라고 보면 좋겠습니다. 녹색 사고라고 하면 설명하지 않아도 여러분의 머리에 떠오를 겁니다. 녹색 사고의 반대는 뭡니까? 기계나 물질과 같은 문명에 찌든 거죠. 이것은 사실 현대사회가 지닌 최대의 위기예요.

앞에서 프란시스 후쿠야마의 예를 들었습니다만, 인류가 고도 산업사회와 그 성장의 그늘에서 죽어가는 생태가 문제로 등장했습니다. 여기에 인류가 위협을 느끼게 된 것입니다. 여러분은 어떻습니까? 고도 산업사회와 성장을 통해 열심히 잘 살아가고 있습니까? 괴롭게 죽어가고 있습니까? 그것을 직접 머릿속에서 생각해 보면 생태문제가 바로 풀립니다. 생태주의 문제, 이것은 단순하게 우리 주변의 자연환경의 오염 문제만을 지칭하는 것은 아닙니다. 교육적으로도 생태주의가 문제입니다. 주변을 둘러보세요. 예를 들어, 여기에서 지금, 강의를 촬영하고 있는데 바로 옆에서 쿵쾅쿵쾅 소리가 난다고 합시다. 그러면 이 강의를 녹음도 제대로 못하고 강의를 망칠 수 있잖아요. 그것도 넓은 의미에서 교육의 생태 문제예요. 이런 생태 문제는 도처에 많이 널려 있습니다. 이런 생태주의는 무엇이냐? 인간과 자연의 역동적인 상호작용입니다. 생명체 간의 생존 방식을 규명하는 거예요. 인간 현상에 던지는 시사점을 철학적으로 사유하기 위한 어떤 사고라고 할까요, 사상이라고 할까요, 그런 겁니다.

생태주의는 기계주의적 사고에 상대되는 개념입니다. 우리 인간은 절대 기계처럼 살 수 없어요. 모든 존재는 엄밀하게 말하면 유기체로 얽혀서 살아갑니다. 그럴 때 우리 대한민국의 교육환경, 우리의 교육적 사고인 교육 생태주의는 어떤 식으로 드러나야 하는가? 그래서 우리가 생태주의를 활성화하려면 어떻게 되느냐? 인간 중심주의의 근대적 사고, 그 철학적 한계를 비판해야 됩니다.

여러분! 인간 중심주의가 되다 보니까 어떻게 됩니까? 인간의 삶을 향상시킨다는 목적으로 자연을 개발하고 파괴하고 정복하고 그런 사고가 생기는 거죠. 그것은 무엇이냐? 이성과 과학에 토대를 둔 모더니즘적 세계관, 근대적 사고에서 나오는 거란 말입니다. 이성적 사고만을 하고 과학 테크놀로지만 발달시키면 이 사회가 아름답게 되느냐? 아니라는 겁니다. 더불어 살아야 되죠, 어울려야 되고 어깨동무를 해야 됩니다. 그래서 인간의 자기본위 경쟁, 소유와 같은 자본주의 사회의 지배적 가치에 대해 우리가 근본적으로 재검토해야 됩니다. 자본주의 사회? 좋죠. 그러나 병폐가 많습니다. 그렇다고 공산주의 사회로 가야 한다? 그 말이 아닙니다. 자본주의 사회의 병폐와 한계를 지적하면서 때로는 공산주의적 요소도 고려해볼 수도 있고요. 자유 민주주의 사회나 사회 민주주의의 양식이 낳은 부작용들을 다양하게 고려할 수 있는 거지요. 특히 근대 산업화로 인한 자본주의적 병폐가 어쩔 수 없이 드러나고 있는데, 이것을 어떻게 완화시키느냐? 충분히 고민해봐야 합니다. 그런 것들이 교육적으로 검토되고 고민되어야 한다는 겁니다.

자, 그래서 여러분! 이번 시간에 양성평등과 다문화, 생태주의를 간략하게 다루어 보았습니다. 그것을 요약하면 무슨 소리가 되느냐? 기존의 사회에서 소외된 영역에 대해 관심을 높여야 한다는 것으로 의견이 모아집니다. 기존의 지배 구조, 지배적인 관심을 접어야 돼요. 그래서 교육의 역할이 무엇이냐? 그러면 사회적으로 소외된 영역, 그러니까 사회적 약자들, 양성평등도 여성이 약한 것이고 다문화도 우리 문화 이외에 약하게 느껴지는 다른 문화에 대한 이해입니다. 생태주의가 뭡니까? 기계주의라는 거대한 공룡과 같은 과학적 사고, 테크놀로지에 대한 재성찰 이런 거잖아요.

따라서 교육은 무엇이냐? 이런 약한 고리에 대한 관심을 고조시켜 이 시대에 부응할 수 있는 건전한 인간 사회를 지향하는 데 기여해야 합니다. 사람들이 다양한 방식으로 참여할 수 있는 정신을 발현하기 위해 존재하는 겁니다. 때문에 현 시대에 과거를 반성하고 드러나는 많은 사고양식에 대해 우리가 진지하게 재고할 필요가 있다. 그런 겁니다. 이외에도 우리 교육에서 적극적으로 받아들이고 버려야 할 어떤 사고나 사회 현상이 있다면, 그것을 한 번 더 곱씹어 볼 수 있는 자세와 여유를 여러분이 한 번 마련해보면 좋겠습니다.

우리 다 같이 양성평등에 대한 문제, 다문화에 대한 문제, 생태주의에 대한 문제를 생각해 봅시다. 가만히 짚어 보면, 그것이 직접적으로 나에게 다가와 있지 않은 것 같지만, 실질적으로는 이미 우리 생활 깊숙이 스며들어 있습니다. 이미 우리의 일상이 되었습니다. 그런 문제를 공통 관심사로 놓고 진지하게 토의해보는 시간이 되었으면 좋겠습니다.

04

4차 산업시대의 새로운 경향에 주목하라

여러분! 이번 주에는 패러다임의 전환, 이른 바 제4차 산업혁명, 혹은 지능정보사회라는 현대사회에 이르기까지, 근대사회와 탈근대사회 그리고 그 시대에 드러나는 다양한 현상들에 대해 생각해 보려고 합니다. 지난 시간까지는 양성평등, 다문화, 생태주의와 같은 다양한 사회문화적 현상에 대해 교육적으로 어떻게 대체할 것인가? 간략하게나마 고민해 보았습니다.

이번 시간에는 그 결론으로서 지금 당장 논의되고 있는 제4차 산업혁명과 지능정보사회, 그리고 교육에 대해 함께 고민해보도록 하겠습니다. 우리가 제4차 산업혁명 시대라고 지칭을 했을 때, 어떤 시대 변화를 통해 우리가 지금 이 자리까지 와 있느냐? 이런 부분을 진지하게 검토할 필요가 있습니다. 그래야만이, 아! 시대가 누적되고 축적되어 내 몸속으로 지금 이러한 문명의 양상이 들어와 있구나! 그것을 고민할 수가 있거든요. 그런 차원에서 시대변화가 어떻게 진행되어 왔는지 되새겨 보세요. 시대변화, 혹은 문명의 진화는 인류 역사 전체를 통틀어 서서히 혹은 급격하게 진행되어 왔습니다. 끊임없이 진화해 왔다고 볼 수 있잖아요.

그 모습이 어떠냐? 이 문명의 진화를 어떤 차원에서 보느냐? 이것이 현실 교육을 구명하는 하나의 관건이 됩니다. 문명의 진화를 이해하는 시각은 여러 차원이 있지만, 인간이 사용하는 도구와 재료의 변화를 통해 확인할 수 있습니다. 우리가 현재 쓰고 있는 도구가 무엇이냐? 그것은 과거와는 분명히 다릅니다. 아주 오래 전인 석기시대와는 전혀 다르고, 청동기시대와도 완전히 다릅니다.

또한 산업의 발전 차원에서도 깊이 이해할 필요가 있습니다. 경제적 차원에서 생산양식이 어떻게 바뀌었느냐도 문제가 되고요. 이런 몇몇 차원에서 한 번 살펴보려고 합니다. 그러면 현재 우리가 어떤 지점에 와 있는지를 고민할 수가 있고, 그에 맞는 교육을, 흔히 맞춤식 교육이라고 하듯이, 그런 교육을 우리가 만들어내든가 요청할 수 있는 것입니다.

●●● 산업의 발달에서 시대를 재해석하라

먼저, 도구 사용의 측면에서 봅시다. 인류는 진화 과정에서 최초에 어떤 도구를 사용했습니까? 구석기에서 신석기 시대를 거쳐 왔다고 하지요? 그리고 석기 시대부터 어떤 시대로 왔습니까? 청동기 시대에서 철기 시대를 거쳐 왔다고 배웠습니다. 그 다음은 어떤 시대입니까? 여러분! 철기 시대 이후를 생각해 본 적이 있습니까?

우리는 초·중·고등학교 때, 석기 시대는 구석기와 신석기 시대로 나누어서 살펴보았습니다. 박물관에 가면 돌덩어리 같은 것도 있고, 돌을 갈아서 만든 돌도끼 같은 것이 박물관에 잘 전시되어 있잖아요. 유물로 전시되어 있죠. 그런 석기 시대에서 청동기를 거쳐 철기 시대로 발전해 왔잖아요. 그 다음에 무슨 시대입니까? 컴퓨터가 철로 만들어졌습니까? 아니죠? 그럼 철기 시대 이후는 어떤 시대인지 고민해야 봐야 될 거 아니에요. 그러니까 재료 사용으로 보면 돌을 사용하던 석기 이후, 청동은 구리와 주석을 합쳐놓은 거잖아요. 그리고 철기는 쇳덩어리를 녹여서 만든 거잖아요. 그 다음에 뭡니까? 이런 진지한 고민을 하지 않으니까 어떻게 되느냐? 시대를 파악하지 못하고 혼돈을 느낀단 말입니다. 최소한 우리가 사용하는 도구에 대한 고민은 있어야 하지 않겠어요? 그것에 대한 고민이 나와 줘야 돼요.

철기 다음 시대의 도구 재료는 무엇이냐? 철기 다음에는 신소재新素材입니다. 신소재는 재료의 구체적인 내용을 지칭하면서 규명하지 않았습니다. 신소재는 말 그대로 새로운 소재라는 거죠. 그것은 플라스틱이 될 수도 있고 세라믹이 될 수도 있고, 다양합니다. 분명한 것은 석기나 청동, 철기와 다른 어떤 재료가 등장했다는 겁니다. 그런 재료는 앞으로 또 다른 형태로 등장할 것이고요. 거기에 대해서 심각하게 고민해야 합니다. 예를 들어, 교육적 측면에서, 야! 너는 석기만 사용해야 돼! 청동기만 써야 돼! 철기만 써야 돼! 이렇게 하는 건 아니잖아요. 그러면 우리는 어떻게 되느냐? 석기도 쓰고 청동기, 혹은 철기도 쓰지만, 새로운 소재가 나왔기 때문에 이것에 대해 어떤 방식으로 사용할 것인지 교육적 처방전을 내 놓아야 합니다. 새로운 재료가 등장하고 바뀔 때마다 그것을 대체할 교육적 고민을 해야 된다는 겁니다.

자, 그리고 산업발달의 양식으로 볼 때, 수렵이나 어로, 채집과 같은 단계에서 농사를 짓는 농업의 시대로 발전했고, 그 다음에 상업과 공업이 발달한 상공업의 시대로, 그리고 오늘 20세기에 들어와서는 정보 지식의 시대로 진화했습니다. 현재의 정보 지식은 더 진화한 형태의 무엇이 되었습니까? 지능정보 시대로 발전했단 말입니다. 이후에는 또 무엇이 우리 앞에 서 있을지 몰라요. 이런 문명의 진행 양태를 잘 보세요. 여기에서 무엇이 중요합니까?

••• 지배 체제와 의사소통 수단의 변화를 확인하라

그 다음에 생산양식의 문제, 즉 경제를 지배하는 변화의 모습을 보면, 교육적으로 고려할 것이 많습니다. 마르크스가 분류한 것에 의거하면, 과거에는 원시 공산제 사회에서 노예제 사회로 바뀌고, 노예제는 봉건제 사회로, 그리고 자본주의로 나아왔단 말입니다. 그러면 여러분 현재는 무슨 사회입니까? 분명한 것은 대한민국이 자본주의 사회라는 것입니다. 그 속에서 우리가 교육을 하고 있단 말입니다. 자본주의이기는 한데, 단순하게 산업사회에서 2차 기계 기술 문명에서 기계를 생산해내는, 예를 들어 어떤 노동자와 자본가가 있을 때, 그 노동자와 자본가와의 대립 구도만으로 설명할 수 있는 사회가 아닙니다. 금융자본도 있고 독점자본도 있고, 다양한 자본의 양식이 있지 않습니까? 그러면 자본주의인데 어떤 자본주의냐? 이런 고민이 있어야죠. 그래야 삶의 문제와 교육의 지향이 풀릴 것 아닙니까?

그러면 다시 또 다른 측면을 건드려 봅시다. 지배체제를 생각해 봅시다. 정치 지배체제로 보면 인류는 고대사회에는 직접 민주정치를 시행했고, 중간에 중세시대에는 왕이나 황제가 다스리는 황제 시대를 지나, 근대 사회 이후에는 민주주의가 발달했습니다. 민주주의는 현대에 이르기까지 가장 발달한 정치형태로 자리 잡고 있습니다. 그렇다면 미래에는 어떤 정치형태가 우리의 삶을 지배할까요?

자유 민주주의? 사회 민주주의? 전자 민주주의? 민주주의가 지속된다면 다양한 이름의 민주주의를 붙일 수 있겠죠? 그랬을 때 어떤 민주주의가 올까? 컴퓨터 통신, 인터넷 연결망이 발달하고 있으니 전자 정보 민주주의가 올까요? 물론 이런 예측이 충분히 가능하죠.

그 다음에는 인간의 능력 변화를 보자고요. 이 부분은 우리 삶과 교육을 이해하기 위해 굉장히 중요합니다. 과거 농사를 짓던 시대에는 농사를 지을 힘이 필요합니다. 그때는 그 힘을 근력에 기초하여 발휘했습니다. 기초 체력에 근본하여, 육체적 힘을 통해 농사를 지었습니다. 간단하게 말하면 농사를 짓기 위해서는 최소한의 힘이 있어야 됩니다. 그런데 그런 육체적인 힘을 발휘하던 시대는 농사를 중심으로 하는 1차 사업이 쇠퇴하면서 서서히 힘을 잃어 갑니다. 가면 갈수록 어떻게 되느냐? 창의력과 응용, 적응을 요청하는, 정신적 아이디어가 발달하는 시대로 바뀌어갔습니다. 산업이 바뀌면서 시대도 그렇게 바뀌어갔다고요.

현대 사회는 힘만 쓰고 반짝이는 아이디어가 없는 사람은 푸대접을 받기 쉽습니다. 그러나 옛날 농사가 삶의 중심을 이루던 시절에는 말만 많고 정신적 아이디어만 내는, 실제 농사를 짓지 않고 육체적 힘을 발휘하지 않는 그런 사람은 또 상대적으로 의미가 희석되었습니다. 이젠 시대가 달라졌습니다. 의사소통 수단도 바뀌었습니다. 완전히 다른 삶의 양식이 우리 주변을 바꾸고 있습니다. 그것을 보면 인류문명 1.0시대에는 언어를 사용해서 말로만 했습니다. 그리고 인류문명 2.0시대에는 문자 발명을 해서 글로 썼습니다. 그 다음에 또 문자가 발명되어 인류 문명 3.0시대에는 인쇄술이 발달하여 언어 문자로 사용하던 삶이 대중화 됩니다. 확 퍼진다고요. 그럼 지금은 전 세계적으로 무슨 시대냐? 초연결의 시대, 인류문명 4.0의 시대입니다. 인류 문명 4.0의 시대라고요. 앞으로는 어떤 시대가 도래할 것 같습니까? 5.0, 6.0, 끊임없는 시대 진보가 예상되겠지요.

기존에는 인간의 입을 중심으로 이루어지던 의사소통이 더 이상 말로만 하지 않는 시대가 예견됩니다. 인터넷으로 초연결하는 단순한 연결망을 넘어서 있습니다. 재미있게 얘기하면, 끊임없이 진화해온 이 현대문명을 여러분 앞에 다시 말씀드리면, 물음표(?)를 계속 던지는 작업 이외에 달리 표현하기가 쉽지 않습니다. 지금까지 인류가 규정해온 시대는 끊임없이 많이 있었습니다. 어떤 때는 무슨 시대다, 또 어떤 때는 무슨 시대다. 그러면 현대문명은 어떤 거냐? 이거예요. 그것은 결국, 첨단기술이 융합되고 복합되는, 그리고 상호의존하고 시대가 예견됩니다. 과거처럼 나 혼자 잘 사는 삶은 꿈꾸기 어려운 시대입니다. 상호 연결이 되어야 합니다. 그것이 인간과 인간이 되었든, 인간과 인간이 될 수도 있고 인간과 사물이 될 수도 있고요. 사물과 사물이 될 수도 있고요. 이것이 복잡다단하게 다양한 방식으로 연결됩니다. 그래서 초연결이라고 합니다. 그림으로 그려보면, 엄청나게 이런저런 것들이 얽혀서 끊임없이 네트워킹을 하는 거예요. 세계가 다양한 방식으로 연결된 것은 일정의 그물망이잖아요. 그물망! 재미있게 얘기하면 우리의 삶은 뭐냐 하면 그물망 인생입니다. 그것도 여기에 뭘 붙여야 되느냐? 아주 복합적인, 그러다 보니 어떻게 되느냐? 이 시대가 어떤 것인지 한 마디로 결정하기 힘든, 불가규정의 시대입니다.

••• 4차 산업시대의 과학혁명 정신을 인지하라

여러분! 현재 대한민국을 살아가고 있는 여러분은 삶을 어떻게 규정하고 싶습니까? 무엇으로 규정할 것입니까? 여러분의 인간관계, 사회관계, 다양한 것이 복잡다단하게 얽혀있는, 이 시대 자신의 삶을 어떻게 규정할 수 있습니까? 그것을 규정하는 방법을 교육적으로 알려주거나 탐구하거나 파악해서 정돈해야 합니다. 그래야 이 시대에 우리 삶의 진로가 보입니다.

자! 그러면 다시 한 번 봅시다. 흔히 제4차 산업혁명이라고 하는 시대의 사회양상은 디지털 혁명을 기반으로 합니다. 디지털 혁명! 아날로그가 아니고 디지털 혁명입니다. 이 혁명은 끊임없이 증폭되어 나갈 것이라는 것이 많은 학자들의 예측입니다. 여러분! 주변을 한 번 둘러 보십시오. 우리나라의 디지털 환경 여건도 어떻습니까? 우리가 일상의 필수품처럼 사용하는 휴대폰도 한 번 사서 영구적으로 쓰지 못하는 상황입니다. 1년이나 2년이 지나면 신제품이 나오고 또 한 2, 3년 지나면 또 바꿔야 합니다. 새로운 기능이 첨가되고 그렇게 급격하게 증폭적으로 과학기술 문명의 혁명이 일어나는 겁니다. 또 첨단 기술 혁명에 기반하여 정보통신이 더욱 진화합니다. 문제는 진화의 속도입니다. 폭증합니다. 단순하게 서서히 쭉 진화하는 과정을 넘어 나선형 방식으로 계단을 훌쩍 뛰어 오르듯이 단숨에 진화해 버립니다. 그래서 4차 산업혁명 시대의 사회 양상을 다른 말로 뭐라고 그러느냐? 이동통신을 기준으로 해서 볼 때, 1세대, 2세대, 3세대, 4세대를 넘어 5세대 이동통신이라고 그럽니다.

여러분이 가지고 있는 휴대폰, 스마트폰을 한번 잘 보세요. 이거 하나만 가지면 웬만한 일상사는 앉아서 모두 처리할 수 있는 시대입니다. 저는 깜짝깜짝 놀랍니다. 아직까지도 저는 은행 업무를 볼 때 은행에 가서 직접 일을 처리합니다. 주변 사람들을 보니까 상당수의 사람들이 이 스마트폰 하나만 가지고 일상사를 처리합니다. 은행 업무는 물론, 물품도 구매하고, 관공서 일도 보고, 강의도 듣고요, 책도 봅니다. 거의 못하는 일이 없습니다. 과거에는 직접 손으로 해야 될 일들을 스마트폰 하나로 간단하게 처리합니다. 그리고 또 보십시오. 이제 5세대 이동통신의 시대가 되면, 이 손조차도 사람의 손이 아니라 인공지능의 손을 빌어 처리합니다. 사람의 손이 아닙니다. 이런 시대에 교육은 인간이 인간에게 지식을 전달하는 문제를 넘어서는 일이 벌어질 수 있습니다. 그런 시대에는 교육의 의미와 개념이 달라지는 겁니다. 우리가 직접 느끼고 있잖아요.

자! 그래서 이 4차 산업혁명 시대의 사회 양상은 어떻게 되었느냐? 모든 것이 무엇으로 연결되느냐? 인터넷으로 연결됩니다. 인터넷은 좀 재미있게 말하면 내부 연결, 속살끼리의 연결입니다. 그렇게 모든 존재들 사이에 그냥 그물망으로 짜지는 겁니다. 짜여 집니다! 그것을 다른 말로 유비쿼터스Ubiquitous 혁명이라고 그러죠. 유비쿼터스! 이것은 모바일 인터넷으로 나아가죠. 교육적으로 볼 때 어떻게 되느냐? 이제는 인공지능이다! 지능정보다! 혹은 기계학습이다! 기계가 학습을 해요. 여러분, 몇 년 전에 알파고와 우리나라 최고의 프로바둑기사가 대국을 벌였잖아요. 바둑기사 알파고는 기계이고 이세돌은 인간이란 말입니다. 그런데 이 게임에서 인간이 졌습니다. 기계가 어떻게 됩니까? 이 알파고라는 기계가 스스로 학습을 합니다. 자기 학습을 해요. 많은 데이터 정보를 비축해두면, 그 속에서 생각하여 학습을 한다고 합니다. 이제 기계가 생각하는 시대가 되었어요.

그것을 스마트 지능화라고 합니다. 인간이 생각을 하고 기억하는 데는 한계가 있습니다. 여러분! 인간에게는 기억이 있고 망각이 있습니다. 잊어버리는 망각 현상이 있거든요. 그런데 기계는 절대 망각하지 않습니다. 기계가 부서지지 않는 이상, 그러니까 스스로 기계학습이 일어나는 거예요. 기계학습을 딥러닝Deep Learning이라고 합니다. 컴퓨터, 인공지능이 사람처럼 생각하고 배울 수 있고, 컴퓨터가 하나의 의식이 됩니다. 자! 이런 사회에서, 우리 사회는 어떻게 될까요? 당연히 삶의 변화가 일어나겠지요. 삶의 변화가 일어난다는 것은 무엇이겠습니까? 교육이 이전과 다른 방향으로 진행되어야 함을 상징합니다.

••• 지능정보 시대의 삶의 변화를 감지하라

여러분! 앞에서 이런 얘기를 했지요? 교육은 삶의 원현상이다! 그러니까 이 말은 삶은 교육과 함께 하는, 교육=삶이라는 말입니다. 삶의 변화는 필연적으로 교육의 변화를 유발합니다. 삶이 변하는 만큼 교육도 변화해야 합니다. 그렇다면 어떻게 변화되느냐? 삶이 개인 중심으로 바뀝니다. 미 센트리드me centered! 사람 친구가 없어도, 친구가 있습니다. 누구입니까? 바로 알파고와 같은 인공지능이, 로봇이 친구가 될 수 있습니다. 어떻게 보면 기존의 사람 친구보다 로봇 인공지능 친구가 더 친한 시대가 올 수도 있어요. 외국의 사례를 보면 심심찮게 그런 현상을 목격할 수 있습니다. 사람 친구 필요 없어! 인공지능 로봇 친구를 만나면 돼! 이렇게 삶의 양상이 바뀔 수 있어요. 이런 개인화의 과정이 급격하게 진행되다 보면, 새로운 형태의 공동체가 출현할 수도 있습니다. 예를 들어 인공지능 친구를 가진 친구들끼리 모이는 거예요. 그러면 이전에 없던 새로운 공동체가 출현하는 거죠.

그 다음에는 또 어떻게 되느냐? 첨단과학기술 문명이 발전하면 할수록, 과거에는 노동이 중요한데 이게 자본으로 대체됩니다. 돈으로 대체된다는 겁니다. 돈이 있으면 어떤 물건이건 돈으로 사면 되니까요. 인공지능도 돈으로 사면 돼요. 그러다 보니 어떻게 되느냐? 돈 있는 사람과 없는 사람의 불평등이 심화됩니다. 돈 있는 사람은 점점 더 있게 되고 돈 없는 사람은 점점 더 없게 되죠. 그것은 돈 있는 사람이라는 소수의 스타를 탄생시킵니다. 소수의 스타는 돈을 엄청나게 많이 법니다. 상상 이상이지요. 지금 그런 현상이 심심찮게 발생합니다.

이런 현상은 기존의 행동양식과 정체성의 변화를 야기합니다. 생명공학의 발달, 인공지능, 이런 게 있다 보면 인간 존재의 본질에 대한 의문이 생기죠. 예를 들어 여러분! 생명공학과 인공지능 기술이 고도로 발달했을 때, 이런 비유가 적절할지는 모르겠습니다만, 여기 신창호라는 사람이 있어요. 그런데 어떤 이유로 두뇌를 다쳐 이상이 생겼다고 합시다. 쉽게 말해 머리에 장애가 생겼어요. 뇌에 이상이 생겼든지 아니면 어떤 병이 들었든지 신창호라는 사람의 머리는 이제 쓸모가 없어졌어요. 그런데 머리 이외의 몸은 아주 건강합니다. 이와 정반대의 상황에 처한 사람이 또 있다고 합시다. 그 사람은 두뇌는 멀쩡한데 두뇌 이외의 몸이 모두 망가져서 장애가 생겼습니다. 그러면 이 두 사람의 몸 가운데 성한 부분을 생명공학적으로 합쳐서 한 사람을 만들었다고 합시다. 즉, 두뇌 이외의 몸은 신창호의 몸이고 머리 부분은 다른 사람의 머리라면 이 사람은 누구입니까? 그러니까 A라는 사람과 B라는 사람이 있는데, A의 머리와 B의 몸을 합쳐 새로운 사람을 탄생시켰을 때, 이 사람은 A입니까 B입니까? 참 괴롭지요. 농담처럼 얘기할지 모르겠으나 이런 일이 현실로 다가와 있습니다.

앞으로 생명공학의 발달과 인공지능 의학의 발달이 첨단으로 가면, 우리가 암이 걸렸다든가 위라든가 간에 어떤 이상이 생겼을 때, 그 이상 부분을 잘라 내고, 기계의 부품을 교체하듯이 갈아 끼우면 된다고 합니다. 인공심장처럼, 뭐 이런 식으로 생명을 연장하게 된다고 합니다. 그런 상황에 직면하게 되면, 우리의 삶은 엄청나게 바뀔 것입니다. 이런 시대의 삶은 또 어떻게 되느냐? 과학기술문명이 첨단으로 발달하면, 인간 자신에게 문제가 발생합니다. 인간의 공간 지각 능력이 저하 됩니다. 쉽게 말해, 인간과 인간이 감정을 느끼면서 공감해야 되잖아요. 인간적으로 그런 공감 능력이 저하되면서 다른 형태의 인간적 감성을 갈구하게 될 것으로 예측됩니다.

또 문제는 무엇이냐? 첨단 과학기술 문명으로 인한 사생활 침해에 대한 우려가 있습니다. 여러분! 인터넷과 상호연결이 되다 보니, 이미 무차별적이고 광범위하게 사이버상에서 공격을 합니다. 익명으로 비난하고 사회 문제가 되는 경우가 많습니다. 최악의 경우, 어떤 사람들은 그것을 견디지 못하고 불행하게도 스스로 죽음을 선택하는 경우도 있습니다. 인생이 송두리째 망가지기도 하는 아주 불행한 사태로 갈 수도 있습니다. 그런 부분에 대해 우리가 어떻게 해야 되느냐? 정말 문제입니다. 단순하게 인공지능 시대의 윤리 문제만으로는 해결하기 힘든 상황도 존재합니다.

이 뿐만이 아닙니다. 오늘날 익명으로 많은 사람들이 자유롭게 인터넷 상에서 활동하다 보니, 그런 현상이 '해방이다, 민주화다'라고 하면서도 인터넷에 의해 거대한 새로운 감시 도구가 되었습니다. 이런 형태에 대해 우리가 어떤 교육적 행동을 할 수 있느냐? 이겁니다. 교육적으로 어떤 시도를 할 수 있느냐는 거죠. 깊이 고민해야 됩니다.

자! 그랬을 때, 4차 산업혁명 시대에 인간의 삶에서 중요한 것이 무엇이냐? 교육 자체를 삶이라고 했는데, 교육을 삶의 원래 현상이라고 했는데, 삶의 양식이 변모되는 과정에서 교육을 어떻게 인식해야 할까요? 삶에 관한 어떤 결정을 내려서 혹은 특정한 결론이 난 형태로 삶이 진행되도록 되어 있다면 이것 자체를 어떻게 합니까? 교육을 통해 전수해주면 돼요. 그런데 지금은 어떤 시대냐? 그 과정 중에 있단 말입니다. 쉽게 말해, 삶의 패러다임의 전환이 이루어지고 있는 중입니다. 무엇 무엇을 하는 가운데에 있습니다. 그러니까 우리에게 중요한 것은 무엇이냐? 삶의 방향 감각을 고민해야 돼요. 이것이 앞으로 가고 있는지 뒤로 가고 있는지, 위로 가고 있는지 아래로 가고 있는지, 아니면 왔다 갔다 하면서 나아가고 있는지, 아니면 네모가 되었다 세로가 되었다 하는 건지, 무엇이라는 거죠? 쉽게 말해, 막연하게 살아가면 된다? 그건 결코 아니라는 거예요. 옛날 변화가 적은 시대는 뭡니까? 그냥 적절하게 흘러가면 돼요. 이제는 과거와 완전히 달라요. 그러니까 이제는 무엇이냐? 삶의 방향 감각을 찾으려는 교육적 노력이 매우 적극적이고 전투적으로 필요하고 중요합니다. 그래서 삶의 방향 감각을 충분하게 고려한다면, 이런 문제들에 대해 교육적으로 충분히 고민해야 됩니다.

지금은 어떤 시대입니까? 나는 누구입니까? 지금 이 시대에 나는, 과거에 나는 이랬을지 모르지만, 지금 이 시대에 나는 누구입니까? 그리고 왜 삽니까? 무엇을 해야 합니까? 이런 질문은 어떻게 보면, 아주 고전적이고 원초적인, 재미있게 얘기하면 뻔한 질문일 수 있습니다. 그러나 시대가 요동치면서 혼란스러우면서, 예상하기 힘든 다른 양상으로 바뀌었지 않습니까? 그러면 이것은 고전적이고 원초적이고 뻔한 질문이 절대 아닙니다. 이 시대가 요청하는 새로운 질문입니다. 새로운 질문! 이 시대에 요청되는 새로운 질문으로서, 다시 나는 누구인가? 왜 사는가? 무엇을 해야 하는가? 이 시대에. 그것을 아주 적극적으로 성찰하는 작업이 현재 교육의 주요한 임무가 될 것으로 봅니다.

제11강

교육받을 권리는 어떻게 보장되는가?

그 동안 교육에 관한 다양한 문제들을 고민해 보았습니다만, 이 지점에서 우리 자신의 삶을 다시 한번 돌아봅시다. 우리는 삶에서, 교육활동을 할 때, 혹은 정치, 경제 등 다양한 사회문화적 활동을 할 때, 어떤 범위에서, 어느 정도의 테두리를 정하여 활동하고 있습니까? 사실은 삶의 범위 문제가 굉장히 중요합니다. 쉽게 말해, 인간은 자연적으로 양심에 따라, 자연법적으로 살아가기도 하고, 때로는 인간이 만들어 놓은 성문법, 인위적인 법률 체계를 통해 살아가기도 합니다. 문제는 법대로만 살 수 없다는 것입니다. 인간은 욕망이 있고 욕구가 있습니다. 자연적으로 타고난 본성이 있기 때문에 그것에 따라 행동하고 싶어 한단 말입니다. 이런 점에서는 자유가 제한되는 것 같기도 하지만 삶과 교육에서 중요하게 고려할 것이 있습니다. 그것이 다름 아닌, 11강에서 다룰 교육의 권리와 교육 법치주의입니다.

01

교육의 권리와 교육 법치주의를 인식하라

교육문제는 엄밀하게 따지면, 인간의 타고난 본성이 무엇이냐? 어떤 인위적 노력을 통해 삶의 이상을 구가해야 하느냐? 이런 것들을 동시에 논의해야 하는, 어찌 보면 자연법과 성문법적 경향이나 특성이 아주 오묘하게 결합되어 있어요. 그러다 보니, 때로는 교육 자체의 내용이나 방법 등이 모순되기도 하고 충돌하기도 하고 그럽니다. 왜냐하면 인간의 본성은 이런 차원이니까 내가 자유롭게 살고 싶다든가 나름대로 얘기하지만, 때로는 우리가 자연 그대로 마음대로 살 수 없잖아요. 법이라는, 강제하는 요소가 있잖아요. 법이라는 것은 다른 차원으로 이해하면, 정당한 행위인 동시에 합리적 범위 내에서 인간을 구속하는 겁니다. 삶의 특정한 부분을 제한하는 것이죠. 어떤 부분에 대해 실제로 행동해서는 안 된다고 얘기하는 거거든요.

문제는 법대로만 살 수 없다는 것입니다. 인간은 욕망이 있고 욕구가 있습니다. 자연적으로 타고난 본성이 있기 때문에 그것에 따라 행동하고 싶어 한단 말입니다. 그런 상황들을 고려하면, 인간의 삶은 때로는 모순되고 상충되고 갈등이 일어나기도 하는 등 복잡한 여건에 처해 있습니다. 인간의 삶이라는 것이 그러다 보니, 어떤 사람이 '내가 자유롭게 살아가는데 왜 그래!' 이렇게 말할 수도 있겠지만, 꼭 그렇지만은 않습니다. 아니, 우리가 지켜야 할 도리가 있잖아요. 규범이 있지요.

우리가 절대 놓치지 말아야 할 것이 있습니다. 여러분과 제가 이 강의뿐만 아니고 대한민국의 모든 교육을 고민할 때, 그 시대의 정치 체제가 어떤 양식인지를 확인해야 합니다. 가령, 왕정王政 시대에는 왕이 직접적으로 교육에 대해 지시합니다. 그 시대는 '짐朕이 국가이다'라는 사고가 지배하기 때문에 왕이 바로 법이고 모든 권력과 사유의 중심입니다. 과거 왕정시대에는 그랬습니다. 그런데 현재 민주주의 사회에서는 모든 것이 민주주의가 추구하는 가치에 따릅니다. 그 가치의 첫 번째가 바로 법이지요. 민주주의는 국민들이 만든 법에 의해 다스려지는 정치 질서입니다. 교육도 마찬가지입니다. 절대 한 시대의 어떤 나라에서 시행하고 있는 법의 테두리를 넘어서서, 제멋대로 교육 체제가 존재할 수 없습니다. 법의 테두리 내에서 자율적으로 하는 것은 충분히 존재할 수 있지만, 법을 벗어나거나 법을 위반하며 교육을 한다는 것은 특별한 경우가 아니고서는 있을 수 없는 일입니다.

이번에 다룰 교육의 권리와 법치주의 이 부분도, 과연 인간이 교육받을 권리가 어디에서 나오느냐?라고 했을 때, 그것은 철저하게 법에 규정한 사항을 기준으로 해서 나오는 겁니다. 그 부분을 잊지 말고, 교육의 권리와 법치주의에 대해 간략하게 살펴보겠습니다.

첫 번째 시간에는 교육받을 권리가 대단히 중요하다는 점을 부각시켜 보겠습니다. 국가는 반드시 국민이 존재할 때 성립합니다. 국가는 국민을 필수적으로 요청해야 하고 국민이 될 수 있도록 책임을 져야 합니다. 국가와 국민이 있을 때, 국가는 반드시 국민에게 교육을 할 수 있도록 베풀어 주어야 합니다. 그것이 국가의 역할이거든요. 그러면 국민은 무엇을 해야 하느냐? 민주 국가에서 국민은 국가의 주인이고 국가는 국민의 보호막입니다. 그러니까 어떻게 되겠습니까? 국가는 국민에게 교육을 주어야 하고 국민은 그것을 받아야 합니다. 주고받으며 상호 일체감을 만들어야 합니다. 단순하게 이해하면, 국가와 국민 사이에 이렇게 주고받는 사이에 무엇이 생기느냐? 국가와 국민이 실천해야 하는 권리와 의무가 발생합니다. 그 부분을 우리가 정확히 이해해야 교육이 제대로 이행됩니다. 교육은 결코 내가 하고 싶다고 해서, 내 아이를 어떻게 자라게 하고 싶다고 해서, 멋대로 교육을 할 수 있는 것은 아닙니다. 정해진 법률이 실천되는 민주국가에서 그런 교육의 양식은 존재할 수가 없습니다. 그래서 아무리 평화롭고 자유로운 시대에 나의 권리를 마음껏 누리고 주장할 수 있다 할지라도, 우리는 권리만을 주장할 것이 아니라, 그 권리를 의무와 동시에 생각하면서 개인의 성숙과 국가 발전을 고민해야 되는 것이죠. 자! 그랬을 때 이 교육받을 권리와 교육의 주체는 어떤 의미가 있을까요?

두 번째 시간에는 교육받을 권리의 내용과 성격에 대해 보다 구체적으로 살펴보려고 해요. 우리가 교육을 받을 권리가 있는데, 과연 그 부분이 어떤 내용으로 구성되어 있느냐? 그 성격은 어떤 것인가? 그것은 이 대한민국 사회에서 내가 진정으로 지킬 만한 어떤 특성을 지니고 있는가? 이런 부분을 살펴보도록 하겠습니다. 세 번째 시간에는 교육의 권리와 교육 평등에 대해 고민해 볼 것입니다. 민주주의 사회에서는 자유와 평등이라는 양대 원칙이 대단히 중요하거든요. 그런 부분들을 간단하게 검토해 보겠습니다. 네 번째 시간에는 교육의 권리와 동시에 고려해야 할 교육의 정의에 대해 한 번 살펴보겠습니다. 우리가 공정한, 정의로운 사회라고 했을 때, 교육적으로 무엇을 의미할까요? 그 부분은 인류 역사에서 어떤 차원에서 이해하더라도, 인간의 삶에 좋은 혜택을 주기 위한 노력의 일환인 것이지, 인간 삶을 해치는 그런 개념은 아니라고 생각이 됩니다. 이 네 가지를 중심으로 해서 하나하나 살펴보도록 하죠.

••• 교육받을 권리는 헌법에서 보장된다

대한민국에서 교육받을 권리와 교육의 주체는 어떻게 이해될까요? 여러분은 어떤 교육을 받을 권리가 있다고 생각합니까? 진정한 교육의 주체입니까? 대한민국 국민이 대한민국에서 살아가는 데 필요한 최고의 규범은 헌법입니다. 따라서 대한민국 국민으로서 교육받을 권리도 대한민국 헌법에 보장되어 있습니다. 헌법을 집중적으로 다루는 국가기관이라고 할까요, 그것을 보면 헌법재판소와 같은 이런 것도 있잖아요. 그래서 헌법에 위반되느냐? 헌법에 합하느냐? 등등 논쟁을 해서 위헌이냐 합헌이냐, 이 소리를 많이 합니다. 지금도 우리 사회에서 헌법상의 권리를 가지고 논란을 벌이는 경우가 많습니다. 그래서 우리는 엄밀하게 말하면 합헌적 상황에서, 교육뿐만 아니라 삶의 대부분을 지탱하는 어떤 규범들을 영위해야 되는 겁니다.

그런데 헌법상, 교육에 관한 권리는 어떻게 되어 있느냐? 잘 보십시오. 대한민국의 모든 국민은 능력에 따라서 균등하게 교육받을 권리를 가지는 것으로 되어 있습니다.

"모든 국민은 능력에 따라서 균등하게 교육받을 권리를 가진다!"

이것이 무엇이냐? 대한민국 국민으로서 우리가 교육받을 권리를 누릴 수 있는 가장 기본적인 법률적 근거입니다. 그러면 누군가가 여러분에게 이렇게 묻는다면 어떻게 답하겠습니까? '여러분은 왜 교육을 받아야 합니까?', '당신은 왜 대한민국 사회에서 교육받을 권리를 갖고 있다고 생각합니까?' 간단하게 답하면 됩니다. 헌법에 보장되어 있습니다. 정말 간단하지요. 그것만이 최상의 최선의 답일 수 있습니다. 헌법에서 보장해 줬잖아요. 이 헌법이 대한민국의 존재 근거예요. 그래서 우리는 대한민국에서 살아가는 한 반드시 이 부분을 심각하게 고민하고, 내용을 정확하게 체득하고 있어야 합니다. 그래야만이 국민으로서의 교육권을 누릴 수 있습니다. 대한민국 국민으로서 개인의 교육, 사회의 교육, 국가의 교육이 합리적으로 이루어질 수 있는 인식을 형성할 수 있다는 거죠.

••• 교육받을 권리를 구체적으로 자각하라

자! 그랬을 때, 이 교육받을 권리는 무엇을 의미하느냐?

첫 번째가 헌법에서 보장하고 있는 수학권修學權입니다. 수학권이라고 할 때, 교육, 혹은 배움은 무엇일까요? 修는 닦아나가는 일이고, 學은 배운다는 말이므로, 내 인생에서 추구하는 삶의 세계를 끊임없이 닦고 배워나가야 하고, 그렇게 나갈 수 있는 권리입니다. 그러면 그것은 누가 줬느냐? 국가가 줬다는 겁니다. 근대 민족국가, 민주 국가가 성립되면서, 대한민국은 민주 정치 제체를 선택했습니다. 이런 민주 국가로서 대한민국이 수립된 이후, 국가는 국민을 보호하고 나를 보호해주는 차원에서 그런 권리를 보장해주었습니다. 두 번째 이 교육받을 권리는 무엇이냐? 인간은 사회적으로 살아갑니다. 그런 차원에서 하나의 사회권社會權입니다. 사회권은 혼자서 내 멋대로 어떤 내용을 주장하는 것이 아니고, 사회가 합의한 내용을 공식적으로 펼칠 수 있는 기회를 부여합니다. 세 번째는 무엇이냐? 교육은 인간이 살아가기 위한 생존권生存權 차원에서 보장하는 겁니다. 앞에서도 언급했습니다만, 인간이 살아가기 위해서는 반드시 뭡니까? 미성숙한 상황이기 때문에 보다 성숙함을 향해 나아가야 하고, 가치를 추구하며, 문화를 전달해 나가야 합니다. 이런 교육의 과정은 무엇이냐? 간단하게 말하면, 이 모두는 인간이 살아가기 위한 하나의 방편이란 말입니다. 교육은 삶의 수단이고 목적이고 목표이고 도구이고 방법인거죠. 그것에 대해, 우리는 권리를 갖고 있는 겁니다. 그래서 이 교육받을 권리를 다른 말로 간단하게 표현하면, '교육기본권', 혹은 더 줄여서 '교육권敎育權'이라고 얘기합니다.

그렇다면 여러분과 제가 이 강의를 통해 고민해야 될 것은 무엇이냐? 우리에게 과연 어떤 차원에서, 교육의 기본 권리가 있느냐? 우리가 누려야 할 교육권은 무엇이냐? 물론 우리가 누리는 만큼 또 다른 혜택이 존재할 수도 있지만, 또 다른 의무, 책무성責務性을 지녀야 되겠지요? 그런 것입니다. 그래서 이 교육받을 권리를 다른 말로 교육기본권, 혹은 교육권이라고 얘기합니다. 이것도 알아놓으면 좋겠죠?

그렇다면, 이 교육받을 권리를 넓은 의미와 좁은 의미로 다시 한 번 정돈해 봅시다. 넓은 의미에서 교육받을 권리는 뭐냐 하면, 첫 번째가 개인이 능력에 따라서 균등하게 교육받을 수 있는 수학권입니다. 이는 앞에서 언급한 헌법에 보장된 권리, 거기에 담겨 있는 내용을 다시 정돈하는 차원입니다. 넓은 의미에서의 교육권은 얘기하지 않아도 대부분의 사람이 인지하고 있는 그런 내용일 수 있습니다.

두 번째로 우리에게 넓은 의미의 교육받을 권리에 어떤 것이 있느냐? 학부모로서 자식의 교육 문제입니다. 결혼한 사람 가운데 자식을 직접적으로 양육하고 있는 경우, 바로 내 자식입니다. 혹은 자식을 직접 낳지 않았을지라도 입양을 한다든가 다른 여러 방법을 통해서 우리는 학부모로서 학생의 보호자가 될 수 있습니다. 그때, 학부모는 그 보호 아래에 있는 자녀에게 적절한 교육의 기회를 제공할 수 있습니다. 교육받을 권리는 바로 이때의 교육기회제공 청구권입니다. 그러니까 우리는 학부모로서 자식 교육을 책임져야 합니다. 그런데 우리는 학부모지만 어디에 살고 있습니까? 학부모지만 우리는 대한민국이라는 국가의 테두리에서 살고 있습니다. 그리고 이 학부모는 누구를 보호해야 되느냐? 자녀를 보호해야 돼요. 대한민국이라는 민주 국가의 테두리에 살아가면서, 그 학부모가 당연히 뭡니까? 나의 자녀를 보호하기 위해, 이 자녀에게 적절한 교육을 베풀어 주기 위해, 이 자녀가 누릴 수 있는 모든 교육 기회 혹은 부모가 제공할 수 있는 교육 기회를 국가에 청구할 권리가 있습니다. 쉽게 말해, 우리는 대한민국에서 함께 살아갑니다. 이 대한민국에서 살아가고 있는데, 대한민국이라는 국가는 나의 자녀를 지금보다 더 아름답고 더 성숙하고 더 나은 능력을 갖출 수 있도록, 거기에 맞는 적절한 교육을 철저하게 제공해야 된다는 겁니다. 국가는 이 부분을 제대로 보장해 주시오! 이것을 청구할 권리가 있는 겁니다. 그러니까 우리가 교육받을 권리를 얘기하면서도, 가만히 앉아서 이런 부분을 모르면 교육권을 제도로 누리지 못할 수 있습니다. 대충 뭐 국가가 알아서 해주겠지? 뭘 알아서 해줘요! 알아서 해주려고 노력은 하겠지만, 그렇지 않은 부분이 있다면 국민은 적극적으로 교육의 여러 문제를 청구할 권리가 있어요. 주장할 권리가 있다고요. 그것이 대한민국 국민으로서 살아갈 수 있는, 교육적 인간으로서의 존재 이유입니다. 만약 국가가 교육 기회의 제공, 교육 기회 청구권! 이 부분에서 소홀한 점이 있다면, 지금부터라도 늦지 않았습니다. 국민은 당당하게 국가에 요구하고 거기에 따라, 우리는 교육을 잘 받아서 국가에 봉사하고, 국민으로서 의무를 다하고, 그렇게 살아가면 되는 겁니다.

넓은 의미의 교육받을 권리는 이렇다만 좁은 의미에서 교육받을 권리는 무엇이냐? 첫 번째는 교육받는 것에 대해 선택할 수 있는 권리입니다. 우리가 교육을 받잖아요. 학교에 가서 교육을 받거나 국가가 제공한 다양한 교육기관에서 교육을 받습니다. 이때 교육받는 것은 뭐냐 하면, 국가로부터 방해받지 않을 권리를 행사하는 일입니다. 중요한 것은 국가가 교육을 제공하기는 했지만 국민은 그것에 대해 방해받지 않습니다. 국가가 어떤 교육을 제공하거나 또 내가 교육을 요청한다고 했을 때, 엄밀하게 얘기하면, 내가 자유롭게 교육을 받을 수 있습니다! 내가 교육을 선택할 수 있는 거예요. 여기에서 오해하지 말아야 할 부분이 있습니다. 교육이 진짜 국가로부터 방해받지 않을 권리라고 하니까, 좁은 의미의 교육받을 권리가 국민에게 있다고 하니까, '나는 국가로부터 전혀 방해받지 않고 내 멋대로 교육할 수 있어!'라고 할지도 모릅니다. 그러나 그건 아닙니다. 앞에서 언급했지만, 여기에는 반드시 무엇이 존재합니까? '법치法治'라고 했잖아요. 법의 테두리에서 자유롭게 교육을 선택할 수 있는 권리입니다. 이 부분을 망각하면 안 됩니다. 그러니까 우리가 가끔 어떤 부분에서 지나치게 주장하다 보면, '내 멋대로 내 마음대로 하는데 당신이 왜? 국가가 왜 그래? 교육을 제공하기만 하면 되지!' 이렇게 나올 수 있습니다. 그러나 국가의 구성요소 가운데 헌법이 존재하고 법이 존재하고 관습이 존재하고 여러 가지 사회적 규범이 있지 않습니까? 민주라는 가치가 존재하고 그런 부분에 대해 그 범위 내에서 고민을 해야 되는 거죠.

그 다음에 두 번째는 어떤 것이냐? 국가가 적극적으로 교육을 배려해 주도록 요구하는 권리입니다. 국가가 국민들에게 어떤 교육을 잘 베풀려고 하지 않는다? 그러면 우리는 당당하게, 국가는 국민이 중심이 되어, 시민이 중심이 되어, 만들어진 것이다. 때문에 국가는 우리에게 당연히 교육을 베풀어줘야 할 권리가 있고 의무가 있는 거예요. 거기에 대해 적극적으로 배려해 주도록 우리가 요구할 수 있는 권리가 다름 아닌 교육받을 권리입니다. 그것을 요구해야 돼요.

▪•• 교육받을 권리의 주체는 국민이다

교육받을 권리의 의미가 넓은 의미, 좁은 의미, 이렇게 있습니다. 그렇다면 이 교육받을 권리의 주체는 누구냐? 이거예요. 누가 교육받을 권리를 갖고 있느냐? 이겁니다. 그것은 자연인으로서의 국민입니다. 혹은 시민이라고 해도 좋고요. 자연인이라는 것은 대한민국에 태어난 사람입니다. 대한민국에서 태어나 대한민국 국민으로 주권을 누리고 있는 사람들은 반드시 대한민국에서 교육받을 주체로서 성장하고 있는 겁니다. 그러니까 우리는 당연히 뭡니까? 대한민국의 자연인으로서, 대한민국 국민으로서 교육받을 주체입니다. 이렇게 교육받을 주체가 대통령이라든가 국회의원이라든가 장관이라든가 그 이외에 많은 사회지도자들이, 교육의 주체가 아니에요. 우리 국민, 시민 모두가 뭡니까? 당당하게 교육받을 권리를 갖고 있는 겁니다. 이것은 국민으로서 나의 권리예요. 우리가 그 권리를, 이미 보장된 권리조차도 찾지 못한다면, 얼마나 억울하겠습니까? 이 사회에 살고 있는 의미가, 이미 주어지고 보장된 권리조차 제대로 받지 못하거나 누리지 못한다면, 그 권리는 상당 부분 의미 없이 사라져버릴 수 있겠죠.

자! 그러면 교육받을 권리의 주체는 국민이고 시민인데, 그런 교육을 실시해야 할 주체는 또 누구냐? 그것은 바로 국민과 국가입니다. 그러니까 우리 국민에게는 어떻습니까? 교육받을 권리가 있는 동시에 또 뭐가 있습니까? 교육을 실시하고 실천할 주체로서 고민을 해야 되는 겁니다. 특히 이 가운데, 교육실시의 주체로서 국가는 무엇이냐? 국민과 국가는 대립하는 형태나 상대적인 형태로 존재하는 것이 아닙니다. 국민이 바로 뭡니까? 국가를 구성하고 그 대표잖아요. 국가도 또 국민을 대표하잖아요. 그렇게 보면 국가는 국민의 대표이기 때문에, 국가라는 것이 축약해서 얘기하면 국민은 곧 국가가 되는 겁니다. 민주 사회는 뭐냐 하면, 다른 말로 하면 국민＝국가, 시민＝국가, 이렇게 유기적인 관계로 얘기해도 틀린 말은 아닙니다. 국민의 대표가 국가니까요. 그러니까 국민 자체가 뭐냐 하면, 모든 삶의 주체이자 교육의 주체입니다. 때문에 국가나 국민에 대해 교육받을 권리도 있고요 교육을 실시할 권리도 있고요, 기타 다양한 명칭의 권리를 부여할 수가 있습니다. 그 주체라는 점을 우리가 고민해야 됩니다.

문제는 다시 시대정신입니다. 지금부터 얘기하는 부분에 대해 여러분은 굉장히 고민할 필요가 있습니다. 21세기에 4차 산업혁명, 지능정보 시대에 진정으로 열린 자세를 가져야 합니다. 앞으로 교육이 이런 범위에서 고민해야 되겠구나, 이런 게 나와요.

••• 교육을 실시하는 주체는 국가이자 국민이다

그러면 교육을 실시하는 주체는 교육을 어떻게 실천해야 되느냐? 교육을 멋대로 막 하는 게 아니라고 얘기했잖아요. 반드시 일정한 범위에서 해야 됩니다. 이 범위라는 게 무엇이냐? 법률, 규범과 규칙, 뭐 이런 것들입니다. 지켜야 될 것, 그것이 교육의 법칙이라는 거죠. 그렇기 때문에 우리가 교육을 실시할 때도 어떤 논란이 있느냐? 교육의 내용을 국가가 결정할 수 있습니다.

왜 그러냐 하면, 국가라는 것이 국민의 대표잖아요. 국민의 대표니까 거기서 뭘 합니까? '우리 국민은 이러이러한 내용을 가지고 교육을 해야 되겠다!' 그것을 결정 내려야죠. 그렇지 않고 멋대로 두면 어떻게 됩니까? 힘센 사람이 사회를 지배하는 힘이 논리로 지배할 수 있습니다. 법의 논리나 지배가 아니고요. 또한 앞에서 언급한 것처럼, 부모가 교육을 할 자유가 있지 않습니까? 대신, 법률의 테두리에서 부모가 내 자식은 어떤 방식으로 교육했으면 좋겠다, 나는 그 교육에 어떻게 기여했으면 좋겠다, 그게 나오죠. 나아가 교육실시의 주제 문제도 고민할 수 있습니다. 우리 사회에 학교가 많이 있잖아요. 교육을 실시하는 주체 가운데 학교가 있잖아요. 국가로부터 위임 받은 학교가 있단 말이에요. 특히, 사립학교의 경우, 사학私學은 무엇이냐? 사학이 나름대로 추구하는 교육의 자유가 존재합니다. 여러분! 국가 혹은 국·공립 학교와 사립학교가 있지요. 국공립과 사립학교는 그 교육의 이념과 목적, 목표가 다를 수가 있습니다. 물론 민주주의라는 틀에서는 동일하지만 개별 학교는 그 특성에 따라 다릅니다. 이 부분에 대해 우리가 또 고민을 해줘야 됩니다.

그 다음에 또 무엇이냐? 교육기관에 재직하고 있는 다양한 교사에 대해서도 생각해 봐야 합니다. 교사는 교육의 전문가로서 자기 나름대로의 교육을 할 수 있는 자유가 있습니다. 그렇다고 교사가 제멋대로 하느냐? 그건 아니죠. 교사로서의 권리와 의무를 확인해 가면서, 여러 번 말했듯이 일정한 범위, 법률의 테두리에서 자유롭게 할 수 있습니다. 그래서 여러분! 이런 내용들을 잘 보고, 사학의 경우, 교육이 왜 저러냐? 사학은 나름대로 추구하는 교육을 실천해나간단 말이에요. 사립학교에 자녀가 재학 중이라고 했을 때, 그 사학이 추구하는 목표가 있어요. 그런데 어떤 학부모들은 '그 학교는 왜 그렇게 교육하지요? 다른 학교는 그렇지 않은데!' 이렇게 문제를 제기할 수도 있어요. 하지만 그렇게 함부로 얘기해서는 곤란합니다. 왜냐하면 사학은 사학 나름대로 교육의 자유가 있잖아요. 이런 부분에 대해 우리가 충분히 같이 고민을 해줘야 됩니다.

자, 여러분! 이번 시간에 말씀드린 교육받을 권리와 교육의 주체 차원에서 볼 때, 시대가 엄청나게 발달하고 있고, 세계 선진국 대열에 들어설 정도로 대한민국은 잘 살게 되었단 말입니다. 지금 그런 선진국 수준에 있는 우리는, 스스로 교육받을 권리에 대해 정말 정확하게 인지하고 있는가요? 여러분, 인지하고 있습니까? 인지하지 않고 있었다면 이번 시간에 간략하게 말씀드린 부분이라도 인지해야만이 보다 나은 교육을 추구할 수가 있습니다. 교육의 권리를 누릴 수 있다고요. 그 다음에 또 여러분과 저는 어떤 교육의 권리를 보장 받았는가요? 교육에서 과연 권리를 보장받아서 누렸는가요? 또 그 권리를 누렸다면 그만큼 교육적 의무를 다했는가요? 고민되는 대목이죠. 그랬을 때 정말 이 시대에 적합한 교육의 권리는 무엇인가? 진지하게 고려해야 합니다. 왜 그러냐 하면, 법은 시대정신에 따라서 어떻습니까? 바꾸어야 됩니다.

여러분! 나중에 시간이 되면 대한민국의 헌법, 헌법이 개정된 지가 벌써 30여

년이 넘었잖아요. 한 세대가 지났단 말이에요. 그러면 이 헌법적 가치라든가, 그리고 교육기본법을 비롯한 다양한 교육법들이 과연 이 시대에 합당한가? 이런 부분들을 국민으로서, 교육의 주체로서 꼼꼼하게 충분히 짚어볼 필요가 있습니다. 우리는 과연 어떤 교육적 권리를 보장받았고, 이 시대에 적합한 교육의 권리는 무엇일까요? 이런 부분에 대해 성찰하는 시간을 가지면 좋겠습니다.

02

교육받을 권리의 내용과 성격을 구명하라

앞서 교육받을 권리에 대해, 교육받을 권리가 과연 무엇이냐? 교육을 실시하는 주체는 누구냐? 그리고 그것은 어떤 범위에서 해야 되느냐? 법률의 테두리에서 해야 한다. 이런 부분에 대해 간단하게 언급했습니다. 교육받을 권리가 무엇이라는 것이 파악되었다면, 진짜 교육받을 권리의 내용과 성격이 어떠하기에 우리가 그렇게 이해를 해야 하고, 이 대한민국 사회에서 교육받을 권리를 제대로 주장해 나가야 되느냐? 이 부분에 대해 보다 정확하게 인식해보도록 하겠습니다.

여기에서 우리가 진지하게, 진짜 신중하게 접근해야 될 것이 무엇이냐? 교육받을 권리의 내용 가운데, 이 부분을 망각하거나 무시하거나 이런 경우가 굉장히 많습니다. 그러니까 사람들이 그럽니다. 여러분! 생각해 보십시오. 나의 자식, 형제자매, 후배 등 나를 둘러싼 많은 사람들이 존재합니다. 특별한 경우, 나에게 부정적으로 인식된 사람을 제외하고, 나를 둘러싸고 있는 사람들을 우리는 어떻게 합니까? 옹호하게 되어 있습니다. 우리 속담에도 그렇게 말하잖아요. '팔이 안으로 굽는다!'고 해요. 나와 관계되는 많은 사람들이 있을 때, 그 사람들을 우리가 끌어 안으려고 노력하는 것이 인지상정人之常情입니다. 그러다 보니, 지금 얘기하고 있는 교육받을 권리의 내용을 무시해버리고 행동하는 경우도 있습니다. 내가 잘 아는 사람이니까, 나의 자녀니까, 나의 이웃이니까, 나의 친인척이니까 등등, 이런 방식으로 인정에 끌려 중요한 것들을 무시하고, 자기의 생각대로 교육을 이끌어가거나 교육을 해석하려는 경향이 없지 않게 있습니다. 그래서 우리 대한민국 사회의 교육을 볼 때 이런 문화적 측면을 신중하게 봐야 됩니다. 교육받을 권리의 내용 가운데 그 권리는 무엇을 기준으로 해서 나오느냐? 어떤 부분을 준거로 행동해야 하느냐? 이렇게 되어야 하거든요. 그게 무엇이냐?

••• 모든 국민은 능력에 따라 교육받아야 한다

그 첫 번째가, 앞에서도 언급한, 교육을 '능력에 따라서 균등하게' 이렇게 헌법에서 얘기했잖아요. 능력에 따라서 교육의 권리가 보장이 되는 겁니다. 그러니까 능력을 전혀 고려하지 않고 모든 부분이 획일적으로 동등하게 보장된다는 말은 절대 아닙니다. 여러분! 아주 단순하게 생각해 보십시오. 어떤 사람이 1시간에 볼펜 100개를 만들 수 있고, 다른 어떤 사람은 1시간에 볼펜 10개를 만들 수 있다면, 10개와 100개는 10배의 생산력 차이가 납니다. 볼펜을 만들 수 있는 능력이 다른 것이지요. 기본 능력에서 현저한 차이가 날 정도로 다른데 10개를 만드는 사람과 100개를 만드는 사람에게 똑같은 권리를 보장한다면 되겠습니까? 불만이 일어날 겁니다. 때문에 그 사람이 지닌 능력에 따라 다르게 대우해 줘야 할 겁니다. 그것은 사람에 대한 차별이 아니라 존중이자 공평한 처사입니다. 그래야 개인적으로나 국가·사회적으로 발전의 가능성이 높죠. 그런 부분을 고려해야 하는 겁니다.

그러니까 이런 사고나 행동은 뭐냐 하면, 능력에 상응하는 권리입니다. 정신적 혹은 육체적 능력에 맞게 권리를 존중하는 일입니다. 모든 사람에게 일률적으로 동등과 평등을 말하는 것이 아니라, 능력에 맞게 제공하는 권리가 오히려 어떻습니까? 평등하죠. 자! 사람의 능력을 한번 봅시다. 사람이 지닌 능력의 측면을 보면, 그것이 상대적으로 큰 사람이 있고, 작은 사람이 있습니다. 높은 빌딩이나 아주 큰 규모의 집처럼 큰 사람과 낮은 빌딩이나 작은 규모의 집처럼 작은 사람이 차이가 나는 경우, 어떻게 하겠습니까? 높은 빌딩과 낮은 빌딩은 다르지요? 그러면 낮고 작은 빌딩처럼 능력이 좀 작은 사람과 높고 큰 빌딩처럼 능력이 좀 큰 사람에게, 그 사람에 따라서 권리를 부여할 필요가 있습니다. 작은 빌딩을 지을 수 있는 사람에게는 그 사람의 규모에 맞는 권리를 부여해야 합니다. 그러니까 여러분

보십시오.

대통령이 지닌 권리와 일반 국민이 지닌 권리가 똑같지 않습니다. 동일한 사람이지만 국민의 대표로 선출된 사람인 대통령과 보통 사람인 자연인으로서의 국민이 지닌 권한이나 권리가 다릅니다. 단순하게 능력이 있다 없다, 혹은 능력의 크고 작음이나 높고 낮음의 문제가 아니라, 능력의 차이에 따라 다른 그 무엇이 주어져야 합니다. 이에 대한 이해가 굉장히 중요합니다. 정신적·육체적 능력을 비롯하여 인간이 지닌 독특한 능력에 상응하는 그런 권리입니다. 그러기에 '능력에 따른 차별'은 정당한 것이 됩니다. 우리가 보통 '차별한다!'고 하지요? '차별'이라는 말 자체는 어떻습니까? 굉장히 부정적이지요? 인간에 대한 차별 의식이나 억압 등은 우리 사회가 공정 사회 혹은 정의 사회로 나아가는 데 걸림돌이 되므로, 없어져야 할, 없애야 할 그런 개념들이에요.

하지만, 능력에 따른 차별은 정당한 것이고, 오히려 공정합니다. 혹시 여러분과 제가, 어떤 사람에 대해 '그 사람을 차별 대우한다!'라고 얘기했을 때, 과연 그것이 능력에 따른 차별인지 아닌지를 고려한 적이 있습니까? 능력에 따른 차별이라는 것을 전혀 고려하지 않고, '너! 왜 사람을 차별해! 당신이 뭔데 사람을 차별하는 거야!' 또는 '국가가 뭔데 사람을 차별해! 공무원들이 왜 사람을 차별해!' 이렇게 나올 수가 있잖아요. 그러나 가만히 보면, 사람에 대한 대우는, 민주 사회에서는 법치주의에 입각하여, 혹은 어떤 인간의 규범적 판단을 기준으로, 이 사람의 능력과 저 사람의 능력을 따져본 후, 그에 맞는 이러저러한 의무와 권리를 부과하는 겁니다. 이런 부분에 대해 우리가 진정하게 고민해 봐야 돼요. 능력에 따른 차별이었느냐, 아니냐! 그것이 교육받을 권리의 내용 가운데 굉장히 중요한 부분을 차지합니다.

우리는 이런 부분을 간과하는 경우가 굉장히 많습니다. 그러니까 다시 성찰하면, 이렇게 되는 거죠. 능력에 따른 차별은 정당하다! 자, 그러면 능력이 있는 사람이나 능력이 출중한 사람은 어떻습니까? 인간의 능력에 대한 차별에서 정당성을 확보하는 만큼, 자기의 삶을 잘 이끌어가고 국가 사회 발전에 잘 기여를 할 수 있으리란 기대가 커지게 되겠죠. 그런데 문제는 상대적으로 능력이 좀 떨어지는 사람이 있어요. 때로는 어떤 부분에서 많이 모자라는 사람이 있단 말입니다. 그런 사람에 대해 무엇을 어떻게 해야 하느냐? 국가가 철저하게 배려를 해야 됩니다. 특히, 교육적으로 관심과 이해도를 높여가야 되요. 그것이 무엇이냐? 다름 아닌 교육받을 권리의 내용이에요.

재미있게 얘기를 하면 이런 겁니다. 내가 능력이 좀 떨어져요. 좀 모자라요. 그러다 보니까, 나 개인의 성장과 발전, 그리고 대한민국 사회의 발전, 나아가 인류에 기여하려는 데, 자신이 상대적으로 다른 사람보다 기여를 잘 못할 것 같은 느낌이 듭니다. 얼마든지 그럴 수 있습니다. 그렇잖아요. 그때 뭡니까? 이런 상황에 대해 국가가 뭘 해야 되느냐? 도와주고 지원해주고 배려를 해서, 국민으로서 당당하게 권리를 누릴 수 있도록 만들어줘야 돼요. 그것이 교육받을 권리의 내용입니다.

그러니까 여러분! 능력에 따른 차별은 정당하다는 것에 대한 인식, 그리고 상대적으로 능력이 없거나 떨어지는 사람에 대한 이해! 그들을 어떻게 해야 하는가? 국가는 국민을 보호해야 할 책임이 있으니까, 이 사회, 국가가 보호하고 있는 시민이나 국민에 대한 교육적 배려가 철저하게 일어나야 된다, 이 말이에요.

••• 모든 국민은 균등하게 교육받아야 한다

자! 그 다음에 두 번째 교육받을 권리의 내용이 무엇이냐? '균등均等하게' 하는 작업입니다. 균등하게! 여러분! '균등하게'라는 말은 '동등'하거나 '평등'하게 한다는 말과는 뉘앙스가 상당히 다릅니다. '균등하게'는 뭐냐 하면, 우리가 적절한 연령이 되면 취학을 한단 말입니다. 이른바 취학 연령이 되면 누구나 당연하게 취학의 기회를 얻어 학교에 들어간단 말입니다. 배움의 기회를 얻게 된다는 것이지요, 이 배움의 과정에서 공정하고 공평해야 합니다.

예를 들어, 성별로, 즉 남자와 여자 사이에 차별이 있어서는 안 됩니다. 남성이라고 해서 교육 기회를 많이 주고 여성이라고 해서 교육 기회를 적게 주어서는 안 된단 말입니다. '어허! 여자는 배울 필요가 없어! 여성들이 뭘 배워, 남성들이 알아서 다 하는데.' 이런 인식과 행동은 안 된다는 거예요. 그러니까 성별이나 종교, 예를 들어 어떤 사람은 기독교 신자이고 어떤 사람은 불교 신자이며 또 어떤 사람은 이슬람교 신자로, 다양한 종교를 믿는 신앙의 자유가 있다고 합시다. 개인적으로 신앙하는 것은 얼마든지 다를 수 있고 달라야 합니다. 그죠? 그런데 특정한 종교를 신봉하고 있는 그 자체에 대해, '너! 왜 기독교를 신봉해! 잘못된 인간이야!' 이렇게 말했을 때, 이 말 자체가 잘못된 겁니다. 그러니까 우리 모두는 어떤 사안에 대해 비판할 권리는 있지만, 함부로 비난할 수는 없습니다. 종교는 어떻습니까? 우리 민주 시민에게는 신앙의 자유가 있잖아요. 문제는 뭐냐 하면, 교육의 과정에서, 취학의 기회에서 특정한 종교 때문에 차별을 받아서는 안 됩니다. '너는 한국 사회에서는 흔하지 않은 이슬람교를 신앙으로 갖고 있어! 때문에 ○○초등학교, 혹은 ○○중학교에 취학해서는 안 돼!' 이런 생각이나 행위는 교육받을 권리에서 '균등하게'라는 원칙에 위배되는 겁니다.

그 다음에 인종에 따라, 예를 들어 백인종이다 흑인종이다 황인종이다, 여기에 따라 차별을 받아서는 곤란합니다. 과거 서구 사회에서는 '너는 흑인종이니까, 노예 출신이 뭘 배워!' 이렇게 말하면서 사람을 무시하는 그런 경우가 있었단 말입니다. 우리 대한민국 사회는 다행히도 인종 문제나 갈등은 상대적으로 적은 것 같아요. 그런 점에서는 참 행복한 단일민족 국가죠.

또한 사회적 신분에 따라 차별받아서는 안 됩니다. 예를 들어 어떤 사람은 국가의 최고위 공무원인 장관의 아들이기 때문에 좋은 학교에 들어가고, 당신은 일반 시민이자 보통 국민의 자식이기 때문에 좋은 학교에 들어서는 안 돼, 또는 저기 저 시골구석에 있는 별로 좋지 않은 학교에 가야 해! 이렇게 계급계층적인 구별을 시도해서는 안 됩니다. 그럴 수는 없는 겁니다.

인간에게는 누구나 교육의 기회가 균등하게 주어져야 합니다. 그래서 성별, 종교, 인종 사회적 신분과 같은, 이런 것에 따른 차별을 인정해서는 안 됩니다. 그것이 교육을 '균등하게', 특히 취학 기회에서는 물론 배움의 기회에서 균등하게 주어지는 겁니다. 그것이 교육받을 권리의 두 번째 중요한 내용이 되겠습니다.

●●● 교육받을 권리는 교육권과 학습권을 비롯하여 다양한 성격을 지닌다

자! 그러면 이런 교육받을 권리는 어떤 성격을 지니고 있느냐? 교육은 다양한 차원에서 이루어집니다. 가정교육, 학교교육, 사회교육처럼, 시간과 장소, 대상에 따라 다양한 형태로, 우리 사회에서 진행되고 있습니다. 그런 상황에서, 여러분! 한번 보십시오. 교육이 다양하게 이루어지는 만큼, 무엇을 지니고 있나요? 이 교육들은, 제각기 특성을 지니고 있죠? 다양한 만큼 다양한 특성을 지니고 있는데, 그 다양한 특성에 맞게 어떻게 됩니까? 교육받을 권리도 주어져야 하는 겁니다.

간단하게 생각해 봅시다. 교육받을 권리, 교육의 권리 앞에서 어떻게 해야 할까요? 여러분! 교육받을 권리에 대해서는 얘기를 했잖아요. 그러면 가정에는 누가 있느냐? 자녀를 보호하는 부모가 있습니다. 예를 들면, 부모는 이런 겁니다. 가정 교육의 차원에서, 아니면 자녀교육 차원에서, 교육 기회의 균등을 청구할 수 있는 권리가 있습니다. 앞에서 말한 교육 기회균등 청구권이 있잖아요. 그것에 대해 신중하게 충분히 고민할 수 있어야 합니다. 학교 같은 경우에는 어떻습니까? 예를 들어, 학교의 특성에 따라, 사립학교, 혹은 공립학교에 따라서 특성이 달라지잖아요. 사립학교에는 또 누가 있느냐? 교사가 있잖아요. 교사에게는 또 교육의 자율권이 있다고요. 그런 부분들을 함께 교육받을 권리의 성격으로서 고민을 해야 돼요.

여러분! 이렇게 생각해 보십시오. 지금 제가 여러분과 함께 하고 있는 이 무크mooc라는 강의는 국가에서 시대정신에 맞추어, 전 세계인들에게 제공하는 것이란 말입니다. 아마 이거 무료로 제공할 거예요. 그러면 국가가 국민을 넘어 세계시민들에게 교육적 배려를 하는 겁니다. 국가가 교육적 배려를 하는데, 과연 국가가 배려하는 이 교육이, 쉽게 말해 교육받을 권리 혹은 교육받을 권리나 교육을 실시하는 주체로서 내가 교육받을 권리를 누리고 있는 것인가? 나 이외에 다른 사람이 누려야 할 것은 아닌가? 이 강의의 성격이 규명되어야 그것에 대한 고민이 나오죠. 그냥 단순하게, '야! 요즘 대부분의 강의가 무료야! 국가에서 그냥 무료로 다 해줘! 그러니까 그냥 가서 우기기만 하면, 교육적 권리를 누릴 수 있어!' 누릴 수 있기는 뭘 누려요!

어떻게 보면 제가 현재 진행하고 있는 이런 강의는, 돈에 여유가 있는, 경제적 여유가 있고, 다른 곳에 가서 충분히 교육을 받을 수 있는 사람보다는, 경제적 여유가 조금 적다든가 흔히 말해 사회적 약자, 앞에서 말한 능력이 좀 떨어지거나 부족한, 그리고 또 시간이 너무 없어 특정한 교육기관에 갈 수가 없는, 그러니까 집에서 컴퓨터나 전철에서 휴대폰으로 볼 수 있는 그런 사람들을 배려하는 교육적 장치일 수도 있습니다. 어떤 차원에서 보면, 과연 나는 교육적으로 정당한 권리를 행사하고 있는가? 이런 문제에 대해 고민을 해야 돼요. 그래서 교육받을 성격이 바로 가정과 학교, 그리고 사회교육 등 수많은 교육이 있는데, 그 교육의 특성과 맞물려 움직이고 있다는 점을 고민해야 되죠.

자! 이런 교육받을 권리 가운데, 대부분의 경우, 교육을 학교에서 많이 하니까, 학교교육의 경우, 우리가 고민해야 될 게 무엇이냐? 공교육과 사교육의 문제입니다. 공교육과 사교육은 여러분이 이미 많이 알고 있는 내용이기에, 제가 특별하게 설명을 안 드리겠습니다만, 공교육과 사교육이 있을 때, 반드시 우리가 고려해야 될 것이 있습니다. 공교육에서 공은 한자로 공公이라고 씁니다. 사교육 이렇게 있을 때 공교육은 공공의 뭡니까? '공공의 이익'을 추구하는 거죠. 사교육이 단순하게 사립학교의 교육을 의미하거나 공교육이 공립학교를 의미하는 그런 차원은 결코 아닙니다. 사립학교도 대부분 뭡니까? 공공의 이익을 담보하기 때문에 공교육이에요. 여기서 사교육私教育이라는 것은, 입시학원이라든가, 기타 개인의 어떤 사적 이익을 위해 특별하게 실시하는 교육의 측면이 강해요. 그랬을 때 학교에서 교육을 한다는 것은, 이미 우리가 교육받을 권리를, 교육기회의 균등이라는 원칙에 의해 누리고 있는 거잖아요.

교육의 권리를 누리고 있을 때, 그 교육은 어떤 성격을 지녀야 하느냐? 공공의 이익을 앞세우는 공적 성격을 사적 이익보다 훨씬 많이 가져야 됩니다. 학교교육을 통해 내 아이만 잘 되면 그만이다는 생각은 사적 이익에 치우친 겁니다. 그렇게만 생각하면 큰일 납니다. 절대 그것만은 아니죠. 학교교육을 통해 우리 아이가, 내 아이가 개인의 성장 발전도 하지만, 우리 대한민국 사회에 권리를 부여해준 만큼 나의 의무를 다해야 하니, 우리 사회와 국가가 발전하는 데 기여할 수 있도록 고민해야 됩니다. 공공의 이익을 위한 공적인 사고를 높여야 합니다. 이것이 쉽게 말하면, 교양이고 국민 의식이고 시민 의식인 거예요. 교육을 통해 우리는 이 부분을 절대 놓치면 안 됩니다.

그런데 오늘날 상당히 많은 경우에, '우리 아이, 내 아이만 잘 되면 돼!' 이런 방식의 생각과 교육이 진행된단 말입니다. 이는 쉽게 말하면, 교육의 목표를 뒤집어 버린 위험한 발언 아닌가? 목적이 전도되어 있지는 않나? 여기에 대해 우리가 진지하게 고민할 필요가 있는 거죠.

그 다음에, 이제 교육받을 권리의 성격 중에서, 교육받을 권리는 또 무엇이냐?

앞에서 말한 수업권, 즉 교육권에 대응하는 개념입니다. 수업권 혹은 교육권은 교육받을 권리보다는 교육할 권리를 주는 겁니다. 거기에 대응하는 개념입니다. 이외에도 수학권 혹은 학습권이 있는데, 이것은 무엇이냐? 인간적으로 발달하고 성장할 권리입니다. 우리 사람이니까 어떻습니까? 반드시 사람다운 사람이 되기 위한 교육을 해야 합니다. 옛날에는 재미있게 이렇게 얘기하기도 했습니다. '우리 자식들은, 애들은, 그냥 두면 돼!' 되긴 뭐가 돼요? '그냥 두면 돼!'라고 얘기하지만, 이 사회에서 살아가고 있는 한, 이미 뭡니까? 이 사회의 문화와 전통과 풍습과 관례와 관습을 우리 몸으로 익히고 있는 거예요. 그 자체가 교육입니다. 가만히 둬서 된다고요? 그렇게 한다면, 대부분 이른 바 늑대 소년이 돼요. 교육은 그런 것이 아닙니다. 우리는 민주 사회에서 수업권과 학습권을 통해 인간적으로 발달하고 성장해야 합니다. 사람은 사람다워야 됩니다. 사람으로서 발달하고 성장할 수 있는 권리를 가져야 합니다. 그런 특성을 지닌 게 교육받을 권리의 성격입니다. 우리가 인간적으로 발달하고 성장할 권리를 갖고 있지 않다면, 인간이기를 포기해야죠. 교육이라는 말이 필요가 없는 거죠.

••• 모든 교육은 법률에 따라 이루어진다

자! 그래서 이 모든 것이, 다시 한번 강조 드립니다만, 이 모든 것이 제도적으로, 교육은 법률주의입니다. 법에 의거하여 진행된단 말입니다. 그래서 대한민국「헌법」31조 6항에 보면 이렇게 되어 있습니다.「헌법」31조에 대해서는 예전에도 설명했습니다만, 우리 교육에 대한 조항을 집중적으로 다루고 있는 부분이죠. 그랬을 때, 여기서 여섯 번째 마지막 조항에 이렇게 되어 있습니다. 학교교육 및 평생교육을 포함한 교육의 제도와 그 운영, 교육의 재정 및 교원의 지위에 관한 기본적인 사항, 이것은 무엇으로 정하느냐? 바로 '법률로 정한다!'라고 되어 있습니다. 반드시 법률로 정합니다. 그래서 각종 학교교육법, 평생교육법 등 다양한 교육 관련 법률이 제정되어 있고 그에 따라 교육합니다.

그러니까 우리는 대한민국이 정하고 있는 헌법을 비롯한 교육 관련 법들, 나아가서는 정치, 경제, 사회, 문화적으로 만들어져 있는 우리 삶을, 보다 윤택하게 만들어 가기 위해, 아니면 질서를 지키기 위한 차원에서 제정된 많은 법률들이 있습니다. 그 법률이 정한 바에 따라, 교육이 이루어져야 되는 거죠. 교육에 관심 있는 사람이라면, 반드시 헌법에 규정되어 있는 교육 조항과 교육과 관련된 다양한 법률들을 따져보고, 교육의 문제를 고민해야 됩니다. 그래서 이 교육제도와 관련하여 법정주의 측면에서 보면 다양한 법이 있어요. 여러분, 기본적으로 따져봐야 할 법 가운데, 나중에 기회가 되면, 교육부 사이트라든가 법과 관련된 인터넷 사이트를 보면 대부분 공개되어 있습니다. 「교육기본법」을 비롯한 다양한 교육 관련 법률을 여러분이 반드시 보면서 확인하십시오. 대한민국의 교육은 기본적으로 「교육기본법」을 기초로 이루어집니다.

「초중등교육법」은 초등학교와 중등학교에 관련된 법이고, 「교원지위 향상을 위한 법」의 경우, 쉽게 말해서 교사들의 문제와 관련되는 법입니다. 그 다음에 사립학교와 관련된 「사립학교법」도 별도로 있습니다. 그러니까 공립학교와 사립학교가 법이 다릅니다. 물론 대동소이하지만, 학교라는 차원에서는 대동소이하지만 세부적으로 구체적으로 들어가면 내용이 조금씩 다르단 말입니다. 이런 많은 법을 실질적으로 찾아보면서 관심 있는 분야를 탐색하고 고민해야만이 교육의 문제가 해소될 수 있습니다. 단순하게 교육과 연관된 텔레비전 토론이라든가 누가 무엇무엇이라고 하더라!라는 말만 듣고, '우리 교육이 틀렸어! 우리나라 교육이 너무 잘돼!'라는 등등, 한국교육에 관한 극단적인 판단은 대단히 위험합니다.

대신에 이런 이해는 있겠죠. 만약, 「교육기본법」에 나타난 법정신이 혹은 교육의 정신이 현재의 시대정신에 부합하지 않는다. 그러면 뭘 해야 되느냐? 국회에 혹은 정부에 교육법이 시대에 맞지 않고 좀 이상하니까, 그런 부분을 시대에 맞게 바꾸어 달라! 개정해 달라!고 요청할 권리가 우리 국민에게 있는 겁니다. 그러니까 법을 제정할 수 있는 그런 사람들을 선거를 통해 뽑아 올리잖아요. 선출해서 잘 만들어 달라고 올리는 것 아닙니까? 그런 것을 고민해야 되지, 무조건 한국교육의 부정적 측면만을 부각하여 정부를 향한 투쟁만 하거나 쉽게 무조건적으로 포기만 하거나 체념만 하거나 해서는 안 되는 겁니다. 우리의 당당한 교육의 권리를 누리기 위해서는 당당하게 교육적으로 주장하고, 당당하게 주장하기 위해서는 구체적으로 정확한 내용을 파악하고 있어야 되는 거죠.

그래서 여러분! 이번 시간에 말씀드린 교육받을 권리의 내용과 성격은 우리가 어떤 식으로 고민을 해보면 좋으냐? 여러분과 제 고민이 거의 동일할 것으로 생각합니다. 왜냐하면 같은 시대를 살아가고 있으니까요. 저는 교육철학자이지만, 이 부분을 어떻게 고민해야 할 것인가? 어떻게 해소해 나가야 할 것인가? 그런 부분에 대해 엄청나게 생각을 합니다. 하지만 대안이 쉽게 떠오르지 않아요. 그래서 이런 강의를 통해 함께 생각해 보는, 그런 차원입니다.

교육받을 권리의 내용과 성격에 대해, 한국 교육은 과연 대한민국의 헌법과 헌법에 근거해서 제정한 다양한 교육 법률에 의거하고 있는지, 고민입니다. 헌법과 법률에 의해 교육이 진행되는 것이 상식입니다. 상식이에요. 그러면 우리는 이 강의를 통해 무엇을 고민해야 되나요? 현재 대한민국에서 시행하고 있는 교육 관련 법은 무엇인가요? 물음표를 쳐 보십시오. 현재를 살아가는 우리에게 적용되고 있는 교육법은 얼마만큼 우리에게 합당하고 정의로운가요? 공정한가요? 그것이 문제입니다.

03

교육에서 평등은 어떻게 이루어져야 하는가

앞서 교육의 권리에 관한 개념, 교육의 권리가 갖고 있는 내용과 성격에 대해 간단하게 짚어 보았습니다. 이제 교육의 권리와 교육 평등의 문제에 대해 한번 진지하게 고민을 해보도록 하겠습니다.

여러분은 '평등平等'이라는 말에 대해 어떻게 느끼나요? 민주주의의 양대 원리인 자유와 평등에서의 평등을 들지 않더라도, 평등이라는 개념은 참 좋은 말이죠? 인간이라면 누구나, 남녀노소 불문하고, 평등하게 살아야죠. 말 자체는 굉장히 좋습니다. 그 누구도 불평등을 조장할 특별한 권력을 갖거나 그런 권리를 독점적으로 가져서는 안 됩니다. 민주 사회에서 그런 행위가 존재한다면 그것은 인간 사회를 해치고 어지럽힐 수 있습니다. 우리는 보다 공정하고 민주적인 아름다운 사회를 고민하기에 평등을 추구합니다. 그렇다면 과연 교육에서의 평등이란 무엇일까요? 이 부분에 대해, '정말 우리는 교육적 차원에서 평등한가?' 이런 문제를 고민해 보려고 합니다.

여러분! 정말 나는, 우리는, 평등을 주장할 권리가 있을까요? 평등을 주장한다면 어느 정도까지의 평등을 주장할 수 있을까요? 동시에 나는, 우리는, 교육 영역에서의 평등을 위해 어떤 의무를 다했나요? 우리는 다양한 측면에서 교육의 권리를 얘기합니다. 권리를 얘기할 때는 반드시 함께 무엇이 나와야 되느냐? 의무가 동시에 거론되어야 합니다. 그런데 상당수의 사람들은 자기의 권리 주장만 하는 경우가 있습니다. 의무를 이행하지 않아요. 그런 경우, 균형이 깨어집니다. 기울어지고 치우친다고요. 내 주장만 하고 다른 사람 얘기는 듣지 않는 경우도 있습니다. 우리는 떳떳하게 자신에게 주어진 권리와 의무를 함께 이행하며 삶을 추동해 가야 되잖아요. 그런데 내 주장만 하고, 권리와 의무를 동시에 실천해 나가야 하는 보편적으로 정해져 있는 규범을 무시해버려요. 그것은 올바른 삶이 아니죠.

제가 말씀드리려는 교육의 평등 문제는, '어떤 사람은 보수주의자다, 어떤 사람은 자유주의자다, 어떤 사람은 진보주의자다, 또는 어떤 사람들은 굉장히 권위적이다, 어떤 사람들은 굉장히 민주적이다.' 이런 차원과는 전혀 다릅니다. 민주 사회에서 평등은 인간을 기준에 두고 사람으로서 살아가는 상식의 문제와 관계됩니다. 사람은 일상생활에서 상식을 갖고 움직여야 합니다. 상식이 일그러지거나 깨어질 때, 그런 상황이 긍정적으로 발전하면 특이하면서도 창의적이고 창조적일 수 있지만, 부정적으로 표출되면 뭡니까? 인간 사회에서 있어서는 안 될 상황이 발생할 수 있습니다. 표현이 좀 거칠어서 죄송합니다만, 상식을 일그러뜨리는 경우, 쓰레기 같은 행위가 나올 수 있어요. 쓰레기는 어떻습니까? 잘 활용하면 재활용할 수 있는 거름이 되지만, 잘못된 것은 그야말로 아무 쓸모없는 쓰레기 중에 쓰레기가 되잖아요. 버려야 되잖아요. 인간 사회에서 없애야 되는 거거든요.

그러니까 민주 사회에서 권리와 의무 관계를 시소 게임을 하듯 잘 살펴보면서, 잘 조절해가면서, 나아가야 돼요. 한 쪽만 주장을 한다? 다른 쪽은 없다? 그것은 민주 사회의 상식을 일그러뜨리는 짓이에요. 쉽게 말하면 교양이 없는 거죠. 정의롭지 않은 일입니다. 그런 인식을 염두에 두고, 교육 평등을 바라볼 때, 첫 번째로 내세워야 할 것이 뭐냐 하면, 바로 '능력'입니다.

••• 교육에서 평등은 능력주의에 기초한다

앞에서도 여러 번 강조하며 말했지만, 모든 사람은 능력이 있다고 했습니다. 여러분의 능력은 어느 정도입니까? 하지만 사람에 따라 능력의 정도 차이가 존재합니다. 사람마다 특성이 있고 그만큼 다른 영역에서 능력을 지니고 있습니다. '어떤 사람은 능력이 있고 어떤 사람은 능력이 없다!'가 아닙니다. 사람마다 그 사람이 잘하는 부분을 살펴보면 그렇습니다. 가만히 지켜보세요. A라는 사람은 농업 분야에서 능력이 탁월해! B는 농업 분야는 잘 모르는데 교육계에서 공부를 오랫동안 해서 교육 쪽에 뭔가 좀 아는 것 같아! 단순하게 얘기하면 이런 차이가 있습니다. 때문에 단순하게 그냥 저 사람은 능력이 있고 이 사람은 능력이 없어! 그런 말은 존재할 수가 없습니다. 사람마다 어떤 개성과 특징을 지니고 있는지 찾아봐야 됩니다.

이런 점과 관련해서 고민할 때, 교육의 평등에서 중요한 것은 무엇이냐? 바로 능력에 따라 어떤 평등을 구가할 것이냐의 문제입니다. 능력이, 예를 들어서 A라는 영역에서 능력이 있는 사람과 이 사람에 비해 상대적으로 능력이 떨어지는 사람이 있는데, 이 두 사람을 똑같이 대우한다? 그건 아닙니다. 세상에 그런 것이 존재한다면 그것은 일종의, 또 다른 차원의 불평등일 수 있습니다. 자, 보세요. A라는 사람은 능력이 높은 수준에 있고 B라는 사람은 낮은 수준에 있어요. 그러면 A와 B사이에 그들이 지닌 능력의 수준만큼 무엇이 생기느냐? 격차가 발생합니다. 이렇게 다른 두 사람에게 어떻게 동일한 대우를, 똑같이 부여할 수 있습니까! 말이 안 되지요. A라는 사람의 능력이나 특징이 별 모양처럼 생겼고, B라는 사람은 동그라미 모양처럼 되어 있다면 그에 맞게 부여해 주어야죠. 그 사람의 특징과 능력에 맞게 해줘야 정당한 겁니다. 그러니까 여기에서, 능력주의가 자유와 평등이라는 민주주의 원리에 의거해서 나오는 교육 평등의 기초라는 점을 이해해야 합니다.

그 다음에 또 중요한 게 뭐냐 하면, 이 능력주의는 반드시 우리가 인간 본성, 인간의 품성, 네이처nature, 누구나 지니고 있는 것을 바탕으로 능력의 문제를 인식해야 합니다. 능력주의라는 것은 뭐냐 하면, 능력을 길러낸다, 능력을 보존해 나간다고 할 때, 이런 여러 가지 차원은 반드시 인간 개체로서의 노력이 철저하게 개입합니다. 노력하지 않으면 안 됩니다. 가만히 앉아 가지고 능력이 생긴다고요? 인간의 본성은 모두 타고 났잖아요. 그런데 자기의 삶을 위해 아무런 노력도 하지 않고 가만히 앉아서 사회나 국가가 모든 것을 다 해주기를 바란다? 그것은 대단히 비교육적인 처사입니다. 절대 거부해야 합니다. 그런 게 어디 있습니까! 열심히 노력하는 사람에게 뭡니까? 그 만큼의 대가가 주어지는 것이 민주 사회입니다.

예를 들어, 유사한 능력을 타고난 두 사람이 있다고 합시다. 한 사람은 가만히 앉아서 입만 딱 벌리고 있어요. 마치 감나무 아래서 홍시가 떨어지면 그냥 받아먹으려는 사람처럼. 다른 한 사람은 나중에 감나무에 열리는 홍시를 따 먹기 위해, 감나무를 심고 그것에 열심히 뭡니까? 거름을 주고 물을 주고 해서 감나무를 열심히 가꿉니다. 감나무가 무럭무럭 자라서 감이 많이 열리도록 합니다. 뿐만 아니라 그 감을 따서 자신이 먹기도 하고 팔기도 하겠지만 때로는 다른 사람과 나누어 먹기도 합니다. 이 두 사람의 경우를 상식적으로 생각해 보세요. 그럴 필요 없어! 감나무는 저절로 자라는 거야! 나는 감나무 밑에 딱 누워서 입만 벌리고 있을 거야! 그러면 홍시가 딱딱 입 안으로 떨어져! 이 두 사람을 어떻게 동등하게 볼 수 있나요? 만약 두 사람을 동등하게 대접을 해주거나 대우를 해준다면, 그것은 절대 평등이 아닙니다. 그것이야말로 불평등이고 그것이야말로 차별인겁니다.

그러니까 반드시, 내가 타고난 본성이 있는데, 그것에 따라서 노력을 하는 것이 전제되어야만이 능력주의에 대한 교육 평등이라는 말을 쓸 수가 있는 겁니다. 노력하지 않는다? 예를 들어, 이런 경우가 발생할 수는 있습니다. 노력을 하고 싶어도 노력할 수 없는 상황입니다. 어떤 사람이 무슨 일을 하다가 팔을 다쳤다고 가정합시다. 오른팔을 다쳐서, 아니면 어떤 선천적 장애가 있어 팔을 움직이지 못해요. 팔을 움직여야 글씨도 쓰고 다른 일을 하는데 말입니다. 그런 경우에는 어떻습니까? 그것은 노력을 하고 싶어도 못하는, 불가항력적 상황이지 않습니까? 그런 부분은 자유 민주주의 원리에 따라, 평등의 원리에 따라, 능력주의를 적용시킬 때 신중하게 고려해야 합니다. 여러 가지 상황을 감안하여 사회나 국가가 어떻게 해야 됩니까? 그런 약자들을 배려하고 도와주어야 됩니다. 그것이 사회와 국가의 책무입니다.

그리고 우리 민주 시민들이 더불어 살아가는 존재로 받아들여야 합니다. 나는 왼쪽 팔도 쓸 수 있지만 오른쪽 팔도 쓸 수 있어! 그러니까 한쪽 팔을, 내가 쓸 수 있는 만큼 나누어 줘야 돼! 그것이 인간적 도리이고 그것이 평등에 접근하는 방편이에요. 그러니까 이런 표현을 해서 미안합니다만, 여러분! '당신은 장애인이잖아! 장애인이 그런 걸 왜 해! 장애인들은 우리 사회에 기여도 못하고, 어떤 일을 하건 생산성도 낮고, 그러니까 이 사회에 필요 없는 존재야!' 이런 말을 하면 안 된다는 거죠. 그것은 인간이 인간으로서 삶을 나누며 함께 살아가지 않겠다는 선언입니다. 인간으로서의 권리 포기이자 의무 포기에요. 그런 부정적 부분들이 교육에 적극적으로 개입되어서는 안 됩니다. 교육의 내용이나 요소로 들어와서는 안 돼요.

쉽게 말해서 나는 두 손과 두 발이 멀쩡해! 몸이 성한 비장애인이야! 그러니까 장애를 겪고 있는 저 사람을 적극적으로 도와줘서 함께 살아가야 돼! 그것이 올바른 일이고 공평하며 정의로운 행동입니다.

•• 교육에서 평등은 교육기회의 평등이다

이런 여러 가지 사안들을 감안하면, 교육의 평등은 세 가지 정도로 설명할 수가 있습니다. 첫 번째는 뭐냐 하면, 교육의 기회 평등이고 두 번째는 교육 조건의 평등, 세 번째는 교육 결과의 평등입니다. 그러니까 교육 평등이라고 얘기하지만, 이 평등도 이미 뭡니까? 크게 나누어 보아도 교육을 시작하는 단계의 교육 기회에서 평등하게 출발해야 하고 교육을 진행하는 과정에서 여러 가지 교육 조건에서 평등이 이루어져야 합니다. 뿐만 아니라 교육을 시행한 이후 결과에서도 평등해야 교육 평등이 온전하다는 겁니다. 교육의 시작과 과정 종결의 전 과정에서 평등해야 한다는 말입니다. 결코 쉬운 작업은 아니지요?

여러분! 교육 평등이라고 얘기하면서, 무엇을 어디까지 생각해 보았나요? 모든 사람은 교육받을 권리가 있고, 누구나 교육적으로 평등하다! 이런 말만 되풀이하고 있다면, 그야말로 교육에 관해 제대로 인식하거나 교육받은 사람이 아니지요. 교육에 관한 교양인은 절대 아닌 겁니다. 교육에 대해 인지하고 있는 사람은 아니라는 말입니다. 그런 차원에서 진짜 교육 평등이 무엇일까요? 이번 기회에 교육의 기회와 교육의 조건, 그리고 교육의 결과 차원에서 평등의 문제를 파악해 놓거나 어느 정도 인지해 놓은 상태에서 교육을 바라보면, 교육 평등의 차원에서 우리 사회를 새롭게 조망할 수 있을 겁니다.

한국교육이 이런 부분에서는 굉장히 선도적이고 선진적이구나, 아니면 저런 부분에서는 정말 우리나라가 OECD 국가임에도 불구하고 부끄러운 상황에 처해 있구나. 어떻게 아직까지도 이런 불평등한 요소가 있는가? 다방면으로 따져볼 수 있고 대안을 고민할 수가 있겠지요. 그렇지 않고 막연하게 이래도 되는 거냐?라는 식의 방치는 지성인이 취할 행동은 아닙니다. 제가 볼 때, 교육 기회의 평등이나 교육 조건의 평등, 그리고 교육 결과의 평등이라는 측면을 학술적으로 얘기하지 않더라도, 여러분들은 이미 일상생활에서 그 부분이 교육 기회의 평등에 어긋나는 것이구나, 교육 평등의 결과에서 볼 때 불평등이구나, 이런 것들을 인지할 수 있을 겁니다. 그래서 간략하게나마 하나하나 살펴볼 필요가 있는 거죠.

교육 기회의 평등은 일반적으로 '허용적 평등'이라고 합니다. 허용적 평등은 기존에 허용하지 않았다는 사실을 반성하면서 그것을 전제로 성립하는 겁니다. 기존에 허용을 하지 않은 것은 쉽게 말해서 제한했다는 의미입니다. 그 동안은 교육의 어떤 부분에서 제한을 두었다는 말입니다. 어떤 차원에서 제한을 두었느냐? 한국교육의 과거를 돌이켜 보십시오. 과거의 상황을 보면, 법이나 제도, 관습에 의해 금지시킨 것이 많습니다.

예를 들면 여성들에게 많은 교육을 시키려고 하지 않았어요. 사회 분위기가 그렇습니다. 여자가 무슨 교육을 해! 여자는 많이 배울 필요가 없어요. 여자는 그냥 집에서 대충 시집가서 살림만 하면 돼! 이런 식의 의식을 가졌단 말이에요. 그러다 보니까 여성이 어떻게 돼요? 배울 기회조차도 갖지 못하는 거죠. 배울 기회에서 제한을 당해요. 이런 것들은 인간에 대한 차별이자 불평등이죠. 교육이 허용되지 않았으니까요.

또 다른 사례로, 과거의 계급사회에서 천민들을 보세요. 계급사회에서는 일반 백성이 있고 귀족 양반이 있고, 맨 아래 계급으로 천민에 해당하는 하층민들이 있잖아요. 그런 사람들에 대해 과거에는 '너희들은 일만 하면 돼! 노예처럼 그냥 살아! 종들이 말이야 뭘 알아!' 이렇게 됩니다. 교육을 안 시키죠. 그러니까 오늘날로 따지면 학교교육과 같은 공식적인 교육기관에 들어가지 못하게 합니다. 물론 일상생활에서 무의도적이고 비형식적으로 받는 어떤 차원의 교육행위는 있을 수 있겠죠. 그러나 공식적이고 형식적인 교육기관에서, 학교교육 차원의 교육은 시키지 않았습니다.

이외에도 사회적 약자를 들 수 있습니다. 상당수의 사람들이 다음과 같이 비아냥거릴 수 있습니다. '뭐 잘 살지도 못하는 사람들이 자식을 학교에 보내려고 그래요!' 이런 내용으로 사람을 기죽이고 업신여긴단 말이에요. 아니면 다양한 형태의 사회적 약자가 많잖아요. 대표적으로 장애우의 경우, 일반인, 비장애인에 비해서 뭡니까? 상대적으로 활동력이 떨어질 수도 있어요. 그럴 경우 약자로 볼 수 있죠. 경제적으로 조금 어려움이 있는 가난한 분들도 약자가 될 수 있죠. 그런 분들에 대해, '당신은 학교 다니지 마, 다른 사람 피해만 줘!' 이런 소리를 해서는 안된다는 겁니다. 교육받을 기회 자체를 허용하지 않거나 박탈해서는 안 되죠. 누구나 학교에 들어올 수 있어! 누구나 다 배울 수 있어! 이렇게 허용을 해야 합니다. 그것이 민주 사회가 교육을 대하는 태도입니다. 이런 교육 기회의 평등을 허용적 평등이라고 합니다.

허용적 평등의 차원에서 볼 때, 쉽게 말해서 교육의 기회를 어떻게 합니까? 기회를 주라! 이겁니다. 기회를 줘야 무엇이건 실천할 기회를 얻지요. 그렇지 않으면 아무리 훌륭한 능력을 지녔다 하더라도 발휘하지를 못해요. 아니, 기회를 줘야 능력을 발휘할 거 아닙니까! 배울 것 아닙니까! 그런 차원이 하나 있습니다.

그 다음에 또 중요한 사안이 있습니다. 허용적 평등은 개인의 역량과 형편을 고려해야 합니다. 개인이 갖고 있는 역량이 있고 형편이 있잖아요. 이런 부분을 고려할 수 있는 그런 차원의 평등이 바로 기회의 평등이고 허용적 평등입니다. 교육이 허용되어야 지금 말한 것처럼 개인의 역량이나 형편을 나름대로 성찰하면서 그에 부합하도록 교육적 고민을 할 수 있잖아요.

교육의 기회조차도 없다면, 좀 그렇잖아요. 여러분 가운데, 교육 기회뿐만 아니라, 다른 여러 가지 기회가 있는데, 특수한 어떤 요건 때문에 기회가 막히거나 기회를 막아놨잖아요. 그러면 그것을 겪어본 인간은, 인생이 무한 절망 속으로 전락합니다. 기회를 줘야만이 자신의 역량과 형편을 고려해서 무엇인가를 할 수 있는 거죠. 누구에게나 자신의 삶을 펼쳐나갈 수 있는 교육의 장을 열어 놔라! 이겁니다. 교육의 마당을 펼쳐놓으라! 이거죠. 그런 차원에서 교육 기회의 평등에서 허용적 평등은 매우 중요합니다.

두 번째, 교육 기회의 평등은 보장적 차원에서 보장을 해주어야 합니다. 이것은 뭐냐 하면, 교육 받을 기회에서 부딪히는 장벽을 제거하는 일입니다. 예를 들어, 가정 형편이 어려운 저소득층은 상대적으로 교육의 기회를 갖기 어려울 수 있습니다. 그런 사람들에게 장학금 제도 같은 것을 마련해서 교육받을 기회를 주어야 합니다. 능력은 출중한데 가정형편이 어려워서 학교에 들어오지 못하게 한다면 인생이 절망적이게 됩니다. 일단 교육받을 기회를 주고 학교에 들어와서 무엇인가 하면 돼요. 장학금 받으면서 할 수 있도록 기회를 주라는 거죠. 이것이 민주 사회의 교육에서 정의가 되고 교육 정신이 되어야 합니다.

03 교육에서 평등은 어떻게 이루어져야 하는가

최근에는 민주주의가 성숙하면서 한국사회의 교육도 기회의 평등 차원에서 많이 발전했습니다. 그러나 지금도 어떻습니까? 여러분! 우리 사회가 굉장히 자유롭고 민주적인 사회로 발전했지만, 아직도 교육 기회 균등의 차원에서, 기회 평등의 차원에서 보면, 앞에서 말한 허용적 평등이나 지금 말한 보장적 평등 차원에서, 불평등이 엄청나게 많이 존재하지요? 그러니까 많은 시민들과 국민들이 교육에 대해 불평불만을 늘어놓는 겁니다. 그것을 해소할 수 있는 정치, 경제를 비롯한 다양한 제도적 장치가 빨리 마련되어야 합니다. 그래야만이 진짜 교육 평등을 실현하고 있는 교육 선진국이라고 볼 수 있는 거죠.

••• 교육에서 평등은 교육 조건의 평등이다

그 다음에 교육 조건의 평등은 무엇이냐? 여러분! 잘 보십시오. 교육 기회의 평등이 일어났다고 가정을 합시다. 누구나 학교에 다녀요. 그런데 사립학교에 다니는 사람, 공립학교에 다니는 사람, 대안학교에 다니는 사람 등, 자신이 선택한 다양한 교육의 차원이 있습니다. 그러나 사람마다 자신이 선택하여 다니는 학교의 조건이 다릅니다. 교육 조건의 평등은요, 교육을 하는 과정에서 차이를 없애거나 줄이려는 노력입니다.

다시 확인해 봅시다. A라는 학교와 B라는 학교가 같은 지역에 있어요. 그런데 A라는 학교는 공립학교예요. B라는 학교는 사립학교예요. 공립학교는 교사들이 3년이나 5년 정도 근무하면 다른 공립학교로 자리를 옮깁니다. 특별한 경우를 제외하고 한 학교에만 머무르지 않습니다. 전근을 갑니다. 사립학교는 이와 사정이 다릅니다. 교사들의 이동이 적어요. 그러면 교사들이 수시로 이동할 때와 이동하지 않을 때, 눈에 보이지 않을 수 있지만 교육적으로 차이가 생겨요. 그때 차이가 생기는 만큼, 교육적으로 평등하지 않을 수 있는 조건이 달라짐에 따라 교육 격차를 줄이려는 노력이 필요합니다.

그 다음에 교육 기회를 증대했음에도 불구하고 불평등이 또 발생합니다. 상위 혹은 하위 계층이 생기잖아요. 이런 것들이 대두하면 교육 조건이 어떻게 됩니까? 또 달라지잖아요. 달라질 수밖에 없어요. 삶의 상황이 다른데 그럴 수밖에 없지요.

그럴 때 그 부분을 어떻게 조절하느냐 입니다. 여기에 다양한 교육 여건이 있습니다. 학교 간의 교육과정도 있고 교사의 질적 차이도 있을 수 있습니다. 물론 교사는 대부분 교육적 전문성을 지니고 있기 때문에 질적 차이가 크지는 않습니다. 교사의 능력, 그 사람이 지닌 지적 능력은 비슷합니다. 그러나 교육적 열정이 있는 교사와 열정이 좀 떨어지는 교사가 있습니다. 그러면 우리는 상식적으로 열정을 지닌 교사가 그렇지 않은 교사에 비해 훨씬 교육적 효과를 배가할 수 있을 것이라는 짐작을 할 수가 있겠죠. 이런 점에서 동일한 교육 조건일지라도 차이들이 발생하는 겁니다. 교육방법이나 교구 측면에서도 그렇고, 가정 배경의 차이에 의해서도 그렇습니다. 최근에 수저 논쟁이 발생했지요. 어떤 사람은 금수저 집안에서 출생했고, 어떤 사람은 은수저, 흙수저, 심지어는 무수저까지 등장합니다. 집안의 환경과 배경에 따라 교육적 지원이 달라지잖아요. 차이가 나고 조건이 다르죠. 그걸로 인한 교육적 능력과 차이, 이런 부분에 대해 조건을 비슷하게, 아니면 차이가 아주 적도록, 그런 부분을 고민하는 작업이 교육 조건의 평등입니다.

••• 교육에서 평등은 교육결과의 평등이다

그 다음에 세 번째가 또 중요합니다. 교육을 했는데, 교육 조건도 유사하게 갖춰서 교육을 했다고 가정합시다. 똑같이 교육을 했으면 결과도 유사해야 하잖아요. 결과가 평등해야 돼요. 동일하게 학교에 입학을 했는데, 어떤 사람은 공립학교, 어떤 사람은 사립학교, 또 어떤 사람은 대안학교이지만, 대체로 거의 동일한 평등한 기회를 가지고 입학을 했는데, 정상적으로 교육을 받았다면 졸업할 때도 비슷하게, 나름대로 교육한 만큼 비슷한 능력을 지닌 형태로 졸업을 해야 됩니다. 그런데 교육 기회와 교육 조건의 평등에도 불구하고, 교육 결과의 평등이 보장되기는 굉장히 어렵습니다.

여러분, 보십시오. 학교에 입학했어요. 학교에 잘 다니고 졸업했어요. 그때 과연 우리가 흔히 말하는 평등하게 학교에 입학하여 열심히 공부하며 학교를 잘 다녔고 졸업을 했는데, 그러니까 입학은 교육의 기회 평등이잖아요. 과정은 뭡니까? 앞에서 얘기한 교육의 조건들이 모든 사람들에게 동일하고 평등하다고 가정하자고요. 졸업 때는 무엇이냐? 그 교육의 결과란 말입니다. 결과가 유사하게 산출되어야 하는데, 여전히 우리 대한민국 사회는 뭡니까? 결과의 평등이 보장되지 않아요. 수십만 명에 달하는 고등학교 졸업생이 누구나 명문대학에 진학합니까? 어떤 사람은 자신이 원하는 대학에 가고 어떤 사람은 진학을 못하는 경우도 있습니다. 그러다 보니, 또 다른 문제가 발생하는 거죠.

어떻게 보면, 우리가 원하고 생각하는 교육에서의 평등은 하나의 이상이자 환상인지도 모릅니다. 영원히 오지 않을지도 모릅니다. 실제로 인류 역사에서 평등이 존재했던가요? 어떻게 생각합니까? 평등하려고 지향한 것이지, 진정으로 평등했던 사회는 한 번도 존재하지 않습니다. 그러니까 교육에서의 평등 자체가 우리가 바라는 이상일 수도 있죠. 그러나 교육에서는 말 그대로 '교육적'이라는 의미가 뭡니까? 인간의 삶을 평등하게 만들어가려는 정신이잖아요. 그것을 우리가 지향해야 합니다. 그래서 교육 결과의 평등에서 우리는 뭐냐 하면, 특히, 성취가 낮은 학생들에게, 이때 성취는 단순하게 학업 성적만을 의미하는 것은 아닙니다만, 학교를 다녀서, 아니면 교육을 받는 과정에서 다양한 영역의 성취를 하잖아요. 그런데 그 성취가 낮은 학생이 있습니다. 열심히 했음에도 불구하고 하다보면 여러 가지 요인에 의해, 생각했던 것보다 성취도가 낮아질 수 있어요. 성취가 낮은 학생에게 보다 관심을 기울이고 재정 조건을 비롯하여 그들에게 용기를 북돋아 주고 격려할 수 있는 적극적인 지원 조치가 우리에게 필요하다는 것입니다. 그것이 21세기 대한민국 사회에서, 교육적 시각에서 볼 때의 시대정신입니다.

우리는 그런 시대정신을 놓쳐서는 안 됩니다. 내 아이만 잘 되면 된다? 절대 아닙니다. 내 아이보다 못하는 학생이 있으면, 아 저 친구에게 무엇이냐? 내 아이가 설사 잘해서 장학금을 받아오면, 차라리 성취 수준이 낮은 저 친구에게 장학금을 줘라! 우리 아이는 원하는 것이 성취되었다. 이런 경우 그렇지 못한 약자들에게 돌려줘야 되는 겁니다. 그게 교육 정신이잖아요. 시대정신이고요. 교육적 기부를 많이 해야 해요. 있는 사람들이 자기 것만 챙기는 게 아니고, 없는 사람들에게 시혜를 베풀어야 하는 겁니다.

자, 그래서 여러분! 교육 평등의 차원에서 볼 때, 우리가 교육의 권리를 고민하고 거기에서 나오는 교육적 현상들을 평등하게 이끌어가기 위해서는 교육에 관한 법률을 구비하는 자체가 교육 평등을 절대적으로 보장하지는 않습니다. 한국 사회에서 교육에 관한 법률은 상당히 잘 정비되어 갖추어져 있습니다. 법대로 하면 아주 잘 될 수 있어요. 공평하게 잘 될 것 같아요. 많은 사람들이 그렇게 느끼고 그렇게 할 수도 있습니다. 하지만 시대정신에 어긋난다든가, 다른 차원의 요건이 개입하는 경우, 법률 자체가 구비되어 있다고 해서 반드시 교육 평등이 절대적으로 이루어지는 것은 아닙니다. 그 부분에 대해 여러분과 제가 고민하고, 진지하게 교육적 고려를 해야 되는 거죠.

때문에 우리에게 필요한 건 뭐냐 하면, 사회적 요구를 반영하고 인간에게 요청되는 시대정신이 무엇인지를 파악해야 됩니다. 이 시대가 요청하는 것은 뭘까? 나는 무엇을 해야 할까? 이 시대정신과 이 사회에 요구가 있잖아요. 우리 한국 사회가 무엇을 요구합니까? 그 사회적 요구를 적극적으로 고려하는 교육적 복지를 구현할 자세가 필요합니다.

여러분! 우리는 교육적으로 어떤 복지사회를 구현해야 될까요? 어떤 교육복지 차원을 염원해야 될까요? 그냥 교육을, 내가 어떤 교사나 강사로부터 교육받는다, 나는 수업을 듣는다, 내가 공부한다고 될까요? 그 차원을 훨씬 뛰어 넘어 교육의 권리와 교육 평등을 구체적으로 이 시대에 실현하려면, 교육복지란 무엇인가? 돈만 제공한다고 해서 되는 게 아니에요. 다양한 사안들을 포괄적으로 통찰할 수 있는 시선이 필요하고 행동이 필요합니다.

03 교육에서 평등은 어떻게 이루어져야 하는가

04

교육의 권리와 정의를 확인하라

여러분과 교육의 권리에 관한 다양한 얘기들을 나누면서, 교육 평등 문제들을 논의하다 보면, 저는 개인적으로 이런 생각을 해 봅니다. 1970년대에서 1980년대에 걸쳐 초·중·고등학교와 대학교를 다닌 저는 어쩌면 교육의 권리에 대해 생각을 제대로 하지 못하고 자랐던 세대 같습니다. 이른 바 베이비붐 세대의 의식이 국가적으로 사회적으로, 혹은 학교에서 선생님께서 저를, 우리를 교육 시켜준다, 훌륭한 인간으로 만들어 준다는 그런 믿음이 강했던 것 같아요. 물론 대학교에 들어온 이후에는 정치, 사회적 모순에 대한 반항, 다양한 인간 현상에 대한 저항을 하기도 하고, 인간 사회의 어떤 불평등에 대해 호소하기도 했지요.

그런 경우도 많이 있었지만 지금까지 살아오면서 대체적으로 보면, 개인의 권리를 적극적으로 주장하는 상황이 상당히 적었던 것 같습니다. 없었던 것은 아니지만. 그러다 보니 고민이 되는 것이 무엇이냐? 과연 한국사회에서 교육받은 당신은 정의롭게 사느냐? 교육을 받으면 받은 만큼 어떻게 되어야 합니까? 정의로워야 됩니다. 그러기 위해서는 교육이라는 사태 자체가 정의로워야 됩니다. 교육이라는 상황 자체가 정의롭지 않은데, 그것에서 비롯되는 다양한 사회적, 개인적 삶이 어떻게 정의롭겠습니까? 이번 시간에는 교육의 권리와 관계되는 교육의 정의 문제를 한번 간단하게 고민해보겠습니다.

여러분! 교육에서 정의를 요청하는 것은, 앞에서 말했던 교육 평등과도 연관되고, 넓게 보면 사회 평등이나 인류가 지향하는 민주적 삶의 자세와도 연관이 돼요. 그렇다면 교육의 정의를 어떤 측면에서, 어떤 차원에서 어떤 정신을 바탕으로 요청해야 되느냐? 이것이 문제입니다. 그 기준은 첫 번째는 사회 평등이고, 두 번째는 경제 평등의 차원에서 요구해야 됩니다. 사회 평등은 정신적 차원이고 경제 평등은 물질적 차원이에요.

인간은 어떻습니까? 정신적으로 의식적으로 혹은 물질적으로 평등합니까? 불평등합니까? 한국 사회의 여러 분야에 나가 많은 사람들과 대화를 나누어 보십시오. 어떤 경우에는 여러분이 다른 사람에 비해 우월하다고 느낄 수도 있고, 때로는 어떻습니까? 무한히 작은 존재처럼 소외감이 들 때도 있어요. 경우에 따라서는 열등감에 사로잡혀 그 자리에서 빨리 빠져 나오고 싶을 때도 있습니다. 대화를 하다 보면 그런 느낌을 받을 수 있습니다. 그러다 보면 저 사람은 어떤 자리에 있는데, 저 사람은 어떤 지위에 있는데, 난 뭐야? 이렇게 되는 거죠. 그러나 교육은 그런 격차나 부적절하고 불공평한 사안들에 대해 사회적으로 최소화 할 수 있도록 하는 장치입니다. 평등하게 할 수 있다면 더욱 좋겠지만 불평등이 적은 방향으로 유도해야 합니다.

그 다음에 여러분, 물질적인 것, 쉽게 말해서 돈, 경제적인 문제가 매우 중요합니다. 나는 돈이 많은 사람이야! 나는 없는 사람이야! 나는 지금도 돈이 많지만 더 벌어야 되는 사람이야! 나는 돈이 없기 때문에 기본 생존을 위해서라도 돈을 열심히 벌어야 해! 이런 부분들을 교육적 차원에서 고민해야 됩니다. 그런 고민 없이 교육을 하면 된다고요? 그런 게 어디 있습니까? 현대 사회에서는 교육을 비롯하여 어떤 사업을 하건 예산이 필수적입니다. 돈이 없으면 하고 싶어도 못합니다. 안 돼요! 하면 된다고요? 아니, 무슨 어떤 군대 구호입니까? '하면 된다!'라고 하게요. 아니에요. 돈 없으면 교육도 순조롭게 이루어지지 않습니다. 교육 예산 없이 교육 인프라를 어떻게 구축하고, 교육을 합니까? 무슨 원시 시대도 아니고요.

그런 차원에서 교육은, 정말 재미가 없습니다. 교육학 강의가 그렇습니다. 사람에 따라 재미있는 강의가 될 수도 있겠지만, 다른 차원으로 보면 교육이라는 것 자체가 진지해야 되거든요. 진지해야 되고 인간의 가치, 삶의 문제 등이 어떤 것이냐에 대해 고민을 해야 되고, 하다 보니, 이게 뭐 재미가 없어요. 그렇다고 교육 문제를 앞에 두고 건성으로 농담만 할 수도 없잖아요. 사회 평등, 경제 평등, 정의를 논의해야 된단 말입니다.

그랬을 때 교육 평등은 뭐냐 하면, 앞에서 말씀드렸던 사회 평등이나 경제 평등과 같은 것을 교육을 통해 정의로 이끌어 내야 한다는 기대와 믿음입니다. 여러분도 왜 이런 무크 강의를 듣느냐고 했을 때, 교육이라는 것을 밑천으로, 교육을 담보로 해서 내 삶을, 혹은 다른 어떤 것을 보다 정의롭게 만들어 내려는 기대와 믿음 때문에 듣고 보는 것 아니겠어요? 그래서 우리가 어떤 일을 시도할 때는 무언가 기대를 하고, 잘 하면 될 것이라는 믿음을 가지잖아요. 신뢰를 갖는 거잖아요. 그것 자체가 인간에게 희망을 주기 때문에 그렇지 않습니까? 여러분! 만약에 희망이나 밝은 전망, 장밋빛 미래까지는 아니더라도 그런 비전이 없다면, 왜 교육을 합니까? 비싼 돈 들여서 왜 배우느냐고요. 바로 그런 것이거든요. 교육 평등은 다름 아닌 정의를 이끌어내야 한다는 기대와 믿음 때문에 존재하는데, 그러면 과연 교육 평등이 이러한 기대와 믿음을 이룰 수 있느냐? 그것은 또 다른 차원에서 논의되어야 할 문제입니다.

••• 교육은 위대한 평등 장치이다

교육에서 정의를 이루려고 할 때 중요한 것은 사회 평등의 차원에서 볼 때입니다. 미국의 저명한 교육가인 호레이스 만이라는 사람은 교육 평등화론을 주장을 해요. 그러니까 이 사람은 교육을 바라보는 관점이 평등으로 똘똘 뭉쳐 있어요. 즉, "교육이라는 것은 위대한 평등 장치이다!" 이렇게 봅니다. 그것은 다시 설명하면, 교육을 실천을 했어요. 그 실천 결과물들을 보니까, 교육을 하기 이전에는 인간 사이에 차별이라든가 격차라든가 이런 것들이 많이 있었는데, 교육을 한 이후에는 이런 부분들이 어떻게 되느냐? 상당히 해소가 되더라는 것입니다. 상당히 줄어들더라는 것이지요. 그래서 교육을 통해 인간의 삶이 평등한 방향으로 유도되더라 이거에요. 그러니까 교육이라는 것은 뭐냐 하면, 인간을 아주 평등한 상태로 만들어주는 제도적 장치입니다. 그 하나의 가장 강력한 수단이라고 얘기합니다.

이런 이유 때문에 호레이스 만의 경우에는, 강력한 공교육을 주장하게 됩니다. 사람은 누구나 교육 받을 수 있어야 하고, 교육을 받으면 그 사람은 나중에 지금은 이렇게 격차가 나지만 교육 받아서 수준을 높이면 평등해져서 사람마다 수준이 비슷해진다. 그러니까 교육은 위대한 평등 장치이다. 이렇게 주장하는 것입니다. 교육이 위대한 평등 장치라는 것은 점차적으로 교육의 보급을 유도하고 교육이 점점 팽창해 나가야 한다는 논리를 발전시킵니다. 그에 따라서 사회 계층이 상승하고, 계층 상승과 계층 이동의 기회가 주어집니다. 이런 논리는 이해가 가지요? 그래서 궁극적으로는 전체적으로 사회 평등이 일어난다는 겁니다.

하지만 교육을 실천하지 않을 때는 어떻게 되느냐? 예를 들어, A는 상위 계층이고 B는 하위 계층이라고 가정합시다. 그러면 상위 계층과 하위 계층으로서 그 계층의 차이만큼이나 간극이 벌어져 있습니다. 그런데 교육을 점점 받게 되니까, 상위 계층은 조금 더 질적으로 향상되거나 질적 향상이 되지 않더라도 계층의 수준을 그대로 유지하는 겁니다. 이것은 경제적 측면만이 아니고, 여러 가지 차원을 포괄하는 겁니다. 하위 계층에 있던 사람은 교육이 점점 보급되고 팽창되어, 쉽게 말해 교육을 받게 되니까, 교육을 통해 어떻게 됩니까? 하위 계층에서 상위 계층으로 상승할 수 있는 기회가 많아진단 말입니다. 이것이 점점 어떻게 되느냐? 나중에 하위 계층의 사람이 상위 계층에 이를 정도로 계층 이동이 활발해지고 계층이 수직적으로 상승하는 기회가 주어져 계층의 차이가 최소한으로 줄어들면서 이제 비슷하게 된 거예요. 그래서 평등이 일어난다는 거죠. 그것이 바로 교육 평등화론이라는 겁니다. 수긍이 가나요?

여러분! 교육과 관련하여 유명한 말이 있지요? 좀 극단적인 말처럼 들리는, '개천에서 용난다!' 이렇게 얘기하잖아요. 지금은 많은 사람들이 개천에서 용이 날 수 없다, 개천에서 용나는 시대가 아니다. 이런 얘기를 많이 합니다. 그러나 저는 그렇게 보지 않습니다. 인류 사회는, 늘 사회가 어떻습니까? 계급 계층이, 계급이 철폐되었다 할지라도 계층이 존재하고, 여전히 다양한 차원에서 차이와 차별이 존재합니다. 인류가 존재하고 그 가운데 차이와 차별이 존재하는 한, 개천에서 용이 날 수밖에 없습니다. 그리고 개천에서도 용이 나야 돼요. 그래야 희망이 있지 않습니까? 교육을 왜 합니까? 평등화론이 그런 겁니다. 저만 해도 그렇습니다. 저는 개천에서 용이 나온 케이스는 아니지만, 시골의 아주 외진 산골에서, 중학교 때까지 전깃불도 없던 동네에서 교육을 받았어요. 교육을 받은 만큼 교육을 받지 않았을 때보다 훨씬 나아졌다고 저는 판단하는 사람이에요. 그리고 앞으로도 얼마든지 교육을 받으면, 예를 들어, 계층이 좀 낮은 영역에 있던 사람들이 앞에서 말했듯이 사회 계층이 상승하거나 상위 계층으로 이동할 수 있는 기회가 얼마든지 존재한다고 봐요. 대신, '개천에서 용이 난다'라든가 계층 이동 현상이 과거와 동일한 형태는 아닙니다. 시대가 달라졌으니까요. 그런데 현대 사회나 미래 사회에서는 개천에서 용이 나지 않는 시대라고 보지는 않습니다. 시대가 달라진 만큼 개천의 종류가 달라졌을 뿐, 반드시 교육을 통해 개천에서도 용이 날 수 있습니다.

문제는 교육에서 계층이 상승하거나 이동한다고 했을 때, 그 계층이 어떤 계층이냐는 겁니다. 오늘날의 사회 계층은 옛날과 같은 단순한 그런 계층은 아니라는 거죠. 그래서 개천에서 용이 난다고 했을 때도 마찬가지입니다. 그 용이 어떤 용이냐? 현대 사회는 옛날 농경 사회처럼 교육을 받은 사람들이 정치지도자나 관료로만 진출하는 시대가 아니잖아요. 지금은 수많은 직업이 있고 성공의 기준도 다릅니다. 그러니까 다양한 개천에서 다양한 용이 납니다. 왜 안 나오겠습니까?

••• 교육은 사회계층 구조의 불평등 재생산이다

여러분! 교육에서 사회 평등이라는 것이 평등권 차원에서 논의된다는 점을 인식하겠지요? 그런데 호레이스 만이 말한 것과 같은 유형도 있지만, 그것과 정반대의 경우도 있습니다. 정반대는 뭐냐 하면, 교육을 하니까 오히려 사회 불평등이 일어난다는 이론입니다. 호레이스 만의 주장처럼 평등화가 진행되기보다는, 불평등을 조장하는 것이 교육이라는 겁니다. 그 대표적인 사람이 보울즈와 진티스라는 학자입니다. 보울즈와 진티스는 '불평등 재생산론'을 주장합니다.

최근에 유행한 말로 다시 예를 들면, 금수저를 물고 나온 학생들은 금수저로 혹은 금수저 이상으로 계층 이동하고, 흙수저를 물고 나온 학생들은 흙수저나 혹은 그 이하의 계층으로 전락해요. 재미있게 얘기하면, 계급 계층의 차이가 어떻게 되느냐? 끊임없이 계급 계층을 재생산해 내면서 불평등을 심화시켜 나간다는 말입니다. 우리 주변을 돌아보면 금수저로 태어난 것 자체가 벌써 불평등을 예고하고 있어요. 이미 주어진 환경이 불평등한데, 금수저는 또 금수저로 가거나 아니면 더 이상으로 나아가고, 흙수저는 또 흙수저로 가거나 더 이하로 떨어져 불평등이 심화되고, 격차가 벌어지거나 최소한 불평등이 재생산되는 형국입니다.

우리는 한국 사회를 살아가면서 이런 불평등 심화 현상을 심심치 않게 경험합니다. 성공한 사람을 보니까 부모의 배경이 좋다, 잘 안 되어 있는 사람을 보니까 부모나 주변 환경이 상대적으로 나쁘다, 그러니까 많은 사람들이 어떻습니까? 교육 환경이 좋은 방향으로, 아니면 부모나 교육을 걱정해주는 어떤 인프라 구축을 잘하기 위해, 돈을 많이 벌어서 자식에게 투자하려고 합니다. 이것이 현실입니다. 그러나 그런 사회적 현실에 대해 정당하냐 아니냐를 떠나, 다시 한 번 볼까요.

앞에서 언급했던 호레이스 만은 교육을 통한 평등화론을 얘기했죠? 교육을 받으면 사람들이 평등하게 될 것이다! 계층 이동을 할 수 있는 것이지요. 그런데 보울즈와 진티스는 뭐라고 하느냐? 불평등 자체가 끊임없이 재생산된다고 합니다. 물론 여기에는 과학 기술 문명이나 자본주의의 발달, 자본주의가 또 독점 자본주의, 금융 자본주의로 발달과도 관계가 있고, 예전에 유행했던 신자유주의라는 무역 정책이나 전 세계적인 정치 질서 다변화도 교육적으로 개입되어 있습니다. 그러다보니 보울즈와 진티스의 주장과 같은 방식으로 교육을 분석하는 틀이 생기는 거죠. 이 불평등 재생산론은 쉽게 말하면 무엇이냐? 불평등 재생산론은 다른 형식으로 얘기하면, 마르크스주의와 상통하는 견해가 개입되어 있습니다. 마르크스주의는 계급투쟁론이 중요한 이론적 무기입니다. 물론 이 이론은 상당히 의미가 있지만, 현실적으로 공산주의의 몰락과 함께 그 힘을 잃은 것도 사실입니다. 마르크스가 주장하는 것들이 공산주의였는데, 그런 것들이 몰락하면서 아직도 그 이론을 신봉하느냐라고 했을 때, 다양한 의견이 있을 수 있습니다. 또 학문적으로 의문을 제기하는 사람도 있지만, 제가 볼 때, 마르크스주의가 주장했던 이론적 특성들은 상당히 눈여겨볼 필요가 있습니다. 그것을 신봉하든 아니면 신봉하지 않건, 따르건 따르지 않건 관계없이 학문적으로 사회 분석의 틀로서 굉장히 유용한 어떤 차원이 있습니다.

보울즈와 진티스 같은 사람은 불평등 재생산론을 마르크스주의나 아니면 수정 마르크스주의에 근거하고 있는 것이 분명합니다. 이런 불평등론을 다른 말로

04 교육의 권리와 정의를 확인하라

갈등 이론으로 이해하기도 합니다. 갈등 이론 차원에서 볼 때, 기존 사회 계층 구조가 다시 뭡니까? 재생산된다! 그래서 그것이 불평등을 훨씬 조장하고 있다. 이런 차원에서, 이제 사회를 바라보고, 교육을 바라봅니다. 그러니까 여러분 이렇게 한번 보세요. 출발선이 다르다는 겁니다. A라는 사람은 출발선이 위에 있고, B라는 사람은 출발선이 아래에 있어요. 이미 '위-아래'라는 격차가 생겼지요. A는 앞으로 계속 나아가니까 최소한 자신의 계층을 유지되거나, 경제적 지원 또는 물질적 풍족, 나아가 정신적 안정 등 이런 것들이 많습니다. 그러다 보니까 계속 A 혹은 A+로 유지되거나 상승하는 효과를 냅니다. 그런데 B라는 사람은 하다 보니까 좀 경제적으로 가난하기도 정신적으로 안정도 되지 않아 여러 가지가 잘 안 돼요. A라는 계층에 비해 차원을 달리하면서 상대적으로 무언가 잘 안 풀립니다. 그러니까 이 사람은 B 혹은 B-라는 형태로 전락해가요. 여전히 A-B 두 계층 간의 격차가 벌어집니다. A라는 사람이 위에 있고 B라는 사람이 아래에 있을 때, A라는 사람은 계층이 수직적으로 하락하여 아래로 떨어지고, B라는 사람은 수직적으로 상승하여 위로 올라가서 중간에 어정쩡하게 만나고 있는 것도 좋지만은 않습니다.

자, 그러면 어떤 게 좋은 것인가? A라는 사람은 자기의 수준 높은 계층을 유지하면서 잘 나아갔어요. B라는 사람은 계층이 수직 상승하여 A의 수준이 되어 수준 높은 계층으로 만났을 때 평등이 되는 거죠. 이것이 앞에서 언급했던 평등화론이거든요. 그런데 불평등화론은 뭐냐 하면, 불평등을 조장하는 사태가 반대로 심화되는 현상입니다. 상위 계층의 사람은 더욱 위로 올라가고 하위 계층 사람은 더욱 아래로 떨어지더라는 거죠. 계급 계층 간의 격차가 끊임없이 조장되고 벌어지더라는 겁니다. 그래서 불평등 재생산론이 어떻게 보면 이 대한민국에서 부의 불평등, 빈부 격차, 다양한 사회적 영역에서의 어떤 차등, 이런 게 존재하거든요. 그것에 따라 우리 교육은 어떻게 나아가야 하는가? 교육의 정의를 이룰 수 있는 방법은 무엇인가? 고민해 보는 게 중요합니다.

교육 불평등론이 얘기하는 게 뭐냐 하면, 교육 격차가 끊임없이 심화되고 있다, 여기에 여러분은 어떤 대처를 할 것인가? 물론 지금 우리 국가 기관에서, 흔히 말해서 정부에서, 아니면 수많은 지방 자치 단체가 많잖아요. 시도교육청도 있고요, 행정청도 있고요, 많습니다. 그 이외에 민간인이 운영하는 교육 단체도 많고요. 거기에서도 많은 고민을 합니다. 하지만 교육격차가 심화되었는데, 이것을 어떻게 풀어 나갈 거냐? 그것이 문제입니다. 여러분은 교육 불평등 문제를 해소할 답을 갖고 있습니까? 해답을 제시한다고 했을 때 그것이 완전한 대안이 됩니까? 고민이죠. 대안을 갖고 있다 할지라도 또 다른 요인이 존재하기 때문에 나만의 대안만 갖고는 안 되죠. 사회적 합의를 또 이루어야 되죠. 그래서 공론화가 필요하고요. 정책을 시행할 때 공청회를 하고 그러는 거죠.

••• 한국교육의 지나친 팽창을 고민하라

자, 그런데 이제 우리 한국교육을 보면 양적으로 너무나 팽창했습니다. 엄청나게 커졌다고요. 그 요인이 뭐냐 하면 학교가 증가하고, 이에 따라 개인의 교육비 부담도 늘어나고, 이런 교육 팽창이 또 다시 다양한 사안을 자아내고 그렇습니다. 교육에서 평등하기 위한 요건 중에 하나가 복잡하지 않아야 됩니다. 복잡한 측면이 상대적으로 적어야 돼요. 사람도 그렇잖아요. 여러 사람이 얘기할 때보다 두 세 사람 혹은 몇 사람이 얘기할 때는 합의가 잘 일어납니다. 차등을 두려고 하지도 않습니다. 그런데 복잡하게 얽혀 있을 경우 합의도 잘 이루어지지 않고 차등도 발생합니다. 마찬가지로 교육이 팽창하면서, 특히 그 교육의 팽창의 요인이 사립학교의 증가에 있다 보니, 개인의 교육비가 부담이 되고, 그런 차원이 발생하다 보니까 이 복잡한 상황 속에서 교육 불평등이 훨씬 더 많이 일어날 수 있어요. 사회 불평등도 강화될 수 있습니다. 앞에서 말씀드렸던 사교육비도 어떻게 됩니까? 공교육비를 능가하게 되죠. 이것이 현재 대한민국의 교육 현실입니다.

그러면 여러분! 우리 한국 사회에서 어떤 교육적 평등이 요청됩니까? 교육 평등화론을 주장한다고 호레이스 만이 얘기했던 것처럼, 혹은 보울즈와 진티스가 말했던 것처럼 불평등론만을 가지고 한국 사회가 지금 교육의 위기다! 한국 사회의 교육은 틀렸다! 그렇게만 주저앉아 있을 수 있냐 이거죠. 이럴 때일수록 우리 모두가 지혜에 지혜를 모아 그 지혜를 발휘해야 합니다. 우리 한국 사회에 가장 합리적이고 합당한 교육 정책을 고려해야 합니다. 그것이 우리가 이 시대를 살아가는 이유이고 미래 세대에 대한 교육적 책무성이에요.

앞서 교육의 권리, 평등, 정의 등을 다루면서 어떤 생각이 떠오르냐 하면, 과연 여러분과 제가 살아가는 이 시대에 교육의 정의는 무엇을 통해 어떤 양식으로 정착되어야 하는가? 이것이 물음 중에 물음으로 다가옵니다. 이 시대의 교육 정의는 당연히 법률을 통해야 합니다. 그런데 어떤 법률입니까? 교육 관련 법률입니다. 그런데 교육 관련 법률 가운데 어떤 내용이건 이 시대에 맞아야 되잖아요. 기성 세대들은 미래 세대들이 받아들이지 못할 내용을 끊임없이 주입해서는 안 됩니다. 미래 세대들은 현 세대와 기성 세대들이 갖고 있는 사고방식을 그대로 따라 가서도 안 되고요. 전통으로서 내려오는 것과 새롭게 개척해 가야 될 것에 대해서 뭡니까? 적절하게 조화할 어떤 내용들을 창출해내야 합니다. 이른 바 온고지신溫故知新, 혹은 법고창신法故創新의 정신으로 말이지요. 한국 사람으로서 우리 모두가 고민해야 하고 모두가 함께 노력해야 하며 모두가 책임감을 가져야 됩니다.

　그리고 중요한 것이 어떤 교육 양식으로 정착되어야 하느냐? 민주적 양식으로 정착되어야 하겠죠. 어떤 민주주의일까요? 자유 민주주의? 사회 민주주의? 심각하게 고민해야 합니다. 민주주의의 의미를 진지하게 캐묻고 미래 지향적이고 지속가능한 교육 양식이어야 합니다. 그러기 위해 우리는 민주 의식을 철저히 가져야 돼요. 교육도 민주적으로, 무슨 민주적인 것? 그런 물음을 여러분이 끊임없이 자문해야 합니다. 스스로 물어보고 스스로 답해 봐야 합니다. 자문자답自問自答을 해야 돼요. 남 탓을 하거나 남들에게 해 달라고 해서는 안 됩니다. 우리 자신이 주인이잖아요. 남들에게 대리를 맡기거나 위임할 수는 있지만, 우리 자체가 주인이기를 포기해서는 안 된다고요. 교육 정의의 문제는 결국 여러분과 제가 혹은 우리 주변의 대한민국의 건강한 시민들이 함께 고민해가야 합니다. 우리 대한민국의 교육 정의는 바로 여러분으로부터 나온다고 저는 생각합니다.

제12강

한국교육은 무엇을 평가하는가?

교육에서 평가라는 영역은 굉장히 중요합니다. 평가는 현재 진행되고 있는 교육의 단계를 분석하고, 그것을 더 낫고 합리적인 차원으로 끌어가기 위한 교육적 노력입니다. 단순하게 교육을 한 이후에 시험을 보고 평가하는 것만을 의미하지 않습니다. 최종 결론으로서 성적이나 점수를 내는 그런 문제가 아니에요. 그런 문제는 평가 가운데 아주 낮은 단계, 아니면 매우 좁은 수준에서 얘기하는 평가에 속합니다. 그래서 우리가 평가를 했는데 100점 받았다, 평가를 했는데 0점 받았다, 그런 얘기를 하잖아요. 상대평가다, 절대평가다, 등등 여러 가지 얘기를 합니다. 그것들 자체가 평가를 전체적으로 얘기해주는 것은 아니라는 겁니다. 그리고 교육에서 우리 사회에서 많이 논의되는 것 가운데 하나가 평등성과 수월성의 문제이고, 고교 평준화 문제와 특성화 문제가 끊임없이 논란이 되고 있습니다. 12강에서는 이런 부분을 살펴보도록 하겠습니다.

01

평가란 무엇이고 어떤 유형이 있는가

우리 사회에서 교육과 관련한 논쟁은 여러 측면에서 수시로 벌어집니다. 논쟁이 많다는 것은 다른 말로 하면 이슈가 끊임없이 발생한다는 의미입니다. 예를 들어, 과연 수능시험이라는 것, 이것이 도대체 대학입시에서 어떤 문제가 되는 것인가? 또 이런 것들도 있죠. 일반계 고등학교가 있고, 특수 목적고, 또는 특성화 고등학교가 있는데, 학교 간의 차이가 생기는 이런 문제들을 어떻게 처리해야 하는가?

그리고 또 교육 문제 중에 보육 단계에 있는 누리과정도 있고, 유치원이 있는데 보육과 유치원 단계는 모두 초등학교에 들어가기 전에 아동을 길러내는 그런 교육 문제인데, 통합해서 교육해야 하는가 아니면 분리해서 해야 하는가? 이런 문제에 대해 예산 지원을 어떻게 해야 되느냐?

이외에도 교육감 선거 문제도 있습니다. 교육감은 시도 지방자치 단체장을 선출하듯이 직접선거에 의해서 뽑는데, 이런 부분이 가지고 있는 단점과 장점은 무엇인가? 이런 논쟁도 있을 수 있고요. 그리고 교육부의 역할이 무엇이냐? 이런 것도 있을 수 있습니다. 학교, 교사, 학생, 학부모 등 수많은 교육 문제에 대한 쟁점들이 있는데, 그런 것이 교육의 본질에 가깝게 접근하기 위해 어떻게 고민하면 좋은가? 익숙하게 알고 있는 것도 있지만, 한 번 더 뒤집어 보면서, 이 시대에 맞는 교육의 문제들, 이 시대에 과연 이슈화해야 될 것인가? 아니면 과거의 낡은 것들인가? 이런 부분들을 고민하면서, 우리 교육 문제를 돌아보도록 하겠습니다.

여러분! 우리는 살아가면서 끊임없이 평가를 받지요? 그래서 이런 말도 있잖아요. '주여, 시험에 들지 말게 하소서!' 끊임없이 우리는 우리 자신을 시험에 들게 합니다. 시험! 평가라고 하면 우리는 끊임없이 무엇이냐? 시험을 떠올리게 됩니다. 초·중·고등학교, 심지어는 대학교에서도 끊임없이 시험을 봐서 점수를 받고, 그 점수에 의해 인간 존재 자체가 평가되어 버려요. 이 사람은 A등급, 저 사람은 B등급, 그 사람은 C등급, D, F등급으로 나누어 버립니다.

여러분! 저도 그렇게 평가받아 왔고, 또 그런 평가에 의해 제 인생이 논란이 되기도 했지만, 여러분은 어떻습니까? 제가 이 무크 강의를 통해, 여러분에게 A라는 사람에게는 100점을 주고, B라는 사람에게는 80점을 줬어요. C라는 사람에게는 60점을 부여했다고 생각해 봅시다. 그러면 A라는 사람은 100점짜리 인간이고 C라는 사람은 60점짜리 인간, 이렇게 단정되어 버릴 수 있거든요. 그런데 절대 어떤 시험 점수라든가 평가 결과에 의해 인간 자체가 등급으로 매겨지거나 평가되어 인간 자체를 규정할 수 있는 것은 절대 아닙니다.

그런 차원에서 평가라는 것이 과연 무엇인지 고민을 해보자고요. 그러니까 시험 문제, 평가에서 시험이라는 말이 횡행하는 것이 그러잖아요. 앞에서도 간단하게 언급했지만, 기독교에서 그런가요? '시험에 들게 하지 마옵시고!' 이런 구절도 있잖아요. 그것처럼 우리가 죽을 때까지, 어떻게 보면 인간은 시험과 평가 속에서 살아가고 있는지도 모릅니다. 물론, 학교에서 보는 시험 평가는 아닐지라도 말이지요. 인생 자체가 다양한 방법으로 평가를 하고 또 평가를 당하고 있는지도 모르지요.

••• 평가는 목표달성, 의사결정, 가치판단, 측정을 위한 종합 분석이다

자! 그렇다면 우리가 일반적으로 교육에서 얘기하는 평가의 본질이 무엇이냐? 평가는 첫 번째가 목표를 어느 정도 달성했느냐? 그 부분에 대한 확인입니다. 목표 달성도를 체크하는 거죠. 예를 들어, 교육을 하기 전에 나의 상태가 검정색 동그라미 상태였다. 그런데 교육을 실행하여 노란색 별 모양으로 바뀔 것을 나는 희망했다. 정말 교육을 하고 평가를 했더니 별 모양이 되었어! 난 완전히 목표 달성했어!

교육을 하긴 했지만 하다 보니까 높은 별 모양의 상태에까지 이르지는 못하고 낮은 별 모양의 상태까지 갔어요. 원래 생각했던 목표 달성도에 미치지는 못했다. 이런 차원을 자기 점검하는 것이 평가입니다.

그 다음에 평가라는 것은 무엇이냐? 평가라는 것을 통해 우리는 의사결정을 할 수 있는 정보를 제공해줍니다. A라는 사람이 저 아래 지점에서 B라는 저 위의 지점까지 올라가야 돼요. B라는 지점에 이르러 동그라미의 형식을 갖추면 좋겠다는 거예요. 그런데 지금 현재 내가 해보니까 B라는 지점에 이르지는 못하고 그 아래 중간 지점까지 갔습니다. 중간 지점에서 네모의 형식으로만 있어요. 원래 목표가 B라는 저 높은 지점에 이르러 동그라미 형식을 갖추는 것인데, 이르지 못했어요. 그러면 다른 사람이 그렇게 말합니다. 당신은 지금 중간 지점의 네모 형식에까지 이르렀습니다. 그러니까 당신은 이것을 더 배워 높이 올라가 동그라미 형식을 갖추거나, 아니면 지금 네모의 형식이 가장 높이 올라간 것이니까 다른 방향으로 나아가거나 결정해야 됩니다. 이처럼 의사를 결정할 수 있는 정보를, 평가를 통해 확인하고 제공할 수 있는 거죠.

세 번째는 뭐냐 하면, 평가는 가치를 판단해줄 수 있는 근거가 됩니다. 그러니까 어떤 사람이 지니고 있는 장점과 자질, 전문가 판단이 들어갈 수가 있죠. 어떤 사람에 대해, 어떤 학생에 대해, 시험을 보거나 여러 가지 평가 방식으로 그 사람을 뜯어봤단 말입니다. 쉽게 말해서 꼼꼼히 살펴봤다고요. 살펴봤더니, 아 이 친구가 갖고 있는 장점은 이거야, 이 친구는 이런 바탕을 깔고서 공부를 하고 있어, 그 사람에 대한 판단을 내릴 수 있는 겁니다.

만약 이 무크 강의를 함께 하고 있는 여러분이 저를 직접 만난다면 이럴 수가 있죠. 아! 선생님, 지난번에 평가에 대해 이렇게 배웠는데, 이런 부분에 대해서는 제가 잘 모르겠습니다. 그리고 내가 여기까지 공부를 했는데 나의 공부 상황이 어떤지 좀 봐주세요. 그러면 여러분이 메일을 보내든지, 아니면 저를 직접 만나서 얘기를 하잖아요. 그때 제가 여러분을 보고서, 아! 지난번에 메일을 봤는데, 혹은 제출한 과제물을 봤는데, 선생님은 글쓰기에서 이런 장점이 있습니다. 혹은 이런 점을 보완하면 더욱 훌륭한 글을 쓸 수 있습니다. 애기를 해줄 수 있잖아요. 그것은 단순하게 당신은 50점짜리야, 당신은 100점짜리야, 그 점수를 일러주기 위한 게 아닙니다. 그 사람이 갖고 있는 장점과 단점을 파악하여 개인의 성숙도와 그 사람

01 평가란 무엇이고 어떤 유형이 있는가

이 사회에 기여할 수 있는 것들에 대해 전문가로서 판단을 내려주고 보다 훌륭한 방향으로 나아갈 수 있도록 인도해주는 역할을 하죠.

그래서 평가를 다른 말로 '측정測定을 한다'거나 '사정查定을 한다'고도 얘기하기도 합니다. 측정을 한다는 것은 키를 재어 본다고 할 때, 그것도 측정이죠. 어느 정도 수준까지 왔는데 양적으로 확인해본다는 겁니다. 사정을 한다는 것은 졸업을 할 수 있을지 없을지 확인해본다. 그리고 이 사람을 채용해야 될지 말아야 될지 사정한다는 등, 그것은 평가에 의해서 하는 거죠. 평가는 이런 본질적 측면을 담고 있습니다.

••• 평가는 대상과 시기에 따라 유형이 있다

교육에서 평가가 이런 다양한 측면을 담고 있는데, 평가에는 어떤 유형이 있을까요?

첫 번째 유형은 대상별로 평가한다는 것입니다. 그러니까 교수자 평가가 있고, 학습자 평가가 있고, 교육과정에 대한 평가가 있습니다. 교육적으로 볼 때, 교수자 - 교육과정 - 학습자, 이것은 교육의 3요소란 말입니다. 교육을 이루는 기본 요소입니다. 교육은 반드시 교수자가 있어야 하고 학습자가 있어야 하고 교육과정, 즉 교육내용이 있어야 됩니다. 그랬을 때 교수를 담당한 교수자는 어떠한 교수자인가 판단을 내려야 되죠. 교수자에 대한 평가를 내려야 합니다. 그래서 저 교수자에게 나는 어떤 것을 배워야 될 것인가? 신중하게 대비해야 합니다.

여러분! 지금 제가 여러분과 함께 <한국교육의 시대적 요청>이라는 무크 강좌를 10주 이상 진행해오고 있습니다. 제가 강의에서 제공하는 내용을 가만히 보십시오. 어떻습니까? 전문지식을 조금 알려주기는 하지만 주로 문제를 고민하게 만들면서 해답을 제시하지 않습니다. 그것이 교수자로서의 이 강의를 진행하는 일종의 교육 목표이고 목적입니다. 교수자가 학습자와 함께 논의해서 더 좋은 것을 만들어보자는 거예요. 만약, 제가 이 강의의 목표를 교육학적 지식을 엄청나게 많이 알려줘야 되겠다고 설정했다면, 물음을 던질 필요가 없죠. 제가 지식을 막 정돈해 가지고 알려드리면 되니까요. 그때 여러분이 저를 보고, 아, 저 교수자의 경우는 이런 특성을 지니고 있는, 어떤 유형의 교수자이다라는 판단을 내려야 합니다. 그렇기 때문에 나는 어떻게 대처해서 내가 저 교수자와 맞먹을 정도의 한국 교육에 대한 해소책을 한 번 던져, 대안을 제시해봐야 되겠다. 그래서 더 건강한 한국 교육을 만들어봐야 되겠다. 그런 자세가 굉장히 중요한 거죠.

그 다음은 학습자 평가입니다. 여러분! 저도 교수자로서 여러분이 무크 강의실에서 다양한 의견을 제시하는 것을 봅니다. 그러면 저도 나름대로 판단을 합니다. 이번에 수강하는 학습자들이 어떠한 수준이다. 그러기에 교수자로서 나는 어떻게 대처해야 되겠구나. 어떤 방식으로 지도를 해야 되겠구나. 어떤 방식으로 대화를 해야 되겠구나. 이게 나오는 거죠.

또한 그 외에 교육과정에 대한 평가가 있습니다. 교육과정은 우리가 다루었던 내용들이, 쉽게 말해서, 잘 되었느냐 잘못 되었느냐 다시 연구를 하는 겁니다. 교육과정 중의 내용 가운데 잘못된 부분들은 보완하고 잘된 부분은 더 강화시켜 이 상황에 맞추어 나아가려고 연구하는 겁니다. 이런 세 가지 차원이 평가 유형 중에서 대상별로 바라보는 겁니다.

그 다음은 평가 유형 가운데 언제 평가하느냐? 시기별 유형이 있습니다. 여러분도 많이 들어 봤겠지만, 진단평가가 있고 형성평가가 있으며 총괄평가가 있습니다. 쉽게 말하면, 여러분! 어떤 학교에 들어가기 위해서는 이 학생이 어느 정도인가 살펴봐야 되잖아요. 진단평가는 시작 단계에서 학생을 평가하는 것입니다. 시작 단계에서 진단하는 평가가 진단평가입니다. 형성평가는 시작 단계가 아니라 중간에 시행하는 중간평가입니다. 교육과정의 중간에서 말 그대로 어느 정도 교육을 통해 형성이 되었는지 보는 것입니다. 총괄평가는 시작과 중간에서 어떤 단위별로 마무리 단계에서 혹은 어떤 단위가 시작이 아니라 종결 단계에서, 끝나는 단계에서 한 번 평가를 해보고 고민을 해보는 겁니다.

다시 설명하면 이렇습니다. 진단평가는 일종의 준비도 평가입니다. 그래서 대표적으로 학교에서 뭡니까? 배치고사 같은 것을 보죠. 입학하기 전에 배치고사를 봐서 공부를 잘 하는 학생과, 예를 들어, 그 학교 방침이 공부를 잘하는 학생과 좀 수준이 떨어지는 학생을 함께 섞어서 모두 공부를 잘 할 수 있도록 이끌어가자, 그러면 배치고사를 봐서, 예를 들어, 1등한 학생과 30등한 학생을 같은 반에 배치하고, 2등과 29등한 학생을 한 반에 엮어 놓는 거죠. 교육 평등이나 다양한 교육적 측면을 고려할 때, 1등, 2등, 3등과 같은 우수한 학생들만 모아 놓으면 안 되잖아요. 특별한 경우를 제외하고, 이와 같은 것들을 준비하기 위한 평가가 진단을 해보는 진단평가입니다.

형성평가는 교육의 진행과정에서 점검하는 겁니다. 여러분! 만약 제가 지금 하고 있는 이 무크 강의에서 여러분에게, '지금 평가의 본질이 무엇인지 바로 앞에서 설명한 내용을 정리하여 바로 보내세요.'라고 하면 어떻게 할 겁니까? 무크 장치를 잘 사용하면 쌍방 네트워크가 되어 질문을 바로 할 수 있거든요. 그러면 제가 거기에 대해, '이 수강자가 내용을 제대로 파악하여 알았구나, 혹은 아직 잘 모르고 있구나, 모르고 있으면 다시 설명하여 알려줘야지!' 교육과정의 중간에 얼마만큼, 쉽게 말해서 그때까지의 내용을 인식하여 그 단계에까지 수준을 형성했느냐, 만들어졌느냐, 가르쳐 줬는데 이해했느냐, 그것에 대해 중간 과정에서, 진행 단계에서 점검하는 거예요.

총괄평가는 말 그대로 일정한 교육과정을 마무리 한 후에 목표달성도를 총합적으로 평가하는 일입니다. 우리가 일반적으로 잘 하는 중간까지의 중간시험, 기말까지의 기말시험, 이런 것들이 그때까지 배운 것들을 마무리하면서 제대로 확인했느냐 이런 겁니다. 그러니까 어떻게 보면 교육에서 시작과 중간, 마지막 단계가 있을 때, 그때그때 끊임없이 뭡니까? 요새 말로 하면, 수시로 인간은 교육과정에서, 넓게 보면 삶의 과정에서, 평가를 경험하고 있는 것입니다.

••• 평가는 기준과 방법에 따라 유형을 달리한다

자, 그 다음에 평가의 유형을 기준별로 살펴보면, 어떤 기준에 의해서 평가하느냐가 중요합니다. 앞에서는 평가 대상과 시기별로 살펴보았고, 누구를 상대로 언제 평가하느냐를 고민했습니다. 문제는 무슨 평가를 하는데 어떤 기준에 의해서 하느냐는 거지요. 준거가 무엇이냐! 이거예요. 그것을 평가하는 게 우리에게 익숙한 상대평가와 절대평가입니다. 어떤 기준에 의해 평가를 하느냐? 이것은 평가에서 굉장히 많이 쓰는 방법입니다. 상대평가! 절대평가!

그런데 오해가 있습니다. 여러분! 다시 설명을 드릴게요. 상대평가와 절대평가에 대해, 우리가 단순하게 '상대평가를 해야 하느냐? 절대평가를 해야 하느냐?'라는 식으로 인식하면 큰일납니다. 상대평가는 쉽게 말해서, 어떤 교육과정에 대해 상대적으로 평가하는 겁니다. 예를 들어 이럴 수가 있습니다. 어떤 학생이 100점 만점에 90점을 맞았어요. 어떤 학생은 95점을 맞았습니다. 90점 이상은 학점으로 따지면 A학점으로 볼 수 있습니다. 어떤 학생은 80점을 맞았고, 또 다른 학생은 85점을 맞았는데, 이들은 B학점이다. 이렇게 볼 수 있어요. 그런데 상대평가는 어떻게 보느냐? 90점 이상을 맞은 학생이 100명 중에 50명이라고 가정해 봅시다. 이것을 일반적인 절대평가 관점에서 보면 50명 모두가 A학점으로 받을 수 있어요. 그런데 예를 들어 A학점을 10명만 주라고 했을 때는 40명의 학생은 A학점을 못 받게 됩니다. 96점 이상 맞은 학생이 10명이라면, 96점 이상을 받은 10명의 학생만이 A학점을 받고 95점 이하를 받은 40명의 학생은 A학점을 받지 못하고, B학점을 받을 수가 있는 겁니다. 심한 경우에는 C학점을 받을 수도 있어요. 학생 사이에 상대적으로 점수 분포가 어떠냐는 거죠. 상대평가의 경우 나름대로 다른 학생에 비해 나의 장점과 단점을 비교할 수가 있습니다. 그런 점에서 상당히 의미가 있는 겁니다.

그런데 절대평가는 또 이런 측면이 있습니다. 절대평가는 무엇이냐? 목표에 도달했느냐 도달하지 않았느냐의 문제가 중요합니다. 그러면 목표에 도달한 사람은 모두 A학점을 받을 수고 있고요. 목표에 도달하지 못했을 때는 모두 낙제인 F학점을 받을 수도 있는 겁니다. 많은 사람들이 잘못 이해하고 있는 문제는 절대평가를 교수자가 멋대로 점수를 부여할 수 있는 것 아니냐, 그러니까 내가 목표에 도달하지 않았다 할지라도 좋은 점수를 주라고 하는 경우입니다. 그건 절대 아닙니다. 큰 오해입니다. 그러니까 상대평가와 절대평가에 대해 이해를 못하고 있기 때문에 그런 현상이 발생하는 겁니다.

자, 또 중요한 것이 뭐냐 하면, 상대평가와 절대평가에서도 기준이 중요하다고 했는데, 그것만 있는 것이 아닙니다. 우리는 교육 평가에서 많은 준거를 만들 수가 있습니다. 어떤 근거에 따라, '아! 이런 경우에는 점수를 내는 평가가 중요하지 않다. 평가의 내용을 글로 써 주는 것이 중요하다.' 그렇게 할 수도 있죠. 그러나 우리에게 가장 많이 적용되어 왔던 평가의 기준이 상대평가와 절대평가입니다. 이 부분은 나중에 심도 있게 논의할 수 있는 시간을 한번 가지겠습니다.

그 다음에 또 평가의 방법으로 나누어보면, 양적 평가와 질적 평가로 크게 나누어볼 수 있습니다. 그랬을 때 말 그대로, 양적 평가는 계량적인 겁니다. 계량적이니까, 예를 들어, 여러분! 설문조사를 할 때, 1,000명의 인원을 설문조사했는데 700명이 찬성을 했고 200명이 반대, 나머지 100명은 기권을 했다고 하면, 60% 찬성, 20% 반대, 10% 기권 혹은 무효가 되는 것이지요? 뭐 이렇게 해서 양적으로 숫자로 계량화해서 통계로 나올 수 있잖아요. 그런 평가 방법을 양적 평가라고 합니다.

　질적 평가는 말 그대로 질을 평가하는 겁니다. 질을 평가하니까 시각적으로 표현하기가 아주 어렵습니다. 양적 평가는 눈으로 분명히 볼 수 있고 파악하기 쉽습니다. 앞에서 보았듯이 찬성이 70%라고? 눈으로 뻔히 보이잖아요. 질적 평가는 그게 아닙니다. 전문가들이 파악을 해서 여러 가지 내용을 들어 보고, 실질적으로 어떤지 확인하고 파악해서, 좋은 것이냐 아니면 잘못된 것이냐, 보완해야 될 것이냐, 뭐 이런 것들이 나와요.

　양적 평가는 대개의 경우, 검사도구를 제작하여 과학적으로 검증하거나 수량화하거나 객관성을 담보하거나 서열화하는 데 기여를 합니다. 이런 내용들도 여러분이 이미 알고 있겠지만 굉장히 중요한 거죠. 틀린 게 아닙니다. 질적 평가는 관찰하거나 면담을 합니다. 실제로 어떻게 하는지 실기를 보거나 해서 수량화하지 않는 자료를 수집합니다. 그리하여 그 사람의, 그 학생의 개성을 존중하는 차원에서 많이 쓰는 평가 방법입니다.

　자, 그러니까 여러분! 지금까지 말씀드렸던, 평가 대상별 혹은 평가 시기별, 그 다음에 평가 유형별, 평가 기준별, 지금 말한 평가 방법별에 이르기까지, 평가의 본질로부터 평가의 방법에 이르기까지, 평가를 대하는 다양한 자세가 나오지 않습니까? 그러면 예를 들어 상대평가냐? 절대평가냐? 양적 평가냐? 질적 평가냐? 아니면 또 진단평가냐? 형성평가냐? 이런 부분을 가지고 우리가 이분법적으로 상대평가를 실시하면 안 돼! 절대평가를 실시해야 돼! 양적 평가는 안돼! 질적 평가를 해야 돼! 이러한 평가 태도는 대단히 위험합니다. 나름대로 평가가 갖고 있는 장점과 단점들을 보면서 어떤 평가 방법을 도입하느냐를 교수자가 혹은 학습자, 전문가가 판단해서 가장 좋은 것들을 상황에 맞게 써야 하는 겁니다. 때문에 평가의 문제를 고민할 때는 평가의 정신에 대해 우리가 본질적으로 이해해야 합니다. 그것이 가장 중요합니다. 그리고 이 시대의 교육에서 요청되는 다양한 평가 방식을 고려해야 됩니다.

　여러분은 어떤 평가 방식을 고민하고 싶습니까? 상대평가입니까? 절대평가입니까? 양적 평가입니까? 질적 평가입니까? 아니면 진단평가입니까? 총괄평가입니까? 해답은 하나로 선택하지 마십시오! 아니 반드시 선택하십시오! 대신에 이분법적으로 이것과 저것 중에 이것이라고 선택하는 순간 오류를 낳습니다. 그러니까 어떻게 평가할 것인가에 대해, 어떤 것을 사정할 것인가에 대해, 진지하게 고민해야 됩니다. 특히, 한국교육의 상황에서, 우리 교육을 다시 풍성하게 만들기 위해 평가에 대한 다양한 고려와 진지하면서도 신중한 접근이 필요합니다.

02

상대평가와 절대평가를 넘어서라

여러분! 우리는 평가의 문제에 대해 간략하게 논의하고 있습니다. 평가의 본질이 무엇이냐? 그리고 평가의 대상, 평가의 시기, 그 다음에 평가의 기준 평가, 평가의 방법 등, 이런 것에 대해 우리가 이 시대에 맞는 평가를 정말 진지하게 고려하자, 고민하자, 이런 말씀을 드렸습니다. 사실 지금도 많은 교육학자들이 평가의 본질에서부터 방법에 이르기까지 다양한 요구와 고민을 하고 있는데, 그 가운데 우리에게 가장 익숙한 것 중의 하나가 상대평가와 절대평가의 문제입니다. 최근에는 학교에서 수행평가도 많이 하고 있습니다. 필수적으로 이루어지고 있죠.

그렇다면 상대평가, 절대평가, 수행평가를 두고 교육적으로 진정으로 이 문제를 어떻게 접근하면 좋은가? 그 부분에 대해 간략하게 여러분과 의견을 나누어보려고 합니다. 우리가 학교교육에서 실시해야 할 평가의 방법이 상대평가냐 절대평가냐, 혹은 수행평가냐? 아니면 그 이외에 다른 평가 방법을 우리가 창출해서 만들어내야만이 이 시대에 적합한 평가인가? 한 번 같이 고민해 보자고요.

••• 상대평가는 규준 지향 평가이다

자, 그러면 여러분! 상대평가부터 먼저 보겠습니다. 상대평가는 절대평가와 함께 논의하면 분명하게 이해할 수 있습니다. 상대평가와 절대평가는 쉽게 말하면 무엇이냐? 평가의 기준 문제가 중요하거든요. 평가의 기준이 무엇이냐고 했을 때, 상대평가를 다른 말로 '규준 지향 평가', 혹은 '규준 참조 평가'라고 합니다. 규준 참조 평가라는 것이 무슨 말이냐? 다시 얘기하면 학생의 원점수를 규준에 비추어, 상대적으로 서열을 매기는 겁니다. 상대적 서열로 평가하는 거예요.

다음과 같이 생각하면 쉽습니다. 여러분도 이런 것을 많이 봤을 거예요. 정규 분포 곡선 알지요? 정규 분포 곡선은 오른쪽으로 가면 갈수록 높은 점수로 100점 쪽에 가깝고 왼쪽으로 가면 갈수록 낮은 점수로 0점 쪽에 가깝습니다. 그리고 정규 분포 곡선의 가운데 부분 점수를 50점이나 60점이라고 가정하자고요. 이렇게 했을 때 가운데에서 잘라보는 겁니다. 규준이 가운데 있잖아요. 한 가운데 기준이 있잖아요. 그러면 오른쪽은 높은 점수입니다. 기준보다 높은 쪽이잖아요. 왼쪽은 뭡니까? 낮은 점수 쪽이에요. 그렇게 해서 서열을 매기고 점수 순서대로 줄을 쫙 세우는 겁니다. 상대평가는 이런 것들을 가정하는 거거든요.

이런 경우도 생겨날 수 있습니다. 그러면 점수 구간이 0점에서 100점이 아니고, 모든 사람이 80점에서 100점 사이의 분포 곡선에 몰려 있습니다. 그러면 달성하려는 목표치가 70점 이상이라면 모두가 목표를 달성한 것입니다. 이 사람들은 어떻게 보면 목표를 초과한 케이스가 될 수도 있어요. 그럼에도 불구하고 상대평가를 적용하면 어떻게 되느냐? 90점부터 100점 사이에 있는 사람들은 전부 어떻게 됩니까? 95점을 규준으로 볼 때, 그 규준에 딱 비추어보니까 상대적으로 높은 점수, 상대적으로 낮은 점수, 중간 수준의 점수가 있을 것 아닙니까? 이 학생은 규준인 95점보다 높은 96점이니까 상대적으로 높은 점수인 A학점이다. 이 학생은 규준인 95점보다 낮은 점수 구간인 94점에 있으므로 B이다. 어쩌면 94점이나 96점이나 모두 열심히 하여 좋은 점수이고 실질적으로 A학점에 속하는데도 불구하고, A와 B학점으로 나누어지는 이런 경우가 생깁니다.

그러나 이처럼 상대평가를 하는 목적이 있습니다. 그 목적에 비추어보면 이런 점수 구간의 설정이나 구분은 틀린 게 아니에요. 여러분! 이러한 특성의 상대평가에 대해 우리 한국 사회에는 학생들을 일렬로 줄 세우기, 서열화의 병폐 등등이라고 비판하면서, 아주 몸서리를 칠 정도로 거부하는 경우도 있습니다. 인간을 말이야, 1등부터 2등, 3등, 쫙 줄 세워서 100등까지 이렇게 학생들을 서열화 시켜, 인간을 일등 인간에서 꼴찌 인간까지 억지로 만들어놨어! 이게 교육이야! 이런 평가 방식은 비교육적이다! 이렇게 얘기를 하는 사람들도 있습니다. 하지만 그런 반응은 상대평가의 목적이나 의도를 이해하지 못해서 나오는 거예요. 상대평가는 상당히 그 나름대로 그렇게 평가하는 이유가 있는 겁니다. 왜 그러냐? 이렇습니다. 상대평가는 기본적으로 현재 학생의 성적이 어느 정도인지 서열과 상대적 위치를 파악하기 위해, 그것 자체를 중시하는 평가예요. 그러니까 나의 성적 서열이 전체 학생 중에서 어떠냐? 상대적 위치가 어느 정도냐? 이것을 파악하는 거예요.

예를 들어, 어떤 학생의 성적 서열이 상위에 있고, 어떤 학생은 성적 서열이 하위에 있어요. 그러면 이 자체만을 보고 서열만을 매겨서 위쪽에 있는 상위의 학생은 옳고, 아래쪽에 있는 하위의 학생은 잘못되었다는 식으로 이해할 수도 있겠죠. 그러나 그런 부분들은 잘못되거나 왜곡된 형태로 나타날 수 있어요. 왜냐하면, 상위에 있는 학생들은 무조건 옳고 하위에 있는 학생들은 무조건 잘못되어 인간도 아니다! 그건 결코 아니거든요. 어떤 경우에는 오히려 하위에 있는 학생들이 상위에 있는 학생들보다 훨씬 인간적일 수도 있어요. 교육 경험을 하다보면 그런 게 많거든요. 그런 차원에서 보면, 상대평가처럼 서열화 시켜서 인간을 평가하는 것이 대단히 나쁜 결과를 낳을 수도 있습니다.

그러나 학생이 처한 상대적 위치를 확인한다는 차원에서 보십시오. 이 학생은 A학점의 영역에서 위쪽에 자리하고 이 학생은 낮은 쪽에 자리하고 있어요. 그러면 교육에서 그 위치에 따라 적절한 조치를 취해줄 수 있습니다. 이 사람은 A학점의 영역에서 하위에 있으니까 상위에 있는 사람보다 상대적으로 교육적 지원을 많이 해줘야 할 대상이구나! 파악할 수가 있잖아요. 모두가 다 잘한다? 어떤 조치를 해줄 수 있나요? 모두 잘 하는데. 교육적으로 지원하기가 쉽지 않지요? 구분이 안 가니까요. 상대평가에는 그런 목적이 있는 거예요.

그 다음에 상대평가가 원래 의도했던 것은 무엇이냐? 어떤 학생의 성취 결과는 다른 학생들의 성취 정도에 비추어서만 의미가 존재합니다. 성취도가 A라는 사람은 상위에 속하는데 이것에 비추어 봤을 때 B라는 사람의 성취도가 하위라는 것이지, 모든 부분에서 A라는 사람은 상위에 있고 B라는 사람은 하위에 있다! 그게 아니라는 거예요. 그러니까 이렇게 될 수가 있죠. 예를 들어, 국어 점수, 영어 점수, 그리고 수학 점수, 또 여러 교과목 점수가 쭉 있어요. 그러면 A라는 학생과

B라는 학생이 있을 때, A는 공부를 잘해서 상위권이고 B는 하위권이에요. A라는 학생은 무조건 다 잘하니까 O이고 B라는 학생은 상대적으로 못하니까 X? 이게 아니에요. 국어에서는 A학생이 B학생에 비해 상대적으로 잘 하고, 영어에서는 A학생이 다른 학생에 비해 상대적으로 못할 수도 있어요. 그러니까 반드시 무엇이냐? 다른 학생의 성취정도에 비추어서만 그 성적은 의미가 있는 겁니다. 모든 영역에서 한꺼번에 통째로 다 높고 낮다가 아니라는 거죠. 상대평가에서 '상대'라는 개념을 정확하게 이해해야 합니다. 이렇게 보면, 상대평가가 필요 없다거나 잘못된 평가 방법이 아니라는 걸 알 수 있을 겁니다.

이 상대평가의 장점과 단점을 간단하게 보면, 장점은 개인차를 변별하기 쉽습니다. 개인적으로 어떤 상황인가? A라는 사람이 상위에 있고 B라는 사람은 하위에 있다. 그러면 A라는 사람은 이런 방면에 장점을 갖고 있고, B라는 사람은 이런 방면에 단점을 갖고 있음을 알게 됩니다. 또 상대평가를 통해 상호 경쟁을 유도할 수 있습니다. 어! 내가 저 친구에 비해 이런 부분에서 상대적으로 떨어졌어! 안 되겠는데, 노력을 해서 좀 올려놓아야지. 물론, 이런 인식은 자발적 의식을 갖고 있는 사람에 한해서 그렇겠죠. 포기하지 않고 자신을 추스르는 사람에 해당할 겁니다. 그리고 상대평가는 외재적 동기를 유발하는 데 도움을 줍니다. 평가의 결과가 뚜렷이 보이잖아요. 높고 낮은 것이 눈에 보인단 말입니다. 그러니까 아, 안 되겠어! 외부적으로 이렇게 동기부여를 해서라도 수준을 어느 정도 올려야겠어! 이런 것이죠.

상대평가의 허점이라고 할까요? 문제는 무엇이냐? 무엇을 가르치고 배워야 하는지, 기준이 분명하지 않습니다. 왜 그러냐? 앞에서 말한대로 뭡니까? 상대적으로 학생을 규준에 비추어서 평가하니까, 내가 저 친구보다 높은 위치에 있느냐 낮은 위치에 있느냐 만을 얘기하는 것이지, 내가 진짜 어느 정도 수준에 도달했는지, 수준미달인지 따지지 않습니다.

예를 들어, 이럴 수도 있습니다. 목표달성을 하려면 기본적으로 60점을 맞아야 하는데, 모든 학생이 60점을 맞지 못했습니다. 목표지점까지 도달하지 못했어요. 최고 점수를 맞은 학생이 그 아래 부분인 59점까지 도달했어요. 59점 아래에서 50점대에서 몰려있어요. 이때 상대적으로 평가하니까 어떻게 돼요? 55점을 기준으로 학생을 다시 나누고, 그 윗부분에 자리하면 상위 점수가 되어 A학점을 받고, 그 아래는 B학점이 되고, 또 그 아래는 C학점이 될 수가 있어요. 원래는 가장 높은 점수군인 90점 이상이 되어야 A학점이고, 그 아래는 B학점 이하가 되어야 하는데, 그럼에도 불구하고 A학점을 받는 경우가 생겨요. 그러면 어떻게 되느냐? 목표달성을 이루지 못해도 나는 A학점을 받았기 때문에 나는 그 부분에서 잘하는 구나! 내가 배운 게 맞구나! 이렇게 오해할 수가 있어요. 그런데 실제로는 아니죠. 진정으로 터득하고 목표달성을 하려면 60점 이상의 단계에서 배워야 할 것이 위쪽에 있잖아요. 이게 상대평가의 맹점인데, 교육에서 터득해야 할, 뭘 가르치고 배워야 하는지, 기준이 안 나오는 거예요. 왜냐하면 상대적으로 평가하면 되니까요. 이런 것들이 단점이자 문제입니다. 그런 것을 어떻게 보완할 것인가 고민하는 것이 교육평가에서 문제지요.

••• 절대평가는 준거 지향 평가이다

그 다음에 살펴볼 것은 상대평가에 대비해서 볼 절대평가입니다. 절대평가는 말 그대로 '준거를 지향하는 평가'입니다. 평가의 기준이 정확하게 있습니다. 그래서 '목표 지향 평가'라고도 합니다. 목표를 설정해 놓고 상대적으로 누가 목표를 달성했느냐? 달성하지 않았느냐?가 아니고, 모든 학생이 사전에 정해 놓은 목표를 달성했느냐 안했느냐를 고려합니다. 목표를 달성했다면 모든 사람이 A학점을 받을 수 있는 거예요. 모든 학생이 목표에 도달하지 못했어요. 미달이에요. 그러면 모든 학생이 낮은 학점을 받을 수도 있는 거예요. 그렇다고 해서 교수자가 내 멋대로 학점을 부여하는 건 절대 아닙니다. 교육 내용과 평가 내용을 정확하게 보고 읽어야 합니다. 이 학생은 굉장히 잘 했네, 잘하고 목표를 초과했어! 목표 달성했어! 이 학생은 보니까 목표에 도달하지는 못해도 중간까지는 올라왔어! 분명히 차이가 나죠. 목표를 달성한 학생이 A학점을 받았다면, 목표를 절반쯤 달성한 학생은 그 아랫단계인 B학점이나 C학점을 받겠지요. 멋대로 성적을 부여하는 것이 절대 아닙니다.

교수자가 전문성을 갖고 판단을 해서 성적을 매기는 거죠. 절대평가에서는 상대평가만큼 서열화가 이루어지지 않습니다. 그러나 엄밀하게 따지면 서열화가 있겠습니까? 없겠습니까? 있습니다. 여러분! 생각해 보십시오. 학생을 가르치거나 아니면 주변에 있는 어떤 사람들을 평가한다고 했을 때, 아! 저 사람은 충분히 목표 달성할 수 있는 친구야! 저 사람은 이런 부분은 잘 하는데 저쪽 영역에서 목표를 달성하기에는 조금 미비한 부분이 있어! 이렇게 하나의 목표를 놓고 보면 잘하고 못하고 정도의 차이가 생기면서 약간의 서열화가 일어납니다. 그러나 상대평가처럼 일방적인 줄 세우기는 아니에요. 그렇다고 일방적인 평등도 아닙니다. 그런 부분에서 상대평가와 절대평가의 의미를 우리가 인식해야 합니다.

그래서 이 절대평가에서 중요한 게 무엇이냐? 우리가 목표를 정해놓은 것에 대해 무엇을 얼마나 알고 있는지, 기준에 의해, 준거에 의해 평가합니다. 다른 것에 의해 평가하는 게 아니고, 목표달성에 의해 평가를 한다고요. 특히, 학교 수업 상황에서는 수업목표를 달성했느냐 아니냐를 핵심으로 봅니다. 그러다 보니, 여기에서는 '준거'라는 게 굉장히 중요하죠. 기준이라는 것이 아주 기본입니다. 이 준거가 뭐냐 하면, 우리가 그러잖아요. 이 수업의 목표는 무엇 무엇을 하는 데 있습니다!

이 강의의 목표는 한국교육의 문제점을 이해하는 데 있습니다! 그러면 여러분이 만약 정해진 영역이 무엇이냐? 한국교육입니다. 미국교육이 아니에요. 한국교육에서 어떤 문제가 있는지 이해하는 것이 이번 강의의, 교육의 목표달성 여부잖아요. 그러면 한국교육에 대한 여러 가지 문제를 어느 정도까지 이해했는지가 중요해요. 우리 강의의 목표를, 준거를, 평가 준거를 정했다고 가정하자고요. 그러면 여러분 가운데 대부분이 한국교육의 문제에는 이러이러한 것들이 있어! 그것을 이해하고 대안을 제시할 수 있잖아요. 이해를 어느 정도 했다고 판단이 돼요. 그러면 A학점입니다.

그런데 어떤 사람의 경우, 한국교육의 문제에 대해서는 제대로 얘기하지 않고, 이것이 일본교육인지 중국교육인지, 미국교육을 다루는지, 아니면 여러 나라의 교육을 비교하는 건지, 뭘 다루고 있는지 개념이 잡히지 않아요. 신창호라는 교수가 무크 강의를 했는데, 그거 뭐 중국교육을 다루는 거 아니었어! 이렇게 얘기를 했어요. 그러면 <한국교육의 시대적 요청>이라는 교육의 준거, 기준에서 벗어났잖아요. 그것은 절대 A학점을 받을 수 없는 거예요. 그 이하이거나 심한 경우에는 F학점이지요. 절대평가라고 해서 멋대로 성적을 부여하는 것이 아닙니다. 기준에 맞게 한국교육의 문제를 얘기해야죠.

대신에 이런 경우는 있어요. 한국교육의 문제에 대해 무언가 좀 듣긴 들은 것 같은데, 내가 아직 이해가 덜 되었어! 평가의 본질에 대해 잘 모르겠는데, 상대평가 절대평가 그런 얘기한 것 같은데? 상대평가에 대한 설명은 이해가 가는데 절대평가의 내용은 잘 모르겠어! 그러면 내용의 절반 정도를 이해했잖아요. 그런 사람의 경우, 평가에서 A학점을 받기는 힘들어요. 목표에 온전하게 도달하지 못했으니, B학점이나 C학점, 혹은 그 이하의 점수가 부여될 수 있을 겁니다. 그러니까 사람들이 착각하면 안 돼요. 그런데 절대평가로 부여되는 성적에 대해, 교수자나 평가자가 그냥 제 멋대로 부여하는 것으로 오해를 많이 해요. 다시 강조하지만, 절대평가는 정해진 영역에서 목표달성의 여부를 가지고 판단하는 평가 방식입니다.

절대평가로 인해 얻을 수 있는 장점이 무엇이냐? 목표 달성을 위해 탐구 정신을 발휘하는 겁니다. 공부를 할 수 있게 유도해 주는 거죠. 공부해서 점수를, 절대평가에서 높은 성적을 받는다, A학점을 취득한다는 것은 뭐냐 하면, 목표 달성을 그만큼 완벽하게 했다는 겁니다. 목표 달성도에 접근했다는 말입니다. 탐구 정신을 발휘할 수 있을 뿐만 아니라 나아가 내가 열심히 하면 어떻습니까? 목표를 달성하면 열심히 잘했다는 만큼 인정을 받으니까, 상대평가가 주는 압박감이나 서열의식에서 탈피하여, 1등부터 100등까지 쉽게 말해서, 100명의 학생이 있다면 1등에서 100등인 꼴찌까지 서열을 매겨 인간을 평가해 버리는 상황을 벗어날 수 있습니다.

모두가 잘하여 목표에 도달하면 어떻습니까? 1등으로 A학점을 받는 사람이 100명이 나올 수도 있고요. 목표에 도달한 사람이 10명밖에 안 되면 10%인 10명만이 A학점을 받겠지요. 모두가 잘 못하여 목표에 도달하지 못하면, 쉽게 말해 꼴찌가 100명이 나올 수도 있는 거예요. 그러니까 목표를 바라보고 그것을 향해 탐구 정신을 발휘할 수 있고, 결과에서 서열 의식을 벗어날 수 있지요. 학습자 스스로 주어진 목표 달성을 위해 열심히 하려는 의지를 불태울 수 있습니다. 때로는 협동하고 배려하면서 학습을 할 수 있습니다. 왜냐하면 목표 달성을 하는 것이 이 수업의 목적이니까요. 그래서 다른 사람과 협동하여 내가 아는 것을 알려주고, 내가 모르는 것은 다른 사람으로부터 배우며, 이렇게 해서 상호 조력하면 학습목표를 훨씬 빨리 달성할 수 있죠.

그리고 경쟁심에서 자유롭죠. 스스로 목표를 달성하면 되었지, 다른 사람과 별도로 경쟁할 필요가 없잖아요. 네가 잘한 만큼 내가 못한다, 내가 못한 만큼 네가 잘한다 라는 상대적으로 비교하는 평가가 아니잖아요. 결국 모든 것은 뭡니까? 내가 얼마만큼 탐구하고 공부하느냐에 달려 있잖아요.

대신에 절대평가는 주관성 시비에 휘말릴 수 있습니다. 그러니까 절대평가에 대해 오해하는 사람들은, 학생들은 어떻게 생각하느냐? 앞에서 언급한 것처럼, 그 교수가 그냥 학점 주면 되는 거 아니냐? 이렇게 나오거든요. 그러나 전문가 수준의 평가관을 가진 교수자나 자질을 가진 교수자들은 그 평가의 내용을 정확히 읽고 확인한 다음, 목표달성의 여부에 따라 점수를 부여합니다. 결코 멋대로, "아이, 뭐 이번에 학생들 대충 잘 들어서, 모두 A학점이다." 이렇게 하지 않습니다. 농담으로 그런 얘기를 할 수 있을지 몰라도 실제로는 그렇지 않습니다. 여러분이 모두 열심히 공부해 주어서 성적이 잘 나올 것 같네요. 이런 얘기는 할 수 있지만, 평가를 할 때는 반드시 구체적인 평가 자료를 가지고 합니다. 그러다 보니 주관성 시비에 휘말릴 수는 있지만, 전문가 수준의 평가자들 상당수가 거의 주관적으로, 멋대로 성적을 부여하거나 그러지는 않습니다. 그런 절대평가의 방식을 우리가 믿어줘야 됩니다.

그런데 문제가 또 있습니다. 절대평가에서는 정상분포를 가정하지 않기 때문에 통계적 활용에서 난점이 있습니다. 통계를 내려면 어떻게 해야 합니까? 잘하는 사람 몇 퍼센트, 못하는 사람 몇 퍼센트 등, 여러 가지가 수치가 산출되어야 하잖아요. 절대평가에서는 상대평가처럼 그런 것이 없으니, 통계 작성에 어려운 점이 있습니다. 그런 점에서 변별성이 떨어지죠. 모두 목표달성했어! 다 A학점이야! 그러면 누가 잘하고 누가 못하는 건지 구분이 잘 가지 않습니다. 변별력이 없게 되지요. 변별력이 파악되어야 어떤 부분에 그 성적이나 점수로 지원을 하든가, 지원을 하지 않던가, 고민하고, 다른 교과를 탐구하러 나아가든가, 뭐가 제시될 것 아닙니까? 절대평가는 그런 부분에서 단점이 여전히 남아있습니다.

••• 수행평가에서 드러나는 평가방식의 변화에 주목하라

마지막으로 현재 초·중등학교에서 많이 시행하는 수행평가입니다. 이 수행평가는 대한민국에서는 지금부터 20여 년 전, 1990년대에 등장한 평가방식입니다. 그때까지 시행되던 기존의 평가 체제, 특히 앞에서 말한 상대평가나 절대평가에 대한 반성으로 등장한 평가방식의 변화로 볼 수 있습니다. 상대평가나 절대평가! 이것만 가지고는 시대정신을 따라갈 수가 없더라. 그리고 이것만 가지고는 올바른 평가, 합당한 평가가 이루어지기 어렵겠더라. 그래서 평가관과 학습관을 바꾸려는 노력, 교육 평가에서 일대 개혁을 한 것입니다.

여러분! 지금 교육이 어떻습니까? 옛날에는 일방적으로 교수자가 자신만이 지닌 전공지식을 일방적으로 전달했잖아요. 학습자는 그것을 일방적으로 받아들이며 노트에 적기 바빴어요. 지금은 지식이 대부분 공개되어 있잖아요. 제가 공부한 전문지식 내용만 해도 그렇습니다. 지금 여러분에게 무크로 강의하는 이 내용도 인터넷 공간에서 다양한 콘텐츠를 통해 누구나 볼 수 있습니다. 옛날에는 전문가인 나만이 연구하여 볼 수 있었으니까, 나만 체득하고 있었기 때문에 다른 사람에게 알려줘야 되잖아요. 그것이 교육이라고 했거든요. 그런데 지금은 다 공개되어 있다고요. 그러니까 학습자도 어떻습니까? 특정한 사람에게 배울 필요 없이 스스로 자료를 찾아보면 돼요. 외국으로 유학을 가지 않아도 어떻습니까? 전 세계의 주요한 지식 자료를 인터넷으로 검색을 할 수 있는 시대입니다. 그러니까 당연히 뭡니까? 학습관이 달라지고, 평가관도 바뀔 수밖에 없지요.

이런 상황에서 수행평가는 무엇이냐? 학생들의 작품이나 활동을 직접 관찰하는 작업입니다. 교수자가, 관찰된 과정과 결과를 전문적으로 판단 내려줍니다. 그러니까 옛날에는 교실에서 선생님이 그냥 수업하면 아이들이 받아서 시험 봤단 말입니다. 시험 봐서 상대평가냐 절대평가냐 해서 성적을 냈어요. 지금은 그게 아니고, 학생들에게 너 스스로 작품을 만들어와! 그러면 그것을 갖다가, 수업 시간에 이루어지는 것도 있지만, 수업 시간에 관찰하면서 이루어집니다. 흔히 말해 수행됩니다. 학생이 별도로 어떤 작품을 만들어갔어요. 수업시간 이외에 별도로 말이지요. 그러니까 학생이 스스로 한 것에 대해 선생님이 보고 평가를 하죠.

이제는 교육 평가 부분에서도 과거와 달라졌습니다. 그러면 수행평가가 갖고 있는 장점 쉽게 말해서, 학습관의 변화에 따라 수행평가는 어떤 의미가 있을까요? 이런 겁니다. 기존의 선택형 지필검사 위주의 평가방식을 논술이라든가 포트폴리오 혹은 실기, 관찰 등 다양한 방법을 사용한다는 겁니다. 여기서 유의해야 할 것은 뭐냐 하면, 앞으로 교육의 방식이 다양해지고 시대 요구에 따라, 가면 갈수록 이런 방식의 평가방식이 많이 나올 수밖에 없습니다. 시대가 복잡해지고 교수 방법이 다양해지고 학습관이 자꾸 바뀔 수 있기 때문이지요. 그래서 수행평가가 갖고 있는 장점이라고 할까요? 우리가 앞으로 또 살려가야 될 것은, 시대에 맞추어 나아가야 할 것은 비판적이고 창의적인 사고력을 배양하는 데 상당한 도움을 주는 방향이어야 합니다. 이 부분은 자세하게 설명하지 않아도 인지할 수 있을 겁니다. 선생님에게 수업을 일방적으로 듣고 지필 시험을 보는 것과 내가 스스로 만들어서 평가를 받는 것은 상당히 다른 차원이죠.

그래서 여러분! 평가의 문제에서 우리가 가장 고민해야 될 게 무엇이냐? 지금 현재 이른바 4차 산업시대라고 누누이 말씀드렸잖아요. 인공지능 정보시대에 어떻게 보면 상대평가와 절대평가를 인공지능 평가도구가 더 잘해 줄 수도 있습니다. 지필시험의 답안지를 인공지능이 인간보다 더 잘 처리할 수 있거든요. 그랬을 때 우리가 진정으로 고민할 것은 제가 볼 때는 그렇습니다. 절대평가와 상대평가의 낡은 굴레에서, 혹은 점수와 성적이라는 노예에서 벗어나야 합니다. 우리가 이 열린 세계에서 자발적으로 살아가기 위한 일종의 몸부림이지요. 그렇다고 해서 절대평가와 상대평가가 갖고 있는 장점마저 없애자는 말이 아닙니다. 그것에 노예가 되어서는 안 된다는 의미입니다. 수행평가가 대두했듯이, 시대정신에 부합하는 다른 평가 방법들에 대해, 인간을 훨씬 아름답게 성장시켜 가는 데 도움이 되는 평가 방식을 고려하자는 겁니다. 결론적으로 삶에 도움이 되는 평가를 고민해야 됩니다. 지금 현재 우리의 삶에, 학생들의 삶에, 우리 대한민국의 교육에 도움이 되는 평가를 진지하게 고려하자! 그것이 평가의 이런저런 문제를 살펴보면서 여러분과 함께 나누어 보려는 뜻이었습니다.

03

평등성과 수월성의 균형점을 모색하라

이제 평등성과 수월성의 문제를 살펴보겠습니다. 평등성과 수월성은 한국교육에서 굉장히 논란이 많은 주제입니다. 교육에서 평등성과 수월성은 어떤 차원에서 바라보아야 하는가? 이 두 부분은 반드시 균형과 조화를 이루어야 하는 문제인가?

평등성을 내세우려고 하니 수월성이 소홀히 되고, 수월성을 내세우려고 하니 평등성이 무시당하는 그런 결과가 생길 수도 있습니다. 그래서 이에 대해서 여러분과 이해를 함께 해가면서, 진정으로 고민해 보려고 합니다. 단순하게 '평등성이냐? 수월성이냐?' 선택의 문제는 아닙니다. 그 둘을 조화롭게 해야 되는 것이냐? 아니면 우리 국민들에게 어떤 교육의 차원에서 평등성을 내세우고, 어떤 교육의 차원에서 수월성을 내세워야 하는 문제인지, 이것을 어떻게 처리해야 되는지 고려해 보겠습니다.

••• 평등성은 기회균등의 원리와 상통한다

먼저 평등성 문제입니다. 평등성! 앞에서도 여러 번에 걸쳐 교육에서의 평등 문제를 다루었잖아요. 교육에서 평등성은 무엇이냐? 다름 아닌 '기회 균등의 원리'를 얘기하는 것이 평등성입니다. 그러면 본질적으로 우리가 무엇을 다루어야 되며, 기회 균등의 원리에 대해 고민하고 인식하고, 한국 사회에서 과연 그것이 현실화 되어 있느냐? 그것은 아주 막연한 미래에 실현될 문제인가? 아니면 법적 장치가 갖추어져 있음에도 불구하고 교육 현장에서는 평등성의 문제, 교육의 기회 균등 문제에서 전혀 실천되지 않고 있는 것이냐? 이런 것에 대한 진단이 선행되어야 합니다.

여러분! 어떻습니까? 우리 대한민국의 교육이 기회 균등의 원리가 잘 적용되는 것 같습니까? 아니면 전혀 그렇지 않은 것 같습니까? 제가 볼 때는 상당히 이 기회 균등의 원리가 적용되고 있다고 생각됩니다. 문제는 무엇이냐? 개인적으로는 그렇게 생각합니다. 대한민국의 교육 현실에서 실천되려면 무엇이 문제냐? 평등성에 대한 적극적인 인식과 그것을 실천하려는 열정이 식었다는 겁니다. 다시 말하면, 패배주의와 절망감에 사로잡혀 있는 경우가 많다 이겁니다.

교육에서 기회 균등의 원리가, 교육의 평등이 헌법을 비롯한 다양한 교육 관련 법규에 적시되어 있고, 그것을 누군가가 자신의 권리와 의무 차원에서 실천하려는 열정을 가지고, 교육적으로 진행해가면 좋은데, 많은 사람들은 '어휴! 그거 해봐야 뭐해! 요즘 학생들이, 요즘 학부모가, 요즘 교사가 수긍하겠어!'라고 하며, 체념해 버리거나 패배주의적 사고에 사로잡혀 있는 경우가 없지 않게 있습니다. 그것이 제가 볼 때, 우리 교육을 오히려 좀먹고 있다! 해치고 있다! 그런 생각이 많이 든단 말입니다. 그러니까 그런 부분을 회복하려는 자구책, 노력들이 저 자신을 비롯하여 여러분과 학부모, 학생, 교사, 학교 등, 나아가서는 수많은 사회단체, 국가가 함께 고민했으면 좋겠다는 겁니다.

그러지 않고 자꾸만 국가가 국민에게, 시민에게, 해주는 것이 뭐가 있어?라고 하면 곤란합니다. 국가는 국민의 교육을 위해 다양한 차원의 노력을 합니다. 많은 교육적 혜택을 주려고 고민합니다. 또 어떤 사람은 얘기합니다. 학교가 해주는 것이 뭐가 있어? 학교도 노력을 많이 하죠. 또 누군가는 그럽니다. 학부모는 뭐했어? 학생은 뭐했어? 권리만 주장해? 의무는 없어? 교사는 학부모의 요구에, 학부모의 등쌀에 못 이겨 비교육적 상황까지도 감행을 해? 학부모는 왜 그렇게 학교에게, 또는 교사에게, 자신만을 위한 교육적 요구를 하는가? 이런 불합리한 요청들이 우리 사회에 존재합니다. 그런 것들로부터 오는 불평등성이, 이 평등성의 원리를, 교육 기회 균등의 원리를 상당히 해칠 소지들이 잔존하고 있습니다.

••• 자율성을 존중하라

자, 그랬을 때, 이 교육의 평등성에서 기회 균등의 원리라는 것은 무엇이냐? 기본적으로 교육은 자율성을 존중해야 됩니다. 이 자율성이라는 것은 절대 멋대로 하는 방종과 차원이 다른 것입니다. 자율이라는 것은 쉽게 말해서 자기가 스스로 법칙을 구현해서, 스스로 기획하여 만들어서 실행해나가는 겁니다. 여러분! 자율과 타율이 있을 때, 자율적으로 행동하는 자율이 쉽습니까? 다른 사람에 의해 진행되는 타율이 쉽습니까?

적절한 비유가 될지 모르겠습니다만, 개인적으로 재미난 경험을 하나 얘기하겠습니다. 제가 군대를 갔는데, 군대에서는 군기가 굉장히 엄격합니다. 군대는 전쟁을 위해 존재하는 집단이잖아요. 그러다 보니 군대가 굉장히 규율이 엄격하고 군기가 셉니다. 군대는 개인적이거나 형이상학적인 생각을 버리고 군대에서 제정된 규정이나 규칙들이 있잖아요. 그런 것들만 잘 지키면, 어찌 보면 아주 편합니다. 군대는 기본적으로 자율적으로 할 수 없습니다. 군대 규율을 따라야 되니까, 군법 그것을 지키기만 하면, 아주 타율적으로 사는 것 같지만, 아주 편할 수 있습니다. 그래서 저는 농담으로 그렇게 얘기합니다. 군대 생활을 할 때가 굉장히 편했다! 개인의 자율적인 사고를 발현하지 않는다면 그러하다.

그런데 사회에 나가 모든 것을 내가 스스로 만들어 가지고, 내 삶을 추동시켜 간다고 할 때는 굉장히 어려운 문제가 많이 닥쳐옵니다. 삶이 쉽지 않습니다. 그만큼 교육도 자율성을 존중해 줘야 됩니다. 교육은 자율 조직이에요. 그래서 자율성을 보장받아야 돼요. 쉽게 말하면, 학교가 있으면 학교장을 중심으로, 교사, 학생, 학부모, 또 기타 행정직원들, 그 다음에 학교 주변의 사회기관 등 함께 어우러지는 협조하며 나아가야 하는 다양한 교육 관련 요소들이 있습니다. 그 요소들이 나름대로 자기 결정을 내려서 자율적으로 움직여가죠. 우리 학교의 발전을 위해 이렇게 나가잖아요. 물론, 그것은 대한민국의 헌법과 교육 관련 법률에 따라 자율적으로 하는 겁니다. 법률을 무시하고 교육하는 게 아니고 그것을 기본으로 합니다.

••• 소질을 신장하라

그 다음에 기회 균등의 원리는 능력과 소질을 최대한 신장시켜야 한다는 것과 관련됩니다. 교육의 평등성이면 그 사람이 가진 능력, 개인이 가진 능력, 그 소질을 가능한 최대한 보장하고 신장하여 펼쳐갈 수 있는, 그런 원리에서 작동해야 됩니다. 그게 평등한 겁니다. 획일적으로 누구에게나 똑같이 하는 것이 아닙니다. 그래서 헌법에서도 '능력에 따른 기회 균등'이라고 그랬잖아요. 능력에 따른 것입니다.

세 번째는 실적주의입니다. 실적주의에서 평등이라니, 이 무슨 소리냐? 그것은 교육 제도나 내용, 학습 방법, 학습 문화 풍토, 이런 것들을 개선하고 바꾼다는 말입니다. 좋은 방향으로 개선하는 의미지요. 그리고 인간 능력의 신장을 극대화하자는 원리입니다. 쉽게 말해, 우리 대한민국의 교육 제도와 내용이 여기에 있습니다. 그것 자체를 어떻게 만들어 가야 되겠습니까? 모든 사람에게 동일하게 적용되도록 해야 합니다. 어떤 사람에게는 다른 사람에 비해 훨씬 유리한 교육제도를 적용하고, 어떤 사람에게는 아주 불리한 교육제도를 적용시키고 그래서는 안 됩니다.

여러분! 법 앞에서는 지위고하를 막론하고 모든 사람이 평등합니다. 그것이 민주주의 정신이에요. 우리 교육은 철저하게 평등하다는 요건을 충족시켜가는 방향으로 펼쳐져야 됩니다. 만약에 평등성의 원리, 기회 균등의 원리에 위배되는, 혹은 그것을 해치는 내용이 있을 때, 그것이 아무리 사소하고 작은 것일지라도, 그것은 대한민국 교육을 잘못된 방향으로 끌고 가는 겁니다. 그것에 대해 우리는 단호하게 배척하고 거절해야 됩니다. 그런 차원에서 학습 방법도 마찬가지죠. 학교 문화 풍토도 마찬가지고요. 그런 부분 가운데 불평등한 것이 있다면 개선해 가야 한다는 원리입니다.

이런 점에서 이 무크 강좌를 수강하고 있는 사람 가운데, 이 강의를 진행하고 있는 저를 비롯해서 여러분 가운데 우리 대한민국 사회의 국민으로서, 개선해 나아가야 할 불평등한 부분, 기회가 균등하지 않은 부분, 그런 것들이 있다면 그것을 개선해 나가야 할 책임과 의무가 우리에게 부여되어 있는 거예요. 어떻게 개선하느냐? 방법은 다양하게 고민해봐야 되겠죠. 자신이 주장하는 것이 무조건 옳다든가, 다른 사람이 주장하는 것이 무조건 나쁘다던가, 그런 자세가 아니고, 우리에게 주어진 모든 여건들을, 모든 법률적 검토를 통해 살펴보고 고민하면서 개선의 여지를 찾아가야 되는 거죠. 그것이 지식인과 이 사회의 시민들이 신중하게 관심을 가져야 할 교육적 노력입니다.

••• 수월성은 능력의 최대화를 추구한다

그 다음에 두 번째는 수월성의 문제입니다. 수월성은 어떻게 보면 평등성과 상반되는 입장에서 논의되는 그런 차원이 있습니다. 그러나 상반된다고 이해하기보다는, 우리가 평등성과 유사한 입장에서, 아니면 이를 보완하는 입장에서, 또는 평등성을 수월성에 녹여 넣는 입장에서 살펴볼 필요가 있습니다. 수월성은 교육을 통해 개인마다 능력을 최대화할 것을 추구하는 원리입니다. 여기에서 또 능력이 나오죠. 능력! 그러니까 여러분! '능력'이라는 개념이 대단히 중요합니다. 능력이라는 것은 말 그대로 무언가를 할 수 있는 힘이에요. 모든 국민, 시민들이 저마다 갖고 있는 자신의 장점을 최대화할 것을 추구할 때, 무언가를 할 수 있는 힘이 생깁니다.

그래서 우리에게 인식의 전환이 필요한 거예요. 사람들이 자꾸 '능력이 있다!', 혹은 '능력이 없다!' 이런 얘기를 하는데요. '능력이 있다'와 '능력이 없다'라는 말 자체가 문제입니다. 아니, 능력 없는 사람이 어디 있습니까? 어떤 일을 할 수 있는 힘이 없는 사람이 어디 있습니까? 모든 사람은 나름대로 자신의 능력을 발휘할 힘이 있단 말입니다. 그런데 어떤 사람은 무언가를 할 수 있는 힘이 조금 강하고 세고, 어떤 사람은 조금 약할 수 있습니다. 그런데 이것을 가지고, 능력이 '있다, 없다'라고 얘기합니다. 잘 모르겠습니다만, '있다, 없다'라는 말은 굉장히 권위적이고 포악한 말입니다. '능력이 없다!'라고 단정해 버리면, '너는 인간도 아니야! 살 가치가 없어!' 이런 말이 되어버리잖아요. 모든 인간은 인권이 있고 존중받아야 할, 존엄해야 할 그러한 대상이에요. 인간은 그런 존재란 말입니다. 그래서 인간의 존엄성을 얘기하잖아요. 이 세상 어떤 존재보다 인간은 소중하고 귀하고 아름답다! 그런 것을 다루는 것이 교육인데, 거기에서 '당신은 능력이 있어, 능력이 없어!'라고 한다면 이는 동물적 판단이에요. 인간을 짐승과 범주로 떨어뜨리는 일이죠. 때문에 모든 인간에게 그의 소질에 맞게 능력을 갖추도록 해줘야 되지요.

자, 그랬을 때, 이 수월성의 차원에서, 학생의 능력을 최대한 올려주기 위해 다양한 활동이 중요합니다. 다양한 활동을 통해 그 학생을 최선의 상태에 이르게 해야 합니다. 또 중요한 것은 무엇이냐? 최선의 상태에 이르게 해서 올바른 방향으로 성장하게 만들어야 됩니다. 그것이 수월성이 갖는 교육적 의미예요. 수월성은 '엑설런트excellent' 하다는 그겁니다. '엑설런트'하다는 게 무조건 어떤 부분에서 탁월하다거나 뛰어나다는 것을 의미하는 건 아니에요. 올바른 방향으로 나갈 수 있도록, 그 학생이 갖고 있는 능력을 최선의 상태에 이르게 하는 거죠.

그러다 보면, 이 수월성은 또 어떤 차원에서 접근해야 하느냐면, 우리 학생이 다양한 교육경험을 하겠죠. 다양한 교육 경험의 과정에서 그 학생이 적극적으로 참여할 수 있는 태도를 갖추게 하는 일입니다. 수월성은 그런 겁니다. 어떤 부분에 소극적으로 진행한다는 것, 이게 타율적으로 가는 거거든요. 소극적으로 하기보다는 어떤 부분에 적극적으로 참여한다는 것은 내가 가진 능력을 발휘하거나 부족한 능력들을 기르려고 노력하거나, 그러니까 이게 다시 노력으로 치환된단 말입니다. 그런 자세입니다. 그게 수월성인 것이지, 이미 뭔가 갖추어져 탁월하게 나아갔다! 영재다! 천재다! 그런 말과 연계되는 상황을 지칭하는 게 아닙니다.

그 다음에 이제 수월성의 문제는 교육의 질을 한 단계 끌어내는 교육의 질 제고와 굉장히 큰 관계가 있습니다. 그래서 학생의 성장이나 발달이 우리 교육의 이념이나 목적에 어느 정도 충실한가를 고민합니다. 평등성이라는 문제는 어떻게 보면 제도적 문제와 연관되어 있습니다. 교육 기회의 평등은 앞에서 얘기했지요? 그 다음에 어떤 것이 있습니까? 교육 조건의 평등, 교육 결과의 평등, 그것을 하기 위한 제도적 보완책 이럴 수가 있거든요. 그런데 이 수월성의 문제는 뭐냐 하면 제도적 문제는 형식적인 것이죠. 앞에서 말씀드린 평등, 이것은 제도적인 것으로 형식보다는 내용의 문제입니다. 제도의 문제라기보다는 운영의 문제에요. 운영은 또한 교사의 문제이기도 하고 학생의 문제이기도 합니다. 그런데 이것은 뭡니까? 형식 제도의 평등성은 국가가 보장해주고 만들어줘야 되는 거죠.

수월성과 평등성이 간혹 가다가, 쉽게 말하면 어떤 경우에는 상충할 때도 있지만, 그것은 범주가 다른 문제입니다. 제도적으로 보장되어 있는 측면하고 실질적으로 내용을 주체적으로 채워가야 되는 문제 사이에서 갈등이 벌어질 수도 있습니다. 제도가 보장되어 있는데도 실질적으로 내용을 구현을 하지 않는 사람도 있고요. 내용 구현만 하려고 하고 제도를 보지 않는 사람도 있어요. 그러니까 이 둘을 적절하게 시소 게임을 하듯이 잘 봐야 하는 겁니다. 그리고 이 둘은 어떻게 합니까? 끊임없이 서로가 서로에게 삼투되도록 맞추어야 되죠. 자꾸 사람들이 어떻게 얘기하느냐? 한국교육의 불평등은 제도의 문제다! 시스템의 문제다! 교육체제의 문제다! 그래서 제도를 바꾸어야 한다! 이렇게 제도만 바꾸면 뭐합니까? 실천을 하지 않는데. 그리고 어떤 사람은 너무 수월성의 차원에서 실천을 계속해 나가다 보니까, 제도가 안 맞아요. 제도가 뒷받침이 안 됩니다. 그런 차원도 있거든요.

그러니까 여러분! 평등성과 수월성의 문제를 잘 염두에 두었다가, 과연 이것은 제도의 문제인가? 내용을 실천해가는 수월성의 문제인가? 제도가 아무리 잘 갖추어 있어도 학생들이 수월성을 발휘하려고 하지 않아요. '국가가 상당히 많은 부분을 감당해 줘!'하고 가만히 기다리고 있단 말이에요. 그러면 교육은 삐딱한 선을 탑니다. 쉽게 말해, 절름발이가 된단 말이죠. 수월성과 평등성을 간략하게 고민을 해보면, 우리가 평등성의 이념을 통해 제도를 구현하고, 인간이 보편적으로 지닌 기본 자질을 함양하게 보장해줘야 합니다. 그런 동시에 수월성의 이념을 통해 그 사람이 지닌 특별한 자질, 탁월한 소질을 발휘할 수 있게 해줘야 됩니다. 이게 기본적 자질에다 탁월한 재능을 동시에 하나로 합쳐서 올려주는 일입니다. 그것도 제도적으로 보장해주는 동시에 스스로 자기 노력이 같이 이입되어 들어가야 돼요.

우리는 교육적으로 제도가 보장되어 있음에도 불구하고, 자기 노력을 하지 않거나 자기 노력만 열심히 하는데 제도적으로 보장되어 있지 않거나, 그런 차원을 한쪽 면만을 보고 얘기하는 경우가 있습니다. 그런 부분을 우리가 진지하게 성찰해야 됩니다. 이런 부분들이 제대로 갖추어질 때, 교육 본연의 의미를 충분히 고려하고, 우리 교육의 발전을 모색할 수 있습니다. 여러분! 교육의 평등성과 수월성 차원에서, 인간이 지닌 보편적 측면과 특별한 측면, 이것들을 잘 조화롭게 아울러 갈 수 있는 길을 모색하면 좋겠습니다.

04

고교 평준화와 특성화를
어떻게 극복할 것인가

　이제 한국 교육의 쟁점 가운데 고교 평준화와 특성화 문제에 대해 간략하게 짚어 보겠습니다. 이 강의를 수강하고 있는 여러분 중에도 일반계 고등학교를 나온 사람도 있을 테고, 특성화 고등학교를 졸업한 사람도 있을 것입니다. 일반계와 특성화, 느낌이 어떻습니까? 저는 고교 평준화 지역도 아니고, 그냥 시험 봐서 들어가는 일반계 고등학교를 졸업했습니다. 그냥 시골의 중소 도시에 위치한 일반계 고등학교죠. 명문 고등학교도 아닙니다. 그래도 제 모교니까, 개인적으로는 명문 고등학교라고 해야 되겠죠. 우리 사회에서 흔히 말하는 역사와 전통을 자랑하는 그런 고등학교도 아니고, 1970년대에 생긴 그런 고등학교입니다. 고등학교 시절을 생각하면, 개인적으로 굉장히 행복하면서도 동시에 우울합니다.

　우리 사회에서는 고등학교 교육과 관련하여, 고교 평준화와 특성화에 대한 논의가 끊임없이 진행되고 있습니다. 어떤 측면에서는 답답하기도 하고, 때로는 화가 나기도 하고, 그 논쟁 자체를 보면 어리석기도 하고요. 21세기 시대정신에 맞는 소리를 하는 건지, 아니면 정책 입안자들이 멍청해서 그런 정책을 낸 건지, 여러 가지 생각들이 겹칩니다. 어떻게 되었든 간에, 고교 평준화와 특성화 문제는, '평준화냐? 특성화냐?' 이 둘을 이분법적으로 따져서는 굉장히 곤란합니다.

　우리는 고등학교 교육에 대해, 그 기본적 인식을, 논의의 포인트를 어디에 두어야 하느냐? 그것에 대한 고민이 선행되어야 합니다. 어떤 사람은 고교 평준화 정책을 굳건히 지켜야 한다고 하고, 어떤 사람은 평준화 정책에 특성화가 더해져야 한다고 하고, 또 어떤 사람은 평준화 정책이 아니라 특성화로 가야 된다고 합니다. 대부분 극단적으로 말하는 경우가 많습니다. 왜 그런 현상이 벌어질까요? 평준화와 특성화의 문제를 구체적으로 살펴보면서 고민해 봅시다.

여러분! 잘 알고 있듯이, 고교 평준화의 도입 취지는 굉장히 좋습니다. 나쁜 게 아니에요. 과거에 고교 평준화가 없던 시절에 중학교에서 고등학교 들어갈 때, 상급학교 진학에서 고교 입시가 너무 치열해요. 너무나 과열되어 비교육적이고 비인간적인 측면이 부각되었습니다. 쉽게 말해, 고등학교에 진학하는데 입시 문제로 학생들의 삶을 피폐하게 만든다는 지적이 있었습니다. 이러다 보니, 청소년 시기에 문학도로서 미래 작가를 꿈꾸고, 영화감독을, 가수를, 대통령을, 고급 관리를, 선생님을, 일반 회사원을, 전업주부를 꿈꾸는 등, 다양한 영역에서 자신이 펼쳐 나갈 진로 지도가 되어야 하는데, 전혀 안 되는 거예요. 고등학교 단계에서 상급학교를 명문학교 졸업하는 것에서 모든 인생을 보장한다, 직업을 보장한다, 이런 차원이 되어버리는 거예요. 게다가 대학 진학을 보장하는 것까지 말입니다. 이런 상황에서 국가는 '아! 이것은 아니다!'라는 인식이 생겼고, 먼저 청소년들의 입시 부담을 줄여주고, 그것과 더불어 사교육도 감소시켜주는 정책을 펼치려고 한 겁니다.

••• 평준화 정책의 부정적 측면이 부각하기 시작했다

벌써 고교 평준화 정책을 펼친 지 50년이 지났어요. 시간이 흐른 만큼 문제도 생기겠죠. 좋은 취지에서 펼친 정책으로 입시 부담을 덜어주고 사교육 비용을 감소시켜 주려고 했는데, 또 다른 사안들과 겹쳐 사회문제가 생기더라 이거죠. 이 고교 평준화 정책에 의해 고등학교를 들어갔던 사람들이 벌써 나이가 환갑을 훨씬 넘겨가는 시간이 지났습니다. 따라서 이제 다시 문제가 불거진 만큼, 이 시대에 다시 한 번 고민해볼 필요가 있죠. 그렇다고 단순하게 고교 평준화를 유지하느냐, 지속하느냐, 폐지하느냐의 문제는 아닙니다.

물이 쭉 흘러가면 어떻게 됩니까? 상류에 있는 물과 중류에 있는 물과 하류에 있는 물이 다릅니다. 수질이 다를 수도 있고, 사는 생물이 다를 수도 있고, 그만큼 여기는 어떻고 저기는 어떤지, 이쪽은 어떻고 저쪽은 어떤지를 살펴보자는 거죠. 50년이나 지난 고교 평준화의 결과는 어떠한가요? 평준화 정책의 장점들이 제대로 실천되지도 않았습니다. 핵심 과제였던 입시 과열과 사교육 문제가 해소되지 않고 그대로 존재하고 있습니다. 그러니까 다양한 의견이 대두되기 시작했습니다. 극단적인 사람들은, '그런 평준화를 왜 하느냐? 이제 제발 정책을 폐지하자. 지속시킬 필요가 없다'고 합니다. 원래부터 평준화 도입 취지에 찬동하고 그것을 오늘날도 여전히 유효하다고 판단내리는 사람들은 이렇게 말합니다. '무슨 소리를 하느냐? 평준화가 갖고 있는 장점이 얼마나 많은데, 인간이 평등한데 학생들도 평등해야지! 소득 불평등에 의해 교육 불평등이 나타나면 안 되지! 빈부격차에 의해 교육에서도 빈부격차가 영향을 미치면 안 되지!' 등등 여러 가지 어떤 근거를 제시하며 논쟁을 벌입니다.

또 어떤 사람들의 고민은 이러합니다. 고교 평준화를 하다 보니까, 그 평준화가 여러 측면에서 '하향평준화'가 되어 버렸다는 겁니다. 고교 평준화 정책을 시행하는 것은 좋았어요. 시험 성적이 아니라, 추첨에 의해, 이른 바 뺑뺑이를 돌려서 그 지역 사회에서 공정하게 추첨한 결과 진학하게 하는 것은 긍정적인데, 입학 후에 학업 성적을 비롯한 여러 영역에서 상향으로 높여져 질적으로 승화된 평준화는 괜찮은데, 평준화하니까 공부를 하지 않아 평준화 이전보다 성적이 뚝 떨어졌다는 겁니다. 평준화 정책이라는 현실은 외면으로 볼 때 괜찮았는데 알맹이를 들여다보니까 학생들의 수준이 떨어져 버렸다는 거예요, 하향평준화라는 거죠.

뿐만 아니라, 평준화 정책을 시행하다 보니, 여러 고등학교에서 획일적 교육을 하더라는 거죠. 지난 시간에 논의한 평등성이나 수월성이 고려되는 것이 아니고, 누구나 평준화 정책에 맞게, 평준화의 교육 내용 속에서, 평준화의 교육방법 속에서, 교육 자체가 획일화 되어버렸다는 겁니다. 우리가 헌법적 가치에서 얘기하던, '능력에 따라서'라는 말이 실종되어 버렸다 이거예요. 교육이 능력에 따라서가 아니라 누구나 동일한 모습의, 획일화로 전락했다는 거예요. 그래서 과거에 명문 전통학교들이 많이 있었는데, 평준화 이전에 그런 명문 전통학교들이 명문학교의 명맥을 겨우 유지하는 곳도 있지만, 평준화로 인해 그 전통이 사라져버렸다고 합니다. 전 세계의 여러 선진국들을 보더라도 명문의 전통들이 많이 남아있는데,

한국은 현재 선진국으로 나아가고 있음에도 불구하고 그런 명문의 전통들이 오히려 사라지더라 이거예요.

이런 다양한 우려가 발생하면서 고교 평준화 정책도 문제가 되기 시작했습니다. 도대체 평준화 정책이 우리 사회를 건강하게 만들었는가? 딱 한 마디로 꼬집고 비꼬아 버립니다. 앞에서 말했던, 고교 평준화 정책을 실천했으나 입시와 사교육 문제가 상존하고, 명문학교가 없어지고, 하향평준화가 일어나고, 이런 것 자체가 바로 실패한 교육정책임을 증명하는 것이라는 불만이 터져 나왔습니다. 쉽게 말해, '평준화=실패한 정책'이라는 진단을 내버린 거예요. 실패한 것은 어떻게 됩니까? 실패한 것은 패자죠. 실패는 패자와 같다 아닙니까? 이런 인식이 팽배해지죠. 그러면서 이제 더욱 더 비판의 수위를 높입니다. 뭐라고 하느냐? 이 평준화 정책으로 인해 모든 것이, 좋게 얘기하면 평등교육인데, 나쁘게 얘기하면 획일적 교육으로 나아갔다는 말입니다.

••• 수월성을 무시하는 비교육적 상황이 발생했다

이런 현상은 시대가 요청하는 수월성을 무시하게 되더라는 것이지요. 학생 개개인이 탁월하게 길러져야 되는데, 그런 부분들을 경시하고 끊임없이 학생들의 가능성과 재능을 꺾어버리는, 마치, 식물의 싹을 자르는 형태의 교육으로 치닫더라는 거죠. 훌륭한 재능을 오히려 떨어뜨리는 형식으로 가더라는 거죠. 그래서 어떤 형태의 교육정책이 쏟아져 나왔느냐? 특수 목적고라든지, 자립형 사립고라든지, 다양한 보완책을 도입하면서 평준화 정책을 무력화 시키려고 하는 시도들도 등장했습니다. 그래서 평준화가 갖고 있는 폐해들을 마구마구 지적하면서, 결과적으로 학교 선택에 대해 학생과 학부모의 요구가 폭발적으로 양산하게 됩니다.

국가에서 제도적으로 만들어 놓은 평준화 정책은 실패했다! 오류가 많다! 잘못 되었으니까 우리 학생들에게 학교를 선택할 권한을 주라! 그 뿐만이 아니라, 이런 경우도 있습니다. 만약에 평준화 정책이 아니고 일반적인 상황이라 집과 가까운 학교에 진학할 수 있어요. 그런데 학군을 나누어 추첨을 하여 학교를 배정하다 보니, 집에서 아주 멀리 떨어진 학교로 배정을 받게 된 겁니다. 집과 가까운 곳에 학교가 있음에도 불구하고 말이지요. 집과 가까운 학교를 선택하고 싶어도 선택하지 못하는 그런 상황이 발생하죠.

이런 여러 가지 요인에 의해, 학생과 학부모들이 반발하기 시작합니다. 평준화가 갖고 있는 장점에도 불구하고 그 단점들과 실패의 교훈을 들고, 학교 선택에 대해, 시민들이, 국민들이, 학생이나 학부모 당사자가 정당하게 만들어 줄 것을 요구합니다. 교육 당국에 건의하기도 하고, 질의서를 보내기도 하고, 항의서를 보내며 데모를 하기도 하고, 그런 현상이 발생했습니다.

∙∙ 특성화고의 등장이 대안이 될 수 있는가

그 다음에 이제 여러분! 앞에서 말한 평준화가 있고, 그 평준화에 대해 비판하면서 고교 특성화라는 정책이 등장하게 됩니다. 특성화 고등학교에 대해서는 언론 지상에서 많이 다루었기 때문에 잘 알고 있을 겁니다. 외국어고등학교도 있고, 과학고등학교도 있고, 그 다음에 자립형 사립고등학교도 있고, 또 국제고등학교도 있어요. 물론 과거의 실업계 고등학교도 특성화고로 분류되어 있고, 여러 가지 다양한 형태의 고등학교가 존재합니다. 각종 고등학교의 존재에 대해 옳고 그름의 문제, 그리고 그런 학교들이 어떤 특징을 지닌 학교라는 것에 대해서는 이 자리에서 길게 설명하지는 않겠습니다. 문제는 앞에서 언급했던 고교 평준화 정책의 장점과 단점에 비추어 보았을 때, 특성화 고등학교가 많이 생겨나기 시작한단 말입니다. 그랬을 때 특성화 고등학교가 갖고 있는 장점이라고 할까? 단점이라고 할까? 또 아니면 의도하는 것이 어떤 차원일까? 이런 부분을 통해 고등학교 정책을 고민해 볼 필요가 있다고 생각합니다.

어느 특성화 고등학교에 대한 교육부장관의 인사말이 어떠한지 소개하면서, 특성화고 정책의 의도를 확인해 보도록 하겠습니다. A고등학교의 인터넷 포털 사이트에 소개되어 있는 내용을 보면 여러분과 제가 판단을 할 수 있습니다. 평준화와 특성화의 문제를 어떤 방식으로 다루어가면 좋을 것인지 한번 보자고요. 인사말은 대략적으로 아래에 설명하는 의미로 되어 있는데, 특성화를 하려고 하는 요지를 밝혀 놓은 것입니다.

전통적으로 강한 나라, 건강한 나라, 이는 다른 말로 하면 선진국이라고 볼 수 있습니다. 오늘날로 얘기하면, 전 세계적으로 볼 때, 그리고 대한민국도 암묵적으로 선진국이라는 어떤 인식이 상당히 개입되어 있습니다. 그리고 지금은 아니더라도 대한민국은 조만간에 선진국으로 나아가고 있다! 전통적으로 강하고 건강한 나라는 특성화고라든가 마이스터고라든가 그것과 같은 직업학교나 실업학교를 나온 기술인이 사회에 중심 역할을 하더라! 그리고 그 사람들이 높은 존경과 대우를 받는 나라이다! 그렇기 때문에 이 특성화고나 마이스터고 학생들이 무조건 대학에 진학하기보다는 학생의 적성과 흥미를 고려하여 좋은 일자리에 먼저 취업하고 나중에 진학할 수도 있다! 옛날 같으면 공업계 고등학교라든가 상업계 고등학교라든가 그런 것들이 이제 마이스터 고등학교라는 형식으로 이름을 바꾸려고 하죠. 실업계 고등학교였는데 좋은 이름으로는 정보, 디자인, 매니지먼트 등 다양한 이름을 고등학교 앞에 붙이기도 합니다.

실업계 고등학교 이외에 외국어고등학교나 과학고등학교 같은 경우에는, 형식적으로는 영어를 비롯한 특정한 외국어를 전문으로 하거나 어떤 과학기술을 전문적으로 다루는, 어릴 때부터 그런 분야에 훌륭한 학생들이 진학하여 전문가로 성장하게 하기 위한 이런 취지였습니다. 그래서 더 공부하고 싶을 때 대학을 진학할 수 있다! 이른 바 '선취업 후진학'이라는 학교문화, 그런 긍정적 변화를 만들어가고 있다! 그래서 특성화고라든가 마이스터고에서 꿈을 만들고 실현해 가는 학생들이 건강하고 강한 대한민국을 만들어가고 있다! 이런 방식으로 이제 국가에서, 엄밀하게 말하면 교육부장관이라는 명칭은 한 국가의 교육을 대변하는 사람입니다. 그 대변자가 국가에서 저런 방식으로 특성화 고등학교를 설명하고 있어요. 그 특성화라는 것은, 다른 말로 하면 평준화와 비평준화 영역이 있을 때, 말 그대로 특성을 지니고 있는 학생들을 수월성의 차원에서, 그 아이를 성장시켜가는 데 기여하려는 노력들입니다.

그러면 이 지점에서 이런 반론이 있을 수 있습니다. 무슨 소리하는 거냐? 고등학교를 졸업한 내 자녀들, 우리 아이들은, 모두 대학을 보내야지! 왜 고등학교 졸업하고 취업을 해야 돼! 그러나 냉정하게 생각을 해보자는 거죠. 교육학자로서 저도 그런 생각을 합니다. 고교 평준화 정책이 교육학적으로 상당한 일리를 갖고 있지만, 그 평준화로 인해, 여기에서 말하는 학생들의 적성과 흥미가 무시된다면, 그것은 올바른 교육이라고 장담하기는 어렵다는 것입니다. 평준화를 하면서도 학생들의 적성과 흥미가 고양될 수 있고, 제고될 수 있다면 더 좋은 거죠. 평등성과 수월성을 동시에 실현할 수 있으니까요.

·• 다양한 교육 양식을 대안으로 모색하라

그런데 이 두 마리 토끼를 잡는 일이 쉽지 않다는 겁니다. 우리가 일반적으로 평준화, 비평준화, 특성화, 이렇게 얘기했을 때, 우리 고등학교를 기준으로 봤을 때, 일반계 고등학교가 있고, 외국어고, 과학고, 국제고, 각종 실업계고, 자사고, 대안학교 등 다양한 교육양식들이 존재합니다.

자, 그러면 여러분! 한 가지 예를 들어 볼게요. 외국어고등학교나 과학고등학교는 뭡니까? 외국어고등학교는 영어, 일본어, 중국어, 프랑스어, 독일어, 러시아어 등 다양한 외국어를 전공하는 것으로 되어 있겠죠. 외국어에 재능이 있는 학생들을 선발하여 외국어 재능을 펼쳐서 외국어가 필요로 하는 분야, 그런 직업들이 지금 현재 엄청나게 많잖아요. 그런 진로를 설정해 나가기를 요청하는 거지요. 그쪽으로 재능과 흥미와 적성이 있으니까요. 그런데 외국어고등학교를 졸업해서 법과대학에 진학하여 법률가가 되었다. 그것은 외국어고등학교의 원래 취지에서는 벗어나는 겁니다. 그런 부분들이, 원래 취지와 어긋나는 상황들이 대한민국에 현실적으로 벌어지고 있습니다. 이것이 나중에는 사회 질서에 불균형을 가져올 정도로 왜곡될 소지가 있다 이겁니다.

그러니까 그런 부분들에 대해 고민을 하고 바로 잡아보자는 고민이 생긴 겁니다. 과학고등학교도 마찬가지입니다. 과학 영재가 과학 기술인으로서 성장해주기를 바라지요. 때문에 과학고등학교에서 인재를 길러 냈는데, 과학고를 나온 학생이 일반계 대학교를 들어가서, 그냥 일반 사무를 보는 행정고시를 봤다고 가정을 하자고요. 그러면 과학고등학교의 본래 취지를 벗어나, 일반계 고등학교와 다름없이 대학교에 입학하기 위한 고등학교로 전락한 거예요. 이런 현상이 또 다른 문제를 발생시키죠. 그런 차원에서 고민해 보는 것입니다.

그래서 원래 특성화 고등학교들이 가졌던 다양한 교육양식에 대해, 우리가 진지하게 본질적으로 고민하고 이해해주고 접근해야 된다는 겁니다. 특성화 고등학교가 그 본래 취지를 벗어나 대학 입시용으로 기능하고 작용을 하고 있으니 문제입니다. 얼마나 우울하고 참담하고 서글픈 대한민국의 교육현실입니까! 이런 부분을 21세기는 4차 산업시대이고, 지능정보, 빅데이터, 생명공학이 급격하게 발전하는 시대인데, 시대에 맞지 않는 교육적 폐해가 있다면 빨리 걷어내는 것이 상책입니다.

그래서 이런 생각을 해보자고요. 진짜로 아직도 우리 한국교육은 평준화냐? 혹은 특성화냐? 아니면 또 평준화에 비해 특성화는 아니더라도 비평준화, 또 다른 어떤 것을 고려한 고등학교 정책을 실험하는 과정에 있냐? 그거에요. 교육이 계속 실험 과정에만 있으면 어떻게 됩니까? 정권이 바뀔 때마다 교육이 바뀌고, 교육감이 바뀔 때마다 교육이 바뀌면 우리 교육의 정체성은 어디에서 찾을 수 있나요? 교육은요, 인간을 아주 장기적으로 성장시키고 발달시키고, 그것을 통해 사회에 기여하기 위한 제도적 장치이기 때문에, 정권이 바뀌었다, 교육감이 바뀌었다, 교사가 바뀌었다고 해서, 교육이 쉽게 말해서 손바닥 뒤집듯이, 마구 뒤집어져서는 안 되는 겁니다. 상당 부분, 어떤 차원에서는 지속성과 안정성이 있어야 되고, 물론 잘못되고 왜곡된 부분이 있다면 빨리 바꿔야 되죠. 그러나 상당히 인간의 성장 속도와 발달 속도와 더불어 가야 되는 것입니다. 그런데 상황에 따라 교육을 바꾼다? 계속 실험한다? 안 되면 뒤집고 또 뒤집는다? 그러면 교육이 난잡해지고 문제가 더 생기죠.

그 다음, 우리는 과연 교육 실천을 위한 철학이나 기준이 없어서 이런 정책을 펴는가? 진짜 우리 한국의 교육철학은 없는 겁니까? 교육 정책을 세우는 데 아무런 기준도 없이, 특정한 전문가의 생각대로, 정책 입안자의 자기 입맛대로 그렇게 하는 겁니까? 국민과 시민의 목소리를 듣지 않는 것입니까? 또한 우리 국민과 시민들은 정당하게 교육적 권리를 요구했는가요? 그런 부분에 대해 진지하게 고려를 해 봅시다. 어떤 경우이건, 문제의식이 중요합니다. 자, 그래서 한국교육이 지니고 있는 여러 가지 쟁점들을 고민해보면 이런 생각이 떠올라요. 과연 우리 교육은 개인과 공동체를 어떤 양식으로 구상하고 있는가?

그러니까 우리가 개인과 공동체를 구성하는 데, 과연 대한민국은 어떤 개인, 대한민국 국민이나 시민, 그리고 어떤 대한민국의 모습을 그리고 있는 거죠? 한국

교육의 다양한 논점들을 논의할 때 대한민국 사회가 추구하는 핵심 가치가 전제
되어야 합니다. 그래서 다시 우리는 대한민국 국민으로서 어떤 교육, 무슨 교육,
교육적 가치가 무엇일까? 다시 물어보고 우리 스스로 자랑스럽게 대답할 수 있어
야 됩니다. 여러분과 저는 이런 수많은 쟁점들에 대해, 어떤 떳떳한 대답을 할 수
가 있을까요? 함께 고민하면서 보다 나은 교육의 모습을 생각해 봅시다.

제13강

한국교육은 예방적인가, 치료적인가?

한국교육에는 긍정적 측면, 부정적 측면, 때로는 시대에 맞지 않는 측면, 때로는 시대를 선도해가야 할 어떤 차원들, 다양한 문제들이 교육에서 산적해 있어요. 그 중에서 교육을 이해할 때 정말 중요한 측면이 있습니다. 그것은 교육을 인간의 삶에서 어떤 영역으로 보느냐의 문제입니다. 교육을 '예방적 차원의 영역'으로 보느냐, '치료적 차원의 영역'으로 보느냐에 따라 그 접근은 상당히 달라집니다. 우리가 교사로서 학생들과, 혹은 부모로서 자식들과 혹은 선배로서 후배들과의 대화를 통해, 어떤 사태를 미연에 방지하느냐, 아니면 이미 사태가, 상황이 벌어진 이후에 그것을 수습하느냐, 이런 삶의 차원들이 있거든요. 그러면 과연 우리는 상담을 통해 교육을 어떻게 바라봐야 될 것인가? 앞서 다루었던 평준화, 비평준화, 혹은 보편적 교육이냐, 일반계냐 특성화냐, 이런 여러 가지 차원들을 조금씩이나마 짚어보면서 우리 교육의 미래를 고민하는 시간이 되기를 소망합니다.

01

지식과 도덕은 이분법적인가,
상호보완적인가

한국교육의 쟁점들 중에서, 과연 우리 교육이 교과지식을 다루어야 되느냐, 아니면 도덕적 차원을 많이 다루어야 되느냐, 이런 문제들이, 흔히 말해서, 대립적인 구도로 논의가 되고 있어, 짚어보려고 합니다. 이 부분에 대해, 한국교육이 제대로 나아가기 위해, 현재 상황이, 예를 들어, 지식교육에 치우쳐 있어 도덕교육을 강화해야 되는 차원인지, 아니면 인성교육이나 도덕교육의 차원이 너무 많이 시행되고 있다면 지식교육에 대해 다른 방식으로 고민해봐야 되는지, 이런 영역들을 여러분과 함께 논의해보는 시간을 갖도록 하겠습니다.

그리고 두 번째 논의할 점은 교육에서 상담의 중요성입니다. 우리가 보통 교사와 학생이 있을 때, 많은 부분에 대해, 쉽게 말해서 생활지도라고 하지요. 생활지도라는 명목으로 우리 선생님들이 학생들을 다양한 방식으로 지도해왔습니다. 그런데 그런 것들이 이제는 카운슬링counseling이라 그러죠. 카운슬링이라고 하는데, 이 개념이 우리말로 하면 상담 이렇게 되겠죠. 또 다른 용어로는 멘토mentor, 혹은 멘토링이라고 얘기할 수도 있겠지요. 어쨌건 포괄적으로 상담相談이라고 할 수 있습니다. 그랬을 때, 왜 다양한 영역에서의 상담이 중요하냐? 그것은 교육을 바라보는 관점 때문에 그렇습니다.

그리고 또 중요한 것이, 과연 우리 청소년들에게, 학생들에게 진학지도를 할 것인가? 진로지도를 할 것이냐? 이것에 대한 관점을 분명히 해야 합니다. 진학지도라고 했을 때는 학교를 초등학교에서 중학교, 중학교에서 고등학교, 고등학교에서 대학교, 이렇게 학교를 높은 단계로 올려가는 것을 진학이라고 합니다. 과연 상급학교로 진학하기만 하면 인생의 성공이 보장되는 걸까요? 그것에 대한 지도가 학교교육의 목표인가요? 그에 비해 진로라는 것은 삶의 본질과 인생의 가치 추구에 관한 문제예요. 무엇을 가지고 어떤 방식으로 삶을 살아갈 것인가? 인생을 영위할 것인가? 그것에 대한 지도가, 학교교육의 단계에서 진행되어야 한다는 겁니다.

그 다음에는 교육에서 핵심 주체가 학생과 교사인데, 그 가운데 교사의 역할이 매우 중요합니다. 따라서 교육의 질을 좌우한다는 교사가 어떤 존재인지, 특히, 교사의 권위 문제를 다뤄보려고 합니다. 교사는, 옛날에는 그랬죠. 스승의 그림자조차도 밟아서는 안 된다! 이런 소리가 있을 정도로 스승에 대한 권위와 존경이 있었습니다. 오늘날은 과연 그런 것들이 어느 정도냐? 도대체 교사에 대한 존경이 있기라도 한가? 그것이 교육에 어떤 영향을 미쳤는가? 그런 부분들을 고민해 보고, 그것과 더불어 오늘날은 교육 자치의 시대잖아요. 지방 자치 제도가 정착이 된 이후에는 각 지방의 교육 수장인 교육감을 선출직으로 하고 있어요. 자치 단체장들을 선출할 때 같이 선출한단 말입니다. 그랬을 때 과연 이 교육 자치가 우리 한국교육을 발전시켜가는 데 어떤 방식으로 기여하는지, 긍정적인지, 부정적인지, 이런 문제에 대해 간단하게 살펴보도록 하겠습니다.

••• 모든 교육은 기본적으로 인성교육이다

그래서 이번 시간에는 우리가 교육에서 교과 지식 교육을 앞세워야 되느냐? 도덕 윤리 교육을 앞세워야 되느냐? 이 둘은 과연 대립적인 요소인가? 아니면 상호 보완해야 하는가? 그것도 아니면 교육에서 이런 논의나 논쟁 자체를 쉽게 하지 말아야 하는 것이냐? 여러 가지 논란이 좀 복잡합니다.

여러분이 생각하기에는 어떻습니까? 지금까지 지식 교육을 많이 받아 왔습니까? 도덕 윤리 교육을 많이 받아 왔습니까? 지식 교육과 도덕 교육을 아울러서 동시에 받아 왔습니까? 21세기 대한민국을 살아가면서 교과 지식 교육이 중요한가요? 도덕 윤리 교육이 중요한가요? 그런 부분에 대한 화두를 던져봐야 됩니다. 물음을 던지고 자문대답을 할 수 있어야 교육의 관점을 보다 명확하게 설정할 수 있거든요. 그래야 자기 교육은 물론이고, 자식 교육, 청소년 교육, 우리 주변 사람들에 대한 일종의 교육적 대화들, 이런 교육담론을 형성할 수가 있습니다.

그래서 먼저 한 번 봅시다. 여러분! 우리가 교육에서 주로 다루는 것이 교과 지식과 도덕 윤리, 과연 이 가운데 어떤 것이 먼저일까요? 실질적으로, 실제적으로 학교교육의 대부분은 거의 80% 이상이 교과 지식을 가르치는 방식으로 이루어진 경우가 많습니다. 초·중·고등학교를 다닐 때 보면 시간표가 있지 않습니까? 수업 시간표를 보면 대부분이 국어, 영어, 수학, 사회, 과학, 음악, 미술, 체육, 도덕 등 대부분의 시간이 교과목으로 구성되어 있잖아요. 특별활동 시간을 제외하면 전부 교과 지식입니다. 지식 교육이에요. 오늘 수업 몇 시간 했냐? 몇 교시 했느냐?라고 했을 때, 이 지식 교과 시간에서 무엇을 찾을 수 있습니까? 교과 지식 교육이 먼저일까요? 아니면 도덕 윤리 교육이 먼저일까요? 요즘 무분별하게 말하는 인성 교육이 먼저일까요? 이 문제는 마치 닭이 먼저냐? 달걀이 먼저냐?와 유사한 문제가 될 수 있습니다. 참 어렵죠. 분명한 것은 교육의 역사에서 볼 때, 동서고금을 막론하고, 지식 교육이 주축이 되어온 것은 사실입니다. 그러나 나름대로 교육에 대한 관점을 세워야만이 이 부분을 해결할 수가 있어요.

자, 그랬을 때, 제가 볼 때 교육은 그렇습니다. 지금까지 여러분! 교육에 대해 다양한 논의를 거쳐 왔지만, 모든 교육은 기본적으로 '인성교육人性教育'입니다. 최근에 <인성교육법>까지 만들어서 시행하는 그런 인성교육이 아니라, 인간의 본질을 다루는 차원에서 그렇습니다. 다시 강조하면, 인간의 성품性品 이것을 본성本性으로 일컫건, 성품性稟으로 부르건, 품성品性이라고 하건, 인간의 성품을 기르는 것이 교육입니다. 인간의 성품을 기르기 위해, 이 인성교육을 위해, 지식도 체득하고, 그 지식을 적용하고 응용하기도 하는 거죠.

여기에서 '교과 교육이냐? 인성 교육이냐?'라고 했을 때, 이 물음 자체가, 단순한 취사선택의 문제가 아니라는 거예요. 교육은 그냥 교육일 뿐이에요. 인간을 대상으로 하기 때문에 교육은 인성교육일 뿐이라 그런 거죠. 거기에 무슨 다른 용어를 자꾸 붙이나요? 다른 용어나 개념을 자꾸 갖다가 붙이면 붙일수록 어떻게 됩니까? 교육의 영역이 한정되거나 본질에서 멀어지거나 왜곡될 소지가 있습니다. 교육에 대한 전반적 이해도가 떨어지거나 통찰을 하기 어렵게 만듭니다. 교육에 대해 다른 방식으로, 기존에 있는 어떤 내용이 오류가 있다든가, 잘못되었다든가, 시대에 맞지 않다든가, 유효하지 않다든가, 그러니까 자꾸 다른 용어나 개념을 들어 교육을 이해하려는 방법을 찾으려고 합니다.

••• 지식과 도덕의 이분법적 논의를 경계하라

자, 그랬을 때, 교과지식과 도덕 윤리 교육을 대비하는 것 자체가 이미 이분법적 접근이거든요. 이 이분법적 접근에 대해 우리는 엄청난 회의를 하거나 의문을 던져보아야 됩니다. 다시 한 번 묻습니다. 여러분! 교육은 교과 지식 교육이 앞서야 합니까? 인성교육이 앞서야 합니까? 그러면 어떤 사람들은 이렇게 얘기합니다. 당연히 인성교육이 앞서야지, 도덕 윤리 교육이 앞서야지, 지식만 안다고 해서 인간이 되겠습니까? 이런 식으로 반문할 수 있죠. 또는 그와 반대로 한쪽에서는 무슨 소리를 하는 거요? 사람이 지식을 확보하면 자연적으로 어떻게 됩니까? 인간의 품위와 격조도 높아져요. 이런 얘기를 할 수도 있죠. 이런 상반된 의견을 사이에 두고 우리는 엄청나게 심각한, 심도 있는 회의와 의문을 제기해야 됩니다. 그것이 교육 받은 사람, 교양 있는 사람으로서 교육적으로 의미 있는 질문을 준비할 수 있습니다.

교과 지식은 일반적으로 지식을 인지한다든가, 지식에 대해 암기한다든가, 그리고 이것을 가지고서 뭘 하느냐? 입시를 치르는 도구나 수단으로 삼는 그런 형태가 강합니다. 그리고 이 교과 지식에 대비해서 상대적으로 얘기할 때 인성교육은 보통 인간으로서 도덕을 갖추어라! 윤리를 갖추어라! 이런 양태로 가기 쉽습니다. 그런데 도덕과 윤리는 우리가 시험문제를 보아서, 쉽게 말해서 지필시험이죠, 필기시험으로 측정하기가 굉장히 어려운 영역이라는 거죠. 교과 지식 평가는 윤리 도덕의 측정에 비해 굉장히 쉽죠. 객관식 문제로 측정할 수도 있고, 주관식 문제로 평가할 수도 있습니다. 그러나 도덕 윤리라는 것은 주관적일 수도 있고, 사람마다 다를 수도 있고, 객관성을 확보하기가 쉽지 않습니다. 물론 사회에서 일반적으로 관습화를 거치거나 용인된 윤리 체계가 있습니다만, 교과 지식의 평가나 측정에 비해 쉽지가 않습니다.

그래서 우리가 교과 지식 교육이냐? 도덕 윤리 교육이냐?라고 했을 때, 이것을 이분법으로 나눈다고 했을 때는 자칫 잘못하면 교육의 근원을 망각할 수가 있습니다. 교육을 하는 데 교과 지식 교육이다, 혹은 도덕 윤리 교육이다, 이런 식으로 계속 반복해서 논의하고 논쟁을 하다 보니까 교육자나 학자들조차도 어느 한쪽으로 치우치게 되거든요. 지식 혹은 도덕을 강조하는 쪽으로 치우친단 말입니다. 치우치다 보면 어떤 현상이 발생하느냐? 이렇게 지식과 도덕 교육이 시소 게임이 되어 균형을 잡고 있어야 하는데, 치우치게 되면 어떤 현상이 발생하느냐? 고장 난 시소처럼 한쪽으로 기울어지게 됩니다. 극단적인 경우에는 치우친 시소에서 벗어나 저 멀리 다른 구역으로 굴러 떨어지게 됩니다. 그러면 교육 자체가 망가진다는 거죠. 피폐해집니다.

우리가 교육의 근원을 망각하지 않기 위해, 교과 지식 교육이냐, 도덕 윤리 교육이냐에 대한 새로운 시각을 던져봐야 된다는 거죠. 그것이 한국교육이 직면한, 제가 볼 때는 아주 옛날부터 논란이 되어오는 것인데, 현재 시점에서 다른 차원에서 조금 더 고민해볼 필요가 있는 주제다! 이렇게 보이는 거죠. 그러면 현재 어느 정도로 이분법적으로 논의되고 있느냐? 제가 한 번 정돈해 드리겠습니다.

⦿•• 인성교육에 대한 오해를 불식하라

지나친 이분법적 논의는 인성교육에 대해 이런 오해를 하게 만듭니다. 인성교육은 가정교육의 부재로 인해서 생겨난 현상이다. 앞에서 제가 말씀 드릴 때, 가정교육이라는 것이, 현대적 가정교육이 뭡니까? 정말 가정교육이 부재해서 사회 병리 현상이 발생한 걸까요? 가정교육이 없어서 그럴까요? 많은 사람들은 가정교육을 제대로 하지 않으니까, 요즘 아이들이 버릇이 없어! 도덕 윤리가 없어! 이렇게 얘기한다고요. 그것이 과연 가정교육의 부재에서만 오는 거냐고요.

그 다음에 또 어떤 생각을 하느냐? 학생의 개인적 잘못에서 기인한다고 보는 견해입니다. 그 학생 자체가 보니까 엉터리야! 그리고 아주 행패를 잘 부려! 다른 아이들을 때리기도 하고, 예의에 어긋난 행동을 마구 저지르기도 하고, 폭력적이야! 이는 전적으로 그 학생 개인의 잘못이야! 이렇게 얘기하는 거예요. 아니, 인간이 모두 더불어 살아가는데, 한 사람의 개인을 꼬집어 너는 잘못된 인간, 나는 괜찮은 인간, 그렇게 쉽게 말할 수 있나요? 주변에 함께 살아가는 사람이 잘못 되었으면, 나는 전혀 책임이 없는가요? 이 사람과 함께 살아가고 있는데요. 그런 차원에서 우리가 삶을 진지하게 성찰해 봐야 돼요. 이런 측면에서 인성교육을 논의하는 사람들은 이렇게 얘기를 합니다. 학교와 교사의 역할은 규범과 원칙에 따라 행동하지 않는 학생들을 훈계하는 일이다! 교사와 학생이 대화하려는 노력부터 됩니까? 잘못된 일이야, 이렇게 보고 훈계하는 겁니다. 이런 교육 방식이 나오는 거죠.

전통적인 가족 제도가 점점 해체되고 가정의 역할 중 상당수가 학교로 이관되고 있는 오늘날, 학교는 이전의 수동적 인성교육이 아닌, 보다 적극적 교육을 통해 아이들의 인성과 정서를 바람직한 방향으로 이끌어줄 책임이 있다고 합니다. 학교에 책임이 있다! 이런 견해는 다른 것이 아닙니다. 이 논리를 잘 보면, 어떤 것이 개입되어 있느냐? 현대 사회에서는 전통적 가족 제도가 해체되고 가정의 역할 중 상당수가 학교로 이관되고 있으니까, 학교에서 인성교육을 하라! 이렇게 되는 거예요. 그것은 어떤 차원에서 보면, 학교가 적극적으로 교육적 책무성을 담당한다는 의미도 있지만, 다른 말로 하면 교육의 책임을 학교로 모두 전가시키는 거예요.

전통적인 입장에서 보면, 현대의 가정교육 자체가 어떻게 됩니까? 당연히 해체되어야지요. 시대가 바뀌었는데 어떻게 옛날 방식 그대로 가정교육의 양식이 존속할 수 있나요? 이제는 다른 방식의 현대사회에 맞는 가정교육이 등장한 거죠. 다른 방식의, 옛날과 다른 양식의 가정에서의 대화, 이런 것들이 존재하죠. 그런데 전통 가정교육이 없어져 버렸으니까, 학교가 그것까지도 맡아라! 이런 인식 자체가 굉장히 문제가 있다는 겁니다. 이것이 인성교육이 의도하는 긍정적 측면에도 불구하고, 심각한 오해를 불러일으킬 문제들이에요.

••• 교과 지식 교육에 대한 오해를 이해하라

교과 지식에 대한 오해는 어떤 것이냐? 이런 겁니다. 학교에서 교과 지식 습득과 그것을 중심으로 평가하는 교육 체제에서 성적 경쟁은 피할 수 없다! 성적과 점수를 두고 학생들 사이에 경쟁할 수밖에 없다! 그래서 경쟁을 지나치게 나쁜 것으로만 간주할 필요는 없다! 이런 인식은 경쟁할 수밖에 없는 체제이니 경쟁해야 된다는 소리입니다. 쉽게 말해서 교육은 경쟁을 해야 하고, 그것이 속성이라는 소리예요. 그래서 경쟁을 어떻게 보느냐? 경쟁은 학생들의 학습동기를 이끌어내는 데 좋은 역할을 한다! 그리고 학생들의 잠재력을 자신들이 인지한 수준 이상으로 끌어내는 효과도 가져온다! 물론 경쟁은 불가피할 수 있고 인간의 발달 과정에서 적절한 역할을 수행하기도 합니다. 전혀 의미가 없는 것은 아니에요. 이런 긍정적 인식이 교육에서의 경쟁을 옹호합니다. 그래서 학생들의 잠재력 확인과 자신들의 한계를 극복하는 경험을 유도하는 데 경쟁은 꼭 필요하다! 경쟁? 필요하죠. 활력소를 불어 넣기 위해 아주 유효한 장치일 수 있지요.

그런데 인성의 문제는 무엇이냐? 앞에서 말씀드린 것처럼, 인성교육의 문제는 경쟁으로 해결하기 어려운, 절대 그럴 수 없는, 전혀 다른 양식의 교육입니다. 또 다른 형태의 교육 패러다임입니다. 교육은 근원적으로 교과 지식과 도덕 윤리적 측면을 아우르는 겁니다. 그런데 그것을 이분법적으로 갈라놓고 있잖아요. 대립되는 양식으로 말이지요. 이 인식이 얼마나 위험하냐? 아니, 경쟁하지 않으면, 동기를 이끌어내지 못합니까? 얼마든지 협동을 통해서도 협력 학습을 통해서도 할 수 있는 거예요.

이런 현상이 무엇이냐? 교육적 인식이 한쪽으로 치우쳐 버렸다는 거죠. 그런 차원에서 우리가 다시 교육을 곱씹어 봐야 합니다. 교과 지식은 경쟁만을 통해 자기 성적을 높여가는 것이고, 인성교육은 경쟁하지 않고 협력해서만 가야되는 것이므로, 이것은 만날 수 없는 평행선이다? 제가 볼 때는 아주 위험한 발상입니다. 앞에서 말한 한쪽으로 치우친 인성교육, 여기에서 말한 성적 경쟁을 통한 지식 교육, 이런 것이 나쁘거나 틀렸다는 것이 아니고, 한쪽으로만 치우쳐 다른 부분을 소홀히 하거나 무시할 경우, 오류가 발생한다는 말이죠. 그런 문제에 대해 인지하고 고민해보자는 겁니다.

그 다음에 요즘 교육에서 보면 교과목에서 '집중 이수제'라는 것이 있어요. 인터넷을 비롯하여 여러 자료를 찾아보면 알겠습니다만, 집중 이수제라는 것은 그런 겁니다. 특정 교과목, 예를 들어, 음악이라든가, 미술이라든가, 또 다른 교과목들, 사회라든가, 역사라든가, 국어, 영어, 수학과 같은 주요 교과목 이외의 과목을 한꺼번에 몰아서 집중적으로 이수하도록 하는 제도적 장치입니다. 교과목의 경우에도 우리가 매일 식사를 하듯이 어떻게 되어야 하느냐? 아침, 점심, 저녁을 골고루 먹어야 하잖아요. 그래야 균형 잡힌 영양을 우리 신체에 공급할 수 있잖아요. 그런데 어떤 교과목을 이번 학기에는 안 배워요. 다음 학기 한꺼번에 다 배워요. 1학년 때는 안 배우고 2학년 때 배워! 쉽게 말하면, 편식을 조장하는 것처럼 느껴져요. 하지만, 제가 볼 때는 조금씩 배우더라도 어떻게 됩니까? 물론, 학습 효과 차원에서는 집중적으로 이수하는 게 좋을 수도 있겠죠. 교육 과정 차원에서 한 번에 모아 가지고 하는 것이 효과적일 수 있습니다. 그러나 여러분, 식사를 한꺼번에 모아서 먹습니까? 조금씩 나누어서 섭취해야 몸이 건강하잖아요. 그런 차원에 이런 제도는 문제가 있습니다. 장점도 있지만, 단점도 있어요.

이외에도 여러 가지 논란이 되는 교육 문제들이 있어요. 탁월한 능력을 갖춘 영재에 대해, 조기 영재교육도 있습니다. 이런 것도 국가 경쟁력 확보 차원에서 해야 된다고 합니다. 우리 한국 사회의 교육은 객관적 평판에서 어떠하냐? 국제 학업 성취도라고 그러죠. 많이 들어 보았을 것입니다. 피사PISA 평가에서, 교과 지식 교육의 차원에서 볼 때 국제 학업 성취 평가에서 한국의 중등 학생의 경우, 세계 최상위권입니다. 거의 어떤 교과목은 1, 2위를 다투고, 10위 안에 몰려 있는 것이 많습니다. 세계 수백 개의 나라 중에서 우리 청소년들이 최상위권을 차지하고 있습니다. 집중 이수제가 되었든, 교과 중심의 교육이 되었든, 교과 지식을 많이 하다 보니까, 중등학교 때 성취도는 세계 최고 수준입니다. 문제는 고등교육 이후의 단계에서 발생합니다. 그러니까 대학교 이후의 성취도는 어떻게 되느냐? 중등학교 때 세계 최고 수준이었던 것에 비해 그 수준이 현저하게 낮아집니다. 성인이 된 대학생 이상의 학력 수준이, OECD국가 중에서, 창의력이라든가, 어떤 독창적인 차원, 성인으로서 살아가는 필요한 어떤 아이디어, 이런 것은 거의 최하위권, 바닥으로 떨어진단 말입니다. 이것은 뭘 의미합니까? 그 원인이 정확하게 무엇인지 모르겠으나, 한 쪽으로 치우쳐진 교육이 이런 오류를 발생하게 만들지는 않았는가! 의심이 가는 거죠.

자, 그래서 여러분! 교과 지식 교육이냐? 혹은 도덕 윤리 교육이냐? 이렇게 얘기했을 때, 우리가 올바른 교육을 고민한다고 했을 때, 올바른 교육이 무엇이냐? 교과 지식 교육이나 윤리 도덕 교육 가운데 어느 하나를 선택하는 문제는 아니라는 겁니다. 대학에 진학하기 위해서는 현재의 입시 시스템에서는 교과 지식 성적이 높아야겠죠. 이런 부분을 보완하려면, 현재의 입시제도를 또 고민해야 합니다. 그러면 도덕 윤리 교육은 어떻게 테스트 하느냐? 평가할 수 있느냐? 쉽지 않단 말입니다. 그러니까 그런 부분들에 대한 보완책을 끊임없이 논의해야 된다는 거죠.

이런 고민 가운데서도 중요한 것은 무엇이냐? 인간을 발달시키고, 우리 대한민국의 청소년들을 어른들이 성장시켜 나가고, 그 다음에 삶을 윤택하게 만드는 데 필요한 내용과 방법을 교육에서는 고려할 수 있어야 합니다. 교육적이라고 가정했을 때, 교육적일 수 있다고 얘기했을 때, 그것을 가능하게 만드는 모든 교육의 내용과 방법에 대해 충분하게 고려할 수 있어야 됩니다. 심각하게 생각해볼 수 있어야 하고, 따져볼 수 있어야 됩니다. 정말 진지하게 따져봐야 합니다. 그것이 대한민국의 현재와 미래를 담보합니다. 말 그대로 인간을 발달시켜 성장시키고 삶을 아름답게 만드는 데 기여할 수 있어야 된다는 거죠. 그래서 우리 교육이 제도적으로, 혹은 교육 과정 차원에서 여러 가지가 제시되고 있는데, 과연 어떤 차원에서 논의해야 되겠느냐? 이분법적으로만 보는 것은 위험할 수 있다! 그것에 대한 인식을 제고하자는 겁니다.

02

교육 상담, 그 예방과 치료적 효과를
활용하라

앞서 교과 지식 교육이냐? 도덕 윤리 교육이냐? 이런 문제가 단순하게 한쪽을 선택하거나 치우친 교육에 의해 우리 교육이 지속되어서는 상당히 곤란하다, 오류를 발생시킬 수 있다, 그러니까 심도 있게 고민했으면 좋겠다는 문제의식을 가져 봤습니다. 이제 교육에서 상담의 문제를 말씀드리려고 합니다.

상담은 쉽게 말해 카운슬링이죠. 어떤 경우에는 멘토링이라고 해도 좋고요. 요즘은 멘토링이라는 말을 많이 쓰죠. 당연히 카운슬링이라는 말도 많이 쓰지만요. 교육을 이해하는 방식에서 단순하게, 학생이 어떤 문제가 있을 때, 상을 줘야 할 때 혹은 벌을 줘야 할 때, 다양한 형태의 사태가 벌어져 혼자서 해결하기 어려움에 봉착했을 때, 우리는 상담을 합니다. 그때 학생에 대해, 저 학생이 모범생이기 때문에, 저 학생은 비행 청소년일 가능성이 있기 때문에, 앞으로 여러 가지 차원에서 지도를 해야 하므로, 상담을 한다. 이런 상담만을 의미하는 게 아닙니다. 때문에 교육에 대한 이해를 할 때, 구체적으로 '어떤 상담이냐?'가 드러납니다.

여러분! 우리는 앞에서 다양한 방식으로 교육에 관한 논의를 하며 나름대로 정의를 내려 보았습니다. 다시 교육은 뭘까요? 교육은 우리 인생에서 어떤 역할을 할까요? 우리는 학교를 왜 다녔을까요? 그리고 지금 수많은 청소년들은 학교를 왜 다니며 교육을 할까요? 여러분은 왜 이 무크 강의를 듣고 있나요? 그에 대한 답이

나와야 될 거 아니에요.

교육을 의학醫學에 비유하여 말할 수 있습니다. 그 첫 번째가 예방의 기능입니다. 그리고 두 번째가 치료의 기능입니다. 예방은 질병이 발생하기 전에, 우리가 위생 관념을 잘 가져서, 손을 깨끗하게 씻어서, 질병을 예방한다, 감기를 예방한다, 이렇게 얘기하는 것과 같습니다. 치료는 질병이 발생한 이후, 그것을 낫게 하기 위해, 약을 처방하고 입원하여 요양을 하고 그런 행위입니다. 예를 들어, 교육적으로 좋은 말씀을 전해주고, 이런 것들이 치료적 행위에요. 그런 행위 가운데 구체적으로 드러나는 것을 상담이라고 합니다.

••• 교육에서 상담의 의미를 충분히 인식하라

자, 그러면 여러분, 상담이 현재 왜 중시되느냐? 그리고 한국교육에서 과연 이 상담의 문제가 제대로 되고 있느냐? 제가 볼 때는 교육에서 상담 행위의 실천이 굉장히 부정적으로 느껴집니다. 제대로 안되고 있단 말입니다. 많은 선생님들이 그리고 많은 어른들이 학생과 청소년 어린이들에 대해 상담의 형식을 빌려 교육을 하고 있지만, 상당수가 훈계를 하거나 자신의 가치관을 주입하거나 그런 형태로 진행되기 쉽습니다. 우리는 이렇게 배웠고, 나는 이렇게 해서 성공했다. 그러니까 너도 내가 했던 방식으로 해봐! 이런 방식이지요. 그건 일종의 강요이자 강제 행위입니다. 왜 그렇게 해야 합니까? 사람이 다르고, 시대정신에도 맞지 않는데요. 뿐만 아니라 생각도 다른데요. 자신의 생각만으로 진행되는 상담이 만연할 경우, 우리는 진짜 중요한, 저 아이에게 필요한, 저 청소년에게 필요한, 나의 동료에게 필요한, 사회적 약자에게 필요한, 아니면 지도자에게 필요한 중요한 포인트를 놓칠 수 있습니다. 상담이라는 것이, 충고라는 것이 과연 무엇이냐? 이거죠.

현재 우리 청소년들은 어떤 상황에 놓여 있느냐? 현재 사회를 4차 산업시대라고 합니다. 혹은 다양한 형식의 이름을 빌어 무슨 무슨 시대라고 합니다. 사회 변화와 함께 명명되는 이 복잡한 시대에 학생들은 노출되어 있습니다. 과거 전통적인 교육의 상황에서 보면, 전혀 교육적이지 않고 비교육적인 상황에 던져져 있는 겁니다. 예를 들면, 한부모 가정이나 다문화 가정의 아이도 있고, 맞벌이 부부가 증가하면서 우리가 일반적으로 갖고 있는 전통적인 가족제도가 해체된 경우의 아이들도 있습니다. 또 여러 가지 사회구조가 바뀌게 되면서 이전에 없는 청소년 문화가 존재합니다.

이 지점에서 오해하면 안 되는 부분이 있습니다. 뭐냐 하면, 사회가 변화할 때, 상당수의 사람들이 옛날에, 그 시절에는 참 좋았어! 이런 얘기를 많이 해요. 하지만 진짜 그 시절 그때가 좋았고, 상황이 변한 이 시대는 부정적으로 나쁘다, 좋지 않다, 그래서 그 시절로 돌아가고 싶다! 이런 것은 현실적으로 존재할 수가 없습니다. 상상 속에서, 혹은 추억 속에서, 그리움으로 살아올 수는 있죠. 아! 옛날 추억을 그리며, 재미있게 그 시절 얘기를 하면서, 친구들과 과거를 회상하기도 하고, 때로는 그것을 바탕으로 동창회 모임을 가질 수도 있고, 또 다른 어떤 우애를 다질 수도 있고, 그런 계기는 되겠죠. 그런데 옛날은 좋고 지금은 나쁘다! 그것은 아닙니다. 이것은 교육적으로 볼 때 전혀 다른 문제입니다. 시대가 달라졌죠. 달라진 만큼 다른 측면과 차원이 존재하고 차이가 있습니다. 그것을 철저하게 인정하고 존중해야 합니다.

••• 청소년에 대한 교육적 처방의 필요성을 인식하라

그러니까 현재 한부모 가정이라든가, 다문화 가정이라든가, 맞벌이 부부가 증가한 사실 자체가 사회적 현상인데, 이것이 나쁜 것이다, 부정적인 것이다! 그런 인식은 대단히 위험합니다. 그건 절대 아닙니다. 때문에 우리가 전통적인 교육 양식으로 볼 때, 비교육적으로 노출될 확률이 과거보다 조금 높아질 수는 있습니다. 그건 당연한 거죠. 과거에는 가족 간의 유대가 깊었는데 지금은 가정이 해체되니까 그런 것이 옅어지더라. 이렇게 비교해 봤을 때 상당히 비교육적으로 노출되는 것일 뿐이지, 그것 자체가 잘못되거나 나쁜 것으로 인식되어서는 곤란합니다.

현대 사회의 특징 상, 한부모 가정이나 다문화 가정에서, 또 다른 양식의 인정미나 또 다른 교육적 요소를 발견할 수 있는 것입니다. 그리고 그런 교육의 양식을 창출해 내야 합니다. 그것은 시대가 요청합니다. 그러니까 무조건 과거 어떤 삶의 양식이 현재 다른 형태의 삶의 양식으로 변한 것에 대해, 좋은 것에서 나쁜 것으로 전환되었다는 그런 차원의 이해는 곤란하다는 거죠.

그 다음에 또 사회 변화에 의해 나타나는 것 중에 하나가, 우리 청소년들이 처한 상황입니다. 학생들은 어떤 것에 시달리느냐? 지나친 학업 경쟁에 스트레스를 받습니다. 제가 볼 때, 우리나라 청소년들, 제 자식도 그랬습니다만, 공부를 너무 많이 합니다. 초·중등학교를 다니는 청소년 시절에는 좀 뛰어놀아야 돼요. 왜 안 놀죠? 아니, 제 자식을 보니까, 새벽 무렵 혹은 아침 6시에 일어나요. 물론 제 자식은 학교에서 오후 서너 시가 되면 수업 끝나고 바로 집으로 와서 쉬기도 하고, 기타 피아노나 태권도 도장에 갑니다만, 어떤 때는 학교에서 무슨 행사를 했는지 밤늦게 귀가하는 경우도 있어요. 학교에서 너무 많은 시간을 공부에만 시달리는 것 같아요. 그런 느낌이 많이 듭니다. 아니, 일반 노동자도 어떻게 됩니까? 8시간 노동을 하고 좀 쉬라고 되어 있잖아요. 학생들에게 공부는 일종의 노동에 속하는 거예요. 공부도 8시간 정도, 그것을 감당할 수 있을 정도로 해야 됩니다. 초등학생의 경우 4시간 정도하고 그 이외에는 즐겁게 놀아야 합니다. 그런데 우리 청소년들은 학교에 갔다가, 학원에 갔다가, 또 집에 와서 숙제하면서, 도서관 갔다가, 하루 24시간이 부족할 정도입니다. 재미있게 얘기하면 정말 공부를 많이 합니다. 그러니까 전 세계에서 어떻습니까? 앞에서도 말했듯이, 전 세계에서 학업 성취도가 가장 우수한 집단에 속하는 거죠.

그런데 그것이 즐거운 일인 것만은 아닙니다! 청소년 때, 10대 때 너무 많이 공부하다 보니, 20대, 30대에 애 늙은이가 되어 버려요. 창의력이 발휘가 안 돼! 우리 인생도 전체적으로 보고, 골고루 시간대 별로 나누어서 행위를 안배해야 돼요. 그러니까 재미있게 삶을 조절하며 만들어야 합니다. 그런데 우리 청소년들은 한꺼번에 너무 지나치게 학업에 쏟아 붓습니다. 공부를 너무 많이 해요. 교과 지식 공부, 입시 공부에만 매몰되어, 경쟁 논리에 휘말려 자신을 잃어버리기도 합니다.

또 거기에다 부모들이 부추깁니다. 쉽게 말해서 교과 성적을 올리려고 수단 방법 가리지 않고 날뛴다고요. 부모님들이 발을 동동 굴리면서, 내 아이 잘되어야 한다고 매니저 맘이 됩니다. 부모님이 자식의 매니저예요. 그리고 이른 바 타이거 맘, 호랑이입니다. 아니, 학교에 훌륭한 선생님들도 많이 있고, 또 저학년의 경우에는 선배도 있고, 학교에서 친구들 동료들이 있고, 인간관계를 잘 맺고 상호 의사소통하면서 자신을 가꾸어갈 수 있도록 하면 되잖아요. 그게 교육이잖아요. 그런데 엄마가, 맘이 왜 매니저가 되냐고요. 물론 집에서, 보호자니까, 당연히 자식들의 매니저가 되어야죠. 하지만 왜 학업과 경쟁을 부추기며 아이들을 정신적으로 피폐하게 만드는 데 엄마가 앞장 서냐고요. 안타깝기 그지없습니다.

엄마가 나서면 나서는 만큼 아이들의 자주적 능력은 어떻게 되겠습니까? 상실됩니다. 좀 먼발치에서 잘 할 수 있도록 도와주고 북돋아줘야죠. 직접 나서서 다 해요. 심지어 어떤 부모님들은 아이들을 차에 태워서 여기저기 막 다녀요. 밥도 차 안에서 해결해요. 시간이 아깝다고요. 아 참! 이런 서글픈 현상으로 인해 우리 대한민국의 학생들이 스트레스를 많이 받습니다. 학업 스트레스, 경쟁 스트레스, 엄마 스트레스! 이런 부분들이 상담을 하지 않을 수 없게 만드는, 새로운 교육 구조를 양산합니다. 우리 학생들이 너무나 비교육적인 상황에 많이 노출되어 있다는 거죠.

그래서 학생들에게 가장 중요한 것이 무엇이냐? 학생들의 정신 건강 문제입니다. 정서적으로 불안정해 진거죠. 정서적으로 불안정해 졌으니까 안정되고 편안한 방향으로 치료를 해줘야 돼요. 아니면 정서적 불안정이 드러나지 않도록 미리 예방적 차원의 다양한 조치를 취해 줘야 돼요. 어른들의 경우는 자기 스스로가, 아! 내가 좀 일을 너무 많이 한 것 같아 쉬어야 되겠다. 그래서 요즘 그런 말을 많이 하잖아요. 힐링 해야 되겠다! 힐링! 그런데 아이들은 어떻습니까? 자기 스스로 하려고 해도 맘들이, 엄마들이 가만두지 않습니다. 다양한 방식으로, 너 이렇게 하면 안 돼! 저렇게 하면 안 돼! 대학 못가! 그리고는 자기가 리드해서, 끌고 가서, 아이들의 정신건강에 문제가 생기도록 만들어요. 불안한 아이가 되도록 조장한다고요. 그게 문제가 되는 겁니다.

이런 차원에서 교육적 처방이 필요한데, 어떻게 해야 되느냐? 교육 상담이 요청됩니다. 상담을 해나갈 때는, 당연히 상담 기법이라든가, 또 상담의 방법이라든가, 상담의 시기라든가, 다양한 전문적 차원이 동원되어야 합니다만, 여기서 자세하게 언급하지 않겠습니다. 아주 전문적인 기법도 많이 있습니다. 특정한 아이에 대해서는 특정하게 처리해야 하는 방법이 있습니다. 특히, 교육적 처방을 하려면 어떻게 해야 되느냐? 학생의 성향을 진지하게 고민해야 됩니다.

••• 청소년의 정서적 불안정을 배려하라

여러분! 우리 자식들이나 우리 아랫세대, 미래 세대들은 어른들에 대해, 혹은 부모들을 보고, 예의도 잘 지키고 행동도 잘 합니다. 대부분의 경우, 우리 대한민국의 청소년들은 착합니다. 때로는 아주 착한 척하는 아이들도 있습니다. 그때 부모들이나 어른들이 착각한다고요. 속아 넘어갑니다. 앞에서 보니까 아주 착해. 인사도 잘하고. 그런데 다른 데 가서는 전혀 엉뚱한 행동을 할 수가 있습니다. 내 자식이고 내 아이고 우리 동네 아이니까 그렇지 않아! 설마 내 자식이 그럴까! 설마가 사람 잡아요. 집안에서는 아주 모범생입니다만, 또래집단 동료집단 그리고 학교생활에서는 그것과 정반대의 방향으로 행동을 표출할 수도 있습니다. 이해가 가지 않지요? 그래서 어떤 현상이 벌어지느냐? 부모가 상상하지 못할 정도의 다양한 비행 가능성을 수시로 드러냅니다. 물론 그와 반대되는 경우도 있습니다.

상담 얘기를 하다보니까 부정적인 얘기를 많이 하는데요. 부모가 상상하지 못할 정도의 모범적인 생활을 하는 자식들, 혹은 아이들도 많이 있습니다. 그러니까 집에서는 가끔씩 가다가 부모의 말을 잘 안 듣고 비행을 저지르는 것 같은 자식들이 있을 수 있지요. 무언가 잘 못할 경우에, 재미있게 얘기하면, '야 이 자식아, 그것도 잘 못했어?' 이렇게 꾸중을 하거나 그런 경우도 생기잖아요. 그런데 그 아이가 학교에 가면 어떠냐? 친구들과 잘 지내고요. 선생님과 면담을 해보니까 아 누구누구는 굉장히 잘하고 열심히 하는데요. 집에서는 안 그런가요? 부모가 미처 모를 정도로 모범적인 아이들도 있습니다. 그것과는 반대로 집에서 부모에게는 아주 모범생인데 학교에서는 또 다른 비행 청소년이 될 가능성도 있습니다. 그러다 보니 그 학생은 어떻게 되느냐? 집에서는 모범생, 학교에서는 비행 청소년, 혹은 거꾸로 일수도 있고요. 이런 것들의 이중적 상황 속에서 교육적으로 방치가 됩니다.

여러분! 학교에서 교과목을 잘 배운다. 학원까지 연장시켜서 공부를 하여 교과 성적이 무지 높다. 선생님들 얘기를 들어보니까 학교에서 생활을 잘 한다! 그렇다고 해서 이 학생들 모두가 교육적으로 성공할 수 있을까요? 아닙니다. 그것에 물음표를 던지면서 의심을 해봐야 합니다. 우리 아이만은 그렇지 않다! 설마 그러랴!라는 방심은 금물입니다. 그렇다고 청소년들을 신뢰하지 말라는 말이 결코 아닙니다. 당연히 아이들을 믿어야죠. 다만 청소년 시기의 특성상 아이들을 돌볼 때, 긴장을 놓치지 말고 조심하자는 겁니다.

제가 볼 때, 대한민국 사회 곳곳에서, 교육적으로 방치될 수 있는, 다른 말로 하면 교육의 사각 지대가 곳곳에 존재합니다. 그런 부분들에 대한 고민들 때문에, 사람들을 만나면 어떤 대화를 해야 할까? 어떤 카운슬링을 해야 될 것인가? 반드시 문제가 있기 때문에 카운슬링을 하는 것은 아닙니다. 문제가 생기기 전에도 미리 얘기할 필요가 있습니다. 언제든지 말이지요. 오늘날 청소년 가운데 학교를 다니지 않는 탈학교 학생이 많이 있습니다. 이들이야말로 교육의 사각 지대입니다. 탈학교니까, 학교를 안 다니니까, 학교를 관장하는 교육청이라든가 학교에서 보호하지를 못해요. 케어 하지 못한단 말입니다. 그런 청소년들은 누가 돌봅니까?

그래서 우리가 이런 학생이 교육적으로 방치되지 않도록, 사각 지대에 있는 사람들에 대해서 미리 예방할 수 있는 방법을 모색해야 합니다. 교육은 사실, '예방적 장치냐? 치료적 행위냐?'라고 했을 때, 저는 개인적으로 이렇게 생각합니다. 예방적 장치가 치료적 행위보다 좀 앞섰으면 좋겠다! 그런데 우리 교육의 형태를 가만히 보면 치료적 행위가 굉장히 많습니다. 예방적 행위에 소홀한 경우가 많아서 사후에 조치를 취하고 상주고 벌주고 합니다. 어쨌든 간에, 비교육적으로 방치되거나 사각 지대에 있는 학생들을 조기에 치료해야 되잖아요. 그러니까 학교 현장에서 다양한 일탈 행위를 하는 것, 포괄적으로 정신적 불안정에 빠진 사람들, 이런 친구들을 조기에, 가능한 일찍 치료해줘야 돼요. 병도 그래요. 만성질환이 되어 버리면 낫지 않습니다. 완치하기 힘들어져요. 그러기 위해서는 교육도 해야 되고요, 치료 프로그램도 마련해야 됩니다. 무엇보다 중요한 것은 충분한 배려를 해야 합니다.

상담을, 예방적 상담이 되었든, 치료적 상담이 되었든, 상담을 하기 위해서는 가장 중요한 것, 충분하게 해야 하는 일이 무엇이냐? 대상에 대해 배려를 해야 됩니다. 배려하지 않고 무엇을 하나요? 내가 전문가니까 알려줄게? 전문가니까 치료해줄게? 그것은 배려가 아닙니다. 기능이나 기술에 불과하지요. 배려는 마음에서 우러나 내가 상담자의 짝이 되어주어야 되는 거예요. 상담자의 친구가 되어 주어야 되는 거죠. 상담이 필요한 사람을 끌어안을 수 있어야 돼요. 손을 맞잡고 함께 눈물을 흘릴 수 있어야 합니다. 물론 울기만 해서는 안 되지요. 당연히 웃어야 되죠. 울고 웃어야 합니다. 보듬어 주고 쓰다듬어 주고 포용할 수 있어야 됩니다.

다시 반복해 봅시다. 정서적 안정에 대한 조력자의 측면에서 상담을 말하면, 상담을 하는 학생은 다양한 이유에서 억눌린 자입니다. 물론, 우리 학생들은 어떻습니까? 대부분의 학생들이 밝게 자라죠. 미래 가능성이 많이 있고, 그 다음에 또 열려 있는 삶의 공간 속으로 많이 나아가고, 그런 학생들이 많습니다. 그러니까 더 열심히 신중하게 살펴봐야 돼요. 100명 중에 단 1명이라도 억눌린 사람이 있다면, 그런 학생이 있다면, 반드시 그것을 어떡해야 됩니까? 그 학생에게 철저하게 힘을 써서 도와줘야 됩니다. 조력해줘야 됩니다.

앞에서 지적한 것처럼, 한국 사회의 청소년들은 대부분 나름대로 밝게 잘 자라고 있습니다. 대한민국의 미래는 희망적이라고 봐요. 절망적이지 않습니다. 왜 절망적으로 봐야 됩니까? 그럴 이유가 있습니까? 우리 청소년들이 저렇게 열심히 살아가고 있는데, 미래 세대가 열심히 살아가는 만큼 희망적이라고 봐야죠. 그러나 그 가운데서도 100명 가운데 1명의 미래 세대가 절망적이고 아주 억눌린 상태에서 희망을 발견하지 못하고 있다면, 그들에게는 반드시 상담을 통해 건전한 방향으로 유도해줘야 됩니다.

•• 교사의 상담 지식과 능력을 확보하라

그래서 교사가 중요한 겁니다. 나중에 교사에 대해 말할 기회가 있겠습니다만, 교사가 왜 중요하냐? 교사는 학생들에게 하나의 모델입니다. 함께 호흡하는 동반자인 동시에 카운슬러예요. 때문에 학생들에게 정서적 안정을 도와줄 수 있는 기술을 체득해야 돼요. 교사는 단순히 월급만 받는 존재가 아니에요. 지식만 전달해주는 존재가 아닙니다. 뿐만 아니라 심미안도 가져야 되고, 혜안도 가져야 돼요. 아! 이 학생이 지금 이런 상태구나, 저런 상태구나라는 점을 파악하며 진지하게 다가갈 수 있어야 돼요. 그러다 보니까 교사는 교과 지식뿐만 아니라, 현재의 시대 정신에 맞게, 이 시대의 교사에게 요구되는 것은 철학이라든가 심리학이나 사회학, 이런 여러 학문 영역에서의 인간의 사고와 현상을 설명하기 위한 인문학적, 사회과학적 소양을 구비해야 돼요. 그래야 뭘 할 수 있느냐? 인간을, 다시 말해 학생을 파악할 수 있습니다. 그래야 무슨 상담을 하죠.

그 다음에 교사에게 중요한 것은 학생에 대한 관심과 이해도를 엄청나게 높여가야 됩니다. 그것이 교사가 해야 될 일이에요. 혹시 이 강의를 듣고 있는 교사가 있다면, 진지하게 생각해 보십시오. 교과 지식은 교사로서의 자격을 취득하면서 이미 뭡니까? 전문가로서 당연히 갖고 있는 겁니다. 그러나 예를 들어, 국어교사라고 했을 때, 국어 교과목 지식 이외에, 철학적 시각이나 심리학적 지식, 사회학적 관점 등, 인간을 파악할 수 있는 지식을 조금이라도 갖고 있는 것과 갖고 있지 않은 것은 차원을 달리하지요. 그래서 조금이라도 인문 사회 과학적 지식을 갖고 학생들을 이해하고, 이해한 만큼 카운슬러가 되어주고 멘토가 되어줄 수 있어야 된다는 거죠. 그리고 우리 모두, 저를 비롯해서 교육에 관심 있는 많은 사람들은 뭘 해야 되느냐? 파트너십을 가질 수 있는 지식을 구비할 필요가 있습니다. 학생이 되었든, 어떤 아이가 되었든, 우리 사회에 약자가 되었든, 동료가 되었든, 그들과 상담할 수 있는, 어떤 대상에 대해 상담하고 멘토링을 할 수 있는 태도가 필요합니다. 그래서 인문학 공부를 하고 사회과학 공부를 하고 자연과학, 의학, 예술, 체육 등 다양한 지식들을 확보하려고 노력하는 거죠.

자, 그래서 여러분! 이번 시간에는 교육에 대한 이해라는 것이 예방과 치료의 이중주이다. 교육은 예방적 장치와 치료적 행위 사이에서 시계추처럼 왔다 갔다 하면서, 이 아이에게는 예방적 조치를, 저 아이에게는 적극적 치료 행위를 구체적으로 고민해야 된다는 겁니다. 지식을 가르치는 것도 있지만, 그 지식이 과연 어떤 성질을 지니고 있느냐? 예방적이냐? 치료적이냐? 그것이 판정되었을 때, 상담의 문제가 보다 정확하게 나올 수 있다는 거죠. 그냥 상담기법만 갖고 상담하는 건 아니란 말입니다.

이런 측면에서 보면, 이제 학교와 교사는 학생들에게, 혹은 학부모에게 어떤 태도를 취해야 되느냐? 상담에서 학생을, 학부모를 먼저 이해해야 됩니다. 이해라는 것은 일종의 관심이자 배려와 상통하거든요. 그리고 학생에 대해 흥미를 느껴야 돼요. 관심! 그 다음에 이제 배려하는 능력을 갖고 있어야 돼요. 학교는 학생을 수용하기도 하지만, 수용하기만 하는 공간이 아니에요. 반드시 그들에게 뭘 해야 됩니까? 수용과 동시에 수용하는 만큼의 배려가, 보호와 베풂이 나와야 됩니다. 자유도 부여해야 되는 거고요. 그런 능력을 갖춘 이후에 상담하는 기술이라든가 멘토의 역할을 충분히 고려하여, 우리 아이들이 보다 희망적인 세상으로 나아갈 수 있도록 이끌어줘야 하는 것이 상담의 역할입니다. 그것이 오늘날 우리 한국교육의 주요한 논점이라고 생각합니다.

02 교육 상담, 그 예방과 치료적 효과를 활용하라

03

진학지도와 진로지도의 균형 감각을 회복하라

앞서 상담에 대해, 예방과 치료의 차원에서 다루어 보았습니다. 이제 굉장히 어려운 문제인데요. 진학과 진로에 대해 교육적으로 고민해 보겠습니다. 여러분! 자식이나 주변의 친인척, 후배, 우리의 미래 세대들, 그러니까 우리가 기성 세대라고 했을 때 미래를 책임질 현재 세대, 혹은 더 어린 아이들을 보면서, 삶에 필요한 어떤 유의미한 말들만을 하나요? 지금 이 강의를 수강하고 있는 여러분은 평소 후배들에게 어떤 인생 얘기, 삶의 진로 문제들을 말해 주면서 살아가나요?

진학과 진로라고 했을 때, 열심히 공부해서 좋은 중학교로 가야 돼! 좋은 고등학교, 대학교로 가야 돼! 이 소리가 먼저 나옵니까? 아니면 좋은 직업을 구해야돼! 사람은 이렇게 살아야 돼! 이런 소리가 먼저 나옵니까? 어떤가요? 솔직하게 얘기해 보자고요. 저는 교육학자로서, 혹은 철학자로서 주변의 여러 사람을 만납니다. 그때마다 이와 유사한 얘기를 해보면 대부분의 사람이 진학과 진로 가운데 진학 쪽에 치우친 얘기들을 많이 하는 것을 들었습니다. 특히 상급학교 진학, 그 가운데서도 대학 진학이지요.

•• 진학 노이로제를 직시하라

이런 점에서 저는 어떤 생각을 갖느냐? 우리 한국 사회에서, 자식을 교육하거나 제자를 지도하거나 동료나 후배들을 함께 어떤 문제를 논의할 때, 상당수가 진학의 차원에서 노이로제 증상을 일으키는 듯합니다. 극단적으로 얘기하면 대부분이 너 대학 어디 가야 돼!라고 해요. 또한 열심히 공부해서 대학을 갔습니다. 그런데도 또 어떤 사람들은 이렇게까지 얘기해요. 야! 그 대학은 명문대학이 아니야, 네가 원하는 학과가 아니니까 다시 반수해! 재수해! 이 얼마나 국가적으로 낭비입니까! 대학교면 대학교지 거기에 무슨 또 다른 명문대학이다, 지방대학이다, 무슨 사립대학이다, 국립대학이다, 수도권 대학이다 등등, 거기서 대학을 또 구분해요. 아 참! 대학은 고등 지식인, 전문인, 지도자와 같은, 그에 맞는 교양을 갖춘 지성인을 양성하는 곳입니다. 그러면 그것이 지방에 있건, 서울에 있건, 산골에 있건, 바닷가에 있건, 도심에 있건, 같은 수준이어야 합니다. 그리고 제 친구들 가운데 많은 사람들이 지방대학에도 재직하고 있습니다. 그 친구들이 저보다 실력이 나쁘거나 떨어지거나 하지 않습니다. 학생 지도도 잘 합니다. 중요한 것은 자신을 잘 키워나가는 일입니다.

그런데 대부분 어떻게 되느냐? 대학 진학 노이로제에 걸려서, 초등학교 때부터, 심지어는 앞에서 제가 그랬지요. 보육 단계나 유치원 때부터 대학 진학의 문제를 거론합니다. 중등교육을 지나면서는 전부 입시 전쟁을 치르고 있어요. 그러니까 우리 한국교육이 뭐가 되어버리느냐? 고질병이 됩니다. 대학에서 학생들에게 한국교육의 문제에 대해 논의하라고 토론과제를 주면, 대부분의 경우, 입시 문제를 거론합니다. 그것만 봐도 대학입시가 완전히 고질병이 된 것이 맞는 것 같아요. 고질병은 고치기 어려운 거예요. 고치기 어려우니까 그만큼 내성 짙은 병의 뿌리가 되어 삶으로 드러나는 데 삶 자체가 뭐가 되느냐? 왜곡된 삶이 되어버리는 거예요. 삶 자체가 그러니까 이런 부분에 대해 우리가 진지해야 된다고요.

이런 모습을 보면서 우리 사회의 지식인이나 지성인들, 이 사회에 지도급 인사들부터 무엇을 생각해야 되느냐? 특히, 나름대로 힘과 권력을 갖고 있고, 사회를 리더할 수 있는 여건이 조성되어 있는 사람들, 그들의 자식부터 어떻게 만들어야 하느냐? 이런 고질병에서 벗어날 수 있도록 노력해야 돼요. 그런데 그들의 자식부터 먼저 진로가 아니라 진학 지도부터 먼저 한다고요. 너는 명문대학인 ○○대학에 가야 돼! 그러니까 진학은 이런 겁니다. 보육 단계에서 유치원을 거쳐 초등학교, 중학교, 고등학교, 대학교 등 상급학교로 학교 급을 높여서 올라가잖아요. 그게 진학입니다. 학교 단계를 점점 높여 가잖아요. 이게 진학이에요. 진학은 우리나라에서는 중학교까지 대부분 무난히 합니다. 중학교까지 의무교육을 하니까요. 물론 고등학교에서도 의무교육을 하는 데는 있습니다만, 특별한 경우이고요. 중학교까지는 문제없이 그냥 진학합니다. 그런데 고등학교 들어갈 때부터 어떻게 됩니까? 일반계 고등학교로 진학하느냐? 외국어고등학교로 진학하느냐? 과학고등학교? 자립형 사립고등학교? 특성화고? 등등 진학에 관한 다양한 목소리가 등장합니다. 왜 그러냐? 대부분이 대학 진학과 관련되어 있어요. 수십 년 째 한국교육의 고질병이라고 얘기하고 있지만 쉽게 고쳐지지 않습니다. 이것은 우리 한국사회의 구조적인 문제, 사회 문화적 현상과 맞물려 있습니다. 이 문제만을 해결한다고 없어질 사안은 아닙니다.

그래서 다시 설명하면, 진학 노이로제에 걸리니까, 유치원, 초등학교 때부터 소문난 사립을 찾아다닙니다. 그것이 부모, 특히 엄마의 일입니다. 돈도 많이 듭니다. 교육 프로그램이 좋다고 해요. 프로그램이 좋으니까, 또 소문난 중학교로 가려고 하겠지요. 예컨대 국제중학교 같은 곳에 말이지요. 중학교의 경우, 의무교육이지만 또 다시 특별한 케이스를 만들어 놓았는데 대표적인 곳이 국제중학교입니다. 초등단계에서 중학교로 진학할 때 조금이라도 입시에 유리하다고 생각하는 곳, 고등학교 때는 아예 대학입시를 잘 지도한다는 소문난 고등학교를 선호합니다. 앞에서 말한 외국어나 과학고와 같은 특성화고등학교나 수많은 명문고등학교들이 많이 있죠. 이것은 물론 평준화 고등학교냐, 비평준화 고등학교냐와도 관련이 있습니다.

••• 학교 문화의 왜곡성에 주목하라

이렇게 상급학교 진학 문제에서 각급 학교를 선호하게 되는 데는, 학생들의 태도가 그러하기도 하지만, 문제는 학부모의 자세와 태도가 소문난 학교를 지향한

단 말입니다. 더구나 이 사회에서 사회적 약자도 아니고, 경제적으로, 정치적으로, 사회적으로, 문화적으로 상당히 우월한 지위에 있는, 지도급 인사들이 이런 것들을 추구하는 경우가 없지 않다는 겁니다. 지도급 인사일수록 어떻게 해야 됩니까? 이 사회가 추구하는 보편적 가치에 다가가려고 해야 되잖아요. 그런데 그것에 역행하니 답답한 거죠. 그런 틈바구니에서 일반 국민들, 시민들은 어떻게 해야 하겠습니다. 또 무슨 생각을 하겠습니까? 아! 대한민국 사회가 평등하지 않구나! 이른바 금수저, 은수저, 흙수저가 완벽하게 구분되는구나! 사회 불신이 횡행하고, 한국에서는 아무리 노력해도 안 돼! 뒷배경이 중요해! 이런 인식이 팽배할 수밖에 없지요. 사회 구조상, 여러 부분이 왜곡되었다고 보게 되는 거죠. 정해진 규정이나 제도적 차원에서 제대로 시행이 안 되니까요. 보육 단계에서 유치원, 초등학교, 중학교, 고등학교를 거쳐서 대학교에 이르기까지, 이렇게 상급학교로 진학할 때, 그 종착지가 소문난 상급학교, 혹은 명문대학이라면, 첫 시간에 얘기했던 출세라는 것과 철저하게 맞닿아 있다고 볼 수밖에 없는 겁니다. 그러니까 이런 현상이 발생하는 거예요. 우리 사회의 암적 요소이자 평등하지 못한 자화상입니다. 그래서 우리가 진학 노이로제에 대해 반성하고 성찰하면서 건전한 교육의 방향을 고민해야 한다는 생각이 많이 듭니다.

앞에서 학생 개개인과 학부모가 취하는 진학 노이로제의 자세와 태도에 대해 말했습니다만, 또 다른 문제는 학교의 자세와 태도도 진학 문제를 왜곡시키는 데 한몫합니다. 이런 현상을 다른 말로 학교 문화라고 할 수도 있어요. 그러나 학교는 또 어떻게 생각을 하느냐? 이렇게 생각합니다. 좋은 상급학교 진학 학생 수, 그러니까 좋다고 소문난, 주변에서 명문이라고 생각하는 그 학교에 가면 대학을 많이 가더라! 그 학교에 가면 어떠어떠한 것들이 좋더라! 우리 아이들이 인격적으로 성숙할 수 있느냐 정말 교육적인 환경을 지녔느냐는 둘째 문제에요. 얼마나 많은 학생이 이른 바 명문대학에 많이 진학했는가? 그것을 보고, 진학 경쟁률이 치열하면 신흥 명문학교로 자리매김 됩니다.

때문에 그런 학교 교장을 비롯하여 많은 선생님들이 어떻게 생각합니까? 예를 들어, 어떤 고등학교에서 대학교로 진학을 한다고 가정을 합시다. 그러면 A고등학교에서는 대한민국에서 상당히 좋다는 B라는 대학에 10명이 진학했어. 작년에는 5명이 들어갔는데 올해는 10명이나 갔지. 아주 대단해! 학교가 점점 좋아지고 있어! 이렇게 학교를 평가해 버립니다.

저도 아주 유사한 경험을 했습니다. 제 딸은 집 주변에 있는 일반계 고등학교를 다녔고, 국·영·수와 같은 과외나 교과 지식 성적을 높이기 위한 학원을 한 번도 다니지 않았습니다. 그런데 어떻게 하다 보니까, 흔히 말하는 큰 국립대학, 이른바 한국 최고의 명문대학에 지원할 수 있는 그런 상황이 되었습니다. 그때 말이 나오는 거예요. 우리 딸은 솔직히 반드시 그 대학에 가고 싶어 하지는 않았어요. 그런데 학교에서 어떻게 얘기하느냐? 아! 우리 학교에서도, 한국 최고의 대학, 그 대학에 단 한명이라도 진학했으면 좋겠다. 플래카드라도 내걸고 대학 합격 축하를 했으면 좋겠어! 그때까지 그 고등학교는 최고의 대학이라고 하는 곳에 한 명도 진학하지 못한 거예요. 그러니까 학교 구성원 모두가 그 대학에 한 명이라도 진학하면, 학교의 위상이 올라간다는 인식이 있는 거지요. 사실 학부모와 학생은 전혀 그런 생각을 하지 않는데도 그러니까, 학교의 어떤 요구라고 할까요? 학교의 바람이라고 할까요? 그런 것에 의해 대학을 진학하기도 하고, 의도하지 않은 사태가 많습니다.

학생이 원하지 않는데도 그런 사태가 벌어지니까 이후에 어떤 현상이 발생하느냐? 어떤 학생이 나름대로 명문대학이라는 곳에 진학했습니다. 대학에 진학하고 보니까 그 다음부터 어떻게 되느냐? 그 대학이나 학과가 학생의 적성이나 소질에 안 맞는 거예요. 자기가 선택한 게 아니니까 더욱 그런 거예요. 그래서 다시 대학입시를 보기도 하는 등 안타까운 상황도 많이 벌어집니다.

그 다음에 또 학교의 문화가 어떻게 되어 있느냐? 예를 들어, 고등학교를 졸업하기 직전에 대학입학을 위한 수능시험을 봅니다. 수능시험에서는 무엇을 고민하느냐? 고득점을 한 학생이 어느 정도 배출되었는지, 학생들의 시험 점수 분포가 어떠한지, 그에 따라 대학의 수준을 나열하고 진학 배치표를 작성합니다. 이것도 교사들이 직접 작성하는 것이 아니라, 유명 입시학원 같은 데서 받아, 교사가 오히려 이 배치표를 보고 진학 지도를 합니다. 참 우울하지요. 그러나 그것이 사실이고 현실이고 한국교육의 치열한 현장입니다.

이렇게 학생의 능력과 적성, 관심과 흥미를 고려하지 않고, 물론 그런 것을 고려한다고 얘기합니다만, 대학에 진학하는 상당수의 학생들이 점수나 성적에 맞춰 들어오는 형태가 있단 말입니다. 그렇다고 해서 한국 사회에서 그것을 당장 없애 버리자니 쉽지는 않습니다. 수십 년 동안 그렇게 해왔고요. 그와 맞물려 있는 다양한 사회 구조적인 문제가 잔존하고 있습니다. 이번 무크 강의도 그런 부분들을 하나씩 해소해가기 위한 고민의 장치이자 노력의 일환으로, 여러분과 얘기를 나누어 보려는 거죠.

다시 강조하지만, 상당수의 학생들이 전반적으로 학생의 특기, 적성, 이런 것들을 고려하지 않고 대학 진학을 합니다. 최고의 명문대학이라는 곳에서 학생 생활을 조사한 경우가 있었는데, 70% 전후의 대학생들이 자신의 대학 선택과 현재의 대학생활에 만족하지 못하는 충격적인 결과가 발표된 적도 있지요. 이른 바 명문대학이니, 수도권 대학이니, 지방대학이니 하면서, 앞에서 말한 것처럼, 고등학생이 이런 것들을 삶의 목표로 삼고 있으니, 대학 진학에만 쉽게 말하면 올 인 all-in하고 있어요. 물론 올 인하는 것은 아니겠지만요. 심하게 얘기하면 올 인하고 있다 이렇게 됩니다.

•• 다시, 교육의 본질을 확인하라

이 지점에서 심각하게 성찰해야 하는 문제가 무엇이냐? 다름 아닌 교육의 본질, 대학이라는 고등교육의 의미를 확인해야 됩니다. 여러 번 얘기했지만, 교육의 본질이 뭡니까? 미성숙한 인간을 성숙한 인간으로 전환시키는 겁니다. 내가 좀 부족하다 채워야지! 좋은 것이 있으면 다른 사람과 공유하고, 경험이 부족한 개인의 자립 능력을 길러주는 겁니다. 끊임없이 사회적 경험, 내가 살아가는 데 필요한 다양한 경험들을 함양해서 내가 살아갈 자립 능력을 기르는 거예요. 내가 스스로 일어서서 살아가야 되잖아요. 누가 살아줍니까?

그런데 아직까지도 많은 사람들이 그럽니다. 교육의 본질을 확인하지 않다보니까, '너는 공부만 하고 가만히 있어! 다른 건 엄마가 다 해줄게! 너희들은 열심히 공부하고 시험 점수를 잘 맞으면 돼! 나머지는 선생님이 다 해줄게!' 아니, 자신의 일을 누가 해줍니까? 아무도 해주지 않아요. 내가 스스로 살아갈 수 있는, 이 자립 능력, 스스로 서는 것, 이 자립 능력이야말로 어떻게 보면, 최고의 자립 능력을 갖춘 사람이야말로 학력과 관계없이 교육을 잘 받은 사람 중의 하나라는 생각이 들어요.

또한 개인이 갖고 있는 다양한 잠재능력이 있겠죠. 그것을 발휘하는 게 교육의 본질이란 말입니다. 그런 인식을 하게 되면 다시 대두하는 게 무엇이냐? 앞에서 말한 진학 지도, 진학 교육이 아니고 진로 지도, 진로 교육이라는 것이 중요하다 이겁니다. 그렇다고 진학 지도나 진학 교육이 필요 없다는 말이 아닙니다. 상급학교로의 진학도 여전히 중요하죠. 그러나 그것에 매몰되었을 때, 학생의 삶에 대한 생각을 하지 못하고, 상급학교 진학이 인생의 목표나 목적이 되어, 학교를 어디가야 하느냐만 생각하기 때문에 문제가 생긴다는 겁니다. 그랬을 때 진로 교육은 인생의 가치와 학교 졸업 후 직장 생활 등과 연관됩니다. 우리는 자신의 인생에서 인생의 가치를 실현할 직장, 즉 일을 할 수 있는 일터가 있어야 합니다. 그것이 학교를 졸업한 후에 자신의 적성과 자질을 발휘할 수 있는, 성인 교육의 과정이거든요. 그것을 통해 일터로 나아가 삶을 구현한단 말입니다.

직장 생활에 대한 고민이나 준비, 나는 무엇을 하고 살지? 이런 것에 관한 예비가 대학을 졸업할 때까지 안 되는 친구들이 있어요. 중·고등학교는 그렇다고 치고요. 그러니까 대학 3학년, 4학년이 되었는데도 어디에 가서 일하지? 자기의 적성과 특기, 능력을 발휘할 수 있는 직장을 고려하기보다는, 단순하게 연봉이 많은 직장이 어디지? 사회적으로 평판이 높은 기업체가 어디일까? 안정된 직장은? 이런 형식적인 것만 찾는 거예요. 그러다 보니까 기업체에 들어가서도 얼마 되지도 않아서 퇴사를 한다는 참 슬픈 언론 기사와 사회적 통계들이 자꾸 나오고 있습니다. 답답하죠.

그래서 진로 교육은 무엇이냐? 진로 지도나 진로 교육은 학생이 갖고 있는 재능과 적성을 자신이 정확하게 파악하게 만드는 교육입니다. 자기가 누군지도 파악해야 하고, 선생님이나 부모도 자식이나 제자들, 학생들의 재능과 적성을 인지하고 그에 맞게 지도해야 돼요. 소질과 적성, 능력 등 다양한 요소를 감안하면서, 그것에 적합한 직업을 선택하고, 인생의 가치를 실현할 수 있도록 지도해야 됩니다. 그러니까 너는 어떻게 살 것이냐? 너는 아주 성격이 활발하구나! 그리고 남을 잘 도와주는 성격을 갖고 있구나! 이런 방향이나 이런 직업, 이런 분야로 진출하면 전망이 밝아! 너는 번뜩이는 창의성이 있구나! 예술가적인 천재적 기질이 있구나! 그러니까 이런 방면으로 갔으면 좋겠어! 정확하게 고민을 하고 지도를 해줄 수 있어야 합니다.

●● 진로 교육은 세 가지 차원에서 점검하라

이러한 진로 교육에는 세 가지 차원이 있습니다. 첫 번째는 특정한 직업이나 사회 변화에 대한 정확한 정보를 전달해야 합니다. 여러분! 주변을 보세요. 시대는 저만큼 앞장서 가는데, 과거와 완전히 다르게 바뀌었는데, 사회 변화가 엄청난데, 아직도 20세기의 낡은 직업기준표를 들고 지도하는 사람이 있어요. 지금은 점차 사라지고 있는 직업도 많은데, 그런 정보들만 알려준다 이거에요.

재미있게 얘기하면 이런 사례도 있습니다. 예를 들어, 대학교 국어국문학과에 진학한다고 하면, 예전에는 많은 사람들이 이렇게 생각합니다. 국어국문학을 전공하니까 작가를 하겠구나, 소설가나 시인이 될 것 같은데! 때로는 국어국문학과를 나왔으니까 교직을 이수하여 국어 교사를 하겠구나! 그렇게 생각을 하지 국어국문학을 전공하여 무역 회사에 취직할 것이라는 생각을 선뜻 떠올리지를 않습니다. 그런데 현실은 그렇지 않습니다. 국어국문학을 전공하고 졸업한 사람들의 절반 이상이 일반 기업체에 취직합니다. 요즘은 기업체에 가서도 할 일이 많아요. 국어국문학을 전공했으니 다른 전공을 한 사람에 비해 상대적으로 글을 잘 쓸 수 있을 것이라 기대하잖아요. 실제로 글을 잘 쓰는 사람이라면 기업체 내의 신문기자가 될 수도 있고, 기업체에서 발행하는 기업체 회보를 만드는 데 참여할 수도 있겠지요.

예를 들자면 그런 겁니다. 여러 가지 재능이 있음에도 불구하고, 국어국문학을 전공했다고 해서, 무조건 작가나 교사만 생각하고 있는 거예요. 이렇게 되면 시대정신에 뒤떨어지는 거죠. 진로 지도를 하는 상당수의 중·고등학교 선생님들이 아직도 낡은 시대의 얘기만 하는 경우도 가끔 있습니다. 진로 지도를 위해서는 그에 필요한 많은 공부를 해야 합니다. 공부를 해서 정확한 정보를 알려줘야 할 거 아니에요.

두 번째는 다양한 진로를 소개하고, 그 수요와 가능성에 대해 객관적 정보를 전달하고 적절하게 판단할 수 있도록 유도해 줘야 돼요. 국어국문학과를 진학하면 작가와 교사가 될 수 있다. 이런 부분만을 얘기해서는 곤란합니다. 국어국문과에 들어가서 미래의 진로를 어떤 방법으로 고민할 수 있다는, 생각거리를 만들 수 있게 해줘야 돼요.

세 번째로 학생들의 자질과 적성을 판단해서, 자신의 자질 판별을 위한 다양한 장치를 개발해 줘야 돼요. 그냥 너는 이런 소질이 있구나! 너는 이쪽에 관심이 있구나! 정도로 일러주는 차원이어서는 안 되죠. 그것을 가지고 현장에 나와 실질적으로 적용하고 응용하기 전에 나름대로 내 자질이 진짜 그런가, 그렇지 않은가를 점검할 필요가 있어요. 예컨대, 개인의 신상을 침해하지 않는 범위에서 IQ검사를 비롯한 다양한 심리 적성 검사 도구를 활용하면 도움이 될 수도 있습니다. 이런 것들에 대한 고민들도 해줘야 돼요. 비과학적으로, 말로만 해서는 안 된다는 거죠. 신빙성 있게 과학성을 가미해야 된다는 거죠.

여러분! 우리가 앞에서 진학 지도와 진로 지도에 대해, 그 장점과 단점을 아주 간단하게 얘기했지만, 그렇다고 해서 진학 지도는 이제 그만하고 진로 지도만 해야 한다는 차원으로 받아들이면 곤란합니다. 그렇게 얘기한 것은 전혀 아닙니다. 진학 지도도 그 나름대로 의미가 있지만 거기에 빠져서는 곤란하다는 의미입니다. 진로 지도는 인생이 지속되는 한, 죽기 전까지 계속하는 겁니다. 내 삶의 진로는 상황에 맞게 성숙해 나아가야 되잖아요. 죽을 때도 어떻게 됩니까? 죽음을 앞둔 사람도, 내가 죽을 때 어떻게 죽으면 좋겠다, 이런 것이 나와야 되잖아요.

그런 차원에서 청소년 교육을 담당하는 많은 사람들이 진학 지도를 넘어선 진로 교육을 고민해보자는 겁니다. 여기에선 진학 지도를 '넘어선'이라는 의미는 이런 겁니다. 진학 지도를 하지 말라는 것이 아니라 그것이 갖고 있는 단점과 장점을 파악하여, 올바르고 적절한 진학 지도를 하면서, 건강한 진로 지도로 넘어가자는 겁니다. 진학 지도는 대부분 학력과 성적과 관계되죠. 학력과 성적이라는 한 가지 잣대로 우리 아이들을 평가해서 상급 학교를 어디에 가느냐? 그것을 따진단 말입니다. 참 어렵고 골치 아픈 문제지요. 우리는 학력과 성적, 특히 교과 지식에만 치중한 학력과 성적보다는 그 학생이 지니고 있는 적성과 그 학생이 가고자 하는 진로를 정확히 찾을 수 있도록, 교육적 노력을 해줘야 합니다. 그것이 바로 이 시대에, 대한민국 사회에서 진학과 진로, 진학 지도와 진로 지도, 혹은 진로 교육에 대해 우리가 관심을 가져야 하는 이유 중의 하나입니다.

04

교사의 권위를 어디에서 찾아야 하는가

　한국교육의 쟁점들 가운데 교사의 권위와 교육 자치에 대한 얘기를 간단하게 언급하겠습니다. 여러분! 우리 사회에서 교사라고 하면 무엇이 먼저 떠오릅니까? 옛날에는 선생님, 혹은 스승의 날을 기념하면서 스승이라고 했잖아요. 오늘날과 비교해 볼 때 느낌이 어때요. 저도 개인적으로 사범대학 출신이고 교사자격증을 갖고 있어요. 교사로 재직하고 있는 친구들이 꽤 많이 있고, 제자들도 교사가 꽤 많이 있습니다.

　여러분은 어떻게 생각할지 모르겠습니다만, 상당수의 경우에 교사가, 교육자이지 않습니까? 교육자! 그런데 진정하게 자신을 교육자라고, 자신 있게, 떳떳하게, 자부심 있게 말하는 경우를 아주 찾아보기 힘듭니다. 그냥 학교에서, 교직에 종사하는, 학교에서 근무하는 일종의 어떤 직장인 정도로 생각하는 경우가 많아요. 물론, 사람마다 생각이 다를 수는 있습니다. 제가 만난 사람들 가운데 그런 경향의 교사가 조금 보이더라고요. 개인적으로 제가 교육학과에 재직하고 있고, 지금도 제자들이 교사로 진출하는 동시에, 학과의 전공 교과목이 교육 전반에 대해 다루고 있는 입장에서, 이런 상황이 조금 서글프기도 합니다.

••• 교육의 질은 교사의 질을 넘을 수 없다

그런데 옛날부터 이런 말이 있습니다. 교사는 어떤 존재냐? '교육의 질은 교사의 질을 넘을 수 없다!' 엄청난 의미부여지요? 쉽게 말하면 교사가 어떻게 하느냐에 따라, 교사가 어떤 자질을 지니고 있느냐에 따라, 그 교육이 달라진다! 이겁니다. 실제로 그런 경우가 많이 있습니다. A라는 교사와 B라는 교사가 있어요. 똑같은 교사입니다. 그런데 A교사는 학생들을 가르치는 일에 굉장히 열정을 갖고 있는 반면, B교사는 상대적으로 열정이 좀 떨어지고 개인주의적 성향이 좀 강합니다. 그것 자체가 잘못되거나 나쁜 건 아닙니다. 사람마다 특징과 스타일이 있으니까요. 그러다 보면 A교사가 가르치는 학생들은 질이 상당히 높아질 수 있고, B교사가 가르치는 학생들은 상대적으로 A가 가르친 학생들의 질, 그것이 성적이 되었든, 인성이 되었든, 가르치는 열정에 따라 달라질 수가 있습니다. 그것이 바로 교사의 역량이라는 거죠. 교사의 역량에 따라 교육의 질이 달라집니다. 유명한 말입니다. 교육은 교사의 질을 능가할 수 없다! 이 언표는 상당히 일리가 있습니다. 의미가 있는 말이에요.

그랬을 때 이 교사들이 오늘날 어떤 자리를 차지하고 있느냐? 다시 말하면, 교사의 권위 차원에서 볼 때, 교육에서 교사는 핵심 가치를 지니고 있는 자리입니다. 교육의 요소들이 여러 가지 있지 않습니까? 교육의 3요소로 교사, 학생, 교육 내용을 꼽지요. 이외에도 교육을 하기 위해서는 학교도 있고, 주변의 다양한 관련기관이나 시설도 있고, 기타 등등 많이 있습니다. 그런데 아무리 좋은 교육 내용을 갖추었다 할지라도, 교사가 제대로 안 가르치고, 학생이 제대로 듣지 않으면, 이 훌륭한 콘텐츠가 무슨 소용이 있습니까? 그와 반대로 교육을 하려는데, 종이쪽지 하나에 칠판 하나 밖에 없어요. 특별한 콘텐츠가 없어요. 그러나 교사가 열의와 성의를 다해 다양한 자료들을 모아 학생들에게 알려 준다면, 그 교육 내용은 전혀 다른 방향으로 확산되어 갈 수가 있죠. 이것이 교육에서 교사가 지닌 핵심 가치입니다.

교사는, 특히 학교 현장에서 교육 자체를 넘어서는, 엄청난 초과분의 업무를 담당하고 있습니다. 지금 현재 그렇습니다. 이른 바 '잡무에 시달린다!'고 합니다. 그러다 보니 교육의 핵심 가치보다, 쉽게 얘기하면, 교육의 핵심 가치를 도와주는 허드렛일을 하고 있다 이거에요. 핵심 가치에 비해 부수적이고 부차적인 일에 얽

매여, 정작 학생들을 가르치는 일에서 한 발짝 떨어져 있다는 겁니다. 일에 치여서 지쳐가더라는 거죠. 제대로 가르치는 일이 중요한데, 그것을 이행하면서도 부수적인 일까지 겹쳐, 교육 자체에 전념하지 못하고 소홀해질 수밖에 없는 구조에 처해 있다고 해요. 현재 학교의 구조상 그런 일이 벌어질 수 밖에 없다고 합니다. 참 안타깝습니다.

••• 교육 지도자로서의 교사의 리더십을 발휘하라

원래 교사는 뭘 해야 되느냐? 학생의 성장과 성숙을, 어떻게 보면 책임져주는 존재죠. 그래서 지도자로서 리더십을 발휘해야 합니다. 그런 의미에서 교사는 일종의 교육 지도자입니다. 교육을 이끌어가는 힘이자 리더에요. 이런 교사의 자질을 발휘해야 되죠. 그런데 리더십을 발휘하기는커녕 대통령을 비롯하여 정치인들, 혹은 교육감부터 교육청, 혹은 학교장이 다양한 경로를 통해, 외압이라든가 지시 사항이라든가, 이런 것들이 비교육적으로 부여된단 말입니다. 그때 리더로서의 자질 발휘를 못하는 거예요. 그냥 교육과 관련된 교과 지식이나 객관적 사실에 대한 일만 할뿐이죠. 그러니까 교사의 권위가 떨어질 뿐만 아니라, 교사로서 역할을 제대로 하지 못하는 그런 현상들이 한국 사회에 존재하지는 않는가? 그런 반성을 한 번 해보는 거죠.

자, 그래서 중요한 것은, 교육이, 좋은 교육, 혹은 잘되는 교육이 나와야 합니다. 좋은 교육은 한 마디로 말하면 교육의 핵심 주체인 교사의 권위가 최대한 존중되는 교육입니다. 교사의 자질과 역할을 교육의 최고 가치로 여기는, 교사의 권위가 진정으로 존중되어야 합니다. 모범으로 존경받아야 합니다. 여러분! 과연 대한민국의 보육 교사로부터, 유치원, 초·중등교사, 대학교 교수에 이르기까지, 교사에 속하는 많은 사람들이 자신의 권위를 최대한 존중받으면서 살아가고 있습니까? 혹시 여러분이나 저는 교사의 권위에 대해, 겉으로 얘기하지는 않았지만, 마음속으로 존중은커녕, 무시하거나 외면하며 심한 경우에 짓밟는 그런 행동을 한 적은 없을까요? 깊이 성찰할 필요가 있습니다.

어떤 영화에서 그런 장면이 등장하지요. 교사가 교실에서 열심히 가르치고 있

04 교사의 권위를 어디에서 찾아야 하는가

는데, 갑자기 학부모가 교실까지 들어와서, 아이들이 보는 앞에서 교사의 체면을 거침없이 구기거나 망신을 주고, 심지어 폭행을 가하기도 했지요. 현실에서도 아주 극소수이기는 합니다만, 그런 경우가 있을 수 있습니다. 그래서 간혹 뉴스의 보도가 이해되기도 하죠. 교사에 대한 이런 사례가 우리 한국 사회에서 과연 어느 정도 분포되어 있을까? 고민해 볼 필요가 있습니다.

그러면 교사의 권위 문제는 또 무엇과 연관되어 있을까요? 철저하게 학생과 연관되어 있습니다. 여러분! 최근에 보면 <학생 인권 조례>가, 각 시도마다 조금 다르긴 합니다만, 조례가 제정된 사례가 있습니다. 그러다보니 이것이 교사의 권익과 권위, 그것과 좀 상대적이거나 학생의 인권이 높아지는 만큼 교사의 권익과 권위는 떨어지거나, 혹은 교사의 인권이 학생의 인권만큼 존중되지 않는 그런 이상한 현상들이 발생하는 거예요.

여기서 학생 지도에 문제가 대두합니다. 교사 입장에서는 학생을 올바른 방향으로 이끌어주기 위해, 지도하기 위해, 다양한 조치를 취합니다. 그런데 학생은 인권 조례라든가 다른 어떤 핑계를 대면서, 그것에 위배되는 행위의 경우에 교사가 함부로 행동할 수 없도록 만들어 버렸습니다. 이런 상황에서 교사는 소극적으로 대응할 수밖에 없습니다. 더구나 금기시 되어 있는 다양한 상황들에 대해 사진을 찍는다든가, 인터넷 사이트에 올린다거나, 뭐 이렇게 해서, 아니면 교육청 사이트 같은 곳에 댓글을 올린다거나 신고를 한다든가, 이런 방식으로 학생이나 학부모가 대응하니까, 교사는 어떻게 되느냐? 학생을 지도하고 싶어도 못하는, 몸을 사리게 되는, 그런 현상이 발생한다 이 말입니다. 이런 사회적 정황도 교사의 권위가 실추되는 것과 연관되어 있습니다.

그러니까 학생을 지도하는 문제에서 교사의 권위가 어떻게 되느냐? 상대적으로 권위가 해체됩니다. 아니면 실추됩니다. 여기에서 교사들은 어떻게 되느냐? 교사가 원래 실천해야 할 본분에 대해, 본분을 행하려고 했는데, 학생을 지도하려고 했는데, 그것이 다시 부메랑처럼, 학생 지도가 아니라 학생에게 폭압적 상황을 제시했다! 이렇게 날아올 수가 있단 말입니다. 그런 부분에 대해 선생님들은 상당히 안타까워하면서 애를 태워가면서, 권위까지 실추되는 그런 상황을 맞이하게 됩니다.

여기에서 교사의 권위는 누가 고민해줘야 되느냐? 먼저 학생이 나서줘야 합니다. 아직까지도 우리나라 대부분의 청소년들은 선생님들을 존중하고 존경합니다. 그만큼 착하고 순수한 학생들이 많습니다. 일부 몰지각한 학생들 때문에 교사가 곤혹을 겪게 되고 궁지에 몰리는 경우가 있을 뿐입니다. 그렇다고 학생이 교사를 무슨 신을 떠받듯이 떠받들어라! 그런 문제가 아니죠. 스승은 존중하고 존경하며 따라가야 하잖아요. 모범으로서 우리가 선생님을 보면서 꿈을 많이 기르지 않습니까? 저도 그랬거든요. 선생님을 보면서 때로는 국어 선생님처럼 저런 훌륭한 국어 교사가 되어 볼까? 사회 선생님처럼, 역사 선생님처럼, 여기저기 답사를 다니면서 우리에게 이야기를 잘 해주는 저런 선생님이 되어볼까? 이런 꿈을 꾼 적도 있죠.

그 다음에 누가 교사의 권위를 세워주느냐? 지역 사회입니다. 학교가 각 지역 사회마다 자리하고 있잖아요. 그랬을 때, 각 지역 사회에서 선생님들을 존중하는 풍토를 만들어줘야 됩니다. 그리고 학부모라든가 동료 교사라든가 그 다음에 교육 기관이라든가, 지방 자치 단체 공직자, 모두가 노력해 줘야 합니다. 어떻게 해야 할까요? 교사라는 직업 세계, 교사가 갖고 있는 상징체계, 그것에 대해 상당히 존중해주는 동시에, 그것이 갖고 있는 권위를 보장해주려는 노력을 해야 됩니다. '에이, 그 뭐 교사들 말이야, 그 월급 얼마 안 돼! 요즘 교사들이 뭐 제대로 된 선생들이야?' 이런 얘기들은 정말 금물입니다. 함부로 해서는 안 될 말이지요. 교사라는 직업, 선생이라는 위치가 교육을 담당하는 차원에서 얼마나 애로사항이 많고, 고민으로 뭉쳐진 직업인데, 그만큼의 권위는 우리가 자발적으로 세워 줘야 한다! 이겁니다.

요즘, 교사의 권위가 제대로 서지 않고, 보장되지도 않고 해서, 저는 개인적으로 정말 고민입니다. 어떻게 하면 교사의 권위를 세울 수 있을까요? 참 답답합니다. 이런 와중에 최근에는 교사 평가가 등장했습니다. 여러분은 어떻게 생각합니까? 교사가 평가의 대상이 됩니까? 평가할 수 있습니까? 없습니까? 제 말이 좀 잘못 되었죠? 물론, 모든 존재는 평가할 수 있죠. 그런데 과연 교사라는 특수한 존재를, 교육을 담당하고 있는 교육 지도자를 함부로 평가할 수 있을까요? 전통적인 차원에서 보면 교사는 쉽게 평가할 수 있는 존재가 아니에요. 그러나 오늘날 사회

변화에 따라, 혹은 과학적 검사 도구 기법에 의거하여 평가할 수 있다! 이렇게 나옵니다. 그러니까 교사의 역할과 기능에 대한 책임이라든가, 교사 평가 지표를 만들어 가지고 교사를 평가해요.

이런 평가 문제가 교사의 권위와 관련해서 영향을 미치기도 합니다. 어떻게 되느냐? 교사의 역할과 기능에 대한 책임이라든가, 교사 평가 지표를 가지고 교사를 들여다보기 시작하니까, 교사들이 갖고 있는 자율성이라든가 창의성이라든가 이런 것들을 교육적으로 발휘하는 데 대단히 방해가 됩니다. 자율성을 발휘했다가, 혹은 창의성을 발휘했다가, 교사 평가 지표에 어긋나는 어떤 것이 있으면, 점수가 깎입니다. 그렇게 되면 아무리 창의적인 아이디어를 내놓았을지라도 평가 지표에 어긋나면, '아! 그건 창의적인 것이 아니야! 저 교사는 그런 부분에서 창의성이 떨어지는 거야!' 이렇게 평가될 수도 있습니다. 그러니까 교사가 이런 영역에서 자신의 능력을 발휘하고 싶어도, 그것을 방해하는 요소로 작용할 가능성도 있다 이 말입니다. 이런 부분들을 우리가 어떤 차원에서 이해해야 되느냐? 참 곤란하지요.

시간 관계상 교사 문제는 이 정도로 하지만, 우리 모두 한 번 진지하게 고민해봐야 합니다. 과연 내가 학부모라면 선생님에 대해 어떤 태도를 취해야 될 것인가? 내가 학생이라면 선생님에 대해 어떤 태도를 취하는 것이 좋은가? 지금은 우리 한국사회에서 여러 가지 법적 장치가, 제도적 장치가 마련되면서 과거에 존재했던 부모 자식 간, 혹은 스승과 제자 사이에 인정이, 정情이라 그러잖아요. 정이 상당히 메말라 있습니다. 사무적인 관계로 전락한 느낌입니다. 그런 과거의 인정이 좋고 나쁘고를 떠나, 학생들에게 쉽게 머리를 쓰다듬어 줄 수 있는 것도 아니고, 선생님들에게 쉽게 어떤 상품을 하나 갖다드릴 수 있는 시대도 아니고요. 그러니까 다양한 요소를 고려하여 교사의 권위에 대해 생각해보는 것이 좋겠습니다.

••• 교육감 직선제는 어디까지 정당한가

다음으로 간단하게 교육 자치제와 관련하여 말씀 드리겠습니다. 여러분! 교육 자치제에서, 뭐 자치제를 시행하는 문제에도 여러 가지가 있습니다만, 가장 익숙한 것이 교육감 직선제 문제입니다. 지금 시도 교육감을 직선제로 선출하잖아요.

지방 자치 단체장 선거할 때처럼 말이지요. 교육감을 내 손으로 뽑아서 내가 살고 있는 지역의 교육의 수장 자격을 줘서 교육의 책임을 맡깁니다. 그것이 과연 우리 한국 교육을 발전시키는 데 도움이 될 것인가? 그런 부분에 대해 진지하게 생각해 볼 필요가 있죠.

교육감을 직선제로 선출한 지 시간이 꽤 지났죠? 20여 년 정도 된 것 같아요. 그랬을 때 제가 오늘 여기에서 직선제는 좋은 것이므로 계속 시행해야 한다, 직선제는 나쁜 것이므로 그만두게 해야 한다, 이런 얘기를 하려는 것이 아닙니다. 과연 교육 자치제가 지금 현재 대한민국 교육을 발전시키는 데, 미래 지향적으로 교육을 추동시키는 데, 어떤 힘을 줄 수 있냐? 이 부분을 고민해 보려는 것입니다. 만약 미래 우리 교육에 힘이 되어줄 수 없다면 빨리 제도를 바꾸어 간선제나 임명제로 나아가야죠. 미래에 우리 교육에 힘을 줄 수 있는 제도라면 더욱 강화시켜야 되고요. 여러분은 어떻게 생각하세요?

교육감 직선제라는 것은 다른 말로 하면 교육자치제이고, 이것은 민주 사회에 주민 참여 제도입니다. 민주 사회에서는 우리 시민, 국민 모두가 주인이니까요. 직접 참여하는 제도에요. 절대 나쁜 게 아니죠. 그런데 문제는 무엇이냐? 직접 주민이 참여해서 뽑아났는데, 교육감이 된 다음에 교육감의 정책이, 쉽게 말하면 교육감이 자발적으로 자기가 정책 공략을 내걸어서 뽑혔으니까, 그것을 실시하잖아요. 그랬을 때 이 정책과 혹은 교육감이라는 사람이 단독으로 보면 그 자치 단체의 최고 교육 지도자잖아요. 때문에 그 사람이 갖고 있는 정책을 시행할 때, 비리가 나타날 수도 있고요. 교육감이라는 자리로 인해서 생기는 다양한 비리들, 부정부패, 이런 것들이 생길 수 있단 말입니다. 그런 것을 어떻게 방지할 수 있는지에 대한 논쟁이 많습니다. 그 논쟁에 대해 지금 우리가 어떤 식으로 바라봐야 하고, 그것이 교육에서 어떤 긍정적이고 부정적인 영향을 미치느냐? 이거죠.

시민들은 합리적인 선택을 하고 교육을 이해하는 생활인입니다. 쉽게 말해서 경제학적 용어로 교육 소비자입니다. 합리적으로 교육을 받으려 하고, 합리적으로 교육에 관심을 가지려고 한단 말입니다. 그랬을 때 정부의 정책이나 교육 문제에서, 시민 개인의 합리성이 아무리 좋은 의도를 지녔더라도 공공성을 해칠 수 있다고 나옵니다. 합리적 소비자로서의 시민인데, 우리 모두가 원하는 게 있는 시민의 발언인데도 말이에요. 그러면서도 교육감 자신은 개인의 특성을 마치 공공적인 것처럼 높이 올려서 얘기를 할 수 있어요. 그랬을 때 그것도 교육의 공공성을 해칠 수가 있죠. 이런 문제들이 발생할 수 있습니다. 이런 부분을 어떻게 생각하고 어떻게 해야 되느냐? 우리 시민이, 그 지역 사회 주민이 바로잡아야 되잖아요. 그 자치 단체의 주인이니까요.

••• 교육 자치제를 향한 열정은 시민의 관심과 신뢰이다

그 다음에 학부모들의 관심입니다. 학부모의 관심은 무엇이냐? 일반적으로 학부모들은 엄밀하게 말하면, 지역의 교육 발전을 위한 진지한 고민과 개혁적 욕구를 갖고 있기보다는 내 아이가 잘되느냐 잘못되느냐에 관심이 많습니다. 물론 교육 운동을 하는 학부모의 경우, 개인보다는 지역 사회 운동이나 공공의 차원에서 교육적 관심을 갖고 있는 경우도 있습니다. 학부모들의 관심이 한국 교육의 발전을 위한 진지한 고민과 개혁, 혁신하려는 욕구, 이것보다는 내 아이만 잘되면 돼! 이렇게 얘기한단 말이에요. 이런 상황에서 우리 교육 자치제도가 어떻게 발전하겠느냐는 거죠. 교육 자치에서 우리가 직접 선거에 의해, 자치 단체장과 교육 자치 단체장인 교육감을 뽑았고, 그 사람의 정책을 다수결에 의해 위임을 하여, 정책을 시행해야 하는데, 내 아이만, 내 아이 중심의 교육적 관심을 갖고 있으면, 어떻게 하라는 거예요. 내 아이가 원하는 방향의 정책이 아닐 경우, 문제가 안 풀리죠. 이러한 문제에 대해 신중하게 고민해봐야 된다는 거죠.

다시 말하면, 우리 교육 자치제의 방향은 어떻게 가야 되느냐? 첫째도 공공성이고, 둘째도 공공성입니다. 그 지역 사회, 자치 단체 주민을 위한 공적인 교육, 공공성을 위한 진지하고 심층적인 교육 대안이 되어야 한다는 겁니다. 그래서 교육감 직선제, 교육 자치제가 인기투표와 같은 방식의 교육감 선출 제도가 되어서는 안 되는 거지요. 예를 들어, 어떤 특정한 정당에서 그 사람에 대한 인지도가 높고, 인기가 있으니까 뽑아주자! 그래서는 곤란합니다. 교육 자체를 먼저 들여다봐야지, 교육을 제쳐두고 인물 중심으로 당선되고 보자라고 해서는 안 된다는 거죠. 그러다 보면 어떻게 되느냐? 교육 정책에서 전반적인 위기를 초래하게 됩니다. 교육은 교육으로 봐야 되는 거죠. 인물이 훤하다고 해서, 지명도가 있다고 해서, 교육을 잘 모르는, 교육에 관심이 별로 없는 사람, 그러한 정치인들, 혹은 그 지역의 특정한 유지를, 그냥 뽑아 올린다? 그것은 그 지역의 교육 발전의 차원에서 대단히 불행한 사태입니다. 그러니까 우리가 자치제, 직선제로 교육감을 선출할 때는 교육에 관심이 많은, 그 지역 교육을 발전시킬 수 있는, 나아가 대한민국 교육을 발전시킬 수 있는 충분한 혜안과 지식, 미래 가능성을 지닌 그런 사람을 선출하는 것이 좋습니다. 직선제로 인한 폐해가 우려될 때, 교육감 직선제는 안 된다! 직선제를 해서는 교육을 망친다! 등등 반론도 있습니다. 교육감 선출에서 간선제가 아니면 임명제로 하자는 논란도 있습니다. 그런 부분들을 우리가 조금 더 깊이 바라보면서 고민을 많이 했으면 좋겠다는 생각입니다.

이러한 양식의 교육 자치제는 앞에서 말한 교사의 권위와 함께 고민할 문제로 생각됩니다. 교사의 권위와 더불어 교육 문제를 볼 때, 교육 자치제는 시민들의 합리성을 신뢰하는 데 근거하는 제도입니다. 거기에 맞춰야 됩니다. 동시에 교사의 권위도 뭡니까? 학생과 학부모, 그 이외에 교육 자치제를 담당하는 여러 교육기관, 여기에서 교사의 권위를, 교사의 역할과 본분에 맞도록 보장해줘야 됩니다. 그것이 교육적 신뢰입니다.

중요한 것은 무엇이냐? 교육의 주인은 우리 시민들, 국민들입니다. 그러기에 우리 시민들의 교육에 대한 관심이 넓고 깊어야 합니다. 여러분은 대한민국 교육에 어느 정도 관심을 갖고 있습니까? 내 아이가 학교를 졸업하면 끝인가요? 그것은 결코 아닙니다. 그렇게 되어서는 곤란합니다. 그것과 관계없이 대한민국 국민이라면, 어른이 되면 될수록 이 사회의 다양한 문제들, 특히 교육에 대한 관심의 폭과 깊이가 더해져야 합니다. 그런 시민과 국민이 많을 때 대한민국 교육이 훨씬 발전할 가능성이 높아질 수 있습니다.

제14강

한국교육의 희망을 어디에서 탐구해야 하는가?

여러분 〈한국교육의 시대적 요청〉이라는 주제로 지금까지 13주에 걸쳐 강의를 끝냈습니다. 이제 강의를 마무리 하는 차원에서 좀 희망적이고 미래 지향적인 이야기를 하려고 합니다. 1주에서 13주까지 다양한 교육문제, 특히 한국교육이 갖고 있는 긍정적 차원, 부정적 차원, 그리고 21세기, 이 시대가 요청하는 교육의 의미, 교육의 방향이 무엇인지에 대해 어떤 해답을 내리는 과정은 아니었습니다. 그러나 한국교육의 문제를 함께 논의하면서 어떤 방향이 과연 올바를까? 아니면 시대에 적합할까? 유아에서 청소년, 성인, 또는 노인에 이르기까지 이 사회에 각계각층의 다양한 교육적 사명을 짊어지고 있는 우리들은 어떤 방법으로 교육하면 좋을지, 그런 문제들에 대해 교육학적 지식과 일반적 시대 상황, 사회적 분위기 등을 고려하여 두루두루 대화를 했습니다. 이번 마지막 시간에는 희망의 교육과 학습이라는 주제로 제안을 해 보았습니다.

01

학습사회의 특성을 장악하라

희망hope을 갖는다는 것은 삶에 대한 낙관적 견해, 긍정적 견해, 그리고 지금도 우리가 열심히 잘 살아가고 있지만 지금보다도 조금 나을 것이라는 그런 지향입니다. 절망적 시각보다 희망적 시각을 갖는 것이 성숙도와 발전의 계기로 삼는데 훨씬 도움이 됩니다. 그런 차원에서 제가 희망의 교육과 학습이라는 제목을 붙여, 과연 현재 대한민국에서 우리는 어떠한 고민을 하고, 교육을 하고, 또 어떠한 삶을 지속해 가려는 학습을 할 것인가?라고 했을 때, 이런 부분들이 우리에게 힘을 주는 요소들이거든요.

그랬을 때 과연 이 시대를 우리가 어떻게 이해해야 하는지? 학습사회의 입장에서 조금 더 진지해질 필요가 있다. 교육이라는 것과 학습이라는 것이 있으면, 우리는 늘 그런단 말입니다. 교육은 선생님이 시키는 것이고 학습은 학생이 공부하는 것, 이렇게 되어 버리거든요. 그런데 학습사회, 러닝 소사이어티learning society로 이해하게 되면 교육과 학습이라는 것, 교수자와 학습자라는 것이 융·복합적으로 되어, 태어나서 죽을 때까지 교육자이자 동시에 학습자라는 의식을 갖게 돼요. 그때 우리의 인생이 더 알차게 될 가능성이 높다는 겁니다. 그런 차원을 한 번 보고요.

두 번째 시간에는, 학습사회에서는 탐구를 해야 되잖아요. 그러니까 탐구가 무엇인지 그 본질을 살펴봐야 되지 않겠습니까? 캐물어봐야죠. 그러려면 진짜 탐구를 하는 데, 진정한 탐구가 무엇이냐? 그 부분을 한번 고찰할 겁니다. 세 번째는 성숙한 삶을 위해, 보다 성숙한 삶을 위해, 어떠한 방식이 좋으냐? 어떠한 태도가 좋으냐? 나는 어떤 공부를 하는 게 좋으냐? 그 부분을 간략하게 짚어 보겠습니다. 그리고 마지막으로 학습사회에서 진정한 탐구와 성숙한 삶을 위해서는 어떻게 생각하느냐가 중요하단 말입니다. 그래서 사고의 기술에 대해 함께 고민해보겠습니다.

이것은 교육학 이론이기도 하지만, 이 시대가 요청하는 중요한 교육학적 장치일 수도 있습니다. 그래서 먼저 학습과 학습사회에 대한 문제들을 여러분과 고민해 보겠습니다.

••• 전통적 학습 관념에 대해 깨우치고 반성하라

여러분! 우리나라의 중·고등학생들, 청소년들, 정말 엄청나게 공부하죠? 일생에 학습할 것을 청소년 시기에 거의 집중적으로, 거의 모든 지식과 내용을 다 공부해버리는 것처럼 느껴져요. 그때 우리가 보통 공부를 한다, 학습을 한다, 이렇게 얘기를 많이 하거든요. 과연 우리는 진짜 죽도록 학습했잖아요. 그렇잖아요. 죽도록 공부를, 학습을 해왔단 말입니다. 아마 '공부해라!'라는 소리가 가장 듣기 싫을 정도로, 귀에 못이 박히게 들어왔고, 실질적으로도 그것을 이행해 왔단 말입니다.

그럼에도 불구하고 이 학습을 일상화 했느냐? 우리 생활 속에서 나의 몸에 배도록 공부를 그냥 자연스럽게 하게 되느냐? 아니란 말입니다. 어떤 사람은 그럽니다. 세상에서 가장 하기 싫은 것이 공부다! 나는 공부 이외에 모든 것을 할 수 있어! 이렇게 얘기하거든요. 그것은 학습에 대한 잘못된 이해 때문에 그렇습니다. 그래서 과연 공부란 무엇인가? 학습이란 무엇인가에 대한 인식이 제자리를 잡을 때, 이 시대를 헤쳐갈 수 있는, 내 삶의 주인으로서 자신을 영위할 수 있는, 그런 태도를 기를 수가 있겠죠.

그래서 여러분, 우리가 지금까지 공부해 왔던 전통적인 학습 방식, 그것에 대한 반성부터 먼저 해야만이 이 시대가 필요로 하는 학습을 이해할 수 있습니다. 전통적 학습, 흔히 말하는 공부, 공부는 영어로 스터디 study죠. 그 공부에 대해 한

번 고민을 해보자고요.

　전통적인 학습이나 공부는 뭐냐 하면, 이런 겁니다. 지식을 암기하거나 습득하거나, 혹은 터득하는 것입니다. 또는 지식을 알고 이해하는 것, 체득하는 것이지요. 이렇게 하다보니까, 지식을 어느 정도 가졌느냐? 혹은 어느 정도 터득하지 못했느냐?에 따라 어떻게 됩니까? 학력이 나오고, 이 학력이 또 다른 권력이 됩니다.

　여러분! 그렇잖아요. 그런 경험이 많지요? '너, 그 부분에 대해 어떤 내용인지 알아 몰라?' 했단 말이에요. 아는 사람은 위상이 높아지죠. 모르는 사람은 낮은 단계로 찌그러진단 말입니다. 그런 현상이 많이 벌어져요. 동서고금을 막론하고 그래요. 그것이 전통적으로 공부해온, 학습의 양식이었어요. 학습이라는 차원이 이렇게 이해되었기 때문에 그래요. 지금도 여전합니다.

　여러분 보십시오. 제가 예를 들어, 박사학위를 갖고 있으니까, 사람들이 '아! 저 사람 많이 배웠구나! 지식을 많이 갖추었구나!'라고 평가해 줍니다. 그걸 바탕으로 어디 가서 가르치고 교육을 한단 말입니다. 그러면 제게 배우는 그 사람들이 인간 자체가 부족하거나 나쁜 게 아니에요. 인간의 수준이 낮은 게 아니에요. 그럼에도 불구하고 제가 습득하고 있는 전문 지식 때문에, 저 사람은 많이 아는 사람이고 나는 좀 부족한 사람 이렇게 생각하고 자기위상을 낮춰서 본단 말입니다. 그럴 필요가 없어요! 사람 자체가 위상이 낮은 게 아니거든요. 그것은 전통적인 학력 자체가 권력처럼 되어 버려서 그래요. 학력이 사람을 지배를 하는 수단이 되어 버렸잖아요. 지배의 도구가 되어 버렸어요. 그런 상황이 발생한단 말입니다.

　때문에 이제는 시대정신에 맞게 학습의 의미를 전환을 시켜야 합니다. 지식을 단순하게 많이 습득한 것이 중요한 게 아니고, 시대의 흐름과 미래를 꿰뚫어 볼 줄 아는 혜안을 갖추는 게 중요합니다. 어떤 사람이 아무리 많은 지식을 가졌다 할지라도, 세상을 보는 눈이 없다? 지혜로운 눈이 없어요. 세상 물정을 아무것도 몰라! 배우긴 뭘 배워요! 그런 사람은 제대로 배운 게 아닙니다. 그러니까 전통적 학습에서는 어떻게 보면 객관적이고 과학적 지식, 사실적 지식을 많이 아는 것을 가지고 많이 배웠다고 할지 모르지만, 지금은 그것도 중하지만 시대를 읽을 줄 아는 혜안을 가져야 돼요. 이렇게 불확정적이고 급변하는 시대 상황에서, 그런 낡은 방법으로 어떻게 적응할 거예요. 과거에 배운 지식은 낡은 유물과 같아서 박물관에 들어가야 할 박제되어 있는 어떤 것일 수도 있어요. 그냥 물건일 수도 있단 말입니다. 그런 차원에서 우리는 전통적 학습 양식에 대한 철저한 반성을 해야만 합니다.

•• 지식을 활용하고 실천하며 능력을 확보하라

대신, 뭘 해야 되느냐? 학습에 대한 혁명적 자세를 가져야 돼요. 기존에 우리는 자식들에게 그렇게 얘기를 했어요. 제발 공부 좀 해라! 너 이렇게 공부를 안 해서 어떻게 인간이 될 거야! 그러면서 과거의 전통적인 학습 방법을 얘기해준단 말입니다. 이제는 아니에요! 시대에 맞게 학습의 혁명을 일으켜야 한단 말입니다.

그러면 학습에 임할 때 어떤 자세를 가지면 좋은가? 학습은 단순한 지식 습득이 아니다! 물론 단순한 지식 습득이 학습 활동이 아닌 것은 아닙니다. 그것도 학습 활동의 일종입니다. 그러나 시각을 바꾸어야 된다고 그랬잖아요. 그것은 단순한 암기나 지식 습득을 넘어, 지식을 활용하고 그 지식을 실천하는 겁니다. 그러면 이는 과거의 지식 습득이라는 것을 바탕으로 하여, 그것을 전제로 한발짝 나아가 활용하고 실천해 나가는 현실적이고 미래 지향적 창조 행위입니다. 그러니까 지식을 습득한 이후, 후속 조치까지 플러스가 되는 작업입니다. 전통적 의미의 지식 습득을 부정하는 것이 아니고, 거기에다 플러스해서 더 나아가 활용하고 실천해야 돼요. 그러니까 변화하는 이 시대가 괴로운 겁니다. 얼마나 괴로워요. 기존의 지식에 또 다른 지식이 폭증하죠. 그런 차원에서 플러스알파가 되는 학습의 양식을 이해해야 돼요.

그 다음에, 단순하게 무엇을 아느냐의 문제를 넘어서야 합니다. 과거에는 '너, 그거 알아, 몰라?'라고 했을 때, 알면 인정을 받고 모르면 인정을 받지 못하는 그런 시대였어요. 지금도 마찬가지입니다. '너, 그거 할 줄 알아, 몰라?' '압니다!' '그 내용 알아, 몰라?' '압니다!' '아, 괜찮은데! 오케이' 이런 대화가 오고 갑니다. 그런데 그것에만 그치면 안 됩니다. 그것을 넘어서서 무엇을 알 수 있는 능력을 확보하는 게 중요합니다. 단순하게 객관적 사실이나 정보에 속하는 '그 무엇을 아느냐?'라고 했을 때, '이것이 무엇입니다'라는 대답을 할 수는 있어요. 그런데 다른 영역을 제시하면 몰라서 대답하기 곤란하게 돼요. 지금 시대는 그것을 넘어서야 합니다. 무엇이건 스스로 탐구하면 파악할 수 있도록 능력 확보가 중요해요. 단순하게 내가 알았다 몰랐다가 아니고요.

옛날부터 그런 말이 있죠. 이것은 단순하게 학습 이론에 나오는 것이 아닙니다. 옛날부터 전해 내려오는 지혜입니다. 어떤 사람에게 고기를 잡아서 직접 건네주는 게 좋습니까? 고기 잡는 방법을 알려줘서 그 사람이 스스로 물고기를 열 마리, 백 마리 잡을 수 있는 능력을 길러주는 게 중요합니까? 다 알잖아요. 물고기를 잡을 수 있는 능력을 확보하는 게 중요하다는 것을. 그러면 언제든지 내가 물고기를 잡으러 나가기만 하면 잡을 수 있는 거죠. 지금 현재 물고기를 잡지는 못했지만, 지금과 같은 불확정의 시대에는 그것이 대단히 중요한 능력입니다. 아주 오래된 과거에서 미래를 찾은 격이지요. 현대 학습법에서는 바로 그러한 능력의 확보가 중요합니다.

그 다음에는 세 번째가 굉장히 중요합니다. 무엇을 알아야 하고, 무엇을 알고 있느냐의 존재being의 문제가 아닙니다. 너는 뭘 알아야 되고 무엇을 알고 있어? 알고 있는 만큼 너를 써먹을 거야. 그러면 알고 있는 것 이외에 모르는 부분이 나오면, 한계에 부딪치죠. 알고 있는 것을 벗어나는 상황이 벌어지면 아무것도 못해요. 이 존재의 문제를 넘어서서 과연 우리는, 나는, 교육받는 사람은, 무엇을 해야 하는가? 그리고 무엇을 할 수 있느냐? 이것이 중요합니다. 이런 인식이 앞에서 얘기한 능력과 연관되죠. 이 자리에서는 무엇을 해야 하고, 저 자리에서는 무엇을 해야 하며, 낮은 곳에 갔을 때, 높은 곳에 갔을 때, 동료들과, 제자들과, 혹은 어른들과, 어떤 자리에 가건, 나는 무엇을 해야 하고 할 수 있는지 본분을 고민해야 돼요. 그것에 따라 지식의 영역이 달라질 수 있죠. 거기에다 또 무엇을 할 수 있는지 능력을 고민해야 돼요. 그러니까 이것은 단순한 존재의 문제를 넘어서서 새로운 양상을 만들어 내는 생성becoming입니다. 새롭게 창출하고 행위doing할 수 있는 학습의 양식으로 부각됩니다.

외부에서 이미 존재하는 것을 내가 그대로 옮겨오는 형태가 아니라 그런 것을 바탕으로 이제는 내가 창조하며 만들어가야 되잖아요. 앞에서 말한 것처럼, 메이크업make-up하며 생성해 나가야 합니다. 계속 업그레이드upgrade하며 올려가야 합니다. 그것이 또 낡아지면 또 수정·보완해 가면서 또 만들어 가야 하는 험난한 시대가 되었어요. 싫다고 무조건 버려도 되고 그렇게 하는 것이 능사가 아닌 시대

01 학습사회의 특성을 장악하라

입니다. 무엇보다도 내가 만든 것을 바탕으로 행동할 수 있어야 돼요. 실천할 수 있어야 된다고요. 아무리 많이 알아도 뭡니까? 여러분, 이런 표현을 써서 미안합니다만, '저 친구는 입만 살아있어!' 이런 말을 하지요. 그래서는 절대 안 됩니다. 그러는 순간 퇴출입니다. '저 친구는 말없이 묵묵하게 잘 실천해!' 지금은 구체적으로 실천해서 만들어 내는 두잉doing과 메이킹making의 시대입니다. 때문에 그에 맞는 학습이 요청되는 겁니다. 지금 시대는 무엇이든지 간에 메이킹 할 줄 모르는, 메이킹 할 수 있는 능력을 갖지 않는 사람은, 교육 받은 사람으로 간주되지 않습니다. 그냥 지식을 외우고 알고 있는 사람 정도로만 취급합니다. 그 메이킹의 규모가 크냐 작으냐는 둘째 문제예요. 작은 것을 만들 수도 있고 큰 것을 만들 수도 있습니다. 상황에 따라 달라지죠. 돈의 경우에도 많이 벌 수도 있고 적게 벌 수도 있겠죠. 그런데 돈을 안 벌겠다 차원과는 전혀 다르죠. 의식이 그런 겁니다. 그래서 학습 혁명을 일으켜야 한다는 겁니다.

••• 학습 내용을 새롭게 이해하고 학습 수준을 요구하라

그 다음, 이제 학습 내용에 대해, 우리가 공부하는 내용에 대해, 새로운 이해를 해야 됩니다. 새로운 내용? 그것은 무엇이냐? 전통적인 학습은 어떤 지식이냐 하면, 사실적이고 경험적인 지식을 습득하는 것이 전통적 공부입니다. 사실 어떤 사실이 A이다 B이다 이런 거 있잖아요. 이런 지식 습득의 형태는 단순 사실을 그냥 인지적으로 기억하고 있을 뿐이지요, 그냥 아는 거예요. 파악하는 것일 뿐입니다. 내가 경험한 세계, 그것에 대한 지식을 습득하는 것, 그거에요. 그것이 과거에 학습이라는 영역으로, 학습이라는 말로, 포장되었던 내용입니다.

자, 그런데 이것이 현재, 혹은 미래 지향적 학습에서는 어떻게 되느냐? 시대정신에 맞게 적용하고 응용해야 돼요. 단순하게 어떠어떠한 사실이다! 객관적인 어떤 지식이다! 경험한 어떤 세계이다! 그런데 어쩌라고요. 그런 것은 누구나 다 알고 있는 것인데, 어쩌라는 겁니까? 시대는 몰라보게 바뀌어 가고 있는데, 새 시대의 단추 구멍에 맞지 않는 단추를 자꾸 얘기하면 단추를 낄 수 없어요. 시대정신에 맞추어 적용하고 응용하는 방향으로 나아가야 된다고요.

1+1＝2, 이런 문제는 수학에서 모두 배워서 다 알고 있습니다. 오른손에 1개 왼손에 1개, 이렇게 물건을 한 손에 하나씩 들면 2개를 들 수 있다는 것은 모두 알고 있습니다. 이제는 그런 단순한 상황이 아니라 다음과 같은 좀 복잡한 상황에 직면한 겁니다. 여기에 물건이 5개가 있습니다. 그러면 한 손에 1개씩 든다는 논리로 가면, 5개를 모두 들지 못하게 됩니다. 어떻게 해야 합니까? 한 손에는 2개를 들고 다른 한 손에는 3개를 들거나. 아니면 한 손에 1개, 다른 손에는 4개를 들어야 5개 전부를 들고 갈 수 있습니다. 그런데 한 손에 2개 이상을 들 수 없다면 어떻게 해야 하나요? 여러 가지 상황을 고려하는 사태가 아직 남아 있습니다. 참 복잡합니다. 그것을 풀어내는 것은 적용과 응용의 영역이라는 겁니다. 그리고 그것을 구체적으로 움직이는 실천과 행위의 양식을 확보해야 합니다.

여기에서 필요한 작업은, 끊임없이 고민하고 생각하고 응용하고 융합하고 종합하고, 이런 용융融融 능력이 필요한 거예요. 이런 부분도 사람에 개성에 따라 일의 속성에 따라 정도의 차이는 충분히 있을 수 있습니다. 그래서 이런 공부를 하다 보면 학습 수준에서, 무엇이 요구되느냐? 교양 수준을 높여야 됩니다. 이 시대에 맞는 지식을 여러분이 습득하는데, 이 시대에 맞는 교양 수준을 높여 가야 하지요. 그리고 전문성을 띤 사람들은 전문 영역을 점점 더 심화시켜가야 됩니다. 이제는 '나는 전문적 능력을 갖고 있다!'가 아니에요. 전문적 능력을 갖고 있는데, 그것을 어떤 방식으로 응용하고 심화시켜, 깊이 있게 나아가야 돼요. 그러지 않으면 다른 사람이 바로 그 전문적 영역을 따라 잡고 뛰어 넘어 버립니다.

그리고 많은 사람들이 학력學歷과 관계없이 교양 수준을 제고하는 동시에 전문 영역을 심화시켜 가기 때문에, 서로 다른 영역의 사람들끼리 의사소통 능력을 극대화시켜야 됩니다. 서로 얘기를 하면서 상호 보완하는 차원에서 줄 것은 주고 받을 것은 받으며 협동해야 합니다. 해야 할 것은 빨리 하고, 넘겨 줄 것은 넘겨주고 받을 것은 또 빨리 받아야 돼요. 그러니까 의사소통 능력을 획득하여 인간관계 망을 합리적으로 확보해야 돼요.

이 말은 무엇을 알려주느냐? 이 시대는 나 홀로 완주하는 시대가 아니라는 겁니다. 홀로 있을 수가 없는 시대입니다. 홀로 있는 것 같지만 모든 것이 다양한 방식으로 연결되어 있습니다. 인터넷 연결망을 보면 어느 정도 감이 잡히잖아요. 모든 것이 그물망처럼 연결되어 있습니다! 이른 바 네트net의 시대입니다. 네트! 망

網이잖아요. 연결망! 연결인데 어떤 연결이냐? 초연결超連結이에요. 연결의 연결을 넘어서 있어요. 이제 어떤 의미가 부여되는 한, 나 홀로 잘나거나, 나 혼자 뚝 떨어져서 고립된 것은 존재할 수 없습니다. 사람뿐만 아니라 사물도 그렇게 되는 시대입니다.

이런 시대정신을 정확히 읽고 진단해야 합니다. 그래야 학습 수준도 그에 맞게 요구되는 거지요. 반드시 이 시대에 필요한 교양이에요. 그래서 우리 강좌의 제목이 시대정신, 한국교육의 시대적 요청입니다. 시대적 요청을 생각하지 않고, 형이상학적으로 시대와 관계없이 단독으로 무엇을 한다? 엉터리가 되어버리죠. 의미 없는 일이 됩니다. 그런 부분에 대해 우리가 고민을 해야겠죠.

자, 이 지점에서 이번 시간 내용을 요약해 봅시다. 우리가 학습과 학습사회, 우리 시대를 학습사회로 전환시켜서 바라보기 위해, 물론 학습사회라는 말 자체는 아주 오래 전에 20세기 미국에서 나온 말이기는 합니다만, 그때부터 벌써 학습사회라는 말이 나와서 오늘날 우리에게 전달이 되어 오는 거죠. 그런데 중요한 것은 이 시대의 학습입니다. 이 시대, 21세기 우리 시대, 특히 대한민국 교육에서 학습은, 이제 전통적 학습처럼 단순한 해답을 말하는 것이 아니어야 합니다. 그러니까 어떤 질문에 대한 A는 무엇인가에 대해 'A는 A이다'를 답하는 작업이 아니란 말입니다. 그것을 넘어서 '무엇을 할 줄 아는 능력!' 중요한 것을 할 줄 아는 능력입니다. 무엇을 할 수 있는 실력! 그러니까 능력과 실력입니다. 할 줄 아는 능력과 할 수 있는 능력 그것이 문제입니다. 그래서 이 시대를 헤쳐 나가려는 진취적인 사람은 능력과 실력 확보를 위한 학습에 매진해야 합니다.

여러분은 어떤 능력과 어떤 실력을 갖추었습니까? 누구나 할 수 있는 능력과 누구나 할 수 있는 실력은, 능력과 실력으로 얘기하기가 어렵습니다. 누구나 할 줄 아는 것은 기본에 속하는 영역이니까요. 나는 다른 사람과 다른 특징을 갖고 있기 때문에 그 특징을 제대로 살려 갈 수 있는 능력과 실천할 수 있는 실력을 갖추어 가야 된다는 거죠. 그런 차원에서 여러분! 이 시대에 학습은 학습사회적 차원에서 일상화시켜야 합니다. 그런 부분들을 한 번 진지하게 돌아보면서 성찰하면 좋겠습니다.

02

진정한 탐구를 향해 매진하라

여러분! 앞서 우리가 전통적 학습 양식으로만 공부를 하면, 이 시대를 헤쳐나가는 데 어려움이 있을 수 있다! 그런 차원에서 학습을 일상화하는 학습사회의 양식에서 능력과 실력을 시대정신에 맞게 고민하고 길러가자! 이런 차원에서 학습에 대한 개념을 아주 간략하게 안내했습니다. 앞에서 학습을 통해 확보하는 능력과 실력을 얘기했다면, 이번 시간에는 그런 학습을 하는데, 어떻게 해야 하느냐? 어떤 자세이어야 하느냐? 이런 부분을 고민해 보겠습니다. 그때 대두하는 것이 탐구探究: inquiry 혹은 연구研究: research라는 겁니다. 탐구하라! 탐구라고 하니까 초등학교 때 탐구생활이 생각나기도 합니다.

여러분! 탐구라고 했을 때, 어떤 느낌이 드나요? 긴장이 되나요? 별 생각이 없나요? 심리 상태가 어떠하냐에 따라 탐구 자세가 달라집니다. 왜냐하면 탐구는 정말 쉽지 않은 작업이기 때문입니다. 더구나 진짜 학습사회를 만들어가는 데 필요한 것은 '진정한 탐구'입니다. 자기가 스스로 진행해가는 진정한 탐구! 여러분들 진정한 탐구를 해봤습니까? 탐구한다고 하니까, 그냥 책을 막 읽는다든가, 어떤 나무를 캘 때 뿌리를 캐듯이 막 캐물어 들어갔다든가, 그런 부분을 연상할 수 있어요. 그것도 탐구이긴 하죠. 그런데 진정한 탐구에는 구체적인 요건들이 존재합니다. 그 부분을 보면 여러분도 탐구에 관한 새로운 관점을 발견할 수 있을 겁니다. 고민이 될 거예요.

첫 번째가 자기 확인입니다. 여러분! 저도 마찬가지입니다. 모두 함께 한번 고민해봅시다. 여러분 스스로는 어떤 사람입니까? 여러분 한번 따라해 보십시오. '나는 어떤 사람인가! 나는 누구인가Who am I?' 여기에 있는 신창호는 어떠한 사람인가? 이 강의를 수강하는 여러분은 스스로 어떤 사람인가? 학습의 과정에서 탐구열에 빠졌는가?

다른 성격 문제를 얘기하는 것이 아니고요, 학습과 탐구, 공부를 한다는 차원에서 볼 때, 교육의 측면에서 볼 때, 나는 어떤 사람인가? 나는 누구인가? 교육적으로 나는 누구인가? 이 말이에요. 거기에 두 가지 질문이 있습니다. '나는 과연 길들여진 사람인가? 길들여졌는가?' 아니면 '나 스스로를 추구할 수 있는 사람인가?' '길들여졌다는 것'과 '추구할 수 있다는 것', 이 두 가지는 삶의 입장에서 전혀 다른 방향을 지시합니다. '스스로 추구할 수 있는 자'는 '살아가는' 사람이에요. '살아가기'를 하는 사람이지요. '길들여진 자'는 '살아지는' 사람입니다. '살아지기'를 하는 사람입니다. 그 살아지기와 살아가기의 가운데 인간은 살아남습니다.

여러분! 여러분 스스로는 살아간다는 생각을 많이 하죠? 그런데 정말 살아갑니까? 혹시 외부의 어떤 것에 길들여져 살아지는 건 아닙니까? 살아가는 겁니까? 진지하게 물음표(?)를 한번 던져 보시지요. 어떻습니까? 저는 젊을 때는 평소에 살아간다는 생각을 많이 했습니다. 그런데 나이가 들어가면 갈수록 과연 내가 주체적으로 살아가겠지? 물론 살아가 있죠. 살아가겠지만, 다른 한편으로 보면 얼마만큼 나는 이 세계에 의해, 이 세상 사람들에 의해, 나의 자식들과 나의 제자들에 의해, 나의 동료들과 나의 집 사람과 주변의 많은 사회적 관계에 의해, 살아지고 있는 것은 아닌가? 이런 생각들이 많이 듭니다.

우리는 분명히 대한민국 사회에서 살아가고 있습니다. 대한민국은 내가 길러가는 나의 조국, 아니면 어떤 국가입니까? 나를 길러주는 나의 조국, 아니면 어떤 국가입니까? 참 물음이 철학적이기도 하지만 대답하기 어렵습니다. 그랬을 때 나는 과연 어떤 사람일까요? 교육적으로 길들여진 사람 아닙니까? 지금까지 학교 교육에 의해서, 과연 나는 학교를 박차고 스스로 무언가를 추구해왔던 사람인가요? 교육에 의해 길들여졌습니까? 스스로 추구할 수 있습니까? 신중하게 고민해 봐야겠지요.

그런 고민 끝에 대답이 나와야만이 진정한 탐구에 손길을 내밀 수 있습니다.

그 다음에, 특히 공부할 때, '나는 어떤 타입, 스타일인가?' 여러분은 공부할 때 어떤 타입입니까? 이 강의를 수강하는 사람 가운데 있을 수도 있고 없을 수도 있겠죠. 간단하게 몇 가지만 제시하니, 한번 비교해 보세요. 밤새도록 공부만 한다면 올빼미형이죠. 낮에 실컷 자는 사람인가요? 이런 사람도 있습니다. 일반 사람들하고 거꾸로 생활하죠. 아침에 일어나서 낮에 무엇을 합니까? 공부를 하거나 일을 하고 밤에 자야 되잖아요. 그런 생활이 뒤집어 졌습니다. 다음에는 또 이런 유형일 수도 있죠. 음악을 들으면서, 텔레비전이나 비디오 등 동영상을 감상하면서, 혹은 간식을 먹으면서, 공부하는 스타일은 아닌가요? 예를 들어 그럴 수 있죠. 텔레비전을 이렇게 보면서 책을 읽고, 아니면 옆에 과자 부스러기를 놓고 먹으면서 공부하지는 않는가요? 아니면 귀에다가 이어폰을 끼고서, 쉽게 말해서 오디오 장치, 미디어 장치를 끼고서 들으면서 공부하는 것은 아닌가? 특히 영어 공부를 할 때, 이어폰을 끼고서 할 수도 있겠죠? 그런데 그게 아니고, 이어폰을 끼고 음악 감상을 하면서 글을 보고 있는 것은 아닌가요? 그런 타입이 있다고요. 그렇다고 이런 타입의 인간이 좋다거나 잘못 되었다거나 그런 것이 아닙니다. 이것은 어디까지나 개인적 타입이고 스타일이니까요. 주요한 것은 탐구를 하기 위한 자기 확인의 과정에서 나는 어떤 타입인가? 이거죠. 고민을 해봐야 돼요.

세 번째는 공부를 할 때, 반드시 독서실 같은 곳, 칸막이가 있는 좌석에 앉아야만 공부가 되는 유형이 있습니다. 제 주변의 어떤 사람들은 그런 사람도 있었습니다. 과거에 공부할 때 보면 저는 개인적으로 칸막이가 있는 공간에는 앉지 않습니다. 제 특성이기도 합니다만, 탁 트인 열람실 공간에서 다른 사람 앞에 앉기도 해요. 그런데 어떤 사람은 밀폐된 공간의 네모난 책상에 앉아서 공부를 해요. 양쪽 옆이 다른 사람이 볼 수 없도록 막혀 있겠죠. 어떤 사람은 이렇게 막혀 있는데도 더 안보이게 하려고 종이를 더 달아서 옆에 이렇게 안 보이게 해요. 쉽게 말하면 아주 폐쇄적인 공간 속으로 들어가야 공부가 되는 사람도 있다고요. 방금 제시한 몇몇 타입들이 우리 주변에서 흔히 볼 수 있는 타입입니다. 혹시 잘못 짚었나요? 틀렸습니까? 사람들의 타입이 그렇지 않습니까? 틀린 건 아니죠. 말 그대로 각자의 공부 스타일이에요. 맞다 틀렸다가 아닙니다. 그러니까 여러분이 공부를 할 때, 학습을 할 때, 어떤 타입인지를 파악해보라는 겁니다.

밤새도록 공부를 하고 낮에 자는 사람이다! 이렇게 되면 일반적인 다른 친구들과 다른 학습자들과 어떻습니까? 생활이 반대로 되어 있잖아요. 반대로 되어 있을 경우에는 다른 사람과 잘 어울릴 수 있나요? 없나요? 어울릴 수 없잖아요. 그러면 사람들과 함께 할 수 없는 문제가 발생한단 말입니다. 그런데 함께 해야 하는 어떤 일을 수행해야 할 경우, 사람들과 어울려야 하잖아요. 그런 문제는 어떻게 해결해야 됩니까? 해소를 해야 되잖아요. 그러니까 자기가 어떤 타입인지를 해소하지 못하면, 공부를 제대로 할 수 없다 이 말입니다.

다음의 경우를 볼까요? 음악을 들으면서 혹은 간식을 먹으면서 공부를 하는 사람이라고 합시다. 그러면 그 사람은 옆에 과자 부스러기를 놓고, 과자를 하나씩 부시럭 소리를 내며 먹어가면서 공부를 해야 된다고요. 그러면 조용하게 공부해야 하는 도서관이나 주변 사람들에게 피해를 줄 수 있는 공공장소에 가서 막 과자 먹으면서 할 수는 없잖아요. 남들에게 방해를 주지 않습니까? 그런 경우는 간단해요. 과자 먹는 버릇을 고쳐서 내가 공공 도서관에 가서 공부를 하거나, 아니면 다른 사람에게 방해를 주지 않는 특별한 공부 공간에 가서 나 혼자 과자를 열심히 먹어가면서 공부를 열심히 하든가 그 방법 밖에 없잖아요. 아니면 누구나 과자를 먹을 수 있는 카페와 같은 공간에서 좀 시끄럽긴 하겠지만 거기에서 공부를 해야겠지요. 그래서 중요한 것은 자신의 공부 타입, 스타일이 무엇인지를 알아야 돼요. 나의 타입이, 나의 스타일이 어떤지 알아야 된다고요. 나의 스타일을 통해 자기반성을 해야 진정한 탐구가 일어납니다. 그냥 아무 생각 없이 단어를 외운다? 책을 읽는다? 아주 깊숙하게 무엇을 한다? 그런다고 해결될 문제가 아니라는 거죠. 특히, 학습에서는 그렇다고 합니다. 많은 사람들이 공부하는 방법, 즉 학습법을 모르는 경우가 많습니다. 왜냐? 진정한 탐구에 대해 자기 확인을 하지 않았기 때문에 그런 겁니다.

••• 공부 방법에 대한 착각과 오해를 줄여라

자, 그 다음에 또 이런 말이 있죠. '공부에 왕도가 있느냐?' 여러분! 공부에 왕도가 있습니까? 없습니까? 참 대답하기 어렵습니다. 어떤 사람은 공부에 방법이 있다! 무슨 소리하느냐? 공부하는데 다 요령이 있어! 구체적인 방법만 알면 게임 끝나! 이렇게 얘기한단 말이에요. 그런데 어떤 사람은 그래요. 무슨 소리야? 공부에 왕도가 어딨어! 노력하면 되지! 이렇게 의견들이 분분합니다. 다양하게 나누어져요. 사람을 이해하는 방식에 따라, 학습을 이해하는 방식에 따라 달라집니다.

그런데 공부에서 '왕도 王道'라는 말은, 학습에서 '가장 좋은 방법', '최상의 방법'이란 말입니다. 그것이 있느냐 없느냐, 이 판단은 누가 내려야 됩니까? 오직 자기가 내려야 됩니다. 제가 여러분에게 '공부에 왕도가 있습니까? 없습니까?'라고 물었잖아요. 절대 대답하지 마십시오. 대신, 공부에 왕도가 있는지 없는지 지금부터 찾으십시오! 그래야만이 가장 진정한 탐구를 할 수 있는, 자기 학습자가 되는 거예요. 이 사회를 리드해갈 수 있는 자세를 다듬을 수 있는, 공부하는 사람이 되는 겁니다. 우리는 모두가 공부하는 사람이 되어야 하거든요. 태어나서 죽을 때까지 공부하는 일은 단순하게 교육기관에서 학위를 따는 것이 아닙니다. 인간으로서 가치를 지향하는 공부입니다. 인간이 되기 위한 공부에 어떤 왕도가 있을까요? 그 해답은 왕도만큼이나 열려 있습니다.

그랬을 때, 우리가 착각하지 말아야 될 것은 공부의 요령과 방법에 대한 오해입니다. 공부 방법에 대한 환상을 떨치는 일입니다. 여러분! 공부를 잘하는 사람, 혹은 어떤 학원이나 어떤 문화센터, 아니면 학부모 교육, 이런 쪽에 저도 가끔씩 교육학자 입장에서 직접 강의를 나가기도 하고, 가서 또 강의를 듣기도 합니다만, 제가 답답함을 많이 느낍니다. 상당수의 사람들이 마치 공부의 요령과 방법이 고정적으로 존재하는 것처럼 얘기를 해요. 그것이 정답이자 정석인 것처럼 말이지요. 그런 방법을 쓰면 바로 성공한 것과 같다! 이런 방식으로 학습의 요령과 공부 방법에 대한 지도를 하거나 지침을 줍니다. 심한 경우에는 그것을 통해 학습이나 공부 방법을 팔아 먹습니다. 영업 행위를 해요. 그것이 문제입니다.

무슨 소리냐? 절대 공부의 요령과 방법은 고정적으로, 이것이 공부 방법의 핵심이다! 이런 방법은 존재할 수가 없습니다. 어떻게 존재할 수 있습니까? 사람은 모두 그 특징이 다릅니다. 앞에서 말한 타입이나 스타일을 떠올려 보세요. 인간이기에 어느 정도 보편적인 차원도 있지만, 다차원적 DNA가 모두 다릅니다. 인류에 76억 명의 인간이 있다면 76억 개의 뭐가 있나요? 아이덴티티 identity가 존재하는 거예요. 물론 유사한 측면은 있습니다. 그렇다고 유사한 측면이 누구에게나 통하는 학습법을 적용할 수 있다는 말은 결코 아닙니다. 이것은 무슨 소리냐 하면, 보편적 학습법을 찾기가 대단히 쉽지 않다는 의미입니다. 그러니까 어떻게 돼요? 자기를 성찰하고 자기 특성을 보면서 자기가 파악해야 되죠.

나도 남들처럼 어떤 특정한 공부법으로 탐구해 본다? 한번 실험해 보세요. 어떤 결과가 나오는지 직접 확인해 볼 필요도 있어요. 어떤 사람이 거름을 지고 시장에 가니까 나도 거름 지고 시장에 간다는 그런 속담이 있죠. 뭘 하는지도 모르고 그냥 따라가요. 그래서는 안 되죠. 절대 안 됩니다. 지향하는 영역이 다르고 목표가 다르면 방법도 달라야 돼요. 그 지향하는 것에 따라 공부해야 될 내용이 다르고 생각이 다른데 어떻게 방법이 동일하겠습니까? 심지어는 지향하는 영역과 목표가 같다 할지라도 구체적인 실행 단계에서는 자신의 상황을 확인해야 됩니다. 남들이 어떤 방법으로 성공했다고 하니까, 아주 가볍게, 아주 쉽게 그대로 차용해와서 성공하려고 하는 사람이 많습니다. 그러면 실패하기 쉽습니다. 흔히 말해서 요령 피우지 마십시오!

가장 중요한 것은 스스로를 먼저 파악하고, 그 다음에 탐구의 방법을 찾아가야 됩니다. 탐구의 방법을 찾아갈 때, 나의 특성을 미리 파악해준 선생님이나 선배, 동료, 부모님이, '아, 너는 이런 것을 하면 좋겠다!'는 충고를 해줄 수는 있습니다. 그때 그 충고는 귀 담아 들을 필요가 있습니다. 그렇다 하더라도 그 충고조차도 그대로 따라 해서는 곤란합니다. 어디까지나 참고자료로 활용해야 합니다. 그것도 스스로 자기의 특성을 파악해가는 하나의 방법이에요. 이런 부분들을 생각하지 않고, 상당수의 사람들이 남의 얘기에만 귀 기울이고 있어요. 그러니 뭐가 나와요? 안 나옵니다. 스스로 찾으십시오! 더구나 이 시대는 내가 당당하게 맞이하는 겁니다.

●● 자신을 섬세하게 확인하고 평가하라

자기 확인을 하기 위해 가장 중요한 것은 앞에서도 여러 번 언급했습니다만, 자기 이해입니다. 이것이 다름 아닌 학습의 키 포인트key-point입니다. 동서고금을 막론하고 유명한 교육학자나 심리학자들이 한 목소리로 얘기합니다. 학습의 키

포인트는 '당신이 당신 자신을 이해하는 데서 나온다!' 물론 특별한 경우는 있습니다. 장애우라든가 자기 자신을 이해하기 힘든 사회적 약자라든가, 그런 경우는 학습 도움을 필요로 하는 별개의 사안입니다. 스스로 자기를 이해할 수 있는 사람은 이미 학습의 키 포인트를 쥐고 있는 사람입니다.

나는 어떤 성격의 소유자인가? 성질이 급하냐? 느긋하게 여유를 즐기는가? 나는 어떤 학습 유형을 선호하는가? 독서실에 가야만 되는가? 아니면 집에서도, 열린 공공 도서관에서도 공부가 가능한가? 아니면 잔디밭이나 풀밭과 같이 자연에 앉아 있을 때 집중이 잘 되는가? 여러 사람들이 함께 모여 있는 카페에서 독서를 하거나 노트북을 펼쳐 놓을 때 공부가 잘 되는가? 또한 나는 나를 어떻게 평가할 수 있는가? 그리고 내가 개선해야 할 것은 무엇인가? 등등, 여러분 스스로를 한 번이라도 진지하게 평가해 본 적이 있습니까? 대부분 그러죠. 재미있는 사람들은 이렇게 얘기하기도 합니다. '나는 천재다!' 그것을 막 메모지에 써놓기도 해요. 아니면 '난 안 돼!'라고도 합니다. 이렇게 극단적으로 자기 자신을 평가합니다. 그런 평가를 말하는 게 아닙니다.

여러분! 일기를 쓰기도 하고, 하루를 반성하면서 일기까지는 아니더라도 다양한 양식으로 내가 오늘 사람들과 만났을 때 어떤 방식으로 사람들을 대했던가? 과연 나는 사람들에게 즐거움을 주었는가? 나로 인해서 오늘 하루가 다른 사람들이 나로 인해서 오늘 하루를 망치지는 않았을까? 그것이 메모가 되었건, 기억이 되었건, 여러 가지 방식의 성찰이 있겠죠. 자기 자신을 평가할 수 있는 사람은, 이미 가장 잘 학습할 수 있는 조건을 갖춘 사람입니다. 그것을 권장합니다.

••• 열정어린 〈학습 선서〉를 생활화 하라

그렇게 자기평가를 일상화한 사람은 학습 자체가 생활 속에 들어온 사람입니다. 그런 생활화를 교육하기 위해 미국의 어떤 학교에서 〈학습 선서〉라는 것을 만들었습니다. 제가 그 부분을 조금 고쳐서 다음과 같이 제시를 해 보았습니다. 여러분도 집에서 한 번 해보세요. 선서의 종류는 일곱 가지입니다.

그 글은 '나는 선서한다'로 시작합니다.

첫 번째는 '세상에서 가장 큰 힘은 지식이라는 것을 안다!'입니다. 세상에서 가장 큰 힘은 지식이다. 그래서 지식을 아는 것이 힘이다. 지식을 알아서 적용하는 것이 힘이다. 지식을 알아서 응용하는 것이 힘이다. 지식을 실천하는 것이 힘이다. 그것을 알아야 됩니다. 그러니 여러분들도 이 시대에 필요한 지식을 고민하면서 선서해 보십시오. 그래야 배움의 욕구가 생기죠.

두 번째는 '나는 지혜로워지고 싶다. 어리석어 바르게 알지 못하는 사람은 값진 것을 얻을 수 있음에도 불구하고 그것을 놓치고 산다!'입니다. 여러분도 지혜롭고 싶잖아요. 지혜롭고 싶다 이거에요. 그러니 욕구를 분출해야 돼요.

세 번째는 '기본적인 학습 방법을 배워 그 분야에 전문가 수준으로 성장할 것이다!'입니다. 기본적인 학습 방법을 배우려면 앞에서 언급한 것처럼 자기 확인을 해야죠. 그리고 이제 여러 가지 교육학 이론 책을 보면 이렇구나, 이런 부분은 나한테 맞겠구나, 찾을 수가 있는 거죠. 남들이 어떻게 한다고 해서 따라 가기만 한다? 그러면 기본적인 학습 방법을 배울 수가 없어요.

네 번째는 '재미있는 책도 읽지만 세상에서 일어나는 다양한 상황을 자각하는 데 필요한 콘텐츠도 읽겠다!'입니다. 책을 읽다보면 재미있는 책도 있고 지루한 책도 있어요. 고전 같은 경우에 많은 사람들이 지루해 하죠. 재미없는 경우도 꽤 있습니다. 교훈도 많이 주고 감동을 많이 주지만, 때로는 세상에서 일어나는 다양한 상황을 자각하는 데 필요한 콘텐츠도 읽겠다 이겁니다. 세상에서 일어나는 다양한 상황을 자각하는 데 필요한 콘텐츠의 경우, 사람들이 모두 의미 없다, 보아서는 안 되는 책이라고 하는 금서일지라도 세상을 자각하는 데 필요하다면 볼 필요가 있습니다. 그것에만 빠지면 곤란하지만, 그것을 보고 자각해야 되니까요.

다섯 번째는 '오늘 배웠거나 질문했던 내용을 저녁에 가족들이나 친구, 선후배들과 함께 이야기해 보겠다!'입니다. 공부는 나누어야 됩니다. 그리고 내가 미처 깨닫지 못한 것을 다른 사람으로부터 받아야 되죠. 이런 자세를 가져야 됩니다. 나 혼자 배우는 게 아니에요. 나 혼자 머리 좋다고 집어넣는 게 아니란 말입니다.

여섯 번째는 '매일 일정 시간을 할애하여 장래를 생각하고, 그것을 존경하는 사람과 더불어서 의논하며, 장래를 보증할 수 있는 지식을 계속하여 학습해 갈 것이다!'입니다. 공부는 끊임없이 계속해 가야 돼요.

그리고 마지막으로 일곱 번째는 '나는 나 자신과 나를 사랑하고 내가 성공하도록 도우려는 모든 이에게 이것을 선서한다!'입니다. 참 멋있고 희망적이고 열정적이지요. 나를 사랑하는 주변의 모든 사람들에게 나는 이렇게 공부하고 싶다는 것을 선서하라 이러죠. 그리고는 마지막 부분에 선서인 ○○○라고 공표합니다.

여러분! 지금 앞서 언급한 <학습 선서>를 참고로 그것에 여러분의 의지를 맞추어가도 좋습니다. 자신에게 맞는 스타일로 바꾸어 만들어가도 좋아요.

미국의 어느 학교에서 이 <학습 선서>를 학생들에게 시키고 자부심을 넣어준다는 것을 확인하고, 미국이 선진국이 될 수 있는 이유를 생각해 보았습니다. 미국이라는 나라가 강국이 되는 근원이 엿보이지 않나요? 어떤 측면에서 보면 부럽죠. 우리나라에서도 제가 말씀 드린 이와 유사한 것을, 각급 학교에서 또 다양한 방법으로 교육 기관에서 실시하고 있는 곳도 아마 많이 있을 겁니다. 그러나 한 번 더 이런 부분들을 고민해주면, 더 좋은 학습으로 나아갈 수 있을 거예요.

요컨대, 진정한 탐구란 무엇인가?라고 했을 때, 진정한 탐구는 다른 말로 하면, 실제적 공부이다! 허깨비 공부가 아니고 실제 공부이다! 알찬 공부이다! 알이 꽉 찬 알찬 공부라는 겁니다. 먼저 자기 자신을 파악하라! 그리고 자기 결심을 다져라! 내가 어떤 유형의 사람이라면, 나는 이것을 할 수 있어! 그런 결심을 다져요. 그런 과정에서 결실을 맺는 것이 진정한 탐구입니다. 그러면 그 과정에서 뭘 하겠어요. 자신을 파악하고 자기 결심을 했다면, 무엇을 하겠습니까? 앞에서 얘기했던 훈련이라든가, 노력이라든가, 흔히 우리가 말하는 공부를 하겠죠. 그러나 제일 우선적인 것은 자기를 파악하라!입니다. 여러분과 저는 오늘부터 다시 죽는 날까지 자기 파악을 통해 진정하게 탐구하고 실제적인 공부로 나아갈 수 있도록 함께 고민합시다.

03

성숙한 삶을 위한 교육을 창출하라

여러분! 앞서 진정한 탐구가 자기 파악을 통한 자기 학습에서 나온다고 했잖습니다. 자기 파악을 통한 자기 학습은 무엇 때문에 하느냐? 바로 여기서 말하려는 성숙한 삶을 위한 교육이거든요. 성숙한 삶을 위해서는 또 다시 이제 학습사회는 화두로 돌아가야 한단 말입니다. 그랬을 때 과연 우리가 관행적으로 학습을, 지금까지 어떻게 해 왔기에, 그 관행적인 학습에 대해 새로운 성찰이 필요한 것은 아닌지, 그래야만이 시대에 맞는, 시대가 요청하는 일상적 학습, 일상적 공부, 그 다음에 교육의 양식 변화, 이런 것들을 고민할 수가 있겠죠.

그래서 이번 시간에는 성숙한 삶을 위한 교육이라는 아주 짧은 주제 아래에 학습이 과연 어떤 방식으로 되었으면 좋겠느냐? 그 부분을 전환하는 방법을 고민해 보겠습니다. 그래서 기존에 여러분과 제가 받아왔던 교육, 그러니까 관행적 학습 활동에서, 그 관행적 학습 활동을 지배하는 몇 가지 가정이 있습니다. 그 부분에 대해 우리가 진지하게 성찰할 필요가 있습니다. 그 성찰을 통해야만이 관행으로 지배하던 것들이 껍데기를 벗고, 관행이 아닌 진짜 이 시대에 맞는 학습의 양식으로 바꿀 수가 있겠죠.

••• 관행적 학습을 지배하는 가정들을 과감하게 탈피하라

관행적 학습 활동을 지배하는 가정들의 첫 번째 무엇이냐? 그 관행적 학습 활동을 어떻게 받아들이냐 하면, '교육과 학습은 지식을 가진 사람이 그 지식을 갖지 못한 사람에게 전수하는 일이다!'라는 겁니다.

쉽게 말하면, 교사가 어떻게 한다고요? 학생에게 지식을 일러준다는 시스템이 관행적으로 학습 활동이라는 거예요. 시스템에 갇혀 있다 보니, 어떻게 됩니까? 학생은 교사가 없으면 학습을 못하는 거예요. 그런 사고에서 빨리 벗어나야 돼요. 이 자리에서도 마찬가지예요. 여러분이 지금 무크 인터넷 강의를 수강하고 있지만, 저의 강의를 수강하면 할수록 어떻게 됩니까? 제 의견에 빨려 들어갈 수 있어요. 제 권위에 눌릴 수 있단 말이에요. 이게 전통적인 학습 관행이에요. 그러니까 이제는 제 강의를 듣고 어떻게 해야 되느냐? 신창호가 한 강의는 참고자료다! 한국교육에 관한 문제는 수강자인 내가 직접 찾겠다! 제가 강의를 하면서 거의 대부분 지식을 직접 가르쳐 주지 않고 어떻게 합니까? 함께 논의해 봅시다!라고 하면서 공동의 물음표를 던지잖아요. 스스로 찾아라! 그거예요.

제가 기존에 있는 교육학 얘기를 많이 해서 지식을 알려줄 수도 있겠죠. 그러나 그런 것은 인터넷에서 검색하면 대부분 소개되어 있습니다. 책 보면 다 나와요. 그것을 왜 다시 설명해야 되지요? 시간 낭비 아닌가요? 시대는 달라지고 있는데, 그러니까 이런 프레임에, 이런 구조에 갇히면 안 된다 이 말이에요. 당연히 교사가 학생에게 지식을 전수해 주죠. 이것도 없어서는 안 되는 교육 행위입니다. 그러나 그것에만 갇히지 말란 거예요. 지식을 가진 사람이 그것을 갖지 못한 학생에게 전수해주는 일 아닙니까? 그렇죠?

그런데 현대 사회에서, 지식이 이렇게 개방되고 새로운 지식이 폭증하는 시대에는 어떤 부분에 대해 학생이 교사보다 많이 알고 있는 영역도 있습니다. 그러나 과거에는 모든 것을 교사가 장악하고 있고, 박사들이 다 알고 있고, 어른이 터득하고 있고, 지도자가 잡고 있단 말이에요. 그러고는 '너희들이 뭘 알아!'라면서, 교육적 권위를 떨쳤어요. 이제 시대가 달라졌어요. 왜 몰라요? 인터넷을 비롯하여 자료를 찾으면 다 알죠. 그러니까 과거와 같은 프레임에 갇혀서는 곤란하다는 겁니다. 이것이 관행적 학습 활동을 지배하는 가정 중에 첫 번째입니다.

그 다음에 두 번째는 '지식은 세상에 관한 것인데 이것은 모호하지 않고, 신비스러울 것도 없으며 불안하지도 않다!'는 겁니다. 지식은 정확한 것입니다. 신비스러울 것도 없고 불안정하지 않아요. 이는 거꾸로 하면 뭡니까? 모호하지 않고 정확하다. 신비스럽지 않고 일반적인 것이다. 불안정하지 않고 안정적인 것이다. 이렇게 되지요. 그러니까 지식을 어떻게, 모호해야 한다? 이렇게 나오는 거예요. 그런데 여러분, 지금 지식이 모호하지 않습니까? 신비스럽지 않아요? 불안정하지 않습니까? 지금 시대는 불안정의 시대입니다. 정말 모호한 시대예요. 그러니까 지식을 대하는 태도가, 지식에 대한 관점이, 지식에 대한 지식이 다른 방식으로 이해돼야 돼요.

과거의 관행에 갇혀 있다 보니, 아, 지식은 정확한 거니까 우리가 알고 있어야 돼! 신비스럽지 않고 일반적인 것이니까 우리가 상식적으로 알고 있어야 돼! 불안정하지 않고 안정된 것이니까 우리가 제대로 알고 있어야 돼! 이런단 말이에요. 이런 틀에 절대 갇히지 마십시오. 그것과 거꾸로 이해하십시오. 그런 관행을 타파해야만이 이 시대의 눈으로 지식의 문제를 제대로 볼 수 있어요.

다음으로 관행적 학습을 지배하는 가정들 중에 지식은 또 무엇이냐? '지식은 여러 교과목으로 나누어서 가르치되, 교과 내용은 중복되지 않으며, 이미 알려진 것이기 때문에 더 이상 검토할 필요가 없다!'라는 가정입니다. 이 무슨 소리입니까? 과거에는 지식을 여러 교과목으로 나누어서 가르쳤습니다. 그러니까 국어, 영어, 수학, 과학, 사회 등 쫙 나누어져 있어요. 나누어서 가르치되 그 교과 내용은 중복되지 않습니다. 여러분, 제가 말한 국어, 영어, 수학 등 이런 과목이 중복됩니까? 안 됩니까? 중복 안 되잖아요. 그리고 국어, 영어, 수학 등에 담겨 있는 내용은, 이미 알려진 것이기 때문에, 더 이상 검토할 필요가 없어! 무조건 배우면 돼! 이런 시각이 관행적 학습 활동을 지배해왔단 말입니다. 가만히 보면 진리 자체를 가르친 것처럼 느껴져요. 그러니까 아직까지도 어떻습니까? 그대로 교과목으로 나누어가지고 배우기만 하지요.

아니, 국어와 영어, 수학을 연결할 수 없나요? 쉽게 말해서 융·복합할 수 없나요? 교과목을 나누지 않으면 안 되나요? 그리고 교과목 중에 이미 알려지지 않은 것도 있을 수 있을 텐데, 검토할 필요가 없나요? 잘 살펴봐야죠. 과거의 근대 과학적 지식이 관행적 학습 활동을 강력하게 지배하고 규제하는 겁니다. 우리가 거기에 갇혀 있지 않느냐는 거죠.

그 다음에 네 번째는, '교수자는 학습자들이 꼭 알아야 할 내용을 가르칠 수 있어야 하고 그럴 경우에만 교육과정상 권위적 역할을 담당한다!'는 것입니다. 앞에서 교사의 권위에 대한 말씀도 드렸습니다만, 교수자인 교사는 학생들이 알아야 할 내용을 가르칠 수 있어야 합니다. 학생들보다 우월적 지위에서 학생들에게 전문성을 갖고서 알려줘야 한다! 이렇게 되거든요. 그리고 그럴 경우에만 뭘 갖는다고요? 교육과정상의 권위적 역할을 담당합니다. 물론 옛날에는 그랬습니다. 교사는 학생들이 모르는 거의 모든 것을 알고 있습니다. 그러니까 학생들이 어떻게 하느냐? 아! 선생님께 여쭈어보자! 야, 모여 봐! 우리 선생님께 가서 모르는 것을 여쭈어보자! 그러면 선생님께서 다 알려주실 거야! 그런 의식이 팽배해 있고 그런 의식이 진실이었을 수도 있습니다. 그런데 지금은 아닙니다. 왜? 선생님조차도 감당하지 못할 새로운 지식이 폭증합니다. 그리고 새로운 지식에 대해서는 어떻게 보면 학생들이 선생님보다, 교수자들보다 빨리 캐치하는 경우도 있습니다. 그런데 어떻게 이 프레임을, 이 관행적 학습활동을 그대로 지금까지도 지속해갈 수 있냐? 그거죠. 그렇게 해서는 안됩니다. 여기에 대한 반성적 사고가 일어나야 된다는 겁니다.

그리고 다섯 번째 마지막입니다. 관행적 학습 활동을 지배하는 가정들 중에, '학습자는 특정과목의 자료와 같은 정보에 몰두함으로써 지식을 획득할 수 있고, 교육받은 정신이란 자료가 잘 축적된 정신이다!'라는 것입니다. 학습자는요, 특정 과목의 자료와 같은 정보에 몰두해야 돼요. 그래야만이 지식을 획득할 수 있어요. 교육받은 정신이라는 것은 자료가 잘 머릿속에 축적된 정신이에요. 그러니까 옛날로 얘기하면, 잘 배운 학생이에요. 그리고 특정 과목의 자료와 같은 정보에 몰두하라고 그랬잖아요. 그 과목에 몰두해서 지식을 얻었다 그겁니다.

최근에 어떤 사람이 그랬지요. 하나만 잘하면 된다고요? 하나만 잘 해서 어떻게 됩니까? 하나는 당연히 잘하고, 다른 사람이 하는 것도 곁눈질을 봐서 알려고 노력하고, 이쪽에 있는 것도 봐야 되지요. 앞에 있는 것도 봐야 돼요. 왼쪽, 오른쪽 모두 둘러봐야 되는데, 무슨 소리예요.

그런 점에서 우리가 이 다섯 가지의 관행적 학습활동을 지배하는 가정들에 대해, 신중하게 고민해보자 그거죠. 그러면 이 관행적 학습활동을 지배하는 가정들보다 조금 더 현실성 있게 이 시대가 요구하는 것에 다가가려는 노력을 하려면 무엇을 해야 되느냐? 앞에서 나왔던 과거의 관행적 학습활동을 반성적으로 보고, 반성적 학습활동으로 바꾸어야 돼요. 그래서 이 반성적 학습활동을 지배하는 가정들을 오늘날 새로운 교육양식으로 혁신시켜 가야 합니다. 교육양식을 혁신시켜 가는데, 새로운 어떤, 우리의 인식 틀로 받아들일 자세를 가져야 됩니다.

••• 반성적 학습활동을 지배하는 가정들을 구체적으로 습득하라

오늘날 우리의 교육양식, 혹은 학습활동은 어떤 방식으로 가면 조금 더 낫겠는가? 그러니까 여기에 나온 것, 지금부터 말하는 것이 오늘날 반드시 이렇게만 해야 된다는 말은 아니에요. 과거의 전통적인 관행 학습, 학습활동을 지배하던 다양한 어떤 부조리한 측면들, 그리고 시대정신으로 보았을 때, 조금 전통적 성향이 강해서 낡았다고 생각되는 것에 대해, 우리가 반추해보자는 겁니다. 그것으로 인해, 조금 더 현실성 있는 학습활동으로 다가갈 수 있다. 이런 생각을 해보는 거죠. 반성적 학습활동이 정답인 것은 아닙니다. 정답이 어디 있습니까?

자, 그랬을 때, 첫 번째 '교육과 학습은 교수자의 안내에 따라 탐구 공동체에 참여한 결과로 얻어지는데, 이 탐구 공동체가 목표로 하는 것은 좋은 판단과 이해를 획득하려는 것이다!'라고 합니다. 상당히 현실적인 언표입니다. 교육이나 학습은 교수자의 안내에 따라 탐구 공동체에 참여한 결과로 얻어집니다. 그러니까 교육이라는 것은 옛날처럼 교사가 모든 것을 가르쳐주고 학생이 필기하며 받아먹고 그런 게 아닙니다. 탐구 공동체에서 참여하여 이루어지는 것입니다. 교사와 학생이 함께 손을 맞잡고, 물론 교사가 그 과정에서 학생보다 경험한 것이 많으니까, 내용을 알려주기도 하고, 학생이 배우기도 하겠죠. 필요에 따라서는 전통적 양식을 활용하기도 할 겁니다.

중요한 것은 무엇이냐? 탐구 공동체에서 연구하는 겁니다. 공동의 연구! 교사와 학생이 함께 보는 거죠. 같이 종이를 두고 마치 여러분과 제가 <질의-응답>란이라든가, 기타 다양한 의사소통란에 여러분의 생각을 던졌단 말이예요. 거기에 대해 A는 이렇게 생각한다, B는 저렇게 생각한다, C는 또 그렇게 생각한다 등, 이 모두를 모아서 함께 두고 고민해보는 거죠. 그리고 제가 많이 알고 있는 것이 있으면, 의견을 좀 더 보태고, 제가 모르는 부분에 대해서는 여러분이 알려주고 그러면서 서로가 맞추어 가는 거예요. 그럴 때 더 좋은, 훌륭한 지식을 생산할 수 있어요. 지식을 만들어 낸다고요. 정해진 지식을 내가 개인적으로만 받아들이는 것이 아니고, 탐구 공동체를 통해서 탐구 목표라는 좋은 판단과 이해를 획득한 단 말입니다. 다시 보겠습니다. 이 탐구 공동체에서 뭘 하느냐? 지식을 공동으로 창출할 수 있습니다. 다시 말하면, 생산적인 지성이 나올 수 있는 거죠.

두 번째는 학습자들이 세상에 대한 지식을 모호하고 불안정하며 불가사의한 것으로 여길 때는 언제나 그들 스스로 이 세상에 대해 생각하도록 자극하는 일이다!'라는 것입니다. 학습자들이 말입니다. 학습자들이 세상에 대한 지식을 모호하고 불안정하며 불가사의한 것으로 여길 때는 이렇게 볼 수가 있잖아요. 앞에서 말한 것처럼 이 세상에 대한 지식이 모호하지 않고 불안정하지 않고 불가사의하지 않는 게 아니란 말입니다. 이런 부분이 분명히 존재한다고요. 의심나는 게 많잖아요.

그러면 세상에 대해 어떻게 하느냐? 언제나 그들 스스로 생각할 수 있도록, 열린 동기부여를 해서, 마음을 확 열어서, 자극을 줘야 됩니다. 어떻게 온전하게 만들어진 분필이나 연필처럼, 완성품을 탁탁 던져 주느냐 말이죠. 세상에는 미완성품이 있잖아요. 그것에 대해 고민하게 하면, 오히려 어떻게 만들 것인가? 노력을 할 수 있게 하잖아요. 완성품을 쓰면 편리하다는 것, 누가 몰라요? 하지만 이 세상은 어떻게 보면, 완벽한 불확실성으로 둘러싸여 있을 수도 있고요, 불확정의 사회일 수도 있고요, 확정되어 있어도 우리에게 알려진 것보다 불확정적 상황으로써 다가올 것이 훨씬 더 많을 수도 있는 그런 시대이고 그런 사회입니다. 세상 자체를 그렇게 본다면, 이 두 번째 반성적 학습활동을 위한 가정들은 굉장히 눈여겨 볼 필요가 있죠.

여러분! 만약에 눈앞에 닥친 것이 모호하다면 어떤 판단을 내릴 겁니까? 나 혼자 그냥 아주 탁월한 머리로 판단을 내려요? 그것보다는 공동체에서 학습 공동체, 탐구 공동체에 모여서 어떻게 처리하면 될까? 너는 어떻게 생각하니? 지혜를 모으고 모아서 만들어 가면 좋지 않겠어요? 기업체를 만들어도 그렇고요, 가정을 운영할 때도 그렇고요, 모든 소사이어티society, 공동체에서는 탐구 공동체가 중요합니다. 그런 부분들을 진지하게 고민하면 좋겠습니다.

세 번째는 '탐구 주제 하나가 여러 교과와 동시에 관련을 갖기도 하고, 그런 식의 탐구는 끊임없이 일어나므로, 각 교과와 그 내용의 관계가 항상 분명한 것은 아니다!'라는 인식입니다. 탐구 주제 하나가 여러 교과와 동시에 관련을 갖기도 하고, 그런 탐구는 끊임없이 일어나는 것이 사실입니다. 주제 하나는 분명하게 여러 교과와 관련을 가져요. 그러면서 각 교과와 내용의 관계가 항상 분명하게 쪼개지는 것은 아니에요. 여기 왼손과 오른손이 분명하게 분리되어 나누어져 있는 것처럼 보이지만, 실제로는 우리 몸을 통해 연결되어 있잖아요. 마찬가지로 A교과와 B교과가 있을 때, 그것은 마치 깍지를 낀 것처럼 되어 있다는 거죠. 서로가 서로에게 얽혀 들어가 있는 거예요. 이미 이 사회에 많은 것들이 그런 방식으로 존재한다는 거죠. 교육敎育에서 교敎 자를 얘기할 때, 말했잖아요. 그물망 텍스트(#)란 말입니다. 얽혀 있는 것, 사귀고 있는 것, 그런 부분에 대해 깊이 생각해야 합니다.

그 다음에 네 번째는요, '교수자는 완벽하고 권위적이기보다는 실수할 수 있는 존재, 언제든 자신의 실수를 용인할 준비가 되어 있다!'는 겁니다. 교수자, 쉽게 말하면 교사는 완벽하고 권위적이기보다는 실수를 할 수도 있는 존재이다. 얼마나 인간적입니까? 솔직하고요. 교사는 신이 아니지 않습니까? 그런데 전통적인 관행에서는 늘 완벽하고, 모든 것을 다 알고 있는 존재로 묘사되었습니다.

여러분, 잘 보십시오. 제가 여기에서 강의를 하고 있지만, 교육학적 지식은 제가 오랜 시간 동안 많이 배웠으니까, 이 강의를 수강하고 있는 사람들보다 많이 알고 있을지 모르겠습니다만, 모든 지식에 대해 제가 다 아나요? 아니잖아요. 여러분이 많이 알고 있는 것도 있잖아요. 강의를 하는 도중에도 모르기는 해도, 저도 여러 가지 실수를 많이 했을 겁니다. 그게 교수자입니다. 혹시 실수한 부분이 있으면, 여러분이 저에게 알려주세요. 그래야, 아! 이것은 잘못 얘기했구나! 아니면 실제 뜻은 그런 것이 아닌데, 얘기를 직접 하다 보니까, 잘못 알려줬구나! 하고, 이런 부분을 교정할 수가 있잖아요. 틀린 것은 수정하고 그래야 합니다. 그것이 현대 사회의 반성적 학습의 모습입니다.

교수자는 절대 완벽하고 권위적인 신적인 존재가 아닙니다. 언제든지 실수할 수 있는 사람입니다. 그러고는 또 언제든지 자신의 실수를 용인할 준비를 갖추어야 합니다. 고칠 자세를 하고 있어야 됩니다. 저도 마찬가지죠. 여러분이 어떤 내용을 다르게 생각한다, 혹은 어떤 통계가 잘못되었다고 하면, 제가 바로 확인해 보고, 아! 올해 통계를 보지 않고 작년 통계를 보아서 죄송합니다! 이럴 수가 있잖아요. 수정해서 알려 줘야죠. 실수를 용인해야죠. 그것이 반성적 학습을 할 줄 아는 교수자입니다. 또 거기에 대해 뭘 해야 됩니까? 반성하고 용인한 사람에 대해, 또 용서를 해주고, 덮어 주고, 정확하게 알려주고, 그런 것들이 이 시대의 공부이자 학습이죠. 그게 진정한 탐구라는 겁니다.

그리고 마지막 다섯 번째로 반성적 학습활동에서, '학습자는 사려 깊고 반성적인 사람이 될 수 있고, 나아가 합당하고 현명한 사람이 될 수 있다고 기대한다!'는 사실입니다. 여기에서 학습자를 잘 보십시오. 전통적인 학습자가 교수자에게 일방적으로 배우는 모습과는 차원이 다릅니다. 학습자는 사려 깊고 반성적인 사람이 될 수 있습니다. 왜냐? 탐구를 같이 하니까요. 그리고 합당하고 현명한 사람이 될 수 있습니다. 이게 바로 이 시대에 우리가 원하는 공부한 사람, 학습의 결과 모습, 이렇게 되는 거죠. 그래서 교육 양식의 혁신을 위해서는, 우리 교육의 목표가 어떻게 됩니까? 교육과정이 어떻게 되어야 하느냐? 단순한 지식이나 정보의 획득이어서는 안 됩니다. 그러니까 객관적 지식이나 사실, 이런 모든 것을 포함하는 단순한 정보 획득이 아니라, 뭘 해야 되느냐? 탐색을 해야 됩니다.

여러분! 컴퓨터를 어떻게 합니까? 이렇게 검색하게 하잖아요. 컴퓨터에서 무언가를 찾을 때 검색하잖아요. 그것과 유사하게 사람은 세상 탐색을 통해, 다양한 주제들 내에서, 혹은 각 주제들 간의 관련성을 파악해 나갑니다. 컴퓨터 화면에서 검색을 쭉 해 나가면, 여기에 뭐가 있네, 저기에 뭐가 있네, 이것은 나한테 필요한 것, 저것은 필요 없는 것, 여러 가지가 나오잖아요. 탐색은 그와 같이 것이지, 이미 객관적으로 알려져 있는, 종이에 적혀 있는 것들을, 내 머릿속에 집어넣기만 하는 작업이 아닙니다. 물론 그렇게 해야 할 필요가 있는 사람도 있습니다. 그런 경우에는 그렇게 해야 되지요.

그런데 상당한 지식을 가진 사람들이, 종이에 적힌 글을 보면 그냥 알 수 있는데, 그걸 갖다가 다시 또 알려줘요. 참, 왜 그렇게 합니까? 이것을 알고 있으면 이것과 저것과의 관계를 파악해야지요. 그런 거죠. 그래서 교육과정 자체에 대해 이런 방식으로 고민했으면 좋겠다. 그래서 연관성이나 숨은 뜻을 파악하는 그런 걸 볼 수가 있죠. 그래서 여러분, 요즘 어떤 인터넷 검색을 하다 보면, 연관검색어, 이런 것이 나오잖아요. 그물망처럼 쭉 연결되어서요. 그런 방식의 학습 방법, 학습에 대한 어떤 인식 전환, 이게 필요하다는 거죠.

　자, 그래서 여러분! 성숙한 삶을 위해서는 우리가 어떤 학습으로 다가가야 되겠느냐 했을 때, 앞에서 누차 말했던 탐구를 중심으로 가야 됩니다. 그리고 이 탐구는 나 혼자 하는 게 아닙니다. 반드시 공동체로 이루어서 해야 되고, 합리적으로 해야 되고, 판단할 수 있어야 되고, 창의성이나 자율성, 이런 것들을 확보하는 과정을 거치면서 진행해야 돼요. 이것과 거꾸로 된 얘기는 개인적 불합리, 그 다음에 적절하게 제대로 판단하지 않고 해 보지도 않고 그냥 보류해버리는 겁니다. 그 다음에 창의적이지 않고 그냥 밋밋하게 있는 그대로 사실 자체만 집어넣는 것입니다. 자율적이지 않고 타율적으로 합니다. 이런 방식으로 이 시대에 성숙한 삶을 기약할 수 없다 이거죠.

　때문에 학습자는 어떻게 해야 되느냐? 학습자는 탐구 공동체에서 뭘 해야 되느냐? 서로 존중하고 동시에 존경심을 갖고, 다른 사람의 견해를 경청해야 됩니다. 그리고 서로 도우면서 아이디어를 만들어 갑니다. 나 혼자 탁월한 어떤 존재, 그것은 이 시대가 요청하는 그런 존재가 아닙니다. 그렇다고 나 혼자 탁월한 존재가 필요 없다는 말은 아닙니다. 그냥 나 혼자만 탁월하게 외로운 섬처럼 존재할 때, 뿔뿔이 흩어진 모래알이 되기 쉽습니다. 그런 부분들을 우리가 염려하면서 고민하면서, 성숙한 삶을 위한 학습자의 태도, 교육자의 태도, 그리고 진짜 나는 어떤 교육을 해야 할 것인가? 그것에 대한 교육 양식의 전환, 그 다음에 교육에 대한 새로운 시대요청에 대한 인식, 이런 것들을 생각하면 좋겠습니다.

04

사고의 기술을 최대한 발현하라

　여러분! 14주차 강의의 마지막 시간입니다. 마지막 강의는 우리 인간을 '이성적 동물'이자 '생각하는 갈대'라고 하듯이, 사고의 기술에 대해 간단하게 의견을 나누어 보려고 합니다. 앞에서 말했듯이, 우리가 학습을 해나갈 때, 전통적 학습 방법이 있었지만, 이 시대에 맞게 새롭게 학습 양식을 바꾸어갈 필요가 있다고 그랬잖아요. 그랬을 때 자기학습, 탐구, 이런 영역이 도출되었습니다. 이런 학습 활동의 기본적인, 근원적인 바탕에서 볼 때, 물론 자기 학습과 탐구를 하여 실질적으로 그것을 이행하는 궁극적인 목표나 목적은 행위입니다. 행위이고 실천이거든요. 행위와 실천이라는 것은 궁극 목적에 해당합니다. 우리가 교육을 해서, 교육을 하면 실천해야 되잖아요. 이게 궁극 목적이거든요. 그런데 궁극 목적으로 나아가기 위한 이 행위와 실천은, 이것으로 나아가기 위해 시작 단계에서 사고가 필요합니다. 궁극 목적인 행위와 실천을 보다 알차고 건강하고 명확하고 확실하게 해줄 수 있는 그런 양식에 해당되는 것이 바로 사고입니다. 사고, 생각입니다. 그러니까 우리가 깊이 생각을 하고, 넓게 바라보고, 무언가를 우리 몸에 실천할 수 있는 능력을 체득한 다음에, 바로 행위 실천으로 나아갈 수가 있습니다.

　여러분! 이 강의의 마지막 시간에 제가 사고의 기술이라는 것을 배치한 이유가 있습니다. 교육을 비롯한 인간의 삶을 가치 있게 만드는 바탕이기 때문입니다. 사고의 기술이라고 했을 때, 기술이라는 말이 나오니까, 그러면 사고하는 기술만

익히면 되는 거 아니야? 이렇게 생각할 수도 있잖아요. 그런데 사고의 기술이 이론적으로, 원론적으로 여러분에게 말씀을 드리는 것이지, 모든 사람이 사고의 기술을 동일하게 터득할 수 있거나 체득할 수 있는 건 아닙니다. 모두가 확보할 수 있는 성질의 것이라면 그것은 난센스입니다. 이론적으로 터득할 수 있지만 터득하더라도 적용하는 영역이 다릅니다. 왜? 내가 추구하는 삶의 목표가 다르고, 내가 공부하는 내용이 다르니까요. 어쨌든 일반적 사고의 기술을 우리가 알아놓고, 그것을 조금이라도 적용하려고 노력한다면, 상당히 밝은 대한민국 교육을 고려할 수 있습니다. 희망찬 교육을 열어갈 수가 있어요.

••• 탐구의 기술을 재확인하라

　사고의 기술에 속하는 것 가운데 첫 번째로 고민해 봐야 할 것이, 앞에서 얘기했던 '탐구探究: inquiry'입니다. 여러분! 탐구는 영어로 말하면 인콰이어inquire라고도 하고 리서치research라고도 해요. 그리고 씨크seek라고도 해요. 인콰이어는 안으로 파고드는 거잖아요. 리서치는 뒤집어 보는 일이고 씨크는 계속 추구하는 거예요. 영어에 보면 인in이라는 게 뭡니까? 속으로 파고 들어가서 보는 겁니다. 다음에 리서치는 원래 있던 것에 대해 다시 찾아보는 일입니다. 씨크는 봐서 우리가 끊임없이 앞으로 추구해 나가는 겁니다. 탐구는 바로 이런 뜻입니다.

　그러니까 우리가 무언가를 자꾸 창조적이다, 창의적이다, 새로운 것만을 만들어야 한다고 잘못 생각하는 경우가 있어요. 뭐 독창적이다 이러거든요. 그런 것이 어디 있습니까? 어떤 사람은 그런 얘기를 합니다. 모든 창조와 독창적이라고 생각하는 것은 기존에 존재하는 질서의 모방과 변형에 불과하다! 아무것도 없는 상태에서 하늘에 뚝 떨어지듯이 만들어졌다? 그런 것을 추구하는 것은 이상 중에 이상이고 일종의 환상입니다. 그런 것은 존재할 수가 없습니다. 창조는 모방에서 출발합니다.

　예를 들어, 쉽게 말하면, 이런 거죠. 원이 반쪽만 있다고 가정하자고요. 옆에 있는 반쪽과 동일하잖아요. 그런데 옆에 있는 반쪽은 더 튀어나오게 만든 겁니다. 그러면 원래 원이 반쪽 있었던 것에서 옆에 반쪽이 튀어나온 것으로 바뀌었잖아요. 어떤 사람도 생각하지 못했는데, 창의적인 것이 이렇게 나오는 거죠. 전혀 엉뚱한 데서 나오는 게 아니에요. 그런 측면에서 여러분! 아까 말씀드렸던 탐구라는 개념 속에서 인콰이어, 그 다음에 리서치, 씨크, 이런 개념의 의미를 고민해봐야 합니다. 그러니까 기존에 있던 존재에 대해, 우리가 함부로 지나치거나 무시하거나 그래서는 안 됩니다. 생각을 하면서 한 번 더 초월할 수 있는, 전환할 수 있는 그런 자세가 필요한 거죠.

그랬을 때 이 탐구 가운데 가장 중요한 것은 다시 들여다보고 속살을 캐볼 때 뭐가 필요하냐? 자기에 대한 것이 대단히 중요합니다. '자기 수정을 실천하는 것이 탐구이다!' 이렇게 얘기합니다. 여러분, 자기 수정! 나를 바꾸어라! 혁신하라! 이 얼마나 어렵습니까? 그러기 위해서는 기존의 자신을 부정하는 위대한 용기를 품어야 합니다. 바꾸어라! 혁신하라! 인간이라는 것은 수십 년 동안 쌓고 쌓아온 자기 나름대로의 뭐가 있나요? 아이덴티티! 그렇습니다. 자신의 정체성이 있잖아요. 그런데 그 정체성 가운데 왜곡되거나 잘못되었을 때, 어떻게 나를 수정하고 바꿀 수 있습니까? 결코 쉽지 않습니다. 그러니까 이렇게 나오는 거죠. 자기 수정을 실천하라! 그것이 탐구다!

학습에서 그 다음에 중요한 것은 단순한 습관이나 인습의 반복이 아닌, 자기 수정과 갱신更新입니다. 그러니까 단순한 습관이나 인습을 우리가 끊임없이 어떻게 합니까? 반복하죠. 그것을 반복적 차원에서 고민하는 게 아니고, 기존에 있던 것을 확 뒤집어 바꾸어야 돼요. 시대적 요청에 따라서 그렇게 할 때, 그 과정이 과학적으로 어떻게 되느냐? 다음과 같이 됩니다. 어떤 가설을 세우고, 그것을 검토하고, 해결 방식을 모색하는 겁니다. 거기에서 나오는 게 지성知性이라는 거예요. 인텔리전스intelligence! 이것이 인텔리전트, 지성입니다. 그러니까 여러분이나 제가 지성인으로 도약하기 위해서는, 반드시 무엇을 할 때, 가설을 세워야 됩니다. 여러분, 가정이라고 그러잖아요. 가정을 명제 형식으로 나는 무엇을 할 수 있다고 세우는 것을 가설이라고 합니다. 그리고 진짜 그것을 실천할 수 있는지 없는지를 검토를 해야 돼요. 검토를 검토해보고 된다 안 된다 고민해 보면 결과가 나올 것 아니에요. 그때 해결 방식을 모색해야 돼요. 우리의 인간 행동은 대부분 이런 방식을 거치게 되어 있습니다. 그렇게 가서 해결 방식을 모색한다는 자체가 이미 지성으로 나아갈 지름길이에요.

04 사고의 기술을 최대한 발현하라

어떤 사람들은 가설은 잘 세웁니다. 나는 무엇이 될 거야! 그런데 진짜 무언가 될 수 있는지 없는지를 검토하지 않아요. 아버지가 해 줄 거야! 엄마가 해 줄 거야! 아니면 주변의 누군가가 해 줄 거야! 이러고 있어요. 해 주기는 누가 해줍니까? 그러니까 해결 방법을 모색하지 않는 거죠. 거기에서 무슨 지성이 나오나요? 안 나오죠. 해결 방법을 모색한다는 자체가 이미 뭡니까? 공부하고 있다는 증거입니다. 해결 방법을 모색하다 보면 어떻게 되느냐? 자기를 버려야 될 때가 많습니다. 자기 고집이나 자기 생각만 갖고는 안 된다는 거죠. 그런 것을 고려해보라! 이런 뜻입니다.

••• 대화를 통해 추론의 기술을 찾으라

두 번째는 탐구가 아니고 추론推論: deduction하는 기술입니다. 추론하는 일, 우리가 보통 추론한다고 했을 때는 어떻게 되느냐? 이런 겁니다. 추론은 어떤 사실을 알게 되었어요. 사실이 있었습니다. 사실이라는 것을 알게 되었을 때, 추론을 통해, 추론은 미루어서 논의해보는 것이거든요. 고민해보는 것, 그 생각입니다. 이 모두가 추론을 통해서 그것과 관련되는, 또 다른 사실을 발견하는 작업입니다.

그러니까 여러분, 앞에서 말했던 연관 검색어가 있잖아요. 어떤 사람이나 사물과 연관되는 게 무엇이냐? 연관되는 것을 찾았을 때는 그만큼 뭡니까? 인간 관계와 사물 관계를 확장시키는 겁니다. 추론하는 것이지요. 그러면 뭔가 있지 않을까요? 그 추론의 과정이요. 그냥 툭툭 흘려서 해서, 무언가를 아는 것처럼 느끼게 하지만 우리의 머릿속에서는 생각을 엄청나게 하고 고민을 많이 합니다. 어떤 것을 연관시켜서 찾을 것인가? 단순한 사태가 아니에요. 그러니까 사고의 기술이라는 것이, 고도의 생각을 깊이 하면, 아주 머리가 아픕니다. 두통이 온다고요. 그것은 뭡니까? 그만큼 머릿속에서 활발하게 역동적으로 움직이고 있다는 겁니다. 재미있게 말하면, 머리가 멍한 사람은 머리가 안 아파요. 생각을 하지 않는 사람은 두통이 없다고요. 그런 겁니다. 그래서 여러분, 생각을 많이 하면, 아이고 머리야! 한단 말이에요. 그것은 왜 그러느냐? 고민을 하고 생각을 많이 해서 그래요.

그 다음에 추론의 기술은 논리적 합리성이나 정확함, 타당함을 발견하게 해줍니다. 여러분, 연관된 것을 찾아보다가 아닌 것은 버리고, 진짜 연관 있는 것은 다시 찾아서 얼마만큼 이 분야에 합당하냐를 찾아내죠. 그런데 문제가 있습니다. 추론의 생명이 무엇이냐? 추론의 생명이 혼자 머릿속에서 막 이렇게 찾아내는 게 아니에요. 추론의 생명력은 바로 '대화'입니다. 커뮤니케이션communication! 다이얼로그dialogic! 대화를 통해서 찾아집니다. 그러니까 예를 들어, 우리가 인터넷에서 연관 검색어라고 하지만, A, B, C, D 등이 이렇게 있을 때 그것이 A와 연관이 있는 사실을 찾았어요. 그런데 추론을 통해 B라는 연관 검색어와 C, D라는 연관어를 주어졌을 때, 이것은 누가 만든 겁니까? 다른 사람들이 찾아놓거나 만들어놓은 것일 수 있잖아요. 그게 무엇이냐? 다른 사람과 대화하는 거잖아요. 이것은 내가 A라는 사실을 찾았지만 나머지 것은 다른 사람이 해놓았잖아요. 그것을 내가 다한 것은 아니에요. 그러니까 대화가 중요합니다.

대화에서, 그냥 이렇게 둘이서 맞대고 대화하는 것은 일반적 상황에서의 대화죠. 여러분하고 저하고 이렇게 강의하고 있는 것도 또 다른 방식의 대화죠. 침묵이라는 대화도 있습니다. 불교의 이심전심以心傳心처럼 서로 바라보기만 해도 빙그레 웃으면서 대화가 되는 거예요. 때로는 책과의 대화도 있고, 다양한 양식의 대화가 있습니다. 그런데 이 대화에서 뭐가 나오느냐? 다른 사람에 대한 존중감이 나와야 되고, 또 그것에 대해 나아가서 존경하는 마음들이 우러나와야 돼요. 그래야 함께 추론 과정에서 사실들이 찾아지는 거죠

••• 관계의 그물망을 통해 정보를 조직하라

그 다음에 세 번째 사고 기술은 정보 조직입니다. 정보 조직은 다른 말로 지식 조직이라고 해도 돼요. 내가 파악한 많은 사실이나 지식 정보들이 있죠. 이 정보 조직은 지식을 효율적으로 적용하기 위한 장치에요. 지식은 조직을 해야 돼요. 그냥 지식만 머리 속에 하나씩 넣어 놓으면 의미가 없어요. 그래서 의미 있는 묶음이나 단위로 조직해야 됩니다.

여러분! 하나만 딱 알고 있으면, 예를 들어 여기 있는 펜만 알고 있으면 무엇을 합니까? 펜은 쓰는 것이니까, 여기에 있는 종이를 알아야 되죠. 종이 위에 쓰려

　　　　　　　　　　04 사고의 기술을 최대한 발현하라

면 또 잉크가 있어야 돼! 아니면 볼펜의 심이 나와야 돼! 볼펜심에 먹이 있어 없어? 여러 가지를 다 확인해야 돼요. 내가 여기에 썼으면 또 뭘 해야 돼요. 다른 사람에게 보여줘야지요. 이렇게 여러 가지 의미 있게 묶어야 돼요. 그런 말도 있죠. 구슬이 서 말이어도 꿰어야 보배이다!

또 예를 들어 봅시다. 여기 넥타이가 있습니다. 넥타이가 100개쯤 쌓여 있다고 가정하자고요. 그런데 한 번도 넥타이를 매지 않아요. 무슨 의미가 있습니까? 넥타이 수집가입니까? 넥타이를 매고 나와야, 아! 와이셔츠에 넥타이를 매고 사람들과 대화하기 위해, 복장을 잘 갖추어야지, 넥타이의 쓸모가 확정되잖아요. 어떤 사물이건 의미 체계를 가져야 돼요.

그 다음에 이제 정보와 지식을 묶어 단위를 조정하게 되면, 어떻게 되느냐? 다시 그것은 또 다른 관계 그물망, 네트워크를 갖게 됩니다. 네트워크를 통해 다시 개념을 구성하게 돼요. 조그마한 지식을 하나 알았는데, 이렇게 종이와 펜이 있을 때, 옛날 말로 하면 문방사우文房四友, 즉 붓이랑 벼루랑 먹이랑 이렇게 종이랑 함께 묶어서 글씨를 쓰는 것, 그때 의미가 부여되고 구성되는 것이죠. 그것을 또 다시 네트워킹하면, 편지를 써서 사람들에게 전하고 뭐 이렇게 나올 거 아니에요. 끊임없이 넓혀가는 그런 방식이 바로 정보를 조직하는 것이란 말입니다.

그래서 정보 조직은 이런 겁니다. 처음에는 문장으로 이렇게 하나 만들었어요. 어떤 문장을 예를 들어, '나는 학생이다.' 그냥 이렇게 간단하게 보자고요. '나는 학생이다.' 그러면 문장으로 그냥 만들었잖아요. 여러분에게 물어 보겠습니다. 여러분! '나는 학생이다' 이렇게 했습니다. 어떤 개념이 들어오나요. 나이 많은 사람들은, '나는 늙은 학생이다!' 왜? 그냥 나이가 많으니까. 이렇게 할 수도 있고요. 나이 젊은 학생은 '나는 젊은 학생이다!' 이럴 수도 있고요. 또 다른 방법으로, '나는 진짜 배우기 위해 강의에 들어온 학생이다!' 아니면, '나는 그냥 인터넷 강의가 뭔지 체험하기 위해 이 무크 강의에 들어온 학생이다!' 여러 가지 개념이 형성됩니다.

그 다음에 이 개념을 더 서술해 나가고 더 넓혀 나가면, 그것이 무엇이 되느냐? 하나의 이야기가 된단 말입니다. 스토리가 돼요. 이렇게 유기체의 형식으로 펼쳐 나가는 것이 정보를 조직하는 작업입니다. 그것이 사고를 확장시켜 나가는 굉장히 중요한 방법인 거죠. 여러분은 강의를 이렇게 함께 해오면서, 정보를 조직하는 기술이 어느 정도 늘었습니까? 많이 늘었다고 저는 판단을 합니다. 저도 여러분 덕분에 이 강의안을 작성하면서 무엇인가를 풍부하게 넣어 줘야지라고 하면서 고민을 자꾸 하고 있어요. 그런 겁니다.

••• 번역 기술을 통해 의미를 구성하고 발견하라

자, 마지막으로, 사고의 기술 가운데 굉장히 중요한 것이 번역 기술입니다. 번역이라고, 트랜스레이트translate라고 하니까 어떤 생각이 듭니까? 영어로 된 영어책을 한글로 번역한 책을 보면 번역서 맞잖아요. 번역된 책이 맞지요? 그렇죠? 그런 것을 연상할 수 있을 텐데, 여기서 말하는 번역 기술은 그런 번역과 다릅니다. 여기에서 사고 기술로서의 번역은 뉘앙스 차이가 있습니다.

사고 기술에서 번역은 대단히 중요한데, 이런 뜻입니다. 번역은 단순하게 하나의 언어에서 다른 하나의 언어로 전환하는 언어의 이동이 아닙니다. 그러니까 영어로 된 책을 한글로 된 책으로 번역을 했다! 이것도 물론 번역이지만, 사고 기술의 차원에서 볼 때, 저것은 영어를 아는 사람이 한글로 옮겨 놓았다 이렇게 되는 거죠. 사고 기술에서 번역은 그런 차원의 번역이 아닙니다.

그러면 사고 기술에서 발휘하는 번역은 바로 해석적 요소가 들어가야 됩니다. 무슨 뜻이냐? 예를 들어 영어로 버터butter가 있습니다. 버터를 어떻게 번역합니까? 고유명사인데 한글로 번역하기 어렵습니다. 그냥 소리가 나는 대로 '버터'라고 쓸 수는 있겠지요. 지금은 우리 한국 사람들이 버터를 많이 먹죠. 많이 먹지만 옛날 사람들은 버터가 뭔지 몰라요. 그러면 미국인이나 영국인들이 평소 식사 때 빵에 발라서 반찬처럼 즐겨먹는 버터인데, 우리 한국 사람들 입장에서 볼 때, 한국 사람들이 식사 때 된장찌개를 먹는 것과 같은 그런 식으로 해석을 가미해야 이해가 될 거 아니에요. 우리 생각의 작용이 그렇게 되어야 된다는 거예요. 그것이 해석적 요소의 개입입니다.

그리고 언어와 언어 사이를 넘나들면서, 하나의 언어 내에서 의미를 구성하고 발견해야 됩니다. 새롭게 그 개념이 갖고 있는, 그 이야기가 갖고 있는 것을 보고, 그 의미를 다시 만들고, 거기에서 또 무언가 새로운 것을 발견해가는, 그러니까 여기에서 해석적 요소가 가미되어 창의적 확산성을 보여야 된다는 겁니다. 이게 번역입니다.

또 예를 들어 볼게요. 여기에 원래 대본이 있겠죠. 원래 대본이 이렇게 있는데, 이것을 보고, '아, 이것이 무엇이구나!' 하고 이것을 읽는단 말이에요. 머릿속으로 읽을 때, 이것을 단순하게 '사고의 기술이구나!'라는 한글로 읽고 그대로 알라는 말이 아닙니다. '아! 사고의 기술'이라고 했는데, '이 사고라는 것은 진정한 탐구를 하기 위한 바탕이 되고, 행위의 바탕이 되는 어떤 것이다. 기술이라는 것은 단순하게 테크닉을 발휘해서 내가 기능을 갖고 있다는 차원이 아니고, 예술적으로 무언가 승화해야 되는 그런 것인가 보다'라는 의미가 해석되고 번역되어 나와야 된다는 거예요. 앞에서도 언급했지만, 번역 기술은 단순하게 하나의 언어에서 다른 하나의 언어로 옮김이 아니고, 해석적 요소가 가미되고 의미를 구성하고 발견하는 그런 것입니다.

전체적으로 사고의 기술을 간단하게 요약해 보면, 먼저 자기 탐구를 통해 판단력을 길러야 돼요. 그리고 추론을 통해 발견하고 발명된 것을 조직화해야 됩니다. 또 확장해 나가야 돼요. 그 다음에 정보 지식의 조직을 통해 개념을 구성하고 분석하고 명료화 해야 됩니다. 마지막으로 번역을 통해 새롭게 해석interpretation해야 됩니다. 이것도 인간과 사물의 내부로 들어가서 캐내고 뽑아내야 돼요. 그리고 의미가 있게 만들어야 됩니다.

그래서 전체적으로 볼 때, 우리 대한민국 교육을 이렇게 사고의 기술로 정돈해 내야 합니다. 앞서 말씀드린 모든 내용을 통해, 자신이 학습하는 가운데 생명력을 지닐 수 있습니다. 거꾸로 얘기하면 자신이 아닌 다른 어떤 것에 의해 학습한 것, 그것은 생명력이 없다는 말입니다. 또는 자신이 학습하지 않는 것은 생명력이 떨어진다는 얘기입니다. 그러니까 우리 대한민국 교육이, 이 시대에 어떤 생명력을 갖추어야 되느냐? 그 생명력을 갖추려면 우리가 탐구 공동체를 만들어, 내가 직접 의미를 구성해가면서, 창의력을 발현해가면서, 메이킹making 해 가야 되는 겁니다.

그런 점에서 여러분! 우리 교육 자체를 모두가 함께 고민하고 대화하며 만들어가자는 거죠. 그것이 본 강의의 일관된 주제였습니다. 우리 대한민국의 다양한 교육 문제를 가지고, 어떻게 보면 논리적 체계를 갖추어서 처음부터 끝까지 진행하기보다는 조금은 비논리적 측면에서 문제 제기를 중심으로 고민하면서 대안은 제대로 하지 않은 상황에서 강의를 쭉 이어왔습니다. 여러분들과 함께 해 온 그 물음 속에 다양한 해소책이나 대안을 발견할 수 있다고 판단해 봅니다.

14주까지 강의를 수강해준 여러분께 진심으로 고마운 마음을 전하며, 여기에서 다루지 못한 이 시대에 갖고 있는 한국교육의 문제점이나 이 시대가 요청하고 미래 지향적으로 개척해가야 할 다양한 교육 문제들은 우리 모두가 함께 다시 발견하고, 추론해가면서 더욱 확대된 양식의 교육으로 꾸며 가도록 노력합시다. 더욱 알찬 한국교육을 위해 우리 모두가 끊임없이 탐구하는 학습사회를 가꾸어 갑시다. 그런 차원에서 여러분! 여러 가지 부족한 점이 많았지만, 끝까지 경청해주셔서 감사합니다. 함께 대한민국 교육 발전을 위해 노력하면 좋겠습니다. 그동안 대단히 고맙습니다.

참고문헌

『論語』, 『孟子』, 『管子』, 『師說』, 『說文解字』

高樹藩(1974). 正中形音義綜合大字典. 臺北: 正中書局.

고요한(1989). 교육의 수월성과 평등. 서울: 학민사.

권대봉(2001). 평생교육의 다섯마당. 서울: 학지사.

김경동 외(1997). 한국교육의 신세기적 구상 : 2000년대 한국교육의 방향과 과제. 서울: 한국교육개발원.

김정환(1988). 전인교육론. 서울: 세영사.

김정환·강선보·신창호(2014). 교육철학. 서울: 박영스토리.

김정환·강선보(2016). 교육학개론. 서울: 박영스토리.

김형찬(1988). 북한교육발달사. 서울: 한백사.

박찬석(2013). 북한교육연구. 파주: 한국학술정보.

신창호(2003). "교육이념으로서 홍익인간에 대한 비판적 검토". 안암교육학회. 한국교육학연구 9-2.

_____(2005). 교육학개설. 고양: 서현사.

_____(2005). 인간 왜 가르치고 배우는가. 고양: 서현사.

_____(2012). 교육과 학습. 고양: 서현사.

_____(2012). 교육이란 무엇인가. 서울: 동문사.

_____(2014). 한국교육사의 통합적 이해. 서울: 박영스토리.

_____(2015). 교육철학 및 교육사. 서울: 박영스토리.

_____(2016). 배려-이론과 실천을 위한 가이드. 서울: 고려대학교출판문화원.

오인탁(2001). 파이데이아. 서울: 학지사.

유네스코 21세기 세계교육위원회 편(1997). 21세기 교육을 위한 새로운 관점과 전망. 서울: 오름.

이종태 외(2000). 한국교육 위기의 실태와 원인 분석. 서울: 한국교육개발원.

이홍우(1991). 교육의 개념. 서울: 문음사.

정영근(1999). 교육과 인간의 이해. 서울: 문음사.

정우현(1988). 교사론. 서울: 배영사.

정 욱·임성현(2015). 2015 다보스리포트. 서울: 매일경제신문사.

하원규·최남희(2016). 제4차 산업혁명. 서울: 콘텐츠하다.

한국교육개발원(2008). 세계의 인재교육과 인재정책 포럼 자료집.

한스 쇼이얼(1993). 이종서·정영근·정영수 옮김. 교육학의 학문적 성격. 서울: 양
서원.

홍후조(2002). 교육과정의 이해와 개발. 서울: 문음사.

A. N. Whitehead(2004). 오영환 옮김. 교육의 목적. 서울: 궁리.

E. Fromm(1986). 박병진 옮김. 소유냐 존재냐. 서울: 육문사.

F. Fukuyama(1995). 이상훈 옮김. 역사의 종말. 서울: 한마음사.

I. Kant(2003). 김영래 옮김. 교육학강의. 서울: 학지사.

찾아보기

찾아보기

신창호(申昌鎬)

현 고려대학교 교육학과 교수

학력 및 경력
고려대학교 교육학과 졸업(철학 부전공)
한국학중앙연구원 한국학대학원 석사(철학 전공)
고려대학교 일반대학원 박사(교육철학 및 교육사학 전공)
경희대학교 교육대학원 교수
고려대학교 교양교육실장
한국교육철학학회 회장

주요 저서
『교육철학』
『교육이란 무엇인가』
『교육철학 및 교육사』
『수기(修己), 유가 교육철학의 핵심』
『유교의 교육학 체계』
『대학, 유교의 지도자 교육철학』
『유교 사서(四書)의 배움론』
『율곡 이이의 교육론』 외 다수

이메일: sudang@korea.ac.kr

고려대학교 무크(MOOC) 강의록 2권

한국교육, 무엇을 고민해야 하는가? 2

초판발행	2018년 1월 15일
지은이	신창호
펴낸이	안상준
편 집	배근하
기획/마케팅	노 현
표지디자인	김연서
제 작	우인도·고철민
펴낸곳	㈜ 피와이메이트
	서울특별시 마포구 월드컵북로 400, 5층 2호(상암동, 문화콘텐츠센터)
	등록 2014. 2. 12. 제2015-000165호
전 화	02)733-6771
f a x	02)736-4818
e-mail	pys@pybook.co.kr
homepage	www.pybook.co.kr
I S B N	979-11-88040-87-2 04370
	979-11-88040-38-4(세트)

정 가   16,000원

박영스토리는 박영사와 함께하는 브랜드입니다.